대한법률연구회가 만드는 생활법률 기본지식

일반인을 위한

기업경영 생활법률의 기본지식

단국대학교 교수 **안동섭** 지음

가림M&B

대한법률연구회가 만드는 생활법률 기본지식

일반인을 위한

기업경영 생활법률의 기본지식

단국대학교 교수 **안동섭** 지음

가림M&B

이 책은 기업을 경영하는 자가 알고 있어야 하는 기초적인 법률지식을 정리한 것이다. 기업의 경영은 경영자에 의하여 이루어지는 것이므로 경영자의 지식은 기업경영의 원동력이 되는 것이며 부를 창조하는 생산요소인 것이다. 경영자가 가지고 있어야 하는 지식에는 법률지식도 포함된다.

법률지식은 인간이 사회생활을 하면서 얻은 보편적 지식을 정의롭고 공평한 지식이 되도록 지탱해 주는 생활규범이다. 사람이 사회생활을 하면서 어려운 일이 생길 때마다 법관에게 해결할 것을 부탁하고 법관은 법규를 기준으로 어려운 문제를 해결하고 있다. 기업을 경영하는 자는 법관과 마찬가지로 스스로 해결하여야 할 여러 가지 문제를 가지고 있기 때문에 법률지식을 많이 알고 있는 경영자가 기업경영을 잘 할 수 있는 것이다.

기업을 상법에서는 상인(회사)이라고 말하고 있으며 영업주, 지배인, 회사의 업무집행사원, 대표이사, 사장(회사를 대표할 권한이 있는 것으로 인정될 만한 명칭을 사용한 이사) 등이 기업의 명의로 경영을 하고 있다. 이른바 사장은 외부적으로는 기업을 대표하고 내부적으로는 인사권과 경영권을 실행하는 기업의 최고경영자이므로 외부에 대하여 물건 또는 용역을 제공하는 자(납품자), 상품구매자(소비자), 자본제공자(채권자, 은행), 국가(인허가자, 세무관청) 등과 법률관계를 가져야 하고 내부에서는 영업주(주주)와 고용인(상업사용인, 근로자) 및 기업설비(상호, 상업장부, 상업등기)에 대한 법률관계를 충실히 집행할 의무와 책임이 있는 것이다.

기업은 살아 있으면서 사람을 영생할 수 있도록 하기 위하여 부를 계속적

으로 창조하는 사회적 존재다. 그러므로 기업을 경영하는 자는 자기가 경영하는 기업이 소멸하지 아니하고 영원히 계속될 수 있도록 관리할 책임을 부담하는 것이다. 즉 사장은 기업을 경영하면서 그 기업이 먹고 살아갈 수 있는 양식(이익)을 많이 만들어야 할 책임이 있는 것이며 그 이익의 규모는 클수록 기업과 사회에 도움이 되는 것이다.

여기서 사장은 자기가 경영하고 있는 기업의 운용상태가 동업자의 평균수준과 비교하여 뒤떨어지지 아니 하도록 항상 주의하고 그 경영상태를 정확히 파악하고 있어야 하며 운용의 결과가 부실하면 잘못된 점을 신속하게 찾아서 그 미비점을 제거할 수 있는 대체방안을 구체적으로 강구하여야 한다. 이 경우에 사장이 기업경영에서 발생하는 여러 가지 문제를 해결함에 있어서 필요한 수단과 방법은 바로 사람들이 최고의 수단이라고 믿고 있는 법률지식에서 얻을 수가 있는 것이다.

사장은 자기가 경영하는 기업이 어떤 절차와 어떤 구조를 가지고 성립한 것이며 기업과 거래상대방 사이에서 발생하는 여러 가지 권리와 의무에 대하여 정확한 지식을 가지고 있어야 한다. 회사를 경영하는 자가 회사와 경영자의 관계에 대하여 정확한 법률지식을 가지고 있으면 인사문제에서 생기는 책임소재를 정확히 해결할 수가 있는 것이다.

회사의 이사는 기관이며, 회사의 사용인은 대리인이고, 회사와 선의의 제3자간에서 발생하는 문제는 신뢰관계를 기초로 하여 해결하여야 한다는 것은 법률지식을 통하여 얻을 수 있는 경영자의 지식이다.

기업의 경영자가 이익을 창출할 수 있는 업종의 다양성과 거래영역의 확대로 인하여 기업을 경영함에 있어서 필요한 법률지식의 범위는 무한대로 넓어지고 있다. 기업을 경영하는 자이면 누구나 알고 있어야 할 법률지식은 예컨대, 계약의 체결과 내용결정 및 계약의 이행과 실행에 대한 지식이다. 그리고 기업의 경영성과에 대한 분석과 기업의 경영이 위기에 처하였을 경우에 대처하는 지식이나 기업의 경영위험을 사전에 예방하여 기업이 건전하게 생존하는데 필요한 법률지식을 가지고 있어야 하는 것이다.

이 책은 기업경영의 법률지식 중에서 경영자의 거래활동을 중심으로 하여 계약상의 분쟁을 해결하는데 필요한 지식만을 요약한 것이며, 이른바 사장이 경영자의 지위에서 어떤 조치를 결정할 때에 자기판단에 대한 이유가 무엇이며 그 법적 근거(법관의 판단)는 어떤 것인가를 구체적으로 제시할 수 있는 지식을 갖추도록 편집하였다.

이 책이 출판되기까지 가림출판사 강선희 사장과 장연수 국장의 적극적인 지원이 있었고 단국대학교 법학과 안성포 박사의 협조가 있었다. 이 자리를 빌어 깊은 감사를 드리는 바이다.

2001. 3. 1.
서울 한남동에서
저자 안동섭 씀

차례

제3장 계약의 체결

제 4 장 계약의 종류

차례

제5장 계약의 내용

제6장 계약의 담보

제7장 어음, 수표에 의한 거래

제 8 장 기업의 경영분석

제 9 장 계약의 이행

제11장 주식회사의 구조조정

부록 관계 법령

서식목차

제 1 장

기업의 설립

1. 개인기업의 설립
2. 법인기업의 설립
3. 주식회사의 자금

1. 개인기업의 설립

기업은 법적으로 권리를 취득하고 의무를 부담하는 주체이다. 권리와 의무의 주체를 헌법에서는 국가(대한민국)와 국민이라고 하며(헌법 제1조, 제2조), 민법에서는 사람(살아 있는 행위능력자)과 법인이라고 하고(민법 제3조, 제34조), 상법에서는 상인(자기명의로 상행위를 하는 자)과 회사라고 한다(상법 제4조, 제169조). 「자기명의로」라고 하는 것은 자기가 권리의무의 귀속주체가 된다는 뜻이며, 상행위를 한다는 것은 영리를 목적으로 동종행위를 계획적으로 반복하여 계속하는 것을 말한다.

국민은 사람과 상인을 포괄하는 상위개념이며 국민의 재산권은 각자의 생존에 필요한 기본권이므로 대한민국 헌법 제23조 제1항이 보장하고 있다. 헌법에 의하여 재산권을 보장받고 있는 국민은 거주, 이전의 자유(헌법 제14조)와 직업선택의 자유(헌법 제15조)를 누리면서 직업활동을 하는 장소(직장)를 자유롭게 선택하고 있으며(헌법재판소 결정 1989. 11. 20. 89 헌가 102) 개인과 기업의 경제상의 자유(재산권행사의 자유, 영업의 자유)도 대한민국의 경제질서에 의하여 존중받고 있는 것이다(헌법 제119조 제1항).

사람은 살아 있는 동안 권리와 의무의 주체가 되는 것이므로(민법 제3조) 사람 중에서 살아 있는 성년자(민법 제4조)가 자기명의로 상행위를 하면 상인(상법 제4조)이 되는 것이고, 개인이 영리행위를 계속한 때에 개인기업이 성립되는 것이다.

미성년자 또는 한정치산자는 무능력자이므로 법정대리인의 허락을 얻어 영업을 하는 것이며 법정대리인의 허락서를 첨부하여(비송사건절차법 제175조) 무능력자등기를 하여야만 상인자격을 취득한다(상법 제6조). 법정대리인이 무능력자(미성년자, 한정치산자, 금치산자)를 위하여 스스로 영업을 하는 때에는 법정대리인의 상인자격을 선의의 제3자에 대항하기 위하여는(상법 제37조) 법정대리인등기를 하여야 한다(상법 제8조).

개인기업에서는 영업주와 영업주가 선임한 지배인(상법 제10조) 등의 상업사용인이 인적설비를 형성하고, 상인은 기업의 명칭인 상호를 선정하여 사용(상법 제18조)하고 영업상의 재산 및 손익의 상황을 명백히 하기 위한 상업장부를 작성함으로써(상법 제29조) 영업활동에 필요한 물적 설비를 구비하게 되는 것이다.

상업사용인

상업사용인은 상법상으로 3종이 있다. 먼저 상인은 지배인을 선임하여 본점 또는 지점에서 영업을 하게 할 수 있고(상법 제10조) 지배인은 지배인이 아닌 점원 기타 사용인을 선임 또는 해임할 수 있다(상법 제11조 제2항). 지배인은 영업주에 갈음하여 그 영업에 관한 재판상 또는 재판 외의 모든 행위를 할 수 있으며(상법 제11조 제1항) 본점 또는 지점의 영업주임 기타 유사한 명칭을 가진 사용인은 영업에 관한 재판 외의 행위에 대하여 본점 또는 지점의 지배인과 동일한 권한이 있는 것으로 본다(상법 제14조 제1항, 표현지배인).

영업의 특정한 종류 또는 특정한 사항에 대한 위임을 받은 사용인은 이에 관한 재판 외의 모든 행위를 할 수 있고(상법 제15조 제1항, 이를 부분적 포괄대리권을 가진 사용인이라고 한다) 물건을 판매하는 점포의 사용인은 그 판매에 관한 모든 권한이 있는 것으로 본다(상법 제16조 제1항, 이를 물건판매점포의 사용인이라고 한다).

상업사용인은 영업주의 허락없이 자기 또는 제3자의 계산으로 영업주의 영업부류에 속한 거래를 하거나 회사의 무한책임사원, 이사 또는 다른 상인

의 사용인이 되지 못한다(상법 제17조 제1항).

상업사용인이 경업금지규정을 위반하면 영업주는 사용인에 대하여 1) 계약을 해지(해고)하거나 2) 손해배상을 청구할 수 있고(상법 제17조 제3항), 3) 그 거래가 사용인의 계산으로 한 것인 때에는 이를 영업주의 계산으로 한 것으로 볼 수 있고 제3자의 계산으로 한 것인 때에는 사용인에 대하여 이로 인한 이득의 양도를 청구할 수 있다(상법 제17조 제2항).

〈서식 1〉 지배인선임계약서

갑과 을은 지배인선임에 관하여 다음과 같이 계약한다.

제1조(선임) 갑은 그 경영에 속하는 ○○소재 영업소의 지배인으로 을을 선임하고 을은 이를 승낙한다.

제2조(보수) 갑은 을에 대하여 매월 일금 ○○원을 지급한다.

제3조(상여금) 갑은 매 결산기에 이익이 있을 때에는 을에게 그 이익의 0%를 상여금으로 지급한다.

제4조(직무) 을은 갑에 갈음하여 그 영업에 관한 재판상 또는 재판 외의 모든 행위를 할 권한이 있고 영업소에서 종사할 사용인을 선임하고 해임할 수 있다.

제5조(허락) 을이 다음의 사항을 약정하는 경우에는 갑의 허락을 얻어야 한다.

1. 지점 또는 출장소의 설치
2. 영업소의 이전, 증축 또는 개축
3. 영업자금의 차입
4. 기타 영업에 관한 중요한 사항.

제6조(책임) 을에게 불법 또는 부정행위가 있을 때에는 갑은 언제든지 을을 해임할 수 있고 을의 갑에 대한 책임에 관하여 보증인이 있는 경우에는 보증인은 을과 연대하여 그 책임을 부담한다.

제7조(해지예고) 당사자는 정당한 사유가 있으면 언제든지 계약을 해지할 수 있으나 1개월 전에 예고하여야 한다.

이 계약의 성립을 증명하기 위하여 계약서를 2통 작성하여 갑과 을이 각 1통씩 보유한다.

2000년 ○○월 ○○일

갑 서울특별시 ○○구 ○○동 ○○번지
대지상사
영업주 김 갑 동 ㊞

을 서울특별시 ○○구 ○○동 ○○번지
박 갑 동 ㊞

보증인 서울특별시 ○○구 ○○동 ○○번지
노 종 수 ㊞

상 호

상인은 기업의 명칭인 상호를 정할 수 있고(상법 제18조) 동일한 영업에는 단일상호를 사용하여야 하며(상법 제21조 제1항) 회사의 상호에는 그 종류에 따라 합명회사, 합자회사, 주식회사 또는 유한회사의 문자를 사용하여야 한다(상법 제19조).

누구든지 부정한 목적으로 타인의 영업으로 오인할 수 있는 상호를 사용하지 못하고 이를 위반하여 상호를 사용하는 자가 있는 경우에 이로 인하여 손해를 받을 염려가 있는 자 또는 상호를 등기한 자는 그 폐지를 청구하거나 손해배상을 청구할 수 있다(상법 제23조).

〈서식 2〉 상호사용폐지청구서

본인은 ○○지에서 ○○업을 경영하면서 ○○등기소에 등기한 상호○○을 사용하고 있는 자이며 귀하는 2000년 ○○월 ○○일부터 ○○지에서 ○○업을 개업하여 본인이 사용하고 있는 상호와 동일한 상호○○을 사용하고 있는 자이므로 귀하의 ○○상호사용이 본인의 영업에 대하여 부정경쟁의 목적으로 사용하고 있다는 것이 명백하여 상법 제23조 제2항에 의하여 귀하에게 그 상호사용의 폐지를 청구합니다.

2000년 ○○월 ○○일

청구인 서울특별시 ○○구 ○○동 ○○번지
김 갑 동 ㊞
서울특별시 ○○구 ○○동 ○○번지
나 종 수 귀하

타인에게 자기의 상호를 사용하여 영업을 할 것을 허락한 자는 자기를 영업주로 오인하여 거래한 제3자에 대하여 그 타인과 연대하여 변제할 책임이 있다(상법 제24조). 이는 금반언의 법리 및 권리외관의 법리에 따라 타인에게 명의를 대여하여 영업을 하게 한 경우 그 명의대여자가 영업주인 줄로 알고 거래한 선의의 제3자를 보호하기 위하여 그 거래로 인하여 발생한 명의차용자의 채무에 대하여는 그 외관을 만드는데 원인을 제공한 명의대여자에게도 명의차용자와 같이 변제책임을 지우자는 것이다(대판 1987. 3. 24. 85다카 2219).

상호는 영업을 폐지하거나 영업과 함께 이를 양도할 수 있고 상호의 양도는 등기하지 아니하면 제3자에게 대항하지 못한다(상법 제25조). 영업의 폐지라 함은 정식으로 영업폐지에 필요한 행정절차를 밟아 폐업하는 경우에 한하지 아니하고 사실상 폐업한 경우도 이에 해당한다(대판 1988. 1. 19. 87

다카 1295).

상업장부

상인은 영업상의 재산 및 손익의 상황을 명백히 하기 위하여 일반적으로 공정, 타당한 회계관행(기업회계기준)에 의하여 회계장부 및 대차대조표를 작성하여야 한다(상법 제29조). 회계장부에는 거래와 기타 영업상의 재산에 영향이 있는 사항을 기재하여야 하고 회계장부에 의하여 대차대조표를 작성한다(상법 제30조).

상업장부와 영업서류는 마이크로필름 기타의 전산정보처리조직에 의하여 이를 보존할 수 있고(상법 제33조 제3항) 상인은 10년간 상업장부와 영업에 관한 중요서류를 보존하여야 한다(상법 제32조 제1항).

상업장부와 영업서류를 마이크로필름 기타 전산정보처리조직에 의하여 보존하는 경우에는 법에 의하여 작성자가 기명날인 또는 서명하여야 하는 장부와 서류는 그 기명날인 또는 서명이 있는 원본을 보존하여야 하는 것을 제외하고는 보존을 위한 프로그램의 개발, 변경 및 운영에 관한 기록을 보관하여야 하며, 보존의 경위 및 절차를 알 수 있도록 하고, 법 및 일반적으로 공정, 타당한 회계관행에 따라 그 내용을 파악할 수 있도록 보존하여야 하고, 필요한 경우 그 보존내용을 영상 또는 출력된 문서에 의하여 열람할 수 있도록 하여야 하고, 전산정보처리조직에 보존된 자료의 멸실, 훼손 등에 대비하는 조치를 강구하여야 한다(상법의일부규정의시행에관한규정 제2조의 2).

주식회사의 대표이사는 매결산기에 대차대조표, 손익계산서, 이익잉여금처분(결손금처리)계산서(이를 재무제표라고 한다)와 그 부속명세서를 작성하여 이사회의 승인을 얻어야 하고(상법 제447조) 이를 정기총회에 제출하여

그 승인을 요구하여야 한다(상법 제449조 제1항). 대차대조표는 기업의 재무상태를 명확히 보고하기 위하여 회계장부에 의하며 대차대조표일 현재의 모든 자산, 부채 및 자본을 적정하게 표시(1년 기준으로 유동성배열법에 의하여)하는 재산개괄표이고, 손익계산서는 기업의 경영성과를 명확히 보고하기 위하여 그 회계기간에 속하는 모든 수익과 이에 대응하는 모든 비용을 적정하게 표시하는 당기손익표를 말한다. 이익잉여금처분계산서는 이익잉여금의 처분사항을 명확히 보고하기 위하여 이월이익잉여금의 총변동사항을 표시하는 장부이고, 결손금처리계산서는 결손금의 처리사항을 명확히 보고하기 위하여 이월결손금의 총변동사항을 표시하는 장부를 말한다.

정보처리능력을 가진 장치(컴퓨터)에 의하여 전자적 형태로 작성되어 송신, 수신 또는 저장되는 정보를 전자문서라고 말하며(전자거래기본법 제2조 제1호) 전자문서는 재판 기타의 법적 절차에서 증거능력이 있다(전자거래기본법 제7조).

부속명세서는 1) 유가증권명세서 2) 투자유가증권명세서 3) 특수관계자간의 채권, 채무명세서 4) 재고자산명세서 5) 투자부동산명세서 6) 유형자산명세서 7) 무형자산명세서 8) 단기차입금명세서 9) 장기차입금명세서 10) 사채명세서 11) 채무보증명세서 12) 충당금명세서 13) 제조원가명세서 14) 매출액명세서 15) 매출원가명세서 16) 판매비와 관리비명세서 17) 감가상각비명세서 18) 잉여금명세서이다(기업회계기준 제88조 제1항).

부속명세서로 작성할 수 있는 서류는 1) 현금 및 현금등가물명세서 2) 매출채권명세서 3) 대여금명세서 4) 기타의 당좌자산명세서 5) 투자자산명세서 6) 투자자산처분명세서 7) 유형자산처분명세서 8) 매입채무명세시 9) 수선비명세서이다(기업회계기준 제88조 제2항).

2. 법인기업의 설립

민법에서의 법인은 법률의 규정에 의하여 성립하는 비영리사단법인을 말하며(민법 제32조), 상법에서의 법인은 영리사단법인으로서의 회사를 말한다.

회사는 상행위 기타 영리를 목적으로 하여 설립한 사단이라고 말하며(상법 제169조) 회사구성원의 책임을 기준으로 하여 1) 합명회사, 2) 합자회사, 3) 주식회사, 4) 유한회사의 4종으로 나누고(상법 제170조), 모든 회사는 법인으로 한다(상법 제171조 제1항). 회사는 설립등기를 함으로써 성립(상법 제172조, 준칙주의)하는 영리사단법인이므로 개인상인과는 달리 상행위를 하지 아니하더라도 상인으로 본다(상법 제5조 제2항).

합명회사는 2인 이상의 무한책임사원이 공동으로 정관을 작성하여 설립등기를 함으로써 성립하는 회사를 말하고(상법 제172조, 제178조, 제180조). 합자회사는 무한책임사원(상법 제212조)과 유한책임사원(상법 제279조)으로 구성된 회사를 말한다.

주식회사는 3인 이상의 발기인이(상법 제288조) 정관을 작성하여(상법 제289조) 1주 100원 이상으로(상법 제329조 제4항) 분할한 5,000만원 이상의 납입자본을 한도로(상법 제329조 제2항) 책임을 지는 주주로(상법 제331조) 구성된 회사를 말하고, 유한회사는 자본이 1,000만원 이하이고(상법 제546조 제1항) 2인 이상 50인 이하의(상법 제543조, 제545조) 유한책임사원으로(상법 제543조) 구성된 회사를 말한다.

회사의 종류 중에서 가장 많이 이용하고 있는 주식회사의 설립절차는 다음과 같다.

발기인조합

주식회사를 설립하기 위하여 첫째로 하는 절차가 3인 이상의 발기인이 모여서 주식회사의 설립을 목적으로 하는 계약을 체결하는 것이며(상법 제288조), 이 회사설립계약은 민법상의 조합이므로 발기인조합이라고 한다.

〈서식 3〉 회사설립계약서

다음의 자들은 공동하여 ○○주식회사를 설립하기 위하여 다음 사항을 협정하고 전원이 이를 승인하여 다음의 계약을 체결한다.

제1조 설립하는 회사는 ○○주식회사라 칭하고 다음 사업을 경영할 것을 목적으로 한다.

1. ○○업
2. ○○업
3. ○○업

제2조 회사가 발행할 주식의 총수는 ○십만주로 하고 모두 1주 500원의 기명식 보통주로 한다.

제3조 회사가 설립시에 발행할 주식의 총수는 ○십만주로 하고 발행가액은 1주 500원으로 하여 발기인이 그 전부를 인수하기로 한다.

제4조 정관의 작성, 사업인가신청, 기타 설립에 관한 모든 절차는 갑, 을, 병에게 위임한다 다만, 중요한 사항에 관하여는 발기인회의 결의에 의하여야 한다.

제5조 설립비용으로 금 ○만원을 갑, 을, 병 3인이 일시 체당하여 지급하기로 한다.

위 계약을 증명하기 위하여 본 계약서를 작성하고 발기인 전원이 다음에 기명날인한다.

2000년 10월 10일

ㅇㅇ주식회사
발기인 (갑) ㅇㅇㅇ ㊞
동 (을) ㅇㅇㅇ ㊞
동 (병) ㅇㅇㅇ ㊞

발기인전원은 발기인조합의 이행으로써(대판 1968. 12. 17. 68 다 1966) 정관을 작성하여야 한다.

정관에는 1) 목적 2) 상호(주식회사의 문자) 3) 회사가 발행할 주식의 총수 4) 1주의 금액 5) 회사의 설립시에 발행하는 주식의 총수(회사가 발행할 주식의 총수의 4분의 1 이상) 6) 본점의 소재지 7) 회사가 공고를 하는 방법(관보 또는 일간신문) 8) 발기인의 성명, 주민등록번호 및 주소를 기재하여 발기인 전원이 기명날인 또는 서명하여야 하며(상법 제289조) 정관은 공증인의 인증을 받음으로써 효력이 생긴다(상법 제292조). 이 기재사항을 절대적 기재사항이라고 한다.

그리고 1) 발기인이 받을 특별이익과 이를 받을 자의 성명 2) 현물출자를 하는 자의 성명과 그 목적인 재산의 종류, 수량, 가격과 이에 대하여 부여할 주식의 종류와 수 3) 회사성립 후에 양수할 것을 약정한 재산의 종류, 가격과 그 양수인의 성명 4) 회사가 부담할 설립비용과 발기인이 받을 보수액은 정관에 기재함으로써 그 효력이 있다(상법 제290조). 이 기재사항을 상대적 기재사항이라고 한다.

이는 회사설립시에 출자의 목적인 재산의 가격을 부당하게 고가로 평가하여 회사의 자본적 기초를 위태롭게 함으로써 회사채권자를 해하는 것과 현물출자한 자에게 부당하게 많은 주수를 배당하여 금전출자한 자를 해하는 것을 방지하려는 데 그 목적이 있다(대판 1960. 11. 24. 4292 민상 874, 875).

〈서식 4〉 ㅇㅇ주식회사 정관

제1장 총 칙

제1조(상호) 이 회사는 ㅇㅇ주식회사(또는 주식회사 ㅇㅇ)라 한다. 영문으로는 ㅇㅇ(약호 ㅇㅇ)로 표기한다.

제2조(목적) 이 회사는 다음의 사업을 영위함을 목적으로 한다.

1. ㅇㅇㅇ
2. ㅇㅇㅇ
3. ㅇㅇㅇ
4. 기타 각호 부대사업

제3조(영업소) (1) 이 회사는 본점을 ㅇㅇ에 둔다.

(2) 이 회사는 이사회의 결의로 국내외에 지점, 출장소, 사무소 및 현지법인을 둘 수 있다.

제4조(공고방법) 이 회사의 공고는 ㅇㅇ에서 발행되는 ㅇㅇ신문에 기재한다.

제2장 주 식

제5조(발행예정주식총수) 이 회사가 발행할 주식의 총수는 ㅇㅇ주로 한다.

제6조(1주 금액) 이 회사가 발행하는 주식 1주의 금액은 ㅇㅇ원으로 한다.

제7조(설립시 발행주식총수) 이 회사가 설립시에 발행하는 주식의 총수는 ㅇㅇ주로 한다.

제8조(주식의 종류와 내용) (1) 이 회사가 발행할 주식의 종류는 기명식 보통주식과 기명식 우선주식으로 한다.

(2) 이 회사가 발행할 우선주식은 의결권이 없는 것으로 하며 그 발행주식의 수는 ㅇㅇ주로 한다.

(3) 우선주식에 대하여는 액면금액을 기준으로 하여 연 ㅇㅇ% 이상 ㅇㅇ% 이내에서 발행시에 이사회가 우선배당률을 정한다.

(4) 우선주식의 존속기간은 발행일로부터 ㅇㅇ년으로 하고 이 기간의 만료와 동시에 보통주식으로 전환된다.

(5) 우선주식에 대하여 소정의 배당을 하지 아니한다는 결의가 있는 경우에는

그 결의가 있는 총회의 다음 총회부터 그 우선적 배당을 한다는 결의가 있는 총회의 종료시까지는 의결권이 있는 것으로 한다.

(6) 이 회사가 유상증자 또는 무상증자를 실시하는 경우에 우선주식에 대한 신주의 배정은 유상증자의 경우에는 보통주식으로, 무상증자의 경우에는 그와 같은 종류의 주식으로 한다.

제9조(주권의 종류) 이 회사가 발행할 주권의 종류는 1주권, 5주권, 10주권, 50주권, 100주권, 500주권, 1,000주권, 10,000주권의 8종으로 한다.

제10조(신주인수권) (1) 이 회사의 주주는 신주의 발행에 있어서 그가 소유한 주식수에 비례하여 신주의 배정을 받을 권리를 가진다.

(2) 제1항에 불구하고 다음 각 호의 경우에는 주주 이외의 자에게 신주를 배정할 수 있다.

1. 이사회결의로 일반공모증자방식으로 신주를 발행하는 경우
2. 우리사주조합원에게 신주를 우선배정하는 경우
3. 주식매수선택권행사로 인하여 신주를 발행하는 경우
4. 주식예탁증서발행에 따라 신주를 발행하는 경우
5. 회사가 경영상 필요한 외국인투자촉진법에 의한 외국인투자를 위하여 신주를 발행하는 경우

(3) 주주가 신주인수권을 포기 또는 상실하거나 신주배정에 단주가 발생하는 경우에 그 처리방법은 이사회의 결의로 정한다.

(4) 이 회사는 회사의 설립, 경영과 기술혁신 등에 기여하거나 기여할 수 있는 임원, 직원에게 발행주식총수의 100분의 ○의 범위 내에서 주식매수선택권을 주주총회의 특별결의에 의하여 부여할 수 있다. 주식매수선택권의 부여대상이 되는 임직원의 수는 재직하는 임직원의 100분의 ○을 초과할 수 없고 임직원 1인에 대하여 부여하는 주식매수선택권은 발행주식총수의 100분의 ○을 초과할 수 없다. 주식매수선택권을 부여받은 자는 주주총회결의일부터 ○년 이상 재임 또는 재직하여야 행사할 수 있다.

(5) 이 회사가 유상증자, 무상증자 및 주식배당에 의하여 신주를 발행하는 경우 신주에 대한 이익의 배당에 관하여는 신주를 발행한 때가 속하는 영업연도의 직전 영업연도말에 발행된 것으로 본다.

제11조(명의개서대리인) (1) 이 회사는 명의개서대리인을 둔다.

(2) 명의개서대리인 및 그 사무처리장소와 대행업무의 범위는 이사회의 결의로 정한다.

(3) 이 회사의 주주명부 또는 그 복본을 명의개서대리인의 사무처리장소에 비치하고 주식의 명의개서, 질권의 등록 또는 말소, 신탁재산의 표시 또는 말소, 주권의 발행, 신고의 접수, 기타 주식에 관한 사무는 유가증권의 명의개서대행 등에 관한 규정에 따라 명의개서대리인으로 하여금 처리하게 한다.

제12조(신고) 주주와 등록질권자는 그 성명, 주소 및 인감 또는 서명 등을 명의개서대리인에게 신고하여야하고 외국에 거주하는 주주와 등록질권자는 대한민국 내에 통지를 받을 장소와 대리인을 정하여 신고하여야 한다.

제13조(주주명부 폐쇄 및 기준일) (1) 이 회사는 매년 1월 1일부터 1월 31일까지 권리에 관한 주주명부의 기재변경을 정지한다.

(2) 이 회사는 매년 12월 31일 최종의 주주명부에 기재되어 있는 주주를 그 결산기에 관한 정기주주총회에서 권리를 행사할 주주로 한다.

(3) 이 회사는 임시주주총회의 소집 기타 필요한 경우 이사회의 결의로 3개월을 경과하지 아니하는 일정한 기간을 정하여 권리에 관한 주주명부의 기재변경을 정지하거나 이사회의 결의로 정한 날에 주주명부에 기재되어 있는 주주를 그 권리를 행사할 주주로 할 수 있으며 이사회가 필요하다고 인정하는 경우에는 주주명부의 기재정지와 기준일의 지정을 함께 할 수 있다. 회사는 이를 2주 전에 공고하여야 한다.

제3장 사 채

제14조(전환사채 발행) (1) 이 회사는 사채의 액면총액이 ○○원을 초과하지 않는 범위 내에서 이사회결의로 주주 외의 자에게 전환사채를 발행할 수 있다.

(2) 전환으로 인하여 발행하는 주식은 ○○주식으로 하고 전환가액은 주식의 액면금액 또는 그 이상의 가액으로 사채발행시 이사회가 정한다.

(3) 전환을 청구할 수 있는 기간은 당해 사채의 발행일 후 ○○월 또는 ○○일이 경과하는 날부터 그 상환기일의 직전일까지로 한다.

제15조(신주인수권부 사채의 발행) (1) 이 회사는 사채의 액면총액이 ○○원을 초과하지 않는 범위 내에서 이사회의 결의로 주주 외의 자에게 신주인수권부사채

를 발행할 수 있다.

(2) 신주인수권의 행사로 발행하는 주식은 ○○주식으로 하고 그 발행가액은 액면금액 또는 그 이상의 가액으로 사채발행시 이사회가 정한다.

(3) 신주인수권을 행사할 수 있는 기간은 당해 사채발행일 후 ○○월 또는 ○○일이 경과한 날로부터 그 상환기일의 직전일까지로 한다.

제16조(준용규정) 제11조(명의개서), 제12조(신고)는 사채발행의 경우에 준용한다.

제4장 주주총회

제17조(소집시기) (1) 이 회사의 주주총회는 정기주주총회와 임시주주총회로 한다.

(2) 정기주주총회는 매 사업연도 종료 후 3개월 이내에, 임시주주총회는 필요에 따라 소집한다.

제18조(소집권자) (1) 주주총회의 소집은 법령에 따라 다른 규정이 있는 경우를 제외하고는 이사회의 결의에 따라 대표이사가 소집한다.

(2) 대표이사가 유고시에는 제34조 제2항(이사의 직무순서)에 의한다.

제19조(소집통지) (1) 주주총회를 소집함에는 그 일시, 장소 및 회의의 목적사항을 총회일 2주 전에 주주에게 서면으로 통지를 발송하여야 한다.

(2) 의결권있는 발행주식총수의 100분의 1 이하의 주식을 소유한 주주에 대한 소집통지는 2주 전에 소집한다는 뜻과 회의목적사항을 ○○에서 발행하는 ○○신문과 ○○신문에 2회 이상 공고함으로써 서면에 의한 소집통지에 갈음할 수 있다.

(3) 이 회사가 주주총회의 소집통지 또는 공고를 하는 경우에는 회사경영참고사항을 통지 또는 공고하여야 한다.

제20조(소집지) 주주총회는 본점소재지에서 개최하되 필요에 따라 이의 인접지에서 개최할 수 있다.

제21조(의장) (1) 주주총회의 의장은 대표이사로 한다.

(2) 대표이사의 유고시에는 ○○에 의한다.

제22조(의장의 질서유지) (1) 주주총회의 의장은 고의로 의사진행을 방해하기 위한 발언, 행동을 하는 등 현저히 질서를 문란하게 하는 자에 대하여 그 발언의

정지 또는 퇴장을 명할 수 있다.

(2) 주주총회의 의장은 의사진행의 원활을 도모하기 위하여 필요하다고 인정할 때에는 주주의 발언의 시간 및 횟수를 제한할 수 있다.

제23조(주주의 의결권) 주주의 의결권은 1주마다 1개로 한다.

제24조(의결권 제한) 이 회사, 모회사 및 자회사 또는 자회사가 다른 회사의 발행주식총수의 10분의 1을 초과하는 주식을 가지고 있는 경우 그 다른 회사가 가지고 있는 이 회사의 주식은 의결권이 없다.

제25조(의결권 불통일행사) (1) 2 이상의 의결권을 가지고 있는 주주가 의결권 불통일행사를 하고자 할 때에는 회일의 3일 전에 서면으로 그 뜻과 이유를 통지하여야 한다.

(2) 회사는 주주의 의결권의 불통일행사를 거부할 수 있다.

제26조(의결권의 대리행사) (1) 주주는 대리인으로 하여금 그 의결권을 행사하게 할 수 있다.

(2) 제1항의 대리인은 주주총회개시 전에 그 대리권을 증명하는 서면을 제출하여야 한다.

제27조(주주총회의 결의방법) (1) 주주총회의 결의는 법령에 다른 정함이 있는 경우를 제외하고는 출석한 주주의 과반수로 하되 발행주식총수의 4분의 1이상의 수로 하여야 한다.

(2) 주주는 총회에 출석하지 아니 하고 서면에 의하여 의결권을 행사할 수 있다. 이 경우 총회의 소집통지서에 주주의 의결권행사에 필요한 서면과 참고자료를 첨부하여야 한다.

제28조(총회의사록) 주주총회의 의사는 그 경과의 요령과 결과를 의사록에 기재하고 의장과 출석한 이사가 기명날인 또는 서명을 하여 본점과 지점에 비치한다.

제5장 이사회

제29조(이사의 수) 이 회사의 이사는 3인 이상 0인 이하로 하고 사외이사는 이사총수의 4분의 1 이상으로 한다.

제30조(이사의 선임) (1) 이사는 주주총회에서 선임한다.

(2) 이사의 선임은 출석한 주주의 의결권의 과반수로 하되 발행주식총수의 4분의 1 이상의 수로 하여야 한다.

(3) 2인 이상의 이사를 선임하는 경우 상법 제382조의 2(집중투표)를 적용한다.

제31조(이사의 임기) 이사의 임기는 3년으로 한다.

제32조(이사의 보선) 이사중 결원이 생긴 때에는 주주총회에서 선임한다.

제33조(대표이사 등) 이 회사는 이사회의 결의로 대표이사, 부사장, 전무이사 및 상무이사 약간명을 선임할 수 있다.

제34조(이사의 직무) (1) 대표이사는 회사를 대표하고 업무를 총괄한다.

(2) 부사장, 전무이사, 상무이사 및 이사는 대표이사를 보좌하고 이사회에서 정하는 바에 따라 회사의 업무를 분장집행하며 대표이사의 유고시에는 위 순서로 그 직무를 대행한다.

제35조(이사의 보고) 이사는 회사에 현저하게 손해를 미칠 염려가 있는 사실을 발견한 때에는 즉시 감사 또는 감사위원회에 이를 보고하여야 한다.

제36조(이사회의 구성) (1) 이사회는 이사로 구성하고 회사업무의 중요사항을 결의한다.

(2) 이사회는 대표이사, 이사회에서 정한 이사 및 이사회의장이 회일의 ○○일 전에 각 이사 및 감사에게 통지하여 소집한다.

제37조(이사회의 결의방법) (1) 이사회의 결의는 이사 과반수의 출석과 출석이사의 과반수로 한다.

(2) 이사회는 이사의 전부 또는 일부가 직접 회의에 출석하지 아니 하고 모든 이사가 동영상 및 음향을 동시에 송수신하는 통신수단에 의하여 결의에 참가하는 것을 허용하는 경우 당해 이사는 이사회에 직접 출석한 것으로 본다.

(3) 이사회의 결의에 관하여 특별한 이해관계가 있는 자는 의결권을 행사하지 못한다.

제38조(이사회의 의사록) (1) 이사회의 의사에 관하여는 의사록을 작성하여야 한다.

(2) 의사록에는 의사의 안건, 경과요령, 그 결과, 반대하는 자와 그 반대이유를 기재하고 출석한 이사 및 감사(감사위원회)가 기명날인 또는 서명하여야 한다.

제39조(위원회) (1) 이 회사는 이사회 내에 다음 각 호의 위원회를 둔다.

1. 경영위원회

2. 감사위원회

3. 사외이사후보추천위원회

4. 보수위원회

(2) 각 위원회의 구성, 권한, 운영 등에 관한 세부사항은 이사회의 결의로 정한다.

(3) 위원회에 대하여는 제36조(소집), 제37조(이사회 결의방법), 제38조(의사록)를 준용한다.

제40조(이사의 보수) (1) 이사의 보수는 주주총회의 결의로 이를 정한다.

(2) 이사의 퇴직금의 지급은 주주총회결의를 거친 임원퇴직금지급규정에 의한다.

제41조(상담역, 고문) 이 회사는 이사회의 결의로 상담역 또는 고문 약간명을 둘 수 있다.

제6장 감 사

제42조(감사의 선임) (1) 이 회사의 감사는 1명 이상 0명 이내로 한다. 그중 1명은 상근으로 하여야 한다.

(2) 감사의 선임을 위한 의안은 이사의 선임을 위한 의안과는 구분하여 의결하여야 한다.

(3) 감사의 선임은 출석한 주주의 의결권의 과반수로 하되 발행주식총수의 4분의 1 이상의 수로 하여야 한다. 그러나 의결권있는 발행주식총수의 100분의 3을 초과하는 수의 주식을 가진 주주는 그 초과하는 주식에 관하여 제1항의 감사의 선임에 있어서는 의결권을 행사하지 못한다. 다만, 소유주식수의 산정에 있어 최대주주와 그 특수관계인, 최대주주 또는 그 특수관계인의 계산으로 주식을 보유하는 자, 최대주주 또는 그 특수관계인에게 의결권을 위임한 자가 소유하는 의결권있는 주식의 수는 합산한다.

제43조(감사의 임기) 감사의 임기는 취임 후 3년 내의 최종의 결산기에 관한 정기주주총회종결시까지로 한다.

제44조(감사의 보선) 감사중 결원이 생긴 때에는 주주총회에서 이를 선임한다.

제45조(감사의 직무) (1) 감사는 이 회사의 회계와 업무를 감사한다.

(2) 감사는 회의의 목적사항과 소집의 이유를 기재한 서면을 이사회에 제출하여 임시총회의 소집을 청구할 수 있다.

(3) 감사는 그 직무를 수행하기 위하여 필요한 때에는 자회사에 대하여 영업의 보고를 요구할 수 있다. 이 경우 자회사가 지체없이 보고를 하지 아니할 때 또는 그 보고의 내용을 확인할 필요가 있는 때에는 자회사의 업무와 재산상태를 조사할 수 있다.

제46조(감사록) 감사는 감사에 관하여 감사록을 작성하여야 하며 감사록에는 감사의 실시요령과 그 결과를 기재하고 감사를 실시한 감사가 기명날인 또는 서명하여야 한다.

제47조(감사의 보수) (1) 감사의 보수는 주주총회의 결의로 이를 정한다. 감사의 보수결정을 위한 의안은 이사의 보수결정을 위한 의안과는 구분하여 의결하여야 한다.

(2) 감사의 퇴직금지급은 주주총회결의를 거친 임원퇴직금지급규정에 의한다.

제7장 감사위원회

제48조(감사위원회의 구성) (1) 이 회사는 감사에 갈음하여 제39조(이사회 내 위원회)에 의한 감사위원회를 둔다.

(2) 감사위원회는 3인 이상의 이사로 구성하고 위원의 3분의 2 이상은 사외이사이어야 한다.

(3) 사외이사가 아닌 감사위원의 선임에는 의결권을 행사할 최대주주와 그 특수관계인, 최대주주 또는 그 특수관계인의 계산으로 주식을 보유하는 자, 최대주주 또는 그 특수관계인에게 의결권을 위임한 자가 소유하는 의결권있는 주식의 합계가 의결권있는 발행주식총수의 100분의 3을 초과하는 경우 그 주주는 그 초과하는 주식에 관하여 의결권을 행사하지 못한다.

(4) 감사위원회는 그 결의로 위원회를 대표할 자를 선정하여야 하고 이 경우 수인의 위원이 공동으로 위원회를 대표할 것을 정할 수 있다.

제49조(감사위원회의 직무) (1) 감사위원회는 이 회사의 회계와 업무를 감사한다.

(2) 감사위원회는 회의의 목적사항과 소집의 이유를 기재한 서면을 이사회에 제

출하여 임시총회의 소집을 청구할 수 있다.

(3) 감사위원회는 그 직무를 수행하기 위하여 필요한 때에는 자회사에 대하여 영업의 보고를 요구할 수 있고 이 경우 자회사가 지체없이 보고를 하지 아니할 때 또는 그 보고의 내용을 확인할 필요가 있는 때에는 자회사의 업무와 재산상태를 조사할 수 있다.

(4) 감사위원회는 주주총회에 외부감사인후보를 제청한다.

(5) 감사위원회는 제1항 내지 제4항 외에 이사회가 위임한 사항을 처리한다.

제50조(감사록) 감사위원회는 감사에 관하여 감사록을 작성하여야 하며 감사록에는 감사의 실시요령과 그 결과를 기재하고 감사를 실시한 감사위원이 기명날인 또는 서명하여야 한다.

제8장 계 산

제51조(사업연도) 이 회사의 사업연도는 매년 ○○월 ○○일부터 ○○월 ○○일까지로 한다.

제52조(외부감사인의 선임) 외부감사인은 감사인선임위원회 또는 감사위원회의 제청에 의하여 정기주주총회에서 선임한다.

제53조(재무제표작성) (1) 이 회사의 대표이사는 정기주주총회 회일의 6주 전에 다음의 서류(대차대조표, 손익계산서, 이익잉여금처분계산서 또는 결손금처리계산서)와 그 부속명세서 및 영업보고서를 작성하여 이사회의 승인을 얻어 감사 또는 감사위원회에 제출하여야 하며 감사 또는 감사위원회는 정기주주총회 회일의 1주 전까지 감사보고서를 대표이사에게 제출하여야 한다.

(2) 대표이사는 제1항의 서류를 정기총회 회일의 1주전부터 본점에 5년간, 그 등본을 지점에 3년간 비치하여야 하며 제1항의 서류에 대한 주주총회의 승인을 얻은 때에는 대차대조표와 외부감사인의 감사의견을 지체없이 공고하여야 한다.

제54조(이익금의 처분) 이 회사는 매사업연도의 처분전 이익잉여금을 다음과 같이 처분한다.

1. 이익준비금
2. 기타 법정준비금
3. 배당금

4. 임의적립금

5. 기타 이익잉여금처분액

제55조(이익배당) (1) 이익의 배당은 금전과 주식으로 할 수 있고 매결산기말 현재의 주주명부에 기재된 주주 또는 등록질권자에게 지급한다.

(2) 이익의 배당을 주식으로 하는 경우 회사가 수종의 주식을 발행한 때에는 주주총회의 결의로 그와 다른 주식으로도 할 수 있다.

제56조(중간배당) (1) 이 회사는 ○○월 ○○일 ○○시(기준일) 현재의 주주에게 금전으로 중간배당을 할 수 있다.

(2) 중간배당은 기준일 이후 45일 내에 이사회의 결의로 한다.

(3) 중간배당은 직전결산기의 대차대조표상의 순자산액에서

1. 직전결산기의 자본액과 정기주주총회에서 정한 이익배당액

2. 직전 결산기까지 적립된 자본준비금과 이익준비금의 합계액, 정관 또는 주주총회결의에 의하여 특정목적을 위하여 적립한 임의준비금

3. 중간배당에 따라 당해 결산기에 적립할 이익준비금을 공제한 액을 한도로 한다.

(4) 중간배당을 할 때에는 우선주식에 대하여도 보통주식과 동일한 배당률을 적용한다.

(5) 사업연도개시일 이후 기준일 이전에 신주를 발행한 경우(준비금의 자본전입, 주식배당, 전환사채의 전환청구, 신주인수권사채의 신주인수권행사 포함)에는 중간배당에 관하여 당해 신주는 직전 사업연도말에 발행된 것으로 본다.

제57조(소멸시효) 배당금의 지급청구권은 5년간 이를 행사하지 아니하면 소멸시효가 완성하고 이로 인한 배당금은 이 회사에 귀속한다.

부 칙

이 정관은 2000년 10월 1일부터 시행한다.

설립중의 회사

설립중의 회사라 함은 발기인이 회사의 설립을 위하여 필요한 행위로 인하여 취득 또는 부담하였던 권리의무가 회사의 설립과 동시에 그 설립된 회사에 귀속되는 관계(실질적으로는 회사불성립의 확정을 정지조건으로 하여 발기인에게 귀속됨과 동시에 같은 사실을 해제조건으로 하여 설립될 회사에 귀속되는 것이고 형식적으로는 회사성립을 해제조건으로 발기인에게 귀속됨과 동시에 같은 사실을 정지조건으로 설립된 회사에 귀속되는 것이다)를 사회학적 및 법률적으로 포착하여 설명하기 위한 강학상의 개념이다(대판 1970. 8. 31. 70 다 1357). 이 개념은 회사설립 과정에서 권리의무귀속주체를 명백히 하기 위하여 만든 것이며, 복수인이 결합하여 단체(사단)를 구성하고 그 단체가 법인격을 취득하는 전후에서 생기는 법률관계를 연결하여 준다.

각 발기인은 서면에 의하여 주식을 인수하여야 하므로(상법 제293조) 발기인전원이 1주 이상의 주식을 인수한 때에 발기인단체인 설립중의 회사가 성립하고(대판 1985. 7. 23. 84 누 678) 이 단체는 주식인수인으로 구성되며 자본을 가진 사단(법인격이 없는 사단)이므로 당사자능력을 가지고 있으며(민사소송법 제48조) 업무의 집행은 발기인대표가 설립중의 회사의 기관으로써 회사명의를 가지고 직무를 수행하는 것이다.

설립중의 회사로서의 실체가 갖추어지기 이전에 발기인이 취득한 권리의무는 구체적 사정에 따라 발기인 개인 또는 발기인조합에 귀속되는 것이며 이를 설립 후의 회사에 귀속시키기 위하여는 양수나 채무인수 등의 특별한 이전행위가 있어야 한다(대판 1990. 12. 26. 90 누 2536). 그리고 설립중의 회사가 회사로 성립하지 못하는 경우에는 청산에 의하여 해산되는 것이며 이 경우에 발기인의 회사설립행위에서 생기는 주식인수인과 회사채권자의 불이익에 대하여 발기인은 연대하여 책임을 진다(상법 제326조).

주식회사의 성립(설립등기)

회사(영리사단법인)는 본점 소재지에서 설립등기를 함으로써 성립한다(상법 제172조). 상법에 의하여 등기할 사항은 당사자의 신청에 의하여 영업소의 소재지를 관할하는 법원의 상업등기부에 등기하고(상법 제34조 제1항) 상업등기사무의 처리절차는 대법원규칙(상업등기처리규칙)으로 정한다(상법 제34조 제2항).

주식회사의 설립등기는 발기인이 회사 설립시에 발행한 주식의 총수를 인수한 경우(발기설립)에는 제299조(검사인의 현물출자이행조사보고)와 제300조(검사인 또는 공증인의 조사보고서 또는 감정인의 감정결과와 발기인의 설명서에 대한 법원의 부당 변경 통고)의 규정에 의한 절차가 종료한 날로부터, 발기인이 주주를 모집한 경우(모집설립)에는 창립총회가 종결한 날 또는 제314조(창립총회의 변태설립사항 부당 변경)의 규정에 의한 절차가 종료한 날로부터 2주간 내에 이를 하여야 한다(상법 제317조 제1항).

주식회사의 설립등기에 있어서는 다음 사항을 등기하여야 한다(상법 제317조 제2항).

1) 제289조 제1항 제1호 내지 제4호(목적, 상호, 회사가 발행할 주식의 총수, 1주의 금액)와 제7호(회사가 공고를 하는 방법)에 게기한 사항

2) 자본의 총액

3) 발행주식의 총수, 그 종류와 각종 주식의 내용과 수

3의 2) 주식의 양도에 관하여 이사회의 승인을 얻도록 정한 때는 그 규정

3의 3) 주식매수선택을 부여하도록 정한 때에는 그 규정

3의 4) 지점의 소재지

4) 회사의 존립기간 또는 해산사유를 정한 때에는 그 기간 또는 사유

5) 개업 전에 이자를 배당할 것을 정한 때에는 그 규정

6) 주주에게 배당할 이익으로 주식을 소각할 것을 정한 때에는 그 규정

7) 전환주식을 발행하는 경우에는 제347조(주식을 다른 종류의 주식으로 전환할 수 있다는 뜻, 전환의 조건, 전환으로 인하여 발행할 주식의 내용, 전환을 청구할 수 있는 기간)에 게기한 사항

8) 이사와 감사의 성명 및 주민등록번호

9) 회사를 대표할 이사의 성명, 주민등록번호 및 주소

10) 수인의 대표이사가 공동으로 회사를 대표할 것을 정한 때에는 그 규정

11) 명의개서대리인을 둔 때에는 그 상호 및 본점소재지

12) 감사위원회를 설치한 때에는 감사위원회위원의 성명 및 주민등록번호.

그리고 설립등기신청서에는 다음의 서류를 첨부하여야 한다(비송사건절차법 제203조).

1) 정관

2) 주식인수증명서

3) 주식청약서

4) 발기인이 상법 제291조에 규정된 사항(회사설립시에 발행하는 주식의 종류와 수, 액면이상의 주식을 발행하는 때에는 그 수와 금액은 발기인의 전원동의로 정한다)을 정한 때에는 이를 증명하는 서면

5) 이사와 감사 또는 검사인의 감정서와 그 부속서류

6) 검사인의 보고에 관한 재판이 있은 때에는 그 재판의 등본

7) 발기인이 이사와 감사를 선임한 때에는 그에 관한 서면

8) 창립총회의사록

9) 이사, 대표이사, 감사의 취임승낙서

10) 명의개서대리인과의 계약서

11) 주금납입을 맡은 은행 기타 금융기관의 납입금보관증명서.

〈서식 5〉 창립총회의사록(첨부서류 1)

서기 ○○○○년 ○○월 ○○일 서울특별시 ○○구 ○○동 ○○번지에서 창립총회를 개최한다.

주식총수 ○○○주

주주총수 ○○○명

출석주주수 ○○○명

발기인대표 ○○○는 상법 제309조(결의정족수)에 해당하는 주식인수인이 출석하였으므로 본 총회는 유효하게 성립됨을 보고하고 의사를 진행시키기 위하여 의장의 선임을 요구한바 만장일치로 발기인대표를 의장으로 선임하여 그 취임을 승낙하고 개회를 선언하여 다음 의안을 심의하였다.

제1호의안(창립사항보고에 관한 건)

의장은 발기인을 대표하여 별지와 같은 창립총회설립경과를 보고한 바 전원일치로 이를 승인하다.

제2호의안(정관승인의 건)

의장은 정관초안을 축조설명한 후 그 채택 여부를 자문하자 전원일치로 원안을 승인하다.

제3호의안(이사, 감사선임의 건)

의장은 주주에게 이사, 감사의 선임방법을 자문하자 무기명비밀투표에 의한 방법을 전원일치로 채택하였으며 이 방법에 의한 투표결과는 다음과 같다.

이사 ○○○

이사 ○○○

이사 ○○○

감사 ○○○

제4호의안(이사, 감사의 조사보고의 건)

의장은 이사, 감사가 모두 발기인이므로 상법 제313조 제2항에 의하여 이사, 감사의 조사보고를 할 수 없어서 공증인으로 하여금 조사보고를 하게 하여야 하는데 공증인선임방법을 총회에 자문한 바 의장의 지명에 일임하자고 전원일치로 결의하여 의장이 공증인 ○○○을 지명하자 전원일치로 승인하고 피선임자는 즉시 그 취임을 승낙하고 조사에 착수하다. 의장은 공증인의 조사보고를 기다리기 위하여 일시 휴회한 후 회의를 속개하고 공증인은 별지 조사보고서와 같이 보고한 바 총회는 이를 전원일치로 승인하다.

이상으로 금일 총회의 목적인 의안전부를 심의종료하였으므로 의장은 폐회를 선언하고 위 의사를 명확히 하기 위하여 의사록을 작성하여 의장과 출석한 이사가 다음에 기명날인하다.

○○○○년 ○○월 ○○일

○○ 주식회사

의장 이사 ○ ○ ○ ㊞

이사 ○ ○ ○ ㊞

이사 ○ ○ ○ ㊞

〈서식 6〉 주금납입금보관증명서(첨부서류 2)

1, 금 ○○○,○○○,○○○원정

발행주식총수 ○○○,○○○주

1주의 금액 금 ○○○원

위 금액은 귀회사 설립시에 발행하는 주식총수에 대한 납입금으로 서기 ○○○○년 ○○월 ○○일 납입이 완료되어 현재 이를 보관중임을 증명함.

서기 ○○○○년 ○○월 ○○일

주식회사 ○○은행

대표이사 ○ ○ ○ ㊞

서울시 ○○구 ○○동 ○○번지

○○ 주식회사

발기인 대표 ○○○ 귀하

법인격의 무시

회사는 영리사단법인이다(상법 제169조, 제171조 제1항). 회사를 법인으로 인정하는 것은 회사가 그 구성원인 주주와는 별개의 권리의무의 귀속주체로써(분리의 원칙) 재산을 취득하고 영업을 하여 사회에서 유용한 기능을 수행할 수 있도록 하기 위한 것이다. 그러나 회사가 법률이 요구하는 형태(반대는 법인격의 형해화)와 공정한 행위를 유지(반대는 법인격의 남용, 대판 1977. 7. 13. 74 다 954)하지 아니하고 법인격을 오직 상대방에게 고통을 주고 손해를 입히려는데 있을 뿐 행사하는 사람에게 아무런 이익이 없는 경우에는(대판 1988. 11. 22. 87 다카 1671) 회사와 거래한 선의의 제3자를 보호하기 위하여 특정한 당사자간의 법률관계에 한정하여 그 회사의 법인격을 무시하고 회사내부의 실체에 대하여 책임을 추궁할 수 있는 수단이 필요한 것이다. 이 수단을 "법인격의 무시이론"이라고 한다.

회사의 법인격이 법원에 의하여 무시되면 해당 사안에 대하여 법인격이 정지되는 것이므로 사단성 결여형 회사에서는 회사의 실질이 사단이 아니라 개인이라고 보게 되므로 개인이 회사책임을 부담하게 되고, 독립성 결여형 회사에서는 자회사의 법인격을 주장하지 못하므로 모회사가 자회사의 채무를 부담하게 된다.

이 이론은 개인이 회사채무에 대하여 무한책임을 부담하도록 하는 이론이므로 주식회사에서의 주주의 책임은 그가 가진 주식의 인수가액을 한도로 한다는 원칙(상법 제331조, 주주유한책임의 원칙)을 배제하는 이론적 근거를 제공하여 1인지배주식회사의 기업활동에서 생기는 사회적 부조리에 대한 책임을 1인의 지배주주에게 추궁하는 것을 가능하게 한다.

한편 법인격의 무시이론이 판례법(대판 1988. 9. 10. 88 다카 1250)으로 발전하고 있음에도 불구하고 1인의 지배주주가 회사책임에 대하여 유한책임을 부담하는 원칙을 공고히 하기 위하여 1인유한책임회사의 설립을 입법하는 예가 있다.

예컨대, 1990. 4. 17. 주식회사설립시의 발기인 수를 법정하지 않는 일본 상법 제165조, 단독발기인이 정관을 제출하여 회사를 설립하는 1993 미국 델라웨어주 일반회사법 제101조, 1994. 8. 2. 1인의 발기설립을 인정한 독일 주식법 제2조 등이 있다.

그러나 1998. 12. 31. 현재 155,462개의 주식회사가 활동을 하면서 다수의 1인지배의 주식회사 주주가 유한책임의 이익을 누리고 있다. 그리고 상법 제401조(이사의 제3자 책임)나 제401조의 2(업무집행지시자 책임)에 의한 제3자 보호도 한계가 있다. 예컨대, 대표이사가 회사재산을 횡령하여 회사재산이 감소함으로써 회사가 손해를 입고 결과적으로 주주의 경제적이익이 침해되는 손해와 같은 간접적인 손해는 상법 제401조 제1항에서 말하는 손해의 개념에 포함되지 않으므로 이에 대하여는 상법 제401조에 의한 손해배상을 청구할 수 없는 것이다(대판 1993. 1. 26. 91 다 36093). 그러므로 법인격 무시의 법리는 더욱 발전되어야 하고 1인지배주주의 무한책임을 입법하는 소지가 필요하게 되는 것이다.

3. 주식회사의 자금

주식의 발행

주식의 발행이라 함은 주식회사에서 자본을 형성하는 절차를 말한다. 주식회사는 주식이라는 자기자본으로 구성된 기업이므로 사업자(발기인, 주주)는 회사자본을 스스로 마련하여야 한다. 회사자본을 형성하는 기준에 관하여 주식회사의 자본은 5,000만원 이상이어야 하고(상법 제329조 제1항) 자본을 주식으로 분할하여야 하며(상법 제329조 제2항) 설립시에 발행하는 주식(발행주식)의 총수는 회사가 발행할 주식(수권주식)의 총수의 4분의 1 이상이어야 하고(상법 제289조 제2항) 회사의 자본은 발행주식의 액면총액으로 계산한다(상법 제451조).

여기서 주식회사가 설립시에 형성하여야 하는 최저 자본은 5,000만원이므로 발행할 자본은 2억원이며 5,000만원을 1주의 최저금액인 100원(상법 제329조 제4항)으로 분할하면 발행주식총수는 500,000주이다(1주의 금액을 5,000원으로 발행하면 발행주식총수는 10,000주가 된다).

회사설립시에 발행하는 주식에 관한 사항(주식의 종류와 수, 액면 이상 발행)은 발기인 전원의 동의로 정한다(상법 제291조). 주식의 종류는 보통주식과 우선주식으로 나뉘고(상법 제344조) 우선주식은 이익으로 소각하거나(상법 제345조, 이를 상환주식이라고 한다) 의결권이 없는 것으로 할 수 있다(상법 제370조, 이를 의결권없는 주식이라고 한다).

발행된 주식은 각 발기인이 서면에 의하여 주식을 인수하여야 하고(상법 제293조) 발기인이 회사의 설립시에 발행하는 주식의 총수를 인수한 때에는 지체없이 각 주식에 대하여 그 인수가액의 전액을 납입하여야 한다(상법 제

295조). 이를 발기설립이라 한다.

발기인이 회사의 설립시에 발행하는 주식의 총수를 인수하지 아니하는 때에는 주주를 모집하여야 하고(상법 제301조) 주식인수를 청약한 자는 발기인이 배정한 주식의 수에 따라서 인수가액을 납입할 의무를 부담하며(상법 제303조) 회사설립시에 발행하는 주식의 총수가 인수된 때에는 발기인은 지체없이 주식인수인에 대하여 각 주식에 대한 인수가액의 전액을 납입시켜야 한다(상법 제305조 제1항). 이를 모집설립이라 한다.

회사성립 후에는 발행할 주식의 총수(상법 제289조 제1항 3호)에서 발행한 주식의 총수를 공제하고 남은 주식수를 새로 발행하여 자본을 추가로 조달할 수 있다. 이를 신주발행이라고 한다(증자).

예컨대, 5,000만원의 최저자본회사가 1주 100원의 주식을 500,000주 발행하여 설립하고 신주를 발행하여 자본을 증가시키려고 하면 1주 100원의 주식을 1,500,000주까지 발행할 수 있는 것이다. 신주발행에 관한 사항(종류, 수, 발행가액, 납일기일, 인수방법, 신주인수권양도, 신주인수권증서)은 이사회가 결정한다(상법 제416조).

주주는 그가 가진 주식의 수에 따라서 신주의 배정을 받을 권리가 있고(상법 제418조 제1항, 주주의 신주인수권) 이사는 신주인수인으로 하여금 그 배정받은 주수에 따라 납입기일에 그 인수한 각 주에 대한 인수가액의 전액을 납입시켜야 한다(상법 제421조). 신주의 인수인이 납입을 한 때에는 납입기일의 다음 날로부터 주주의 권리의무가 있다(상법 제423조 제1항).

신주가 발행되어도 자본은 증가하지 아니하는 경우가 있다. 예컨대, 회사가 수종의 주식(보통주와 우선주)을 발행하는 경우에 정관으로 주주는 인수한 주식을 다른 종류의 주식으로 전환을 청구할 수 있음을 정할 수 있으며(상법 제346조 제1항, 이 주식을 전환주식이라 한다) 전환으로 인하여 신주식을 발행하는 경우에는 전환전의 주식의 발행가액을 신주식의 발행가액으로 하기 때문에(상법 제348조) 증자효과는 없는 것이다.

주식을 병합하는 경우에도 구주권을 제출받고 신주권을 교부하는 것이며

(상법 제442조), 이사회의 결의에 의하여 준비금의 전부 또는 일부를 자본에 전입하는 경우에도 주주에 대하여 그가 가진 주식의 수에 따라 주식을 발행(무상)하는 것이므로(상법 제461조), 전환사채와 신주인수권부사채에서 사채와 신주인수권에 대하여 신주가 발행되는 경우에도 사채상환액이 신주발행가액으로 납입되는 것이므로(상법 제516조의 2 제2항 제5호) 증자효과는 발생하지 아니하는 것이다.

한편 회사의 경영성적이 좋아지고 주식의 발행가액이 유가증권시장(증권거래소, 증권업협회중개시장)에서 높게 형성되는 경우에는 정관에 기재된 발행할 주식의 총수를 변경하여 신주발행을 계속함으로써 자본의 규모를 확대할 수 있는 것이다.

〈서식 7〉 신주발행공고

상법 제416조에 의하여 2000년 10월 20일 개최한 당사 이사회에서 다음과 같이 신주발행을 결의하였기에 이를 공고합니다.

다 음

1. 신주의 종류와 수 : 기명식 보통주 1,000,000주
2. 신주의 발행방법 : 전액 시가발행
3. 신주의 발행가액 : 상장법인 재무관리규정에 의거 산출되는 이론권리락주가를 30% 할인한 금액으로 한다
4. 신주배당기준일 : 2000년 11월 20일
5. 신주의 배정방법 : 신주의 20%는 우리사주조합원에게 우선배정하고 잔여 주식은 2000년 11월 20일 오후 5시 현재 주주명부에 등재된 주주에게 소유주식 1주당 0.15주의 비율로 배정함
6. 청약일 : 우리사주조합 2000년 11월 30일
구주주 2000년 11월 25일
7. 청약증거금 : 1주당 발행가액 전액

8. 주금납입일 : 2000년 11월 30일

9. 신주인수권에 관한 사항 : 신주인수권의 양도를 허용하고 신주배정통지일부터 청약개시 전일까지 주주의 청구가 있는 때에만 신주인수권증서를 발행함

10. 청약 및 주금납입장소 : 주식회사 서울은행 한남동지점

11. 기타 : 청약증거금은 납입기일에 주금으로 대체하고 청약일부터 납입일까지의 이자는 없음

사채의 발행

사채는 회사가 발행한 사채권을 매수한 자에 대하여 부담하는 채무를 말한다. 사채는 이사회의 결의에 의하여 모집할 수 있고(상법 제469조) 각 사채의 금액은 10,000원 이상으로 하여야 하며(상법 제472조) 사채의 총액은 최종의 대차대조표에 의하여 회사에 현존하는 순자산액의 4배를 초과하지 못한다(상법 제470조).

사채의 모집방법은 직접모집(상법 제474조), 위탁모집(상법 제476조 제2항), 총액인수모집(상법 제475조 1문), 일부인수모집(상법 제475조 2문)이 있다. 사채의 모집이 완료한 때에는 이사는 지체없이 인수인에 대하여 각 사채의 전액 또는 제1회의 납입을 시켜야 하고(상법 제476조) 사채전액의 납입이 완료한 후에 채권을 발행할 수 있다(상법 제478조).

사체의 종류는 무담보사채, 담보부사채. 진환사채, 신주인수권부사채, 이익참가부사채, 교환사채 등이 있다. 무담보사채는 상법상의 보통사채를 말한다.

담보부사채는 회사의 재산을 담보로 하여 모집하는 사채를 말한다(담보부사채신탁법 제4조). 전환사채는 주식으로 전환할 수 있는 권리가 인정된 사채를 말한다(상법 제513조). 전환사채권자는 발행회사의 주식가액이 높아지면 사채를 주식으로 전환하는 청구만으로 주주가 되는 것이므로(상법 제516조 제2항, 350조) 이사회 또는 주주총회에서 발행사항을 결정한다. 신주인수권부사채는 사채권자에게 발행회사의 신주인수권을 부여하고 있는 사채를 말한다(상법 제516조의 2 제1항).

사채권자가 사채발행회사의 신주인수권을 가지고 있으면 신주인수권을 행사하여 주주가 됨으로써 경영참가, 배당이득, 주식양도차익 등을 얻을 수 있고 신주인수권증권의 교부에(상법 제516조의 6) 의하여 신주인수권양도이익을 얻을 수 있기 때문에(이를 분리형 신주인수권부사채라 한다) 발행사항을 이사회 또는 주주총회에서 결정한다.

이익참가부사채는 사채권자에게 사채발행회사의 이익배당에 참가할 수 있는 권리가 부여된 사채를 말한다(증권거래법 제191조의 4 제1항), 교환사채는 사채권자에게 사채발행회사가 보유하고 있는 유가증권과의 교환을 청구할 수 있는 권리가 부여된 사채를 말한다(증권거래법 제191조의 4 제1항). 사채권자가 수익성이 높은 주식 등과 사채의 교환을 청구하면 다른 회사의 주주 등이 누리는 이익을 얻게 되는 것이다.

사내 이익의 유보

주식회사에서는 이익준비금(상법 제458조)과 자본준비금(상법 제459조)을 적립하여야 한다. 이익준비금은 회사자본의 2분의 1에 달할 때까지 매결산기의 금전에 의한 이익배당액의 10분의 1 이상의 금액을 의무적으로 적립하는 준비금이다. 회사자본은 발행주식액면총액(상법 제451조)을 말한다.

자본준비금은 회사의 자본(영업아닌)거래에서 생긴 이익에서, 1) 액면이상의 주식을 발행한 때에는 그 액면을 초과한 금액(주식발행차익, 프레미엄), 2) 자본감소의 경우에 그 감소액이 주식의 소각, 주금의 반환에 요한 금액과

결손의 전보에 충당한 금액을 초과한 때에는 그 초과금액(감자차익), 3) 회사합병의 경우에 소멸된 회사로부터 승계한 재산의 가액이 회사로부터 승계한 채무액, 그 회사의 주주에게 지급한 금액과 합병 후 존속하는 회사의 자본증가액 또는 합병으로 인하여 설립된 회사의 자본액을 초과한 때에는 그 초과금액(합병차익), 3의 2) 제530조의 2의 규정에 의한 분할 또는 분할합병으로 인하여 설립된 회사 또는 존속하는 회사에 출자된 재산의 가액이 출자한 회사로부터 승계한 채무액, 출자한 회사의 주주에게 지급한 금액과 설립된 회사의 자본금 또는 존속하는 회사의 자본증가액을 초과한 때에는 그 초과액(분할차익), 4) 기타 자본거래에서 발생한 잉여금(보험차익, 자기주식처분이익 등)을 의무적으로 적립한 것이다.

법정준비금(이익준비금과 자본준비금)은 자본의 결손전보에 충당하고(상법 제460조 제1항) 이익준비금, 자본준비금의 순으로 충당하며(상법 제460조 제2항) 준비금의 자본전입은 이사회의 결의에 의한다(상법 제461조).

주식회사가 이사회의 결의로 준비금을 자본에 전입하여 신주를 발행할 경우에는 회사에 대한 관계에서는 이사회의 결의로 정한 일정한 날에 주주명부에 주주로 기재된 자만이 신주의 주주가 된다(대판 1988. 6. 14. 87 다카 2599, 2600). 정관이나 주주총회의 결의에 의하여 적립하는 임의준비금은 법정준비금을 공제하고 남은 이익에서 적립할 수 있고 이는 손실보전, 주식상각, 퇴직수당, 사채상환 등에 사용된다.

이익의 자본화는 주주의 이익배당청구권의 객체의 범위를 축소하는 것이며 이익으로써 우선주식소각(상법 제345조), 이익으로 자본결손전보(상법 제460조), 합병차익의 자본준비금적립(상법 제459조 제1항 제3호), 준비금의 자본전입(상법 제461조), 주식배당(상법 제462조의 2) 등으로 실현된다.

외부 차입

외부차입에 의한 자금조달은 금전을 기업외부로부터 차용하는 것을 말한다. 이는 당사자 일방이 금전의 소유권을 상대방에게 이전할 것을 약정하고 상대방은 그와 같은 종류, 품질 및 수량으로 반환할 것을 약정하는 소비대차(민법 제598조)에 의하여 이루어진다(소비대차는 낙성계약이므로 차용증서는 소비대차를 증명하기 위하여 법원에 제출할 수 있는 사문서이다).

여신거래약관을 금전소비대차의 내용으로 하는 은행대출에서는 차용증서에 강제집행문을 기재하는 증서대출과 백지어음에 연대보증인을 공동발행인으로 기재하는 어음대출 및 어음할인의 방법을 많이 이용하고 있다.

〈서식 8〉 은행여신거래기본약관

제1조(적용범위) 이 약관은 은행과 채무자(차주, 할인신청인, 지급보증신청인 등 은행에 대하여 채무를 부담하는 사람을 말한다) 사이의 어음대출, 어음할인, 증서대출, 당좌대월, 지급보증, 유가증권대여, 외국환 기타의 여신에 대하여 적용하고, 채무자가 발행, 배서, 인수나 보증한 어음, 수표를 은행이 제3자와의 모든 거래와 관련하여 취득한 경우 그 채무의 이행에 관하여 적용한다.

제2조(어음채권과 여신채권) 채무자가 발행, 배서, 인수나 보증한 어음에 의하여 여신을 받은 경우에는 은행은 어음채권 또는 여신채권의 어느 것에 의하여도 청구할 수 있다.

제3조(이자 등과 지연배상금) 이자, 할인료, 보증료, 수수료 등의 율계산방법, 지급의 시기 및 방법에 관하여는 채무자는 법령이 정하는 최고율 기타 제한 내에서 은행이 정하는 바에 따르기로 하고, 채무자가 은행에 대한 채무이행을 지체한 경우에는 곧 지급하여야 할 금액에 대하여 1년을 365일로 보고 법령이 정하는 제한 내에서 은행이 정한 율에 따라 계산한 지체일수에 해당하는 지연배상금을 지급하며, 은행이 이자, 할인율, 보증료, 수수료 등과 지연배상금의 율, 계산방법, 지급의 시기 및 방법의 약정을 변경한 경우 채무자는 그것이 법령에 의거한 최고율 변경에 상응한 것일 대에는 곧 이의없이 그 변경된 바에 따르기로 하고 기타의 경우

금융사정의 변화 그 밖의 상당한 사유로 말미암아 법령에 의거하여 정하여지는 최고율범위 내에서 상응하게 변경된 것일 때에는 그 변경된 바에 따를 것에 동의한다.

제4조(부대채권) 은행이 채무자에 대한 채권의 보전이나 행사 또는 담보의 보전, 추심이나 처분에 쓴 비용 등 거래에 관한 모든 부대채무와 채무자가 그의 권리의 보전을 위하여 은행에 협력을 부탁한 경우에 은행이 쓴 비용은 채무자가 부담하고, 보험료, 법적 절차에 소요된 비용 등 부대채무를 은행이 대신 지급한 경우에 채무자는 아무 이의없이 대신 지급한 금액에 대신지급한 날부터 다 갚을 때까지의 지연배상금을 더하여 곧 이를 지급한다.

제5조(자금의 사용) 채무자는 은행과의 여신거래로 받은 자금, 대여유가증권, 지급보증 기타 은행으로부터 받은 신용을 그 여신거래를 신청할 때의 용도와 다른 용도로 사용하지 아니한다.

제6조(담보) 채무자의 신용변동, 담보가치의 감소 기타 채권보전상 필요하다고 인정될 상당한 사유가 발생한 경우에는 채무자는 은행의 청구에 의하여 곧 은행이 승인하는 담보나 추가담보를 제공하고 또는 보증인을 세우거나 이를 추가하기로 하고, 담보의 추심 또는 처분은 원칙적으로 법정절차에 의하고 상당한 사유가 있는 경우에는 법정절차에 의하지 아니하고 일반적으로 적당하다고 인정되는 방법, 시기, 가격 등에 의하여 은행이 담보를 추심 또는 처분할 수 있으며, 은행은 취득금에서 제 비용을 뺀 나머지 금액으로 법이 정한 순서에 불구하고 은행이 지정하는 채무의 변제에 충당할 수 있기도 하며 채무가 남는 경우에 채무자는 곧 변제하기로 하며, 채무자가 은행에 대한 채무의 이행을 지체한 경우에는 은행이 점유하고 있는 채무자의 동산, 어음, 기타의 유가증권을 담보로서 제공된 것이 아닐지라도 은행이 계속 점유하거나 추심 또는 처분 등의 처리를 할 수 있기로 한다.

제7조(기한 전의 채무변제의무) (1) 채무자에 대하여 다음 각 호의 사유의 하나라도 발생한 경우에는 채무자는 은행으로부터 독촉, 통지 등이 없어도 당연히 은행에 대한 모든 채무의 기한의 이익을 상실하여(지급보증거래에 있어서의 사전구상채무발생, 유가증권대여에 있어서의 기한 전의 대여증권반환의무 또는 대여유가증권상에 설정하였던 담보권설정등록의 말소의무를 포함) 곧 이를 변제 또는 이행할 의무를 지기로 한다.

1. 채무자의 제 예치금 기타 채권이나 채무자가 제공한 담보재산에 대하여 가압류, 압류명령이나 체납처분압류통지가 발송된 때

2. 포괄근보증인의 제 예치금 기타 채권에 대하여 압류명령이나 통지가 발송된 때

3. 파산, 화의개시, 회사정리개시의 신청이 있는 때

4. 조세공과에 관하여 납기전 납부고지를 받거나 지급을 정지한 때 또는 어음교환소의 거래정지처분이 있는 때

5. 은행에 대한 채무의 일부라도 기한에 변제하지 아니한 때

(2) 다음 각 호의 사유의 하나라도 발생한 경우에는 채무자는 은행의 청구에 의하여 은행에 대한 모든 채무의 기한의 이익을 상실하여 곧 이를 변제 또는 이행할 의무를 지기로 한다.

1. 채무자의 예치금, 기타 채권이나 채무자가 제공한 담보재산이외의 재산에 대하여 가압류, 압류, 체납처분압류가 있거나 담보목적물에 대하여 경매개시가 있는 때

2. 보증인이 포괄근보증인의 제 예치금에 대한 압류명령이나 통지발송을 제외하고 채무자의 기한이익상실사유의 하나에라도 해당한 때

3. 위법, 부당한 방법으로 융자를 받으므로써 금융거래질서를 문란시킨 사실이 판명된 때

(3) 다음 각 호의 사유의 어느 하나라도 발생한 경우에는 채무자는 은행의 청구에 의하여 은행에 대한 당해 채무의 기한의 이익을 상실하여 곧 이를 변제 또는 이행할 의무를 지기로 한다.

1. 채무자가 이 약관 및 은행과의 거래약정의 일부라도 위반한 한 때

2. 제1호 외에 채권보전이 필요하다고 인정되는 상당한 사유가 발생한 때

(4) 채무자가 은행에 대한 모든 채무 또는 당해 채무의 기한이익을 상실한 경우라도 은행의 명시적 의사표시가 있거나 분할상환금, 이자, 지연배상금의 수령, 어음개서 등 정상적인 거래의 계속이 있는 때에는 당해 채무 또는 은행이 지정하는 채무의 기한이익은 본래대로 부활하는 것으로 한다.

제8조(할인어음의 환매채무) 어음의 할인을 받은 경우 채무자가 제7조에 해당한 때에는 모든 어음에 대하여 또 어음의 주된 채무자(약속어음의 발행인, 환어음의 인수인)가 기일에 지급하지 아니하거나 제7조에 해당한 때에는 그가 주된 채무자가 되어 있는 어음에 대하여 채무자는 은행으로부터 독촉, 통지 등이 없어도 당연히 어음면기재금액의 상환채무를 지고 곧 변제하기로 하며, 할인어음에 대하여 채권보전이 필요하다고 인정될 상당한 사유가 발생한 경우에는 은행의 청구에 의

하여 채무자는 어음면기재금액의 상환채무를 지고 곧 변제하기로 하고, 채무자가 채무를 이행하기까지는 은행이 어음소지인으로서의 모든 권리를 행사할 수 있고, 어음을 할인받은 자가 상환의무를 부담하는 경우에도 은행의 명시적 의사표시와 정상적 거래의 계속이 있으면 어음의 할인관계가 본래대로 부활하는 것으로 한다.

제9조(은행의 상계) 기한의 도래 또는 기한전의 채무변제의무, 할인어음의 환매채무발생 기타 사유로 은행에 대한 채무를 이행하여야 하는 경우에는 그 채무와 채무자의 제 예치금 기타의 채권과를 그 채권의 기한도래여부에 불구하고 은행은 서면통지에 의하여 상계할 수 있고, 서면통지를 생략하고 채무자를 대리하여 채무자의 제 예치금을 그 기한도래 여부에 불구하고 환급받아서 채무의 변제에 충당하는 경우에는 그 사실을 환급충당 후 지체없이 채무자에게 통지하고, 은행이 사전구상권에 의하여 서면통지에 의한 상계를 하는 경우에는 민법제443조(주채무자의 면책청구)의 항변권에 불구하고 상계할 수 있는 것으로 하며, 원채무 또는 구상채무에 관한 담보가 있는 경우의 상계는 그 상계 후 지체없이 보증채무를 이행하기로 하며, 상계나 대리환급변제충당을 하는 경우의 채권채무의 이자, 할인료 등과 지연배상금의 계산에 관하여 그 기간은 은행이 상계나 대리환급변제충당을 위한 계산을 하는 날까지로 하고 그 율은 은행이 정하는 바에 따르며 외국환시세는 은행이 계산실행할 때의 시세에 의하기로 한다.

제10조(채무자의 상계) 채무자는 채무자의 기한도래한 예금 기타의 채권과 은행에 대한 채무와를 그 채무의 기한도래 여부에 불구하고 상계할 수 있고, 만기전의 할인어음에 관하여 상계할 경우에는 채무자는 어음면기재금액의 환매채무를 지고 이를 상계할 수 있으며(은행이 타인에게 양도중인 할인어음은 제외), 외화에 의한 채권채무에 관하여는 각 각 기한도래하고 또 외국환에 관한 법령에 따른 소정절차를 밟은 때에 한하여 상계할 수 있고, 상계는 서면에 의한 상계통지에 의하고 상계한 예금 기타 채권증서, 통장은 이미 신고한 도장을 찍어서 곧 은행에 제출하기로 하고, 채권채무의 이자, 할인료 등과 지연배상금의 계산에 관하여는 그 기간을 상계통지가 도달한 날까지로 하고 그 율은 은행의 정하는 바에 따르며, 외국환시세는 은행이 계산실행할 때의 시세에 의하기로 하고 기한전 변제에 관한 특별수수료는 은행이 정하는 바에 따른다.

제11조(어음의 제시, 교부) 은행이 어음상의 채권에 의하지 아니하고 상계 또는 대리환급변제충당을 한 때에는 그 어음을 동시에 반환하지 아니하여도 되는 것으로 하며 어음의 반환장소는 그 거래영업점으로 하고, 어음상의 채권에 의하여 상

계 또는 대리환급변제충당을 할 때에는 은행이 채무자의 소재를 알 수 없거나 은행이 지급장소이거나 교통, 통신의 두절, 추심 기타 사유로 제시교부의 생략이 부득이 하다고 인정되는 때에 한하여 어음의 제시 또는 교부를 하지 아니하여도 되기로 하며, 상계 등을 하고도 곧 이행하여야 할 나머지 채무가 있을 경우에는 어음에 채무자 이외의 어음상의 채무자가 있는 때에는 은행은 그 어음을 계속점유하고 추심 또는 처분하여 임의로 채무의 변제에 충당할 수 있고, 은행이 어음상의 채권의 시효중단을 위한 독촉을 할 경우에도 어음의 제시를 생략할 수 있다.

제12조(은행의 변제충당) 채무자가 변제하지 아니하거나 은행이 상계 또는 대리환급변제충당을 하는 경우에 채무자의 채무전액을 소멸시키기에 부족한 때에는 은행이 적당하다고 인정하는 순서, 방법에 의하여 변제 또는 상계에 충당할 채무를 지정할 수 있다.

제13조(채무자의 상계충당) 채무자가 상계하는 경우 채무자의 채무전액을 소멸시키기에 부족한 때에는 채무자가 지정하는 순서에 따라 상계에 충당하고, 채무자가 지정을 아니한 때에는 은행이 지정하는 순서에 따라 상계에 충당하며, 채무자의 충당지정에 의하면 채권보전상 지장이 생길 염려가 있는 경우에는 은행은 지체없이 이의를 표시하고 물적담보나 보증의 유무 그 경중이나 처분의 난이, 변제기의 장단, 할인어음의 결제가능성 등을 고려하여 은행이 지정하는 순서, 방법에 의하여 충당할 수 있으며, 이 경우에는 채무자의 기한미도래의 채무에 관하여는 기한이 도래한 것으로 하고, 만기전의 할인어음에 관하여는 환매채무를 , 지급보증에 관하여는 사전구상채무를 채무자가 진 것으로 하고 은행은 충당의 순서, 방법을 지정할 수 있는 것으로 한다.

제14조(위험부담, 면책) 채무자가 발행, 배서, 인수나 보증한 어음 또는 채무자가 은행에 제출한 제 증서 등이 불가항력, 사변, 재해, 수송 도중의 사고 등 은행의 책임없는 사유로 말미암아 분실, 손상, 멸실 또는 연착한 경우에는 채무자는 은행의 장부, 전표 등의 기록에 의하여 채무를 변제하며, 은행의 청구에 따라 곧 그에 갈음할 어음이나 증서 등을 제출하기로 하고, 이 경우에 생긴 손해에 관하여 채무자는 은행에 대하여 아무런 청구도 아니하기로 하며, 어음요건의 불비나 어음을 무효로 하는 기재로 말미암아 어음상의 권리가 성립되지 아니하는 경우 또는 권리보전절차의 불비로 말미암아 어음상의 권리가 소멸한 경우에도 채무자는 어음면 기재금액의 변제책임을 지기로 하고, 은행이 어음이나 제 증서 등의 인영을 채무자가 미리 신고한 인감과 상당한 주의로써 대조하고 틀림없다고 인정하여 거래한

때에는 어음, 증서 등과 도장에 관하여 위조, 변조, 도용 등의 사고가 있더라도 이로 말미암은 손해는 채무자가 부담하며 채무자는 어음 또는 증서 등의 기재문언에 다라 책임을 지기로 한다.

제15조(신고사항과 변경) 채무자는 거래에 필요한 채무자의 성명, 상호, 대표자, 주소 등과 인감을 은행이 정한 용지에 의하여 미리 신고하기로 하고, 대리인에 의하여 거래하고자 할 경우에 그 성명, 인감 등에 관하여 신고하고, 신고사항에 변경이 있는 때에는 채무자는 곧 서면신고하기로 하며, 서면신고가 있기 전에는 은행이 변경없는 것으로 처리하여도 이의없기로 한다.

제16조(통지의 효력) 은행이 채무자가 신고한 최종주소로 서면통지 또는 기타 서류 등을 발송한 경우에는 그것이 연착하거나 도달하지 아니한 때에도 보통의 우송기간이 경과한 때에는 도달한 것으로 보고, 은행이 채무자에 대한 통지 등의 사본을 보존하고 또 그 발신의 사실 및 연월일을 장부 등에 명백히 기재한 때에는 발송한 것으로 추정하며, 상계통지나 기한 전의 채무변제청구 등 중요한 의사표시인 경우에 배달불가능으로서 은행에 반송된 때에는 그것이 채무자가 변경신고를 게을리함으로 말미암은 경우를 제외하고 도달된 것으로 보지 아니한다.

제17조(회보 및 조사) 채무자는 그의 재산, 경영, 업황 또는 융자조건의 이행여부 기타 필요한 사항에 대하여 은행의 청구가 있으면 곧 회보하며, 은행이 필요에 따라 채무자의 장부, 공장, 사업장 기타의 조사에 임할 경우에는 협조하기로 하고, 그의 재산, 경영, 업황, 기타 거래관계에 영향을 미칠 사항에 대하여 중대한 변화가 생기거나 생길 염려가 있을 때에는 청구가 없더라도 은행 앞으로 곧 통지하기로 하며, 은행이 회보나 조사에 의하여 채권보전상 필요하다고 인정할 상당한 사유가 있는 때에는 그 직원을 파견하여 채무자의 재산 및 경영에 관하여 필요한 범위 내에서의 검사, 감독, 지도를 할 수 있고 채무자는 이에 협조하여야 한다.

제18조(준거법) 은행과 채무자사이의 채무이행장소는 거래영업점으로 하고, 법률관계에 적용될 법률은 채무자의 이행장소에서 시행되고 있는 법률로 한다.

제19조(약관) 거래의 종류에 따라서는 이 약관과 회전한도거래약정서, 낭좌대월거래약정서, 지급보증거래약정서, 금전소비대차약정서, 기타 약정서가 적용되고, 은행이 약관을 변경하고자 할 경우에는 채무자에게 불리하지 아니한 내용은 거래영업점게시로써, 기타의 경우는 서면통지로써 알리기로 하고, 통지발송 또는 게시후 1개월 내에 서면이의가 없으면 은행은 채무자가 약관의 변경을 승인한 것으로 본다.

제20조(백지어음보충) 채무자가 여신을 받을 때에 액면과 지급기일이 백지로 된 약속어음을 발행하여 연대보증인의 보증을 받아 은행에 제공하고 은행이 필요하다고 인정하는 경우에는 채무자가 제공한 백지어음을 보충하여 행사할 수 있기로 한다.

제21조(관할) 이 약관에 의한 여신거래에 관하여 은행과 채무자 또는 보증인 사이에 소송의 필요가 생긴 때에는 은행본점 또는 거래영업점의 소재지지방법원을 관할법원으로 한다.

백지어음을 정당하게 취득한 자는 그에 관한 보충권도 동시에 취득하는 것이고(대판 1960. 7. 21. 4293 민상 113), 백지어음의 보충은 보충권이 시효로 소멸하기까지는 지급기일 후에도 이를 행사할 수 있고 주된 채무자인 발행인에 대하여 어음금청구소송을 제기한 경우에는 변론종결시까지만 보충권을 행사하면 된다(대판 1995. 6. 9. 94 다 41812).

백지어음은 백지의 요건을 보충하였을 때부터 배서 등 백지어음에 한 모든 어음행위가 그 효력을 발생하는 것이므로(대판 1968. 8. 31. 65 다 1227) 소지인이 발행지가 보충되지 아니한 어음을 지급제시한 이상 이는 적법한 지급제시라고 할 수 없으며(대판 1991. 4. 23. 90 다카 7958) 장래의 계속적인 물품거래로 발생할 채무의 지급을 위하여 만기를 백지로 한 약속어음을 발행한 경우 그 보충권의 소멸시효는 다른 특별한 사정이 없는 한 그 물품거래가 종료하여 어음상의 권리를 행사하는 것이 법률적으로 가능하게 된 때부터 진행한다(대판 1997. 5. 28. 96 다 25050).

백지어음에 대한 제권판결을 받은 자는 발행인에 대하여 백지보충권과 백지보충을 조건으로 한 어음상의 권리까지를 모두 민사소송법 제468조에 규정된 증서에 의한 권리로서 주장할 수 있다(대판 1998. 9. 4. 97 다 57573).

제 2 장

주식회사의 기관

1. 주주총회
2. 이사회
3. 감사
4. 회사법상의 소송

주식회사의 기관

회사는 영리사단법인이므로 기관에 의하여 운영한다. 사람의 의사표시는 본인이 표시하는 대로의 효력을 생기게 하는 것과(민법 제107조, 대판 1987. 7. 7. 86 다카 1004) 대리권(대리인의 행위의 효과가 본인에게 미치는 대외적 자격)을 수여받은 자가 표시하는 대로의 효력이 생기는 것이 있다(민법 제114조, 대판 1962. 5. 24. 4292 민상 251, 252). 사자(死者)에 의한 의사표시와 본인이 결정한 의사를 대리인으로 하여금 표시케 하는 것은 대리행위가 아니다(대판 1967. 4. 18. 66 다 6610).

법인은 법률의 규정에 의하여 성립함으로(민법 제31조) 이사를 두고(민법 제57조) 이사가 법인의 사무를 집행한다(민법 제58조 제1항). 민법상 법인과 그 기관인 이사와의 관계는 위임자와 수임자의 법률관계(내부적인 채권채무관계)와 같은 것이고(대판 1996. 1. 26. 95 다 40915) 주식회사와 이사의 관계도 위임에 관한 규정을 준용한다(상법 제382조 제2항, 대판 1998. 4. 28. 98 다 8615).

주식회사의 대표이사는 대표권과 포괄적 대리권을 가지고 있으므로 대리권이 부여된 수임자의 지위를 가지고 있는 것이다. 주식회사의 기관은 주주총회(상법 제361조, 회사의사결정기관)와 이사회(상법 제393조, 업무집행결의기관; 상법 제389조, 대표이사, 업무집행기관) 및 감사(상법 제412조, 이사직무집행감사기관)가 있다.

1. 주주총회

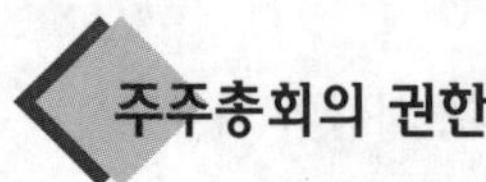

주주총회의 권한

주주총회는 주주로 구성된 회의체로써 상법 또는 정관에 규정한 사항에 한하여 결의할 수 있다(상법 제361조). 상법에서 주주총회의 결의사항으로 규정하고 있는 것은 다음과 같다.

회사의 근본을 변동시키는 사항

영업의 전부 또는 중요한 일부의 양도, 영업전부의 임대 또는 경영의 위임, 이익공통계약 기타 이에 준하는 계약의 체결, 변경, 해약, 다른 회사의 영업전부의 양수(제374조), 사후설립(제375조), 정관변경(제433조), 자본감소(제438조), 회사해산(제517조), 회사계속(제519조), 회사합병(제522조), 회사분할(제530조의 3) 등이다.

주주의 중요이익에 관한 사항

주식분할(제329조의 2), 주식매수선택권 부여(제340조의 2), 신주발행(제416조 단서), 액면미달주식발행(제417조), 전환사채발행(제513조 제1항 단서) 등이다.

회사의 계산에 관한 사항

재무제표의 승인(제449조), 준비금의 자본전입(제461조 제1항 단서), 주식배당(제462조의 2), 청산회사의 재산목록과 대차대조표의 승인(제533조) 및 결산보고서의 승인(제540조) 등이다.

경영감독에 관한 사항

이사, 감사, 청산인의 보수결정(제388조, 제415조, 제542조의 2), 이사, 청산인의 책임면제(제400조, 제542조 제2항) 등이다.

회사기관의 인사권에 관한 사항

설립위원의 선임(제175조), 검사인의 선임(제367조), 이사의 선임과 해임(제382조, 제385조), 대표이사 선정(제389조 제1항 단서), 감사의 선임과 해임(제409조, 제415조), 청산인의 선임과 해임(제531조 제1항 단서, 제539조 제1항) 등이다.

주주총회의 결의

주주총회의 결의는 1주 1의결권(상법 제369조 제1항)을 기준으로 하여 출석한 주주의 의결권의 과반수와 발행주식총수의 4분의 1 이상의 수로써 결의하는 보통결의(상법 제368조 제1항)와 출석한 주주의 의결권의 3분의 2 이상의 수와 발행주식총수의 3분의 1 이상의 수로써 결의하는 특별결의(상법 제434조) 및 총주주의 동의로써 하는 결의(상법 제400조)가 있다.

의결권을 행사하는 방법은 주주가 주주총회에 직접 출석하여 의결권을 행사하는 방법과 대리인으로 하여금 그 의결권을 행사하게 하는 방법(상법 제368조 제3항) 및 정관이 정하는 바에 따라 총회에 출석하지 아니하고 서면에 의하여 의결권을 행사하는 방법이 있다(상법 제368조의 3).

의결권이 없는 주식은 회사가 수종의 주식을 발행하는 경우에는(상법 제34조 제1항) 정관으로 이익배당에 관한 우선적 내용이 있는 종류의 주식(우선주)에 대하여 주주에게 의결권이 없는 것으로 할 수 있고(상법 제370조 제1항) 의결권이 없는 주식의 총수는 발행주식총수의 4분의 1을 초과하지 못하

며(상법 제370조 제2항), 의결권이 없는 주식의 수는 발행주식총수에 산입하지 아니 한다(상법 제371조 제1항).

우선주는 이익으로써 소각할 수 있는 것(상환주)으로 할 수 있다(상법 제345조 제1항). 총회결의에 관하여 특별한 이해관계가 있는 자는 의결권을 행사하지 못하고(상법 제368조 제4항) 의결권을 행사할 수 없는 의결권의 수는 출석한 주주의 의결권의 수에 산입하지 아니한다(상법 제371조 제2항).

소수주주권

소수주주권이라 함은 일정한 비율 이상의 주식을 보유하는 주주에게 부여된 권리를 말한다. 상법에서 규정하고 있는 소수주주권은,

1. 발행주식총수의 100분의 1(1%) 이상의 주식을 가진 주주가 가지고 있는 이사, 청산인위법행위유지청구권(제402조), 대표소송제기권(제403조)

2. 발행주식총수의 100분의 3(3%) 이상의 주식을 가진 주주가 가지고 있는 임시주주총회소집청구권(제366조), 총회결의사항 제안권(제363조의 2), 이사, 감사해임청구권(제385조), 회계장부열람청구권(제466조), 검사인선임청구권(제467조)

3. 발행주식총수의 100분의 10(10%) 이상의 주식을 가진 주주가 가지고 있는 회사해산청구권(제520조)이 있다.

주권상장법인 또는 협회등록법인에 대하여는 소수주주권의 비율을 10,000분의 1 이상, 10,000분의 50 이상, 1,000분의 10 이상, 1,000분의 30 이상으로 낮추고 있다(증권거래법 제191조의 13).

주주의 주식매수청구권

주주가 회사에 대하여 자기가 소유하고 있는 주식의 매수를 청구할 수 있는 권리를 가지고 있다는 것은 주식은 타인에게 양도할 수 있다(상법 제335조 제1항)는 점을 보장하기 위한 것이다.

예컨대, 정관이 주식양도는 이사회의 승인을 얻어야 한다고 규정하고 있으면 이사회승인을 얻지 아니한 주식양도는 회사에 대하여 효력이 없다(상법 제335조 제2항). 이 경우에 주식양도승인이 거부된 주주는 회사에 대하여 그 주식의 매수를 청구할 수 있는 것이다(상법 제335조의 2 제4항).

주주총회에서 회사영업의 양도 등을 결의하는 사항에 반대하는 주주는 주주총회 전에 회사에 대하여 자기가 소유하고 있는 주식의 매수를 청구할 수 있는 것이다(상법 제374조의 2). 주주총회에서 회사합병승인을 얻고자 하는 이사회결의가 있는 때에는 그 결의에 반대하는 주주는 주주총회 전에 회사에 대하여 자기가 소유하고 있는 주식의 매수를 청구할 수 있는 것이다(상법 제522조의 3). 주주총회에서 회사의 분할 또는 분할합병을 승인받고자 하는 이사회결의가 있는 때에는 그 결의에 반대하는 주주는 주주총회 전에 회사에 대하여 자기가 소유하고 있는 주식의 매수를 청구할 수 있는 것이다(상법 제530조의 11 제2항).

경영자에 대한 주식매수선택권 부여

주주총회는 특별결의에 의하여 회사의 설립과 경영 및 기술혁신 등에 기여하거나 기여할 수 있는 회사의 이사, 감사 또는 피용자에게 미리 정한 가액으로 신주를 인수하거나 자기의 주식을 매수할 수 있는 권리를 부여할 수 있고, 미리 정한 가액이 주식의 실질가액보다 낮은 경우 회사는 그 차액을 금전으로 지급하거나 그 차액에 상당하는 자기의 주식을 양도할 수 있으며, 이 경우에 주식의 실질가격은 주식매수선택권의 행사일을 기준으로 평가한다(상법 제340조의 2 제1항).

주식매수선택권의 행사가액은 신주를 발행하는 경우에는 주식매수선택권의 부여일을 기준으로 한 주식의 실질가액과 주식의 권면액 중 높은 금액 이상이어야 하고, 자기의 주식을 양도하는 경우에는 주식매수선택권의 부여일을 기준으로 한 주식의 실질가액 이상이어야 한다(상법 제340조의 2 제4항).

주식회사가 주식매수선택권을 부여하려면 회사정관에 1) 일정한 경우 주식매수선택권을 부여할 수 있다는 뜻, 2) 주식매수선택권의 행사로 발행하거나 양도할 주식의 종류와 수, 3) 주식매수선택권을 부여받을 자의 자격요건, 4) 주식매수선택권의 행사기간, 5) 일정한 경우 이사회결의로 주식매수선택권의 부여를 취소할 수 있다는 뜻을 기재하여야 한다(상법 제340조의 3 제1항).

주식매수선택권을 부여하는 주주총회의 결의에는 1) 주식매수선택권을 부여받을 자의 성명, 2) 주식매수선택권의 부여방법, 3) 주식매수선택권의 행사가액과 그 조정에 관한 사항, 4) 주식매수선택권의 행사기간, 5) 주식매수선택권을 부여받을 자 각각에 대하여 주식매수선택권의 행사로 발행하거나 양도할 주식의 종류와 수를 정하여야 한다(상법 제340조의 3 제2항).

주식매수선택권의 부여에 의하여 발행할 신주 또는 양도할 자기주식은 회사발행주식총수의 100분의 10(10%)을 초과하지 못하고(상법 제340조의 2 제3항), 주식매수선택권을 부여받을 수 없는 자는 발행주식총수의 100분의 10 이상의 주식을 가진 주주와 이사, 감사의 선임과 해임 등 회사의 주요 경영사항에 대하여 사실상 영향력을 행사하는 자 및 그 배우자, 직계존속과 직계비속이다(상법 제340조의 2 제2항).

주식매수선택권을 부여받은 자는 회사와 계약을 체결하고(상법 제340조의 3 제3항) 회사는 그 계약서를 주식매수선택권의 행사기간이 종료할 때까지 본점에 비치하고 주주로 하여금 영업시간 내에 이를 열람할 수 있도록 하여

야 하며(상법 제340조의 3 제4항), 주식매수선택권은 주주총회결의일부터 2년 이상 재임 또는 재직한 자만이 행사할 수 있고, 주식매수선택권을 행사할 수 있는 자가 사망하는 경우에는 상속인이 이를 행사하며 그 외에는 이 권리를 양도할 수 없다(상법 제340조의 4).

〈서식 9〉

제17기 정기주주총회 소집 통지서

주주 제위의 댁내 평안과 건강하심을 기원합니다.
당사는 상법 제363조 및 정관 제20조에 의거하여
제17기 정기주주총회를 아래와 같이 개최하오니 참석하여 주시기 바랍니다.

— 아 래 —

1. 일시 : 2001년 3월 16일(금요일) 오전 9시 00분
2. 장소 : 서울특별시 중구 무교동 63 서울파이낸스빌딩 7층 컨벤션홀
3. 회의목적 사항
   가. 보고사항 : 감사보고, 영업보고
   나. 부의안건
      제1호 의안 : 제17기 재무제표 승인의 건
      제2호 의안 : 이사 선임의 건
      제3호 의안 : 주식매수선택권 부여의 건

※ 주식매수선택권에 관한 증권거래법관련 규정이 2001년 정기주주총회일 전에 국회에서 통과하는 경우에는 제3호 의안은 자동철회됩니다.

4. 배당내역
   - 1주당 예정배당금 : 현금배당 540원
   - 예정 배당 성향 : 5.06%
5. 실질주주의 의결권 행사에 관한 사항

금번 당사의 주주총회에 증권거래법 제174조의 6의 ⑤항에 의거 증권예탁원이 주주님들의 의결권을 대리행사할 수 없습니다.
따라서 주주님께서는 주주총회에 참석하여 의결권을 직접 행사하거나 적법한 대리인에 위임하여 의결권을 간접적으로 행사하실 수 있습니다.

2001. 3. 1.

서울특별시 종로구 서린동 99

SK텔레콤주식회사

대표이사 표○○(직인생략)

2. 이사회

이사회의 권한

이사는 주주총회에서 선임하고(상법 제382조 제1항) 해임한다(상법 제385조). 2인 이상의 이사의 선임을 목적으로 하는 총회의 소집이 있는 때에는 의결권없는 주식을 제외한 발행주식총수의 100분의 3 이상에 해당하는 주식을 가진 주주는 정관에서 달리 정하는 경우를 제외하고는 회사에 대하여 각 주주는 1주마다 선임할 이사의 수와 동일한 수의 의결권을 가지며 그 의결권은 이사후보자 1인 또는 수인에게 집중하여 투표(집중투표)하는 방법으로 행사하여 이사를 선임할 것을 청구할 수 있다(상법 제382조의 2).

이사회는 3인 이상의 이사로(상법 제383조 제1항) 구성된 회의체로써 회사의 업무집행, 지배인의 선임 또는 해임과 지점의 설치, 이전 또는 폐지를 결의하고(상법 제393조 제1항) 이사의 직무집행을 감독한다(상법 제393조 제2항).

이 외에 상법에서 이사회결의사항으로 규정하고 있는 것은 주식의 양도승인(제335조의 2), 주식의 취득승인(제335조의 7), 주주총회의 소집(제362조), 대표이사 선정(제389조), 이사회소집이사 선정(제390조 제1항 단서), 이사회 내에 2인 이상의 이사로 구성하는 위원회의 설치와 그 위원의 선임 및 해임(제393조의 2 제2항 4호), 이사의 겸업승인(제397조), 이사와 회사의 거래승인(제398조), 감사위원회위원의 해임(제415조의 2 제3항), 신주발행(제416조), 재무제표 승인(제447조), 준비금의 자본전입(제461조), 중간배당(제462조의 3), 사채모집(제469조), 전환사채 발행(제513조), 신주인수권부사채 발행(제516조의 2), 간이합병 승인(제527조의 2), 소규모합병 승인(제527조의 3), 간이분할합병과 소규모분할합병의 승인(제530조의 11 제2항) 등이다.

이사회의 결의

이사회는 이사과반수의 출석과 출석이사의 과반수로 결의하여야 하고(상법 제391조 제1항) 특별한 이해관계가 있는 이사는 의결권을 행사하지 못하며 행사할 수 없는 의결권의 수는 출석한 이사의 수에 산입하지 아니한다(상법 제391조 제3항). 이사과반수의 출석은 법률 또는 정관에서 정한 최소한의 이사 수에 부족함이 없으면 현재의 이사 수를 기준으로 계산한다. 이사회는 이사의 전부 또는 일부가 직접 회의에 출석하지 아니하고 모든 이사가 동영상 및 음향을 동시에 송, 수신하는 통신수단에 의하여 결의에 참가하는 것을 허용할 수 있고 이 경우에 당해 이사는 이사회에 직접 출석한 것으로 본다(상법 제391조 제2항).

이사회는 이사회의 의사에 관하여 의사록을 작성하여야 하고(상법 제391조의 3 제1항) 의사록에는 의사의 안건, 경과요령, 그 결과, 반대하는 자와 그 반대이유를 기재하고 출석한 이사 및 감사가 기명날인 또는 서명하여야 한다(상법 제391조의 3 제2항). 주주는 영업시간 내에 이사회의사록의 열람 또는 등사를 청구할 수 있고(상법 제391조의 3 제3항) 회사가 이유를 붙여 열람 또는 등사청구를 거절하는 경우에는 주주는 법원의 허가를 얻어 이사회의사록을 열람 또는 등사할 수 있다(상법 제391조의 3 제4항).

이사회 내의 위원회 설치

이사회는 정관이 정하는 바에 따라 2인 이상의 이사로 구성하는 위원회를 설치할 수 있고(상법 제393조의 2 제1항) 주주총회의 승인을 요하는 사항의 제안, 대표이사의 선임 및 해임, 위원회의 설치와 그 위원의 선임 및 해임, 정관에서 정하는 사항을 제외하고 그 권한을 위임할 수 있다(상법 제393조의

2 제2항). 임기만료 또는 사임으로 인하여 퇴임한 위원은 새로 선임된 위원이 취임할 때까지 위원의 권리의무가 있고 위원회는 각 위원이 소집하며 위원회의 결의는 위원과반수의 출석과 출석위원의 과반수로 하여야 하고 위원회의 의사에 관하여 의사록을 작성하여야 한다(상법 제393조의 2 제5항).

사외이사후보추천위원회, 보수위원회, 이사후보추천위원회, 감사위원회 등은 이사회로부터 위임받아 결의한 사항을 각 이사에게 통지하여야 하고 이를 통지받은 각 이사는 이사회의 소집을 요구할 수 있으며 이사회는 위원회가 결의한 사항에 대하여 다시 결의할 수 있다(상법 제393조의 2 제4항).

감사위원회

회사가 정관이 정한 바에 따라 감사에 갈음하여 이사회 내의 위원회로서 3인 이상의 이사로 구성하는 감사위원회를 설치할 수 있고, 이 경우에는 감사를 둘 수 없다(상법 제415조의 2 제1항). 감사위원회의 위원의 해임에 관한 이사회결의는 이사총수의 3분의 2 이상의 결의로 하여야 하고(상법 제415조의 2 제3항) 감사위원회는 그 결의로 위원회를 대표할 자를 선정하여야 하고 이 경우 수인의 위원이 공동으로 위원회를 대표할 것을 정할 수 있으며(상법 제415조의 2 제4항) 회사비용으로 전문가의 조력을 구할 수 있다(상법 제415조의 2 제5항).

감사위원회의 구성을 객관화하기 위하여 상법은 감사위원의 3분의 1을 넘을 수 없는 자를 다음과 같이 명시하였다(상법 제415조의 2 제2항).

1) 회사업무를 담당하는 이사 및 피용자 또는 선임된 날부터 2년 이내에 업무를 담당한 이사 및 피용자이었던 자

2) 최대주주가 자연인인 경우 본인, 배우자 및 직계 존, 비속

3) 최대주주가 법인인 경우 그 법인의 이사, 감사 및 피용자

4) 이사의 배우자 및 직계존, 비속

5) 회사의 모회사 또는 자회사의 이사, 감사 및 피용자

6) 회사와 거래관계 등 중요한 이해관계에 있는 법인의 이사, 감사 및 피용자

7) 회사의 이사 및 피용자가 이사로 있는 다른 회사의 이사, 감사 및 피용자

감사위원회에 관하여 상법 제296조(임원선임결의), 제312조(임원선임), 제367조(검사인 선임), 제387조(주권 공탁), 제391조의 2 제2항(이사위법행위 이사회 보고), 제394조 제1항(소송대표), 제400조(책임 면제), 제402조(유지청구), 제403조(대표소송), 제404조(소송참가), 제405조(실비청구), 제406조(재심), 제407조(직무대행자 선임), 제412조(이사직무감사와 회계감사), 제413조(이사가 제출할 서류에 대한 의견진술), 제414조(회사에 대한 책임), 제447조의 3(재무제표 제출), 제447조의 4(감사보고서 제출), 제450조(책임해제), 제527조의 4(임기), 제530조의 5 제1항 제9호(성명과 주민등록번호), 제530조의 6 제1항 제10호(성명과 주민등록번호), 제534조(대차대조표, 사무보고서 제출)를 준용한다(상법 제415조의 2 제6항).

1인 이사(소규모 주식회사)

자본의 총액이 5억원 미만인 회사(소규모 주식회사)는 이사를 1인 또는 2인으로 할 수 있고(상법 제383조 제1항 단서), 이사가 1인이 된 경우에는 그 이사가 회사를 대표하며 상법 제362조(총회소집), 제363조의 2 제3항(주주제안총회 목적), 제366조 제1항(소수주주총회 소집청구서 제출), 제393조 제1항

(업무집행), 제412조의 3 제1항(감사총회소집청구서 제출)의 이사회의 기능을 담당하고(상법 제383조 제6항), 상법 제390조(이사회 소집), 제391조(결의방법), 제392조(연기, 속행), 제393조 제2항(직무집행 감독), 제399조 제2항(회사에 대한 책임), 제526조 제3항(흡수합병 보고), 제527조 제4항(신설합병 보고), 제527조의 2(간이합병), 제527조의 3 제1항(소규모 합병), 제527조의 5 제2항(채권자 보호)은 적용하지 아니한다(상법 제383조 제5항).

대표이사

대표이사는 이사회에서 선정하거나 주주총회에서 선정하고 회사를 대표하며 회사의 영업에 관하여 재판상 또는 재판 외의 모든 행위를 할 권한이 있으므로(상법 제389조) 불가제한적인 고유한 권한과 주주총회결의사항 및 이사회결정사항을 집행하고 상법에서 이사의 직무로 규정하고 있는 사항 중에서 집행적 성질이 있는 직무를 집행한다.

이사의 직무로 상법에 규정되어 있는 사항 중에서 기명주식의 명의개서(제337조), 상업등기신청(제351조), 총회의사록에 기명날인 또는 서명(제373조 제2항), 이사회의사록에 기명날인 또는 서명(제391조의 3), 주식, 사채의 청약서작성(제420조, 제474조 제2항), 주권, 신주인수권증서, 채권, 신주인수권증권의 기명날인 또는 서명(제365조, 제420조의 2, 제478조, 제516조의 5), 대차대조표, 손익계산서, 이익잉여금처분계산서, 부속명세서, 영업보고서의 작성, 제출, 비치(제447조, 제447조의 2, 제447조의 3, 제448조, 제449조) 정관, 주주명부, 사채원부, 총회의사록, 이사회의사록의 비치(제396조) 등은 대표이사의 직무사항이다.

대표이사가 권한을 가지고 있는 사항에 대하여 그 권한을 자기 또는 제3자의 이익을 위하여 행사하는 것은 권한남용행위가 되고(대판1981. 9. 8. 80

다 2511) 그 권한의 범위를 초과하는 행위를 하면 월권행위가 된다.

여러 사람의 대표이사가 공동으로 회사를 대표할 것을 정하는 경우는(상법 제389조 제2항) 대외관계에서 여러 사람의 대표이사가 공동으로만 대표권을 행사할 수 있게 하여 업무집행의 통일성을 확보하고 대표권행사의 신중을 기함과 아울러 대표이사 상호간의 견제에 의하여 대표권의 남용 내지는 오용을 방지하여 회사의 이익을 도모하려는데 그 취지가 있으므로 공동대표이사의 1인이 그 대표권의 행사를 특정사항에 관하여 개별적으로 다른 공동대표이사에게 위임함은 별론으로 하고 일반적 포괄적으로 위임함은 허용되지 아니한다(대판 1989. 5. 23. 89 다카 3677).

사장, 부사장, 전무, 상무 기타 회사를 대표할 권한이 있는 것으로 인정될 만한 명칭을 사용한 이사가 자기 명의로 한 행위뿐 아니라 행위자 자신이 표현대표이사인 이상 다른 대표이사의 명칭을 사용하여 행위한 경우(대판 1979. 2. 13. 77 다 2436)에 대하여는 그 이사가 회사를 대표할 권한이 없는 경우에도 상법 제395조에 의하여 회사는 선의의 제3자에게 책임을 지나 이 책임은 회사가 표현대표자의 명칭사용을 명시적으로나 묵시적으로 승인함으로써 대표자격의 외관현출에 책임이 있는 경우에 한하는 것이고(대판 1992. 8. 18. 91 다 14369) 상무이사가 대표이사를 대리하여 법률행위를 한 경우에는 대리에 관한 규정이 적용되고 그 행위가 민법 제126조의 요건을 구비한 경우에는 그 조문이 적용된다(대판 1968. 7. 16. 68 다 334335). 이 책임은 상업등기와는 다른 차원에서 회사의 표현책임을 인정한 것이므로 전무이사의 자격으로 한 소송행위는 이사로서 등기되어 있지 않더라도 유효하다(1970. 6. 30. 70 후 7).

3. 감 사

감사의 권한

주식회사의 감사는 주주총회에서 선임하고(상법 제409조) 해임한다(상법 제415조).

감사는 이사회소집통지를 받을 권리(상법 제390조 제2항), 소집절차없이 이사회를 개최하는 것에 대한 동의권(상법 제390조 제3항), 이사회에 출석하여 의견을 진술할 권리(상법 제391조의 2 제1항), 이사회의사록에 기명날인 또는 서명권(상법 제391조의 3 제2항), 이사와 회사간의 소송대표권(상법 제394조), 해임에 관한 의견진술권(상법 제409조의 2), 임시주주총회 소집청구권(상법 제412조의 3), 주주총회제출서류 조사권(상법 제413조), 이사의 위법행위에 대한 유지청구권(상법 제402조), 이사의 직무집행 감사권(상법 제412조 제1항), 영업보고요구권과 업무와 재산상태 조사권(상법 제412조 제2항), 자회사에 대한 영업보고요구권과 업무와 재산상태 조사권(상법 제412조의 4), 회사설립 무효(상법 제328조)와 주주총회결의 취소(상법 제376조), 신주발행 무효(상법 제429조), 자본감소 무효(상법 제445조), 합병 무효(상법 제529조), 분할 또는 분할합병 무효(상법 제530조의 11) 등의 소송제기권 등을 가지고 있다.

그리고 감사는 이사의 위법행위를 이사회에 보고하고(상법 제391조의 2 제2항) 이사가 주주총회에 제출할 서류를 조사하여 주주총회에 의견을 진술하여야 하며(상법 제413조) 감사록을 작성하고(상법 제413조의 2) 감사보고서를 작성하여 이사에게 제출하여야 한다(상법 제447조의 4 제1항).

〈서식 10〉 감사보고서

본인은 ○○주식회사의 감사로서 2000년 ○○월 ○○일부터 2000년 ○○월 ○○일까지 제○기 사업연도의 회계 및 업무에 대한 감사실시결과를 다음과 같이 보고합니다.

1. 감사방법의 개요

(1) 회계에 관한 감사

회계감사를 위하여 회계에 관한 장부와 관계서류를 열람하고 재무제표 및 동 부속명세서에 대하여 면밀히 검토하였습니다. 감사를 실시함에 있어서 필요하다고 인정되는 경우 대조, 실사, 조회 기타 적절한 감사절차를 적용하여 조사하였습니다.

(2) 업무에 관한 감사

업무감사를 위하여 이사회 및 기타 중요한 회의에 출석하고 필요하다고 인정되는 경우 이사로부터 영업에 관한 보고를 받았으며 중요한 업무에 관한 서류를 열람하고 그 내용을 면밀히 검토하는 등 적절한 방법을 사용하여 조사하였습니다.

2. 회계장부의 기재에 관한 사항

회계장부에는 기재의 누락 또는 부실기재가 없으며 대차대조표와 손익계산서의 기재도 회계장부의 기재와 합치되고 있습니다.

3. 대차대조표 및 손익계산서의 표시에 관한 사항

대차대조표와 손익계산서는 법령 및 정관에 따라 회사의 재산 및 손익상태를 정확하게 표시하고 있습니다.

4. 회계방침의 변경에 관한 사항

이 사업연도에는 대차대조표 및 손익계산서의 작성에 관한 회계방침의 변경이 없었습니다.

5. 영업보고서에 관한 사항

영업보고서는 법령 및 정관에 따라 회사의 상항을 정확하게 표시하고 있습니다.

6. 이익잉여금처분계산서에 관한 사항

이익잉여금처분계산서는 법령 및 정관에 적합하고 또한 회사의 재산상태와 기타의 사정에 비추어 타당하게 작성되어 있습니다.

7. 재무제표 부속명세서의 기재에 관한 사항

재무제표 부속명세서에는 기재의 누락 또는 부실기재가 없으며 그 기재내용도 회계장부와 대차대조표, 손익계산서 및 영업보고서의 기재와 합치되고 있습니다.

8. 이사직무수행에 관한 사항

이사의 직무수행에 관하여는 부정한 행위 또는 법령이나 정관의 규정에 위반하는 중대한 사실을 발견할 수 없습니다.

9. 감사업무의 수행에 관한 사항

감사업무를 수행함에 있어 필요한 조사는 모두 실시하였습니다.

2000년 ○○월 ○○일

○○주식회사
감사 ○ ○ ○ ㉑

검사인

검사인은 회사의 업무와 재산상태를 조사하는 주식회사의 임시기관이다. 검사인을 주주총회에서 선임하는 경우는 1) 발행주식총수의 100분의 3 이상에 해당하는 주식을 가진 주주가 소집하는 총회가 회사의 업무와 재산상태를 조사하게 하기 위하여(상법 제366조 제3항), 2) 이사(청산인)가 제출한 서류와 감사의 감사보고서를 조사하게 하기 위한 때이다(상법 제367조, 제542조 제2항).

검사인을 법원이 선임하는 경우는 1) 정관으로 상법 제290조 각호(변태설립)의 사항을 정한 때에 이에 관한 조사를 하게 하기 위하여 이사(발기인)의 청구에 의하여(상법 제298조 제4항, 제310조 제1항), 2) 현물출자를 하는 자가 있는 경우에는 상법 제416조 제4호(현물출자자의 성명, 목적재산의 종류, 수

량, 가액, 부여주식의 종류와 수)의 사항을 조사하게 하기 위하여 이사의 청구에 의하여(상법 제422조 제1항), 3) 회사의 업무집행에 관하여 부정행위 또는 법령이나 정관에 위반한 중대한 사실이 있음을 의심할 사유가 있는 때에는 회사의 업무와 재산상태를 조사하게 하기 위하여 발행주식총수의 100분의 3 이상에 해당하는 주식을 가진 주주의 청구에 의하여(상법 제467조 제1항), 4) 회사가 성립한 날로부터 2년을 경과한 후에 주식을 액면 미달의 가액으로 발행하는 결의를 하고 법원이 회사의 현항과 제반사정을 참작하여 최저 발행가액을 변경하는 경우 회사의 재산상태 기타 필요한 사항을 조사하기 위한 때이고(상법 제417조 제3항) 검사인의 선임청구는 서면으로 하여야 한다(비송사건절차법 제73조).

회사설립시에 법원이 선임한 검사인이 악의 또는 중대한 과실로 인하여 그 임무를 해태한 때에는 회사 또는 제3자에 대하여 손해를 배상할 책임이 있다(상법 제325조). 회사설립시의 검사인의 변태설립사항의 조사는 발기인의 특별이익과 보수 및 설립비용은 공증인의 조사로 갈음할 수 있고 현물출자와 재산인수 및 현물출자이행은 공인감정인의 감정으로 갈음할 수 있으며(상법 제299조의 2), 신주발행시의 검사인의 현물출자조사는 공인감정인의 감정으로 갈음할 수 있다(상법 제422조 제1항).

외부감사인

외부감사인은 회사의 감사인선임위원회 제청에 의하여 정기주주총회에서 선임한 회계법인, 감사반을 말한다(주식회사의외부감사에관한법률 제3조, 제4조). 감사인은 회사와 관계회사의 회계장부와 서류를 열람 또는 등사할 수 있고 회사의 업무와 재산상태를 조사할 수 있으며(주식회사의외부감사에관한법률 제6조) 감사보고서를 작성하여 증권선물위원회 및 공인회계사회에 제출하여야 하고(주식회사의외부감사에관한법률 제8조) 그 임무를 해태하여 회사에 손해가 발생하거나 감사보고서에 부실기재를 하여 제3자에게 손해가 발생한 때에는 그 손해를 배상하여야 한다(주식회사의외부감사에관한법률 제17조).

회계법인은 회사 또는 제3자에 대한 손해를 배상하기 위하여 한국공인회계사회에 손해배상공동기금을 적립하여야 하고(주식회사의외부감사에관한법률 제17조의 2) 한국공인회계사회는 회계법인이 회사 또는 제3자에 대한 손해배상의 확정판결을 받은 경우에는 당해 회사 또는 제3자의 신청에 의하여 공동기금을 지급한다(주식회사의외부감사에관한법률 제17조의 3).

감사방침과 감사계획

기업의 경영자가 경영활동을 계획하고 그 실행을 조정하면서 실적을 평가하는 과정을 계수적으로 통제하는 것을 내부통제라고 한다. 상법은 이사회를 주식회사의 기관으로 하여 회계장부와 대차대조표 및 손익계산서를 작성하고 이사회에 이사의 직무집행감독권을 부여하고 이사회 내부에 감사위원회를 설치하여 자기감사방식의 내부통제를 하거나 경영에 직접 참가하지 아니한 감사에게 경영과정을 검증하여 평가하게 하고 경영상의 문제점을 발견하여 이사회와 주주총회에 보고하는 방식의 내부통제를 시행하고 있다.

그리고 이사가 제출한 서류와 감사의 보고서는 주주총회가 선임한 검사인의 조사를 받으며(상법 제367조) 발행주식총수의 100분의 3 이상에 해당하는 주식을 가진 주주는 회계장부와 서류의 열람을 청구할 수 있고(상법 제466조) 회사의 업무와 재산상태를 조사하기 위한 검사인의 선임을 법원에 청구할 수 있다(상법 제467조). 이 외에 기업은 국세청으로부터 회사의 사업연도소득금액에 대한 조사를 받기도 하고 특정사업법에 의한 행정감독을 받

기 위하여 회사의 장부와 서류를 제출하고 질문을 받기도 한다.

상법상의 감사가 이사의 직무집행을 감독하기 위하여 실시하는 감사에서 당해 영업연도의 이사직무집행 중에서 감사를 실시하는 대상과 그 이유를 정한 것을 감사방침이라고 한다. 매 영업연도에 감사를 실시하여야 할 항목은 이사가 자기 또는 제3자를 위하여 행하는 회사의 영업부류에 속하는 거래, 이사가 자기 또는 제3자를 위하여 행하는 회사와 이익상반되는 거래, 회사가 무상으로 행한 재산상의 이익공여, 회사가 행한 자회사, 관계회사, 또는 주주와의 통상적인 거래가 아닌 거래, 기말결산관계서류 등이다.

당해 영업연도에 중점적으로 감사할 항목은 생산, 기술, 연구(공해, 방재, 위생 포함)체제, 인사, 노무, 복리후생체제, 영업(보관, 수송, 선전 포함)체제, 총무(상표, 문서 포함)체제 등이다. 결정된 감사방침에 의하여 감사계획을 설정한다.

감사계획은 감사절차의 적시성(실행시기 결정)과 질서성(적용질서 결정), 내부통제조직의 신뢰성(조직정비상황), 감사대상의 중요성(질, 양)과 위험성(위법 발생), 감사의 경제성(증거입수비용) 등을 충분히 고려하여 설정하여야 한다. 적절한 감사계획은 감사대상을 합리적으로 배분할 수 있고, 감사절차의 중복이나 탈루를 방지할 수 있고, 감사전에 문제점을 연구할 수 있고, 감사를 경제적으로 실시할 수 있고, 내부감사와 외부감사의 중복을 피할 수 있고, 감사점검표를 작성할 준비시간을 충분히 가질 수 있는 것이다.

감사방법과 감사기법

상법상의 감사는 업무감사와 회계감사를 실시한다. 업무감사는 이사의 직무집행에 관한 감사를 말하고 회계감사는 이사의 직무집행에 관한 감사 중에서 회계장부, 대차대조표, 손익계산서, 이익처분, 결손처리계산서, 영업보고서, 부속명세서 등의 감사를 말한다.

감사가 이사의 직무집행을 감사하는 것은 이사가 법령 또는 정관의 정함이나 주주총회 또는 이사회의 결의에 따라 선량한 관리자의 주의를 가지고 업무를 처리하고 회사를 위하여 충실하게 그 업무를 수행하고 있는 여부를 감사하는 것이다. 이를 실시하는 수단은 이사회 등에 출석하고 이사, 검사인, 상업사용인으로부터 보고를 청취하고 자회사의 업무 및 재산상황과 총회제출의안 및 중요문서를 조사하고 거래선에 대하여 확인을 하는 것이다(감사방법).

감사를 실시하는 기술을 감사기법이라 한다. 내부증거를 얻기 위한 기술은 대조(증거서류와 장부대조), 열람(자료를 보고 업무의 적법성, 합리성 확인), 통람(이상항목, 예외사항 발견)이 있고 외부증거를 얻기 위한 기술은 실사(직접 재고조사), 입회(타인 실사 참여), 확인(조회문서 확보), 질문(불명사실 회답), 분석(분류 명확), 비교(동일, 규칙 발견), 조정(자료정리 확인)이 있다.

불황과 호황시의 감사

경영성적이 나쁠 때에는 경영자가 경영성적을 사실보다 좋게 보이려고 분식결산을 할 염려가 있다. 경영자는 이익을 염출하기 위하여 각종 수단을 강구하고 있으므로 감사를 함에 있어서 그러한 사실이 없는가를 조사하고 그 사실을 발견하면 적법성 여부를 판단하여야 한다.

1) 회계처리 이전에 사실을 은폐하는 것으로는 사용중의 기계를 매각하여 매각이익을 계상하고 동일물건을 물융(리즈)하거나, 자회사에게 높은 가격으로 물건을 판매하거나 고금리로 금전을 대여하거나 높은 임대료로 물건을 대여하거나 자회사로부터 낮은 가격으로 물건을 구매하거나 낮은 금리로 금전을 차용하거나, 건설공사의 검수를 보통보다 지연시키거나, 상품을 창고

에 보관한 상태에서 판매하거나, 임원의 보수를 삭감하면서 자회사임원을 겸직하여 그 보수를 받거나, 가격미정의 판매를 하면서 가정가격을 견적가격보다 높게 책정하거나, 불량채권을 보고하지 아니하는 것 등이다.

2) 회계상의 기준을 변경하는 것으로는 고정자산의 상각연수를 연장하거나 잔존 가액을 고가로 변경하거나, 성공할 가능성이 없는 시험연구비 등을 장래 효과있는 것으로 하여 이연자산으로 처리하거나, 수선비를 자본적 지출(고정자산의 원가에 가산할 지출)로 하여 고정자산에 계상하거나, 퇴직급여충당금의 현재가치환산율을 낮게 변경하는 것 등이다.

3) 회계방침을 변경하는 것으로는 감가상각의 방법을 정률법(원가에 상각률을 곱하여 매년의 상각액을 계산)에서 정액법(매기정액의 상각액을 계상)으로 변경하거나 정률법 또는 정액법에서 생산고비례법으로 변경하거나, 퇴직급여 충당금의 설정기준을 장래 요지급액방식에서 기말 요지급액방식으로 변경하거나 기말 요지급액방식 또는 장래 요지급액방식에서 현가방식으로 변경하거나, 재고자산의 평가기준을 저가기준에서 원가기준으로 변경하거나, 유가증권의 평가기준을 저가기준에서 원가기준으로 변경하거나, 재고자산, 유가증권의 평가방법을 기말평가액이 높아지도록 변경하거나, 판매비로 처리하던 비용을 제조원가로 변경하거나, 기간비용으로 처리하던 개발비를 이연자산으로 변경하거나, 발생주의로 처리하던 특정경비를 현금주의로 변경하는 것 등이다.

4) 분식결산의 부정회계처리는 가공자산을 계상하거나, 가공판매이익을 계상하거나, 부채의 계상을 누락하거나, 경비의 계상을 누락하거나, 자산의 평가손을 누락하거나, 대손충당금을 소액으로 계상하거나, 자회사를 이용하여 자산의 매각익을 계상하는 것 등이다.

호황시에는 경영성적을 사실보다 낮게 하기 위하여 역분식결산을 할 염려가 있다. 경영자가 이익을 압축하기 위하여 1) 회계처리이전에 사실을 은폐하는 것으로는 사용가능자산을 조기에 폐기하거나, 건설공사의 검수를 보통보다 조기에 실시하거나, 자회사에게 낮은 가격으로 물건을 판매하거나 저금리로 금전을 대출하거나, 자회사로부터 높은 가격으로 물건을 구입하거나 고금리로 금전을 차용하거나, 경비의 지급기일을 앞당기거나, 장래에 반환받을 것을 약속하여 경제적 이익을 제공하는 것 등이다.

2) 회계상의 기준을 변경하는 것으로는 고정자산의 상각연수를 단축하거나 잔존 가액을 저가로 변경하거나, 자본적지출로 처리하던 수선비를 경비처리로 변경하거나, 퇴직급여충당금의 설정기준에 있어서 현재가치환산율을 높게 변경하는 것 등이다.

3) 회계방침을 변경하는 것으로는 감가상각의 방법을 정액법에서 정률법으로 변경하거나 퇴직급여충당금의 설정기준을 기말요지급액방식에서 장래요지급액방식으로 변경하거나, 재고자산의 평가기준을 원가기준에서 저가기준으로 변경하거나, 이연자산을 일시에 상각하거나, 현금주의로 처리하던 특정경비를 발생주의로 변경하는 것 등이다.

4) 역분식결산의 부정회계처리는 가공채무를 계상하거나, 가공경비를 계상하거나, 매상의 계상은 지연시키고 경비의 계상은 빨리하거나, 회수가능채권에 대손을 계상하고 대손충당금을 과다하게 계상하거나, 자회사를 이용하여 자산의 매각손실을 계상한다.

4. 회사법상의 소송

회사설립무효소송

주식회사의 설립무효소송은 주주, 이사 또는 감사에 한하여 회사설립의 날로부터 2년 내에 소(訴)만으로 이를 주장할 수 있다(상법 제328조 제1항).

관할법원은 본점소재지의 지방법원이고(상법 제186조) 소가 제기된 때에는 회사는 지체없이 공고하여야 하며(상법 제187조) 여러 개의 소가 제기된 때에는 법원은 이를 병합심리하여야 하고(상법 제188조) 심리중에 원인이 된 하자가 보완되고 회사현황과 제반 사정을 참작하여 설립을 무효로 하는 것이 부적당하다고 인정한 때에는 법원은 그 청구를 기각할 수 있다(상법 제189조).

회사설립무효의 판결은 제3자에 대하여도 그 효력이 있으나 판결확정 전에 생긴 회사와 사원 및 제3자간의 권리의무에 영향을 미치지 아니 한다(상법 제190조).

주주총회결의하자소송

주주총회결의하자소송은 주주총회결의의 취소, 무효, 부존재소송을 말한다. 주주총회결의의 취소소송은 총회의 소집절차 또는 결의방법이 법령 또는 정관에 위반하거나 현저하게 불공정한 때 또는 그 결의의 내용이 정관에 위반한 때에는 주주, 이사 또는 감사는 결의의 날로부터 2개월 내에 제기할 수 있다(상법 제376조 제1항).

주주총회결의의 무효소송은 총회의 결의의 내용이 법령에 위반한 것을 이유로 청구하는 소송이고(상법 제380조) 누구나 언제든지 여하한 방법으로라도 그 무효를 주장할 수 있는 것이다(대판 1962. 5. 17. 4294 민상 1114). 주주총회결의의 부존재소송은 총회의 소집절차 또는 결의방법에 총회결의가 존재한다고 볼 수 없을 정도의 중대한 하자가 있는 것을 이유로 제기하는 소송이다(상법 제380조).

주주총회결의의 취소소송에는 본점소재지의 지방법원의 관할(상법 제186조), 소제기의 공고(상법 제187조), 소의 병합심리(상법 제188조), 판결의 제3자에 대한 효력발생(상법 제190조), 패소원고의 중과실손해배상책임(상법 제191조)규정이 준용되고 (상법 제376조 제2항) 주주총회결의의 무효, 부존재소송에는 관할, 공고, 병합심리, 판결의 제3자효력, 패소원고책임, 제소주주의 담보제공의무(상법 제377조), 판결등기(상법 제378조)규정이 준용된다(상법 제380조).

신주발행무효소송

신주발행의 무효소송은 주주, 이사 또는 감사에 한하여 신주를 발행한 날로부터 6개월 내에 소만으로 이를 주장할 수 있고(상법 제429조) 관할, 공고, 병합심리, 하자보완에 의한 청구기각(상법 제189조), 판결의 제3자효, 판결등기(상법 제192조), 제소주주의 담보제공의무규정을 준용한다(상법 제430조). 신주발행무효판결이 확정된 때에는 신주는 장래에 대하여 그 효력을 상실하고(상법 제431조) 회사는 신주의 주주에 대하여 그 납입한 금액을 반환하여야 한다(상법 제432조).

자본감소무효소송

자본감소무효소송은 주주, 이사, 감사, 청산인, 파산관재인, 자본감소를 승인하지 아니한 채권자에 한하여 자본감소로 인한 변경등기가 있은 날로부터 6개월 내에 소(訴)만으로 주장할 수 있고(상법 제445조) 관할, 병합심리, 공고, 하자보완청구기각, 판결의 제3자효, 패소원고배상책임, 판결등기, 제소주주담보제공규정을 준용한다(상법 제446조).

합병무효소송

합병무효소송은 각 회사의 주주, 이사, 감사, 청산인, 파산관재인, 합병을 승인하지 아니한 채권자에 한하여 소(訴)만으로 제기할 수 있고(상법 제529조), 등기에 의한 효력발생(상법 제234조), 권리의무 승계(상법 제235조), 담보제공과 악의소명(상법 제237조), 판결등기(상법 제238조), 회사권리의무 귀속(상법 제239조), 관할, 공고, 병합심리, 하자보완청구기각, 판결의 제3자효, 불소급효, 패소원고배상책임규정 준용(상법 제240조), 주식분할(상법 제329조의 2), 주식매수청구권(상법 제374조 제2항), 회사주식매수기간과 매수가격 결정(상법 제374조의 2 제2항 내지 제4항), 사채권자 이의(상법 제439조 제3항)를 준용한다(상법 제530조 제2항).

〈회사법상의 소송의 특색〉

회사의 활동은 다수의 이해관계인이 관련되는 법률관계이므로 그 법률관계가 쉽게 변동되거나 소급하여 무효로 되는 것은 바람직한 일이 아니다. 여기서 회사의 법률관계가 쉽게 볍동되는 것을 방지하기 위하여 법률관계의 변동은 소송에 의한 판결이 확정되어야만 비로소 변동되는 것으로 하는 소에 의한 주장방법을 특색으로 하고 있는 것이다.

그리고 기판력의 효력범위를 당사자간에만 국한시키는 것(민사소송의 일반원칙)이 아니라 제3자에게도 미치게 하여 다른 이해관계인이 다시 소송을 제기할 수 없도록 제한하고 있는 것이 특색이다. 또 제소권자나 제소기간을 법으로 정하여 회사법률관계의 변동가능성을 최소한으로 제한하여 안정을 도모하고 있는 것이다.

일반적으로 증자결의취소의 소의 제소기간이 경과한 후에는 이 소의 원인된 사실에 기인한 증자무효의 소를 제기하여도 청구를 기각할 것이고(대판 1960. 11. 24. 4292 민상 880), 주주총회의 결의내용이 등기할 사항이라던가 주주나 이사가 위 결의가 있음을 몰랐다고 주장하는 경우라도 위 제소기간의 기산일을 늦춰야 할 법적 근거가 없다(대판 1966. 10. 4. 66다 2269).

주주가 결의취소의 소를 제기한 경우에 제공하는 담보는 그 소송제기로 인하여 회사가 받고 또 장차 받게 될 모든 손해를 담보하는 것이 목적이므로 그 담보액은 회사가 받게 될 모든 불이익을 표준으로 하여 법원의 자유재량에 의하여 정할 수 있다(대판 1963. 2. 28. 63 마 2).

제 3 장

계약의 체결

1. 계약의 성립

청약과 승낙

1) 청 약

계약의 작성은 구두계약과 문서계약의 작성으로 나눌 수 있고 구두계약은 구두로 하는 청약과 승낙으로 성립하는 계약을 말한다. 청약은 청약을 받은 상대방이 승낙만 하면 바로 계약이 성립되는 확정적인 의사표시를 말하고 (청약의 확정성) 상대방에게 도달한 때로부터 그 효력이 생긴다(민법 제111조). 상대방이 청약을 하도록 유인하는 의사표시를 청약의 유인이라고 한다. 예컨대, 신문광고, 기차시간표게시는 청약의 유인이다. 그리고 입찰공고는 청약의 유인이며 입찰은 계약의 청약이고 낙찰선고는 계약의 승낙이다 (대판 1978. 4. 11. 78 다 317).

당사자가 동시에 같은 내용의 청약을 하는 것을 교차청약이라 말하고 이 경우에는 청약자와 그 상대방인 승낙자의 의사표시가 주관적으로나 객관적으로 일치하게 되므로 쌍방 청약이 상대방에게 도달한 때에 계약이 성립한다(민법 제533조).

2) 승 낙

승낙은 청약자의 상대방이 청약의 내용을 승인하는 의사표시를 말한다. 격지자간의 계약은 승낙자가 계약이행의 준비를 할 수 있도록 하기 위하여 승낙의 통지를 발송한 때에 성립한다(발송주의, 민법 제531조). 승낙은 특정의 청약자에 대하여 청약의 효력이 존속하는 기간 내에 하여야 하며 조건을 붙이거나 변경을 가하지 아니 하여야 한다.

승낙의 의사표시는 승낙을 하는 자가 승낙의 의사표시를 하지 아니하고 승낙으로 인정될만한 행위(우송받은 책에 자기이름을 쓰고 읽기 시작하는 행위)를 함으로써 계약이 성립되는 경우도 있다. 이를 의사실현에 의한 계약의 성립이라고 한다(민법 제532조).

예금계약은 예금자가 예금의 의사를 표시하면서 금융기관에 돈을 제공하고 금융기관이 그 의사에 따라 그 돈을 받아 확인을 하면 그로써 성립하며 금융기관의 직원이 그 받은 돈을 금융기관에 입금하지 아니하고 이를 횡령하였다고 하더라도 예금계약의 성립에는 소장이 없다(대판 1996. 1. 26. 95 다 26919).

청약의 구속력

청약은 상대방에게 도달한 때에 효력이 발생하므로 청약자가 임의로 철회하지 못하나(민법 제527조) 대화자간의 계약의 청약은 상대방이 즉시 승낙하지 아니 한 때에는 그 효력을 잃는다(상법 제51조).

격지자간의 계약의 청약은 일정한 승낙기간을 정한 경우에는 그 기간 내에 승낙을 할 수 있고 그 승낙의 통지는 기간 내에 청약자에게 도달하여야 하며(민법 제111조 제1항) 청약자는 그 기간 중에는 청약을 취소할 수 없으며 그 기간이 경과하면 청약의 효력은 잃는다. 격지자간에서 승낙기간을 정하지 아니 한 청약에 대하여 청약을 받은 자가 상당한 기간 내에 승낙의 통지를 발송하지 아니 한 때에는 청약은 그 효력을 상실한다(상법 제52조).

"상당한 기간"이라 함은 청약을 받은 자의 고려기간과 통신기간을 의미한다. 상당기간 내에 도달할 수 있도록 발송한 승낙이 특별한 사정에 의하여

승낙기간을 경과한 후에 도달한 경우에는 청약자는 승낙자에 대하여 지체없이 그 연착의 통지를 하여야 하며(민법 제528조 제2항) 이 통지를 하지 아니한 때에는 승낙의 통지는 연착되지 아니 한 것으로 보므로(민법 제528조 제3항) 계약은 성립한 것이 된다.

상당한 기간이 경과한 후에 발송한 승낙은 최초의 청약에 대하여 계약을 성립시키는 효력을 가지지 못하므로 최초의 청약자는 이를 새로운 청약으로 보고 이에 대하여 승낙을 하여 계약을 성립시킬 수 있다.

방문판매 등의 구매자 또는 할부거래의 매수인은 계약서를 교부받은 날 또는 계약서를 교부받지 아니한 경우에는 목적물의 인도를 받은 날로부터 10일(할부거래는 7일) 이내에 서면으로 그 계약에 관한 청약을 철회할 수 있다(방문판매등에관한법률 제10조, 할부거래에관한법률 제5조).

승낙의제

상인이 상시 거래관계에 있는 자로부터 그 영업부류에 속한 계약의 청약을 받은 때에는 지체없이 낙부의 통지를 발송하여야 하고 이를 해태한 때에는 승낙한 것으로 본다(상법 제59조). 이것은 계속적인 상거래에서 계약자유(낙부자유)를 제한하여 거래의 신속을 도모한 것이다. 그리고 상인이 그 영업부류에 속한 계약의 청약을 받은 경우에 견품 기타의 물건을 받은 때에는 그 청약을 거절한 때에도 청약자의 비용으로 그 물건을 보관하여야 한다(상법 제60조).

"상시거래"라 함은 계속적인 거래관계를 맺고 있는 것을 말하고 상시거래관계에 있는 상대방은 품목, 수량에 대하여 합의가 있으면 단가에 대하여 특별한 의사표시가 없어도 이에 대하여는 묵시적인 합의가 있는 것으로 보고 상거래를 신속히 성립시키고 있는 것이며 청약의 거절에 의하여 생기는 매도인의 불이익을 배제하여 상거래의 신용을 높이고 있는 것이다.

문서계약

문서계약은 사서증서에 의한 계약, 확정일자있는 사서증서에 의한 계약, 공증증서에 의한 계약으로 나눌 수 있다.

1) 사서증서에 의한 계약은 계약서, 협정서, 각서 등으로 당사자간의 권리 의무에 관한 합의의 내용을 문서화한 것으로 그 효력은 합의의 내용에 대하여 다툼이 있을 때에 증거가 될 수 있는 것이다.

2) 확정일자라 함은 공증인이 증명하여 주는 일자를 말하고 이는 지명채권양도계약서 등에서 채무자 이외의 제3자에 대한 대항요건이 되고 있다(민법 제450조 제2항).

3) 공증증서에 의한 계약은 공증인 사무실에서 작성하는 계약으로서 금전채권 또는 이에 갈음하는 청구권에 관한 공증증서는 채무명의가 되고 강제집행력이 부여된다.

문서계약에서는 서명 또는 기명날인에 의하여 청약과 승낙의 의사표시가 확정적으로 되는 때문에(상법 제30조 제2항, 어음법 제1조, 수표법 제1조, 어음의 성립 및 효력요건) 서명 또는 기명날인은 계약서에서 유의사항의 하나이다. 서명은 개인이나 법인대표자가 스스로 기재하는 확인문이며, 기명은 성명의 기재를 말하고 날인은 인장을 찍는 것을 말한다. 인장의 증명력을 높이기 위하여 인감증명의 첨부를 요구하는 경우도 있다.

2. 계약의 당사자

당사자의 법인격

1) 개 인

계약당사자는 개인, 회사, 단체 등이 있다. 개인과 계약을 체결할 때에는 그 개인이 행위무능력자인가를 확인하여야 하고 개인재산을 소유하고 있는가를 조사하여야 한다.

행위무능력자인 개인은 계약을 취소할 수 있으므로(민법 제5조, 제7조) 계약이 유효할 것인가에 대하여 불안하고, 개인에게 재산이 없는 경우에는 개인에 대한 청구가 실현되지 못하기 때문이다.

2) 회 사

회사는 인적회사라고 말하는 합명회사, 합자회사와 물적회사라고 말하는 유한회사, 주식회사가 있다(상법 제170조). 회사의 확인은 명함이나 어음에 기재되어 있는 회사주소지를 관할하는 등기소에 가서 회사등기부(비송사건절차법 제136조)를 열람해 보면 알 수 있다. 만일 회사를 확인하지 아니하고 가공회사와 거래하여 돈을 받아야 하는 일이 생기면 그 가공회사대표자인 개인에 대하여 청구를 할 수 있으나 그 개인에게 재산이 없는 때에는 회수하기가 어렵게 된다.

3) 단 체

회사가 아닌 단체는 사단법인 또는 재단법인으로 등기가 되어 있으므로 법인등기부를 열람하여 확인할 수 있다. 회사아닌 단체 중에서 등기부에서 확인할 수 없는 미등기단체라도 단체의 실체를 구비하고 있는 것이 존재하고 있으므로 이를 법인아닌 사단 또는 재단이라고 말하면서 이에 행위능력을 인정하여 단체재산을 가질 수 있게 한다. 그러나 미등기단체는 법인이 아니므로 부동산등기를 할 수가 없고 단체재산을 압류하는 경우에도 실제상으로 성과가 없다.

여기서 단체, 회사와 거래를 할 때에는 정식으로 등기되어 있는 회사, 단체와 거래를 할 것이며 만일 그 신용이 불안하다면 사장, 회장, 이사장 등의 명칭을 사용한 개인을 연대보증인으로 하여 그 자의 서명 또는 기명날인을 받아 둘 필요가 있다.

당사자의 대표권

1) 인적회사

회사의 대표자는 인적회사에서는 무한책임사원이고, 물적회사에서는 회사의 대표이사이다. 인적회사인 합명회사는 무한책임사원만으로 구성된 회사이므로 무한책임사원은 각자가 회사의 대표권을 가진다. 무한책임이라 함은 회사재산으로 회사의 채무를 완제할 수 없는 때에 각 사원이 연대하여 변제하는 것을 말하므로(상법 제212조) 무한책임사원에게 회사를 대표하게 하고(상법 제207조) 회사의 영업에 관하여 재판상 또는 재판 외의 모든 행위를 할 권한을 가지게 한 것이다(상법 제209조).

인적회사인 합자회사는 무한책임사원과 유한책임사원으로 구성되므로 출자가액을 한도로 하여 회사채무를 변제하는(상법 제279조) 유한책임사원에게는 회사의 업무집행이나 대표행위를 하지 못하게 한 것이다(상법 제278조).

2) 물적회사

물적회사인 주식회사는 그가 가진 주식의 인수가액을 한도로 회사채무를 변제하는 주주(상법 제331조)만으로 구성함으로 회사의 대표권은 대표이사에게 부여하고(상법 제389조) 있으며, 물적회사인 유한회사는 그 출자금액을 한도로 회사채무를 변제하는 사원(상법 제553조)만으로 구성함으로 대표이사에게 회사의 대표권을 부여하고 있다(상법 제562조 제2항).

3) 표현대표이사

주식회사에서는 대표이사가 아닌 이사에게 사장, 부사장, 전무, 상무 기타 회사를 대표할 권한이 있는 것으로 인정될 만한 명칭(이를 표현대표이사라고 한다)을 사용(상법 제395조)하고 있다. 이 표현대표이사가 자기의 명의로 한 행위에 대하여 회사는 표현대표자의 명칭사용을 명시 또는 묵시적으로 승인함으로써 대표자격의 외관현출에 책임이 있는 경우에 그러한 사정을 알지 못하는 선의의 제3자에 대하여 그 이사가 대표권을 가지고 있지 아니하다는 이유로 대항하지 못하고 그 책임을 부담하는 것이다.

이 상법규정은 이사가 아닌 상업사용인에게 그와 같은 명칭을 사용시킨 것을 알고도 방치한 경우에 유추, 적용되어야 하며(대판 1985. 6. 11. 84 다카 963) 제3자는 선의 이외에 무과실까지도 필요로 하는 것은 아니다(대판 1973. 2. 28. 72 다 1907).

이와 같이 회사의 대표권을 가지고 있는 것은 합명회사의 모든 사원, 합자회사의 무한책임사원, 주식회사와 유한회사의 대표이사 및 표현대표이사이고 이들이 대외적으로 거래한 행위에 대하여는 모두 회사가 책임을 부담하는 것이다.

그리고 유한회사와 주식회사의 대표이사 및 표현대표이사가 개인적으로 제3자에 대하여 손해배상책임을 부담하는 경우는 그 이사가 악의 또는 중대한 과실로 인하여 그 임무를 해태한 때에 생긴 손해이므로(상법 제401조) 그 손해발생과 책임원인인 악의 또는 중과실간에 상당한 인과관계가 존재하는 것을 입증하여야 하는 어려움이 있다는 점을 주의하여야 한다. 중과실은 물건 또는 업무를 관리하는 직업 또는 지위에 있는 자에게 일반적으로 요구되는 직무집행상의 주의(선량한 관리자의 주의)를 현저하게 흠결하는 것이다.

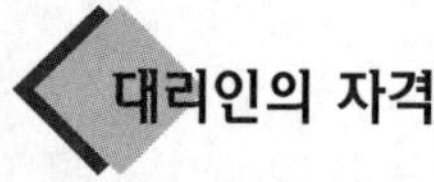

대리인의 자격

1) 대리권과 위임

대리권은 대리인의 행위의 효과가 본인에게 미치는 대외적 자격을 말하는 것이고(대판 1962. 5. 24. 4294 민상 251) 위임은 위임자가 수임자에 대하여 사무의 처리를 위탁하고 수임자가 이를 승낙함으로써 그 효력이 생기는(민법 제680조) 당사자간의 내부적인 채권, 채무관계를 말한다.

대리인이 그 권한 내에서 본인을 위한 것임을 표시한 의사표시는 직접 본인에 대하여 효력이 생기고(민법 제114조 제1항), 대리인이 본인을 위한 것임을 표시하지 아니한 때에는 그 의사표시는 자기를 위한 것으로 본다(민법 제115조 제1항). 대리행위가 본인에 대하여 효력을 발생함에는 본인이 대리인에 대하여 대리권을 수여함이 필요하며 대리권 수여의 방식에 관하여는 민법에 규정한 바는 없으므로(대판 1962. 10. 11. 62 다 436) 본인이 작성한 위

임장에 본인의 실인을 확인하는 인감증명서를 첨부하거나 상사회사의 어음행위에 있어 그 대표자 또는 대리인의 표시방법에는 어음상 대표자 또는 대리인 자신을 위한 어음행위가 아니고 본인을 위하여 어음행위를 한다는 취지를 인식할 수 있을 정도의 표시가 있으면 족하다(대판 1978. 12. 13. 78 다 1567).

2) 무권대리와 표현대리

대리권없는 자가 타인의 대리인으로 한 계약은 본인이 이를 추인하지 아니하면 본인에 대하여 효력이 없다(민법 제130조). 타인의 대리인으로 계약을 한 자가 그 대리권을 증명하지 못하고 또 본인의 추인을 얻지 못한 때에는 상대방의 선택에 좇아 계약의 이행 또는 손해배상의 책임이 있다(민법 제135조 제1항). 그러나 대리권이 없음에도 불구하고 법률이 특히 거래상대방 보호와 거래안전 유지를 위하여 본래 무효인 무권대리행위의 효과를 본인에게 미치게 하여 대리인의 무권행위에 대하여 본인이 책임을 부담하는 경우가 있다(대판 1983. 12. 13. 83 다카 1489).

예컨대, 타인에 대하여 어느 사업에 관하여 자기 사업을 자기 이름으로 대행할 것을 허용한 사람은 그 사업에 관하여 자기가 책임을 부담할 지위에 있음을 표시한 것이라고 할 것이고 그 사업을 대행한 사람 또는 그 피용자가 그 사업에 관하여서 한 법률행위에 관하여 제3자에 대하여 그 책임이 있고(대판 1964. 4. 7. 2. 63 다 638) 부동산매도인이 등기부상 소유자로 등재되어 있는 경우에 등기부상의 명의자가 소유권이전등기에 관한 매도증서, 인감증명서, 위임장 등을 타인에게 교부하였음은 위 서류에 표시된 처분에 관한 표현대리의 기초가 된 대리권수여의 표시에 해당된다(대판 1966. 1. 25. 65 다 2210).

그리고 현재 대리권을 가지고 있는 자가 그 권한 외의 법률행위를 한 경우에 제3자가 그 권한이 있다고 믿을 만한 정당한 사유가 있는 때에는 본인은 그 행위에 대하여 책임이 있고(민법 제126조), 표현대리에 있어서 제3자에게 대리권이 있다고 믿은 데 정당한 이유가 있다 함은 당해 표현대리행위의 직접 상대방이 된 제3자에게 과실이 없다는 뜻도 포함되었기 때문에 제3자의 무과실까지 판단할 필요는 없다(대판 1963. 9. 12. 63 다 428).

현재 대리권을 가지고 있는 자가 그 대리권이 소멸된 후에 권한을 넘은 대리행위를 한 경우에도 표현대리가 되고(대판 1970. 2. 10. 69 다 2149) 그 대리권의 소멸은 선의의 제3자에게 대항하지 못한다(민법 제129조). 표현대리가 성립하는 경우에 그 본인은 표현대리행위에 의하여 전적인 책임을 져야 하고 상대방에게 과실이 있다고 하더라도 과실상계의 법리를 유추적용하여 본인의 책임을 경감할 수 없다(대판 1995. 7. 12. 95 다 49554).

지점장

1) 지배인

상법에는 지배인이라는 제도가 있고 등기필 지배인은 영업주에 갈음하여 그 영업에 관한 재판상 또는 재판 외의 모든 행위를 할 수 있는 권한을 가지고 있는 것이다(상법 제11조). 재판상의 행위라 함은 소송대리인으로 행하는 소송행위를 말하고 재판 외의 행위라 함은 일상적인 행위를 말한다.

그러나 실무에서는 지배인은 이용하지 아니하고 지점장 등의 명칭을 가진 자가 영업주임자로서 포괄적 대리권을 가지고 있는 경우가 많다. 이러한 경우에 대비하여 상법은 본점 또는 지점의 영업주임 기타 유사한 명칭을 가진 사용인은 본점 또는 지점의 지배인과 동일한 권한이 있는 것으로 본다(상법 제14조)고 규정하고 있으며 이를 표현지배인이라 한다.

2) 표현지배인

표현지배인의 행위에 대하여 영업주가 책임을 부담하는 요건에는 3가지가 있다.

첫째는 본점 또는 지점의 영업주임 기타 유사한 명칭을 가진 사용인의 행위라야 한다.

본점 또는 지점은 영업소의 실체를 가지고 어느 정도 독립적으로 영업활동을 할 수 있는 당해 사용인의 근무장소를 말하고(대판 1978. 12. 13. 78 다 1567), 어떠한 영업장소가 상법상 지점으로서의 실체를 구비하였다고 하려면 그 영업장소가 본점 또는 지점의 지휘, 감독아래 기계적으로 제한된 보조적 사무만을 처리하는 것이 아니라 일정한 범위 내에서 본점 또는 지점으로부터 독립하여 독자적으로 영업활동에 관한 결정을 하고 대외적인 거래를 할 수 있는 조직을 갖추어야 한다(대판 1998. 8. 21. 97 다 6704). 그러므로 법률상 영업소는 내부적으로 지휘명령이 발하여 지는 장소이고 외부적으로는 영업활동의 중심으로 인식되는 장소이다. 그리하여 영업소는 상행위로 인하여 생긴 채무이행의 장소가 되고 재판의 관할이나 서류송달을 결정하는 장소가 된다.

따라서 본점 또는 지점의 영업주임 기타 유사한 명칭을 가진 사용인(표현지배인)이라 함은 영업소의 실체를 가진 지점의 지점장 또는 영업소의 영업소장 및 출장소의 출장소장 등을 말한다. 그러나 은행의 지점차장이나 지점장대리 또는 생명보험회사의 지부장이나 지사장, 영업소장 등은 영업소의 실체를 구비하고 있지 못하므로 표현지배인이 아니라고 한다.

둘째는 재판상의 행위를 제외한 지배인의 권한 내의 행위를 하여야 한다(상법 제14조 제1항 단서). 재판 외의 지배인의 권한 내의 행위라 함은 영업의 목적인 행위는 물론 영업을 위하여 하는 행위를 포함하고 영업을 위하여 하는 행위는 그 행위의 성질, 거래의 수량을 고려하여 객관적으로 판단하여야 한다. 또 거래의 결제수단으로서의 어음행위는 어떤 영업에도 필요한 것이므로 표현지배인의 어음행위라고 하여 책임이 면제되는 것이 아니다.

셋째는 거래상대방에게 악의가 없어야 한다(상법 제14조 제2항).

이 때의 악의라 함은 상대방이 영업주에 갈음하여 그 영업에 관한 행위를 한 자가 지배인이 아니라는 것을 알고 있는 것을 말한다.

부장, 과장

회사와 거래할 때에 대표이사, 사장(표현대표이사), 무한책임사원, 지배인, 지점장(표현지배인)은 전면적인 대리권을 가지고 거래를 하는 것이며, 상무이사나 부장 등은 특정한 종류 또는 특정한 사항에 대하여 포괄적 대리권을 가진 상업사용인의 자격을 가진 자로서 거래를 할 수 있다(상법 제15조).

예컨대, 주식회사의 경리부장은 경상자금의 수입과 지출, 은행거래, 경리장부의 작성 및 관리 등 경리사무일체에 관하여 그 권한을 위임받은 것으로 봄이 타당하고 독자적인 자금차입은 특별한 사정이 없는 한 회사로부터 위임되어 있지 않다고 보아야 할 것이다(대판 1990. 1. 23. 88 다카 3250). 그리고 증권회사의 지점장대리는 그 명칭자체로부터 상위직의 사용인의 존재를 추측할 수 있게 하는 것이므로 지배인과 동일한 권한이 있는 표현지배인이라 할 수는 없고 영업의 특정한 종류 또는 특정한 사항에 대한 위임을 받은 사용인으로서 그 업무에 관한 부분적 포괄대리권을 가진 사용인으로 봄이 타당하다(대판 1994. 1. 28. 93 다 49703).

관리직을 가진 자가 표현지배인도 아니고 영업의 특정한 종류 또는 특정한 사항에 관한 대리권을 가진 사용인도 아닌 경우에는 민법상의 표현대리 규정을 적용할 수 있다.

민법상으로 거래상대방 측에서 관리직사용인을 회사의 표현대리인이라고

주장할 수 있는 자는 첫째 회사가 대리권을 수여함을 표시한 자(민법 제125조)이다. 이 자와의 거래에 대하여 회사가 책임을 부담하는 법리를 대리권 수여의 표시에 의한 표현대리라고 한다.

둘째는 거래상대방(제3자)이 그 대리권이 있다고 믿을만한 정당한 이유를 가지고 있는 권한외의 거래를 한 관리직사용인(민법 제126조)이다. 이 자와의 거래에 대하여 회사가 책임을 부담하는 법리를 권한유월에 의한 표현대리라고 한다.

표현대리는 대리권이 없음에도 불구하고 법률이 특히 거래상대방을 보호하고 거래안전을 유지하기 위하여 본래 무효인 무권대리의 효과를 본인에게 미치게 한 것이고(대판 1983. 12. 13. 83 다카 1489), 표현대리행위가 성립하는 경우에 그 본인은 표현대리행위에 의하여 전적인 책임을 부담하여야 하고, 상대방에게 과실이 있다고 하더라도 과실상계의 법리를 유추적용하여 본인의 책임을 경감할 수 없다(대판 1995. 7. 12. 95 다 49554). 그리고 표현대리는 대리권이 소멸한 경우에도 성립될 수 있는 것이므로(대판 1979. 3. 27. 79 다 234) 법정대리인의 대리권소멸 후의 표현대리(대판 1975. 1. 28. 74 다 1199)와 대리행위가 소멸될 대리권의 내용과 다른 종류의 행위인 경우에도 표현대리가 성립될 수 있다(대판 1971. 12. 21. 71 다 2024).

일반사원

일반사원과 거래한 상대방에 대하여 회사가 책임을 부담하는 근거에 대하여 상법 제16조는 물건을 판매하는 점포의 사용인은 상대방이 그 사용인이 권한이 없는 자 임을 알고 있는 경우를 제외하고 그 판매에 관한 모든 권한이 있는 것으로 본다고 규정하고 있다.

이 규정에서 물건의 판매를 목적으로 하는 점포라고 하는 것은 여러 가지

기업중에서 전형적인 것을 규정한 것이므로 이규정은 다른 기업의 사용인에게도 유추, 적용된다. 상법 제16조의 물건판매점포의 사용인은 특별한 수권사실이 없는 한 그 점포 외에서의 대금수령 권한이 있다고는 볼 수 없으므로 그 퇴직사실을 모르고 점포 외에서 그에게 외상대금을 지급하였다하여도 민법 제129조의 표현대리가 성립할 수는 없다(대판 1971. 3. 30. 71 다 65). 그러나 회사의 일반사원이 물건판매의 사용인으로 볼 수 없는 경우에는 대리권수여의 표시에 의한 표현대리(민법 제125조) 또는 권한유월에 의한 표현대리(민법 제126조)에 의하여 회사가 책임을 부담하고 상법 제16조와 민법의 표현대리규정을 적용할 수 없는 경우에는 민법의 사용자책임규정(민법 제756조)을 적용할 수 있다. 외무사원은 상법 제16조 소정의 물건판매점포의 사용인이 아니므로 위 회사를 대리하여 물품을 판매하거나 또는 물품대금의 선금을 받을 권한이 있다고 할 수 없고 위 외무사원이 점포 밖에서 그 사무집행에 관한 물품거래행위로 인하여 타인에게 손해를 입힌 경우에는 위 회사는 사용자 배상책임을 면할 수 없다(대판 1976. 7. 13. 76 다 8601).

민법 제756조의 피용자라 함은 고용계약에 의한 피용자만을 지칭한 것은 아니고 보수의 유무, 기간의 장단을 불문하고 사용자의 선임에 의하여 그 지휘, 감독하에 사용자가 경영하는 사업에 종사하는 자를 지칭하는 것이다(대판 1960. 12. 8. 4292 민상 977).

피용자가 그 사무집행에 관하여라 함은 사업집행 자체 또는 집행에 필요한 행위 뿐 아니라 이와 적당한 견련관계에 있는 행위도 포함되는 것이고 또 피용자가 사용자의 이익을 도모할 의사없이 자기 또는 제3자의 이익을 위하여 그 권한을 남용하여 한 행위라도 그 행위의 외형상 피용자의 직무의 범위 내에 속한다고 볼 수 있는 경우에는 이에 포함된다(대판 1966. 10. 21. 65 다 825). 이를 외형이론이라고 한다.

이 이론은 거래행위에서 나아가 다른 사실행위에 대하여도 사용자책임을 적용할 수 있도록 하는 것으로 예컨대, 조합출장소장이 권한없이 발행한 약속어음소지인이 그 지급인으로부터 어음금의 지급을 받지 못하여 손해를 입

었다면 그 조합과의 관계는 민법 제756조제 제1항의 제3자에 해당한다(대판 1972. 5. 31. 72 다 611)고 하여 약속어음소지인을 보호하고 있다.

그러나 사용자책임은 타인을 사용하여 어느 사무에 종사하게 한 자로 하여금 피용자가 그 사무집행에 관하여 제3자에게 가한 손해를 배상하게 하는 것으로서 사용자책임이 성립하려면 사용자와 불법행위자 사이에 사용관계 즉 사용자가 불법행위자를 실질적으로 지휘, 감독하는 관계가 있어야 할 것이고(대판 1995. 4. 11. 94 다 15646), 피용자의 불법행위가 외관상 사용자의 사무집행의 범위 내에 속하는 것으로 보여 지는 경우에도 피용자의 행위가 사용자나 사용자에 갈음하여 그 사무를 감독하는 자의 사무집행행위에 해당하지 않음을 피해자 자신이 알았거나 또는 중대한 과실로 알지 못한 경우에는 사용자 또는 사용자에 갈음하여 그 사무를 감독하는 자에 대하여 사용자책임을 물을 수 없는 것이다(대판 1992. 7. 28. 92 다 10531).

이와 같이 거래상대방이 누구인가에 따라서 손해배상책임을 추궁하는 내용이 다르므로 계약체결시에 계약상대방의 권한을 확인하는 문제가 매우 주요한 것임을 알 수 있다.

3. 기업과 세법

세법의 체계

모든 국민은 법률이 정하는 바에 의하여 납세의 의무를 지고(헌법 제38조) 있으며 조세의 종목과 세율은 법률로 정한다(헌법 제59조). 국세에 관한 기본적인 사항을 규정하고 있는 국세기본법은 국가가 부과하는 국세를 1) 소득세, 2) 법인세, 3) 상속세, 4)증여세, 5)재평가세, 6) 부당이득세, 7) 부가가치세, 8) 주세, 9) 전화세, 10) 인지세, 11) 증권거래세, 12) 교육세, 13) 교통세, 14) 농어촌특별세로 구분하고 지방세는 지방세법에서 규정하는 조세라고 말한다(국세기본법 제2조).

지방세(지방세법 제5조 제1항)는 보통세와 목적세로 구분하고 보통세(지방세법 제5조 제2항)는 1) 취득세(지방세법 제104조), 2) 등록세(지방세법 제124조), 3) 경주마권세(지방세법 제152조), 4) 면허세(지방세법 제160조), 5) 주민세(지방세법 제172조), 6) 재산세(지방세법 제180조), 7) 자동차세(지방세법 제196조의 2), 8) 주행세(지방세법 제196조의 16), 9) 농지세(지방세법 제197조), 10) 담배소비세(지방세법 제223조), 11) 도축세(지방세법 제234조), 12) 종합토지세(지방세법 제234조의 8)로 나누며 목적세는 1) 도시계획세(지방세법 제235조), 2) 공동시설세(지방세법 제239조), 3) 사업소세(지방세법 제243조), 4) 지역개발세(지방세법 제254조)로 나누고 있다.

회사는 영리사단법인이므로 대차대조표, 설립등기부등본, 정관, 주주명세를 첨부한 법인설립신고서를 세무서에 제출하고(법인세법 제109조) 각 사업연도의 소득과 청산소득을 과세소득으로 하여(법인세법 제3조 제1항) 재산과 자본의 변동을 빠짐없이 기록하여 계산하는 정규의 부기형식에 의하여 기장

하는 복식부기(법인세법 시행령 제115조)에 의하여 기장한 대차대조표, 손익계산서, 이익잉여금계산서(결손금처리계산서), 세무조정계산서 등을 첨부하여 과세표준신고를 하여야 한다(법인세법 제60조). 소득(법인세법 제14조)은 익금(기장상으로 회사자산의 증가로 되는 모든 금액, 대판 1973. 6. 29. 72 누 140, 법인세법 제15조)총액에서 손금(자본의 환급, 잉여금처분, 회사순자산을 감소시키는 거래로 인하여 발생하는 손비의 금액, 법인세법 제19조)총액을 공제한 것이다.

특히 내국법인은 각 사업연도의 소득계산에 있어서 적용할 재고재산의 평가방법을 신고하여야 하고 그 평가방법은 1) 원가법, 2) 시가법, 3) 저가법 중에서 하나를 선택하여야 하며 원가법을 선택한 경우에는 1) 개별법, 2) 선입선출법, 3) 후입선출법, 4) 단순평균법, 5) 총평균법, 6) 이동평균법, 7) 최종매입원가법, 8) 매가환원법 중에서 하나의 평가방법에 의하여야 한다.

이른바 인정과세(추계조사결정이라고 한다, 법인세법 제68조)를 할 때에 적용하는 세액결정방법은 1) 동업자균형법, 2) 생산수율법, 3) 영업수율법, 4) 원단위투입량법, 5) 비용관계비율법 6) 상품회전율법, 7) 매매총이익률법 등이 있다.

법인세를 부당하게 감소시키는 계산의 유형은 1) 자산을 시가보다 높은 가액으로 매입 또는 현물출자 받았거나 그 자산을 과대상각하거나, 2) 무수익 자산을 매입 또는 현물출자 받았거나 그 재산에 대한 비용을 부담하거나, 3) 자산을 무상 또는 시가보다 낮은 가액으로 양도 또는 현물출자하거나, 4) 불량자산을 치환하거나 불량채권을 양수하거나 5) 출연금을 대신 부담하거나, 6) 금전 기타 자산 또는 용역을 무상 또는 시가보다 낮은 이율이나 임대료로 대부 또는 제공하거나, 7) 금전 기타 자산 또는 용역을 시가보다 높은 이율이나 임대료로 차용 또는 제공받거나, 8) 자본거래로 인하여 주주 등 법인이 특수관계자인 다른 주주 등에게 이익을 하는 행위를 말한다(법인세법 시행령 제88조).

회사가 부동산을 취득(취득세, 등록세, 인지세, 상속세, 증여세), 보유(재산세, 사업소세, 종합토지세, 종합소득세, 재산재평가세, 도시계획세, 소방공동시설세, 법인세, 부가가치세) 및 양도(양도소득세, 인지세, 법인세특별부가세)하는 경우에도 각종 세법에 주의하여 절세를 도모하여야 한다. 부동산세 중에서 토지초과이득세와 택지초과소유부담금은 각각 위헌결정(헌재 결정 1994. 7. 29. 92 헌바 49, 52, 헌재 결정 1999. 4. 29. 94 헌바 37)에 의하여 폐지된 바 있다.

인지세

1) 과세문서

국내에서 재산에 관한 권리 등의 창설, 이전 또는 변경에 관한 계약서 기타 이를 증명하는 문서(증서)를 작성하는 자는 당해 문서를 작성할 때에 인지세법에 의하여 당해 문서에 대한 인지세를 납부할 의무가 있다(인지세법 제1조 제1항).

인지세를 납부하여야 할 문서(과세문서)는 1) 부동산, 선박, 항공기의 소유권이전 또는 영업양도에 관한 증서, 2) 소비대차증서, 3) 도급증서, 4) 용선계약서, 5) 부동산전세권 또는 임대차증서, 6) 자동차, 중기, 20톤 미만 선박양도증서, 7) 지상권 또는 지역권증서, 8) 광업권, 무체재산권, 어업권, 출판권, 저작인접권 또는 상호권양도증서, 9) 골프장회원권, 휴양콘도미니엄회원권 기타 시설물이용권증서, 10) 증권신용거래계좌설정약정서, 증권매매거래계좌설정약정서, 신용카드회원가입신청서, 신용카드가맹점가입신청서, 특약점 또는 대리점계약 기타 계속적, 반복적 거래증서, 11) 상품권, 12) 주권, 채권, 출자증권, 수익증권, 기금증권, 13) 보험증권, 14) 예금 또는 저금증서, 예금 또는 적금통장, 상호신용부금증서 또는 상호신용계금증

서, 환매조건부 채권매도약정서, 15) 임치증서 또는 통장, 16) 신탁증서 또는 통장, 17) 정관, 조합계약서 또는 합병계약서, 18) 시설대여 또는 연불판매계약서, 19) 채무보증서, 신용보증서, 보증보험증권(인지세법 제3조 제1항)을 말한다.

인지세를 납부하지 아니하는 문서(비과세문서)는 1) 국가 또는 지방자치단체작성증서 또는 통장, 2) 국고금작성증서 또는 통장, 3) 공공사업기부증서, 4) 자선 또는 구호단체작성증서, 5) 수출입대행계약서, 시내버스 및 시외버스매표위탁계약서, 내항여객선매표위탁계약서 또는 도선매표위탁계약서, 수출 또는 수입계약서, 6) 주택전세권 및 임대차증서, 7) 10,000원 이하 상품권, 8) 어음의 인수 또는 보증, 9) 유가증권의 복본 또는 등본, 10) 전당표 또는 전당물통장, 11) 승차권, 항공기탑승권, 승선권, 입장권, 12) 새마을사업기증재산양도증서, 13) 운송증서, 14) 창고증권(인지세법 제6조)이다.

2) 계약서

인지세법상의 계약서는 계약증서, 약정서, 기타 명칭 여하를 불문하고 계약(예약을 포함)의 성립, 경개 또는 계약의 내용의 변경, 보충의 사실을 증명하는 문서를 말한다. 계약당사자일방만이 작성하는 문서, 계약당사자의 전부 또는 일부의 서명, 기명날인이 흠결된 문서도 그 내용이 계약의 성립 등을 증명할 목적으로 작성된 것은 모두 과세문서에 포함한다. 따라서 과세문서해당여부는 그 문서가 증명하고 있는 내용에 의하여 판단할 것이며 문서의 형식, 서명 또는 기명날인의 유무 등에 의하여 판단할 것이 아니다. 또 과세문서에의 해당여부는 문서의 표제에 의하여 좌우되지 아니 한다.

예컨대, 각서도 장기적 상거래에서 생기는 대금의 지급방법을 약정하면 과세문서가 되고 단순히 다른 회사 제품을 취급하지 아니 하겠다는 뜻이면 비과세문서가 된다. 사본, 부본, 등본이라는 문서는 인지세법의 과세대상이 아니지만 증명목적이 과세된 문서에 단순히 사본, 부본, 등본으로 표시한 것에 불과한 것이면 과세대상이 된다.

3) 어 음

어음은 인지세법상의 과세문서이므로 금액이 비과세한도액을 초과하는 어음은 발행인이 발행하는 시점에서 그 금액에 따른 소정의 인지를 첨부하여야 한다. 발행인의 서명 또는 기명날인이 없는 백지어음에 인수인, 참가인수인, 보증인 등의 서명 또는 기명날인이 있는 것은 그 인수인 기타의 어음당사자를 어음작성자로 보는 것이므로 이들이 인지의 첨부의무자가 된다.

예컨대, 대리점이 환어음의 인수인란에 인수의 서명을 하여 공급자에게 어음을 교부하고 공급자가 발행인의 서명을 하고 있는 경우 인지의 첨부의무자는 최초로 어음에 서명한 대리점이 된다. 또 어음금액의 기재가 없는 어음은 과세문서가 아니므로 금액백지로 발행된 어음은 금액의 보충자가 과세문서작성자가 되어 첨부의무자로 된다.

인지세는 과세문서에 인지를 붙여 납부하고(인지세법 제8조) 인지를 붙인 때에는 과세문서의 지면과 인지에 걸쳐 작성자의 인장 또는 서명으로서 분명히 소인하여야 한다(인지세법 제10조).

인지붙임에 갈음하는 방법은 현금으로 인지세를 납부하고 1. 세인의 압날, 2. 인쇄에 의한 현금납부표시, 3. 인지세납부계기에 의한 현금납부표시에 의한 방법으로 당해 증서 또는 통장에 인지세를 납부한 사실을 표시하는 것으로 한다(인지세법시행령 제11조). 인지의 첩부의무위반이나 소인의무위반은 부적법한 것으로 되는 것이나 이 계약 또는 어음의 효력에 영향을 미치는 것은 아니다.

4. 사업자의 건전한 거래질서

부정경쟁행위의 금지

부정경쟁행위라 함은 부정경쟁방지및영업비밀보호에관한법률(이하 법이라 한다) 제2조 제1호 가 내지 마 목에 해당하는 행위를 말한다.

상품주체 혼동행위

이는 국내에 널리 인식(주지)된 타인의 성명, 상호, 상표, 상품의 용기, 포장 기타 타인의 상품임을 표시한 표지(상품표지)와 동일 또는 유사한 것을 사용하거나 이러한 것을 사용한 상품을 판매, 반포 또는 수입, 수출하여 타인의 상품과 혼동(상품주체 혼동)을 일으키게 하는 행위를 말한다. 타인이라 함은 상품의 제조, 가공, 판매 기타 상품의 공급을 사업으로 하는 자를 말한다.

영업주체 혼동행위

이는 국내에 널리 인식된 타인의 성명, 상호, 표장 기타 타인의 영업임을 표시하는 표지(영업표지)와 동일 또는 유사한 것을 사용하여 타인의 영업상의 시설 또는 활동과 혼동을 일으키게 하는 행위를 말한다.

원산지 오인야기행위

이는 상품이나 그 광고에 의하여 또는 공중이 알 수 있는 방법으로 거래상의 서류 또는 통신에 허위의 원산지의 표지를 하거나 또는 이러한 표지를 한 상품을 판매, 반포 또는 수입, 수출하여 원산지의 오인을 일으키게 하는 행위를 말한다.

생산지 오인야기행위

이는 상품이나 그 광고에 의하여 또는 공중이 알 수 있는 방법으로 거래상의 서류 또는 통신에 그 상품이 생산, 제조 또는 가공된 지역 이외의 곳에서 생산 또는 가공된 듯이 오인을 일으키게 하는 표지를 하거나 또는 이러한 표지를 한 상품을 판매, 반포 또는 수입, 수출하는 행위를 말한다.

질량 오인야기행위

이는 타인의 상품을 사칭하거나(구두사칭통용행위) 상품 또는 그 광고에 상품의 품질, 내용, 제조방법, 용도 또는 수량의 오인을 일으키게 하는 선전 또는 표지를 하거나 이러한 방법이나 표지로써 상품을 판매, 반포 또는 수입, 수출하는 행위를 말한다.

상표사용 금지

공업소유권의 보호를 위한 파리조약 당사국 또는 세계무역기구 가입국의 국기, 국장 기타의 휘장이나 정부의 감독용 또는 증명용 표지 및 국제기구의 표지와 동일 또는 유사한 것은 상표로 사용할 수 없다(법 제3조).

위반행위의 효과

부정경쟁행위로 인하여 자신의 영업상의 이익이 침해되거나 침해될 위험이 있다고 인정하는 자는 부정경쟁행위를 하거나 하고자하는 자에 대하여 법원에 그 행위의 금지 또는 예방, 부정경쟁행위를 조성한 물건의 폐기, 부정경쟁행위에 제공된 설비의 제거 기타 부정경쟁행위의 금지 또는 예방을 위하여 필요한 조치를 청구할 수 있고(법 제4조) 고의 또는 과실에 의한 부정경쟁행위로 타인의 영업상의 이익을 침해하여 손해를 가한 자는 그 손해를 배상할 책임을 진다(법 제5조).

법원은 고의 또는 과실에 의한 부정경쟁행위로 타인의 영업상의 신용을 실추하게 한 자에 대하여는 손해배상과 함께 영업상의 신용을 회복하는데 필요한 조치를 명할 수 있고(법 제6조) 특허청장은 부정경쟁행위를 확인하기 위하여 서류나 장부, 제품을 조사하거나 그 행위의 중지, 표지의 제거 또는 폐기를 권고할 수 있다(법 제7조).

영업비밀침해행위의 금지

영업비밀은 부정경쟁방지및영업비밀보호에관한법률(이하 법이라 한다) 제2조 2호에서 공연히 알려져 있지 아니하고 독립된 경제적 가치를 가지는 것으로써 상당한 노력에 의하여 비밀로 유지된 생산방법, 판매방법 기타 영업활동에 유용한 기술상 또는 경영상의 정보를 말한다고 규정한 것이다. 영업비밀침해행위는 이 법 제2조 3호 가 내지 바목에 해당하는 행위를 말한다.

부정취득행위

이는 절취, 기망, 협박 기타 부정한 수단으로 영업비밀을 취득하는 행위 또는 그 취득한 영업비밀을 부정취득자가 사용하거나 공개하는 행위를 말한다.

부정공개행위

이는 영업비밀에 대하여 부정취득행위가 개입된 사실을 알거나 중대한 과실로 이를 알지 못하고 그 영업비밀을 취득하는 행위 또는 그 취득한 영업비밀을 사용하거나 공개하는 행위를 말한다.

사후적 관여행위

이는 영업비밀을 취득한 후에 그 영업부류에 대하여 부정취득행위가 개입된 사실을 알거나 중대한 과실로 알지 못하고 그 영업비밀을 사용하거나 공개하는 행위를 말한다.

비밀유지의무 위반행위

이는 계약관계 등에 의하여 영업비밀을 비밀로서 유지하여야 할 의무가 있는 자가 부정한 이익을 얻거나 그 영업비밀의 보유자에게 손해를 가할 목적으로 그 영업비밀을 사용하거나 공개하는 행위를 말한다.

사후적 부정공개행위

이는 영업비밀이 비밀유지의무있는 자에 의하여 공개된 사실 또는 그러한 공개행위가 개입된 사실을 알거나 중대한 과실로 알지 못하고 그 영업비밀을 취득하는 행위 또는 그 취득한 영업비밀을 사용하거나 공개하는 행위를 말한다.

사후적 악의공개행위

이는 영업비밀을 취득한 후에 그 영업비밀이 비밀유지의무있는 자에 의하여 공개된 사실 또는 그러한 공개행위가 개입된 사실을 알거나 중대한 과실로 알지 못하고 그 영업비밀을 사용하거나 공개하는 행위를 말한다.

위법행위의 효과

영업비밀의 보유자는 영업비밀침해행위를 하거나 하고자하는 자에 대하여 그 행위에 의하여 영업상의 이익이 침해되거나 침해될 우려가 있는 때에는 법원에 대하여 그 행위의 금지 또는 예방을 청구할 수 있고 침해한 행위를 조성한 물건의 폐기, 침해행위에 제공된 설비의 제거 기타 침해행위의 금지 또는 예방을 위하여 필요한 조치를 함께 청구할 수 있다(법 제10조). 이

청구는 영업비밀침해행위가 계속되는 경우에 영업비밀보유자가 그 침해행위에 의하여 영업상의 이익이 침해되거나 침해될 우려가 있는 사실 및 침해행위를 안 날부터 3년간 이를 행사하지 아니 하거나 그 침해행위가 시작된 날부터 10년을 경과한 때에는 시효로 인하여 소멸한다(법 제14조).

고의 또는 과실에 의한 영업비밀 침해행위로 영업비밀보유자의 영업상 이익을 침해하여 손해를 가한 자는 그 손해를 배상할 책임을 지고(법 제11조) 법원은 고의 또는 과실에 의한 영업비밀침해행위로 영업비밀보유자의 영업상의 신용을 실추하게 한자에 대하여는 손해배상과 함께 영업상의 신용회복을 위하여 필요한 조치를 명할 수 있다(법 제12조).

시장지배적 지위의 남용금지

시장지배적 사업자라 함은 일정한 거래분야의 공급자나 수요자로서 단독으로 또는 다른 사업자와 함께 상품이나 용역의 가격, 수량, 품질 기타의 거래조건을 결정, 우지 또는 변경할 수 있는 시장지위를 가진 사업자를 말한다(독점규제및공정거래에관한법률〈이하 법이라 한다〉 제2조 7호).

일정한 거래분야라 함은 거래의 객체별, 지역별로 경쟁관계에 있거나 경쟁관계가 성립될 수 있는 분야를 말하고 시장지배적 사업자를 판단함에는 시장점유율, 진입장벽의 존재 및 정도, 경쟁사업자의 상대적 규모 등을 종합적으로 고려한다. 일정한 거래분야에서 1사업자의 시장점유율이 100분의 50 이상이고, 3 이하의 사업자의 시장점유율의 합계가 100분의 75 이상에 해당하는 사업자는 시장지배적 사업자로 추정한다(법 제4조).

시장지배적 사업자는 1) 상품의 가격이나 용역의 대가를 부당하게 결정, 유지 또는 변경하는 행위, 2) 상품의 판매 또는 용역의 제공을 부당하게 조절하는 행위, 3) 다른 사업자의 사업활동을 부당하게 방해하는 행위, 4) 새로운 경쟁사업자의 참가를 부당하게 방해하는 행위, 5) 부당하게 경쟁사업자를 배제하기 위하여 거래하거나 소비자의 이익을 현저히 저해할 우려가 있는 행위를 하여서는 아니 된다(법 제3조의 2 제1항).

시장지배적 사업자가 남용행위를 한 경우에는 공정거래위원회가 당해 사업자에 대하여 가격의 인하, 당해 행위의 중지. 법위반사실의 공표 기타 시정조치를 명할 수 있고(법 제5조) 일정한 매출액에 100분의 3을 곱한 금액 내에서 과징금을 부과할 수 있다(법 제6조).

경제력 집중 억제

누구든지 직접 또는 특수 관계인을 통하여 1) 다른 회사의 주식의 취득 또는 소유, 2) 임원 또는 종업원에 의한 다른 회사의 임원지위의 겸임, 3) 다른 회사와의 합병, 4) 다른 회사의 영업의 전부 또는 주요 부분의 양수, 임차 또는 경영의 수임이나 다른 회사의 영업용고정자산의 전부 또는 주요 부분의 양수, 5) 새로운 회사설립에의 참여로서 일정한 거래분야에서 경쟁을 실질적으로 제한하는 행위를 하여서는 아니 된다(법 제7조 제1항).

경쟁을 실질적으로 제한하는 행위라 함은 일정한 거래분야의 경쟁이 감소하여 특정사업자 또는 사업자단체의 의사에 따라 어느 정도 자유로이 가격, 수량, 품질 기타 거래조건 등의 결정에 영향을 미치거나 미칠 우려가 있는 상태를 초래하는 행위를 말한다(법 제2조 제8의 2호).

지주회사를 설립하고자 하거나 지주회사로 전환하고자하는 자는 공정거래위원회에 신고하여야 한다(법 제8조). 지주회사라 함은 주식(지분포함)의 소유를 통하여 국내회사의 사업내용을 지배하는 것을 주된 사업으로 하는 회사로서 자산총액이 대통령령이 정하는 금액 이상인 회사를 말한다(법 제2조 제1의 2호).

지주회사는 1) 순자산액을 초과하는 부채액을 보유하는 행위, 2) 자회사의 주식을 자회사발행주식총수의 100분의 50 미만으로 소유하는 행위, 3) 자회사 외의 국내회사주식을 지배목적으로 소유하는 행위, 4) 금융업 또는 보험업을 영위하는 자회사의 주식을 소유하는 금융지주회사가 금융업 또는 보험업을 영위하는 회사 외의 국내회사의 주식을 소유하는 행위, 5) 금융지주회사 외의 일반지주회사가 금융업 또는 보험업을 영위하는 국내회사의 주식을 소유하는 행위를 하여서는 아니 된다(법 제8조의 2 제1항).

일반지주회사의 자회사는 다른 국내회사의 주식을 지배목적으로 소유하여서는 아니 되고(법 제8조의 2 제2항) 지주회사는 당해 지주회사 및 자회사의 주식소유현황, 재무상황 등 사업내용에 관한 보고서를 공정거래위원회에 제출하여야 한다(법 제8조의 2 제3항).

채무보증제한대규모기업집단에 속하는 회사를 지배하는 동일인 또는 당해 동일인의 특수관계인이 지주회사를 설립하고자 하거나 지주회사로 전환하고자 하는 경우에는 1) 지주회사와 자회사간, 2) 지주회사와 다른 국내회사간, 3) 자회사 상호간, 4) 자회사와 다른 국내회사간의 채무보증을 해소하여야 하고(법 제8조의 3) 채무보증제한대규모기업집단에 속하는 회사는 국내 계열회사에 대하여 채무보증을 하여서는 아니 된다(법 제10조의 2 제1항).

대규모기업집단에 속하는 회사는 자기의 주식을 취득 또는 소유하고 있는 계열회사의 주식을 취득 또는 소유하여서는 아니 되고(법 제9조 제1항), 당해 회사의 순자산액에 100분의 25를 곱한 금액을 초과하여 다른 국내회사의 주식을 취득 또는 소유하여서는 아니 되고(법 제10조 제1항), 대규모기업집단에 속하는 회사로서 금융업 또는 보험업을 영위하는 회사는 취득 또는 소유하고 있는 국내 계열회사주식에 대하여 의결권을 행사할 수 없다(법 제11조).

대규모기업집단 중에서 내부거래공시대상회사는 특수관계인을 상대방으로 하거나 특수관계인을 위하여 대규모내부거래(자금, 유가증권, 자산 등을 제공 또는 거래하는 행위)를 하고자 하는 때에는 미리 이사회의결을 거친 후 이를 공시하여야 한다(법 제11조의 2 제1항).

부당공동행위의 금지

부당공동행위라 함은 사업자가 다른 사업자와 공동으로 1) 가격을 결정, 유지 또는 변경하는 행위, 2) 상품 또는 용역의 거래조건이나 그 대금 또는 대가의 지급조건을 정하는 행위, 3) 상품의 생산, 출고, 수송 또는 거래의 제한이나 용역의 거래를 제한하는 행위, 4) 거래지역 또는 거래상대방을 제한하는 행위, 5) 생산 또는 용역의 거래를 위한 설비의 신설 또는 증설이나 장비의 도입을 방해하거나 제한하는 행위, 6) 상품의 생산 또는 거래시에 그 상품의 종류 또는 규격을 제한하는 행위, 7) 영업의 주요부분을 공동으로 수행하거나 관리하기 위한 회사 등을 설립하는 행위, 8) 기타 다른 사업자의 사업활동 또는 사업내용을 방해하거나 제한함으로써 일정한 거래분야에서 경쟁을 실질적으로 제한하는 행위를 부당하게 경쟁을 제한할 것을 합의하는 것을 말하고, 사업자는 계약, 협정, 결의 기타 어떠한 방법으로도 부당한 공동행위를 하여서는 아니 된다(법 제19조 제1항).

부당공동행위가 있는 때에는 공정거래위원회가 당해 사업자에 대하여 당해 행위의 중지, 법위반사실의 공표 기타 시정을 위한 필요한 조치를 명할 수 있고(법 제21조) 부당한 공동행위를 행한 사업자에 대하여 매출액에 100분의 5를 곱한 금액 내에서 과징금을 부과할 수 있다(법 제22조).

불공정거래행위의 금지

불공정거래행위라 함은 1) 부당하게 거래를 거절하거나 거래의 상대방을 차별하여 취급하는 행위, 2) 부당하게 경쟁자를 배제하는 행위, 3) 부당하게 경쟁자의 고객을 자기와 거래하도록 유인하거나 강제하는 행위, 4) 자기의 거래상의 지위를 부당하게 이용하여 상대방과 거래하는 행위, 5) 거래의 상대방의 사업활동을 부당하게 구속하는 조건으로 거래하거나 다른 사업자의 사업활동을 방해하는 행위, 6) 부당하게 특수관계인 또는 다른 회사에 가지급금, 대여금, 인력, 부동산, 유가증권, 무체재산권 등을 제공하거나 현저히 유리한 조건으로 거래하여 특수관계인 또는 다른 회사를 지원하는 행위, 7) 기타 공정한 거래를 저해할 우려가 있는 행위를 말하고, 사업자는 불공정거래행위를 하거나 계열회사 또는 다른 사업자로 하여금 이를 행하도록 하여서는 아니 된다(법 제23조 제1항).

불공정거래행위가 있을 때에는 공정거래위원회가 당해 사업자에 대하여 당해 불공정거래행위의 중지, 계약조항의 삭제, 법위반사실의 공표 기타 시정을 위한 필요한 조치를 명할 수 있고(법 제24조) 매출액에 100분의 2를 곱한 금액 내에서 과징금을 부과할 수 있다(법 제24조의 2).

재판매가격유지행위의 금지

재판매가격유지행위라 함은 상품을 생산 또는 판매하는 사업자가 그 상품을 판매함에 있어서 재판매하는 사업자에게 거래단계별 가격을 미리 정하여 그 가격대로 판매할 것을 강제하거나 이를 위하여 규약 기타 구속조건을 붙여 거래하는 행위를 말하고(법 제2조 6호) 상품을 생산 또는 판매하는 사업자는 재판매가격유지행위를 하여서는 아니 된다(법 제29조 제1항).

대통령령이 정하는 저작물과 품질이 동일하다는 것을 용이하게 식별할 수 있고 일반소비자에 의하여 일상 사용되며 자유로운 경쟁이 행하여지고 있는 상품으로서 사업자가 당해 상품에 대하여 재판매가격유지행위를 할 수 있도록 공정거래위원회로부터 미리 지정을 받은 경우에는 재판매가격유지행위 금지규정을 적용하지 아니한다(법 제29조 제2항).

공정거래위원회가 지정 고시한 상품을 생산 또는 판매하는 사업자가 당해 상품의 재판매가격을 결정하고 유지하기 위하여 체결한 계약이 소비자의 이익을 현저히 저해할 우려가 있거나 공공의 이익에 반하는 경우에는 공정거래위원회는 계약내용의 수정을 명할 수 있고(법 제30조), 재판매가격유지행위의 제한규정을 위반하는 행위가 있는 경우에는 공정거래위원회는 당해 사업자에 대하여 당해 행위의 중지, 법위반사실의 공표 기타 시정을 위한 필요한 조치를 명할 수 있으며(법 제31조), 대통령령이 정하는 매출액에 100분의 2를 곱한 금액을 초과하지 아니하는 범위 안에서 과징금을 부과할 수 있다(법 제31조의 2).

국제계약의 체결 제한

사업자는 공정거래위원회가 고시하는 부당공동행위, 불공정거래행위 및 재판매 가격유지 행위에 해당하는 사항을 내용으로 하는 국제적 협정이나 계약을 체결하여서는 아니되고(법 제32조) 국제 계약을 체결함에 있어 당해 국제계약이 부당한 국제계약 의제격에 해당하는 여부에 관하여 공정거래위원회에 심사를 요청할 수 있다(법 제33조).

공정거래위원회는 부당한 국제계약의 체결을 제한하는 규정에 위반하거나 위반할 우려가 있는 국제계약이 있는 때에는 당해 사업자에 대하여 계약의 취소, 계약내용의 수정, 변경 기타 시정조치를 명할 수 있고(법 제34조) 부당한 국제계약을 체결한 경우에는 5억원 범위 안에서 매출액에 100분의 2를 곱한 금액 안에서 과징금을 부과할 수 있다(법 제134조의 2).

제 4 장

계약의 종류

1. 매매
2. 여행계약
3. 익명조합
4. 대리상계약
5. 중개계약
6. 운송계약
7. 공중접객계약
8. 창고계약
9. 상호계산
10. 위임
11. 도급
12. 대차
13. 보증
14. 저당권설정계약
15. 양도담보
16. 대물변제
17. 신탁계약
18. 채권양도
19. 채무인수
20. 조합
21. 금융계약
22. 물융(리스)계약
23. 가맹(프란차이즈)계약
24. 영업채권추심(팩토링)계약
25. 보험계약
26. 고용
27. 영업양도

1. 매 매

상품매매

상품매매계약은 당사자 일방이 일정한 수량의 상품을 약정기한에 상대방에게 이전할 것을 약정하고 상대방이 그 대금을 지급장소에서 지급할 것을 약정함으로써 그 효력이 생기는 계약(민법 제563조)을 말한다. 매도인이 대금을 받기 전에 상품을 매수인에게 인도한 경우에 상품의 소유권은 매수인이 그 대금의 전부를 지급하였을 때에 이전하는 것으로 약정할 수 있고 이 경우에 매수인은 매도인을 위하여 선량한 관리자의 주의로써 상품을 보관할 의무가 있다. 이를 "소유권유보부 매매"라고 한다.

〈서식 11〉 소유권유보부 매매계약서

갑과 을간에 다음과 같이 매매계약을 체결한다.

제1조(목적) 갑은 별지목록의 물건을 일금 50만원에 을에게 매도하고 을은 이를 매수하기로 약정한다.

제2조(인도) 갑은 2000년 ○○월 ○○일 을사무실에 물건을 송부하여 인도한다.

제3조(하자담보) 을은 물건의 인도를 받은 뒤 1개월 이내에 갑에 대하여 이의를 제기하지 않으면 그 물건에 흠이 있음을 추후 주장하지 못한다.

제4조(대금의 지급) 을은 제1조의 대금을 2001년 ○○월 ○○일에 갑에게 송금하거나 지참하여 지급한다.

제5조(소유권유보) 물건의 소유권은 을이 제1조의 대금을 변제하였을 때에 갑

으로부터 을로 이전한다.

제6조(사용대차) 을은 이 계약상의 목적물의 인도를 받고 제5조에 의한 소유권을 취득할 때까지 그 물건을 무상으로 사용할 수 있다. 다만, 을은 그 동안 물건을 자기공장에 설치하여 사용하여야 하며 그 소재장소를 타에 이전하거나 매각, 담보권의 설정 기타 처분을 하여서는 아니 된다.

제7조(기한이익 상실) 을이 1. 제3자로부터 강제집행을 당하거나 파산신청을 당한 때, 2. 어음교환소로부터 부도처분을 받았을 때 3. 이 계약의 일부라도 위반하였을 때에는 당연히 기한의 이익을 상실한다.

제8조(계약 해제) 전조의 경우에는 갑은 최고없이 바로 이 계약을 해제할 수 있다. 해제가 되면 을은 즉시 인도받았던 물건을 갑에게 반환하여야 하고 물건의 인도를 받은 때부터 반환하기까지 1일 3,000원의 비율에 상당하는 손해금을 지급한다.

제9조(관할) 이 계약에 관한 재판은 관할법원을 부산지방법원으로 할 것을 합의한다.

2000년 ○○월 ○○일

갑 서울특별시 ○○구 ○○동 ○○번지
주식회사 서울상사
대표이사 강 대 성 ㉿

을 부산직할시 ○○구 ○○동 ○○번지
이 도 수 ㉿

상품의 판매와 이를 지원하는 용역의 제공에 직접 사용되는 장소를 매장(유통산업발전법 제2조 2호)이라 하고 동일한 건물 안에 설치된 하나 또는 다수의 매장을 가진 점포의 집단을 대규모 점포(유통산업발전법 제2조 3호)라 하며 대규모 점포는 시장, 대형점, 백화점, 쇼핑센터, 도매센터, 기타 대규모 점포로 나누고(유통산업발전법시행령 제4조) 컴퓨터를 이용하여 재화 또

는 용역을 거래할 수 있도록 설정된 가상의 영업장을 "사이버몰"이라 한다(전자거래기본법 제2조 6호). 판매방법은 방문판매, 통신판매, 다단계판매(방문판매등에관한법률 제2조) 및 할부판매(할부거래에관한법률 제2조) 등이 있다.

매도인은 매수인에 대하여 매매의 목적물이 된 권리를 매수인의 대금지급과 동시에 이전하야 하며(민법 제568조) 매매의 목적물이 된 권리가 타인에게 속한 경우에도 양도계약을 체결할 수 있고 그 양도계약에 따라 매도인은 그 권리를 취득하여 매수인에게 이전하여 줄 의무가 있다(민법 제569조, 대판 1993. 8. 23. 93 다 2445).

매도인이 그 권리를 취득하여 매수인에게 이전할 수 없는 때에는(대판 1982. 12. 28. 80 다 2750, 객관적 불능이 아니고 이행장애가 있으면 족하다) 선의 매수인은 계약해제와 손해배상을 청구할 수 있고(민법 제570조), 선의의 매도인은 손해를 배상하고 계약을 해제할 수 있다(민법 제571조). 매매의 목적이 된 권리의 일부가 타인에게 속함으로 인하여 매도인이 그 권리를 취득하여 매수인에게 이전할 수 없는 때에는 매수인은 그 부분의 비율로 대금의 감액을 청구할 수 있고 선의의 매수인은 대금감액 또는 계약해제 및 손해배상을 청구할 수 있다(민법 제572조). 매매의 목적물에 하자가 있는 때에는 선의의 매수인은 계약해제를 할 수 있고(민법 제580조) 특정목적물에 하자가 있는 경우에는 하자없는 물건을 청구할 수 있으며(민법 제581조) 수량부족과 일부 멸실의 경우에는 감액청구 또는 손해배상을 청구할 수 있다(민법 제574조).

상인긴의 매매에시 매수인이 목적물의 수령을 거절하거나 수령할 수 없는 때에는 매도인은 그 물건을 공탁하거나 상당한 기한을 정하여 최고한 후 경매할 수 있고 경매대금을 매매대금에 충당할 수 있다(상법 제67조).

상인간의 매매에서 매수인이 목적물을 수령한 때에는 지체없이 그 물건을 검사하여 하자 또는 수량부족을 발견하여 즉시 매도인에게 그 통지를 발송하여야 하고 이를 하지 않으면 계약해지, 대금감액 또는 손해배상을 청구하지 못하고(상법 제69조, 국제물건매매계약에 관한 국제연합협약 제38조) 이 경우에 매수인이 계약을 해제한 때에도 매도인의 비용으로 매매의 목적물을 보관 또는 공탁하여야 하고 목적물이 멸실 또는 훼손될 염려가 있는 때에는 법원의 허가를 얻어 경매대가를 보관 또는 공탁하여야 한다(상법 제70조).

매도인으로부터 매수인에게 인도한 물건이 매매의 목적물과 상위하거나 수량이 초과한 경우에 그 상위 또는 초과한 부분에 대하여 법원의 허가를 얻어 경매대금을 보관 또는 공탁하여야 한다(상법 제71조).

〈서식 12〉 사이버몰 이용약관

제1조(목적) 이 약관은 전자거래사업자가 운영하는 사이버몰에서 제공하는 서비스를 이용함에 있어서 사이버몰과 이용자의 권리, 의무 및 책임사항을 규정한 것이다.

제2조(정의) 몰이라 함은 전자거래사업자가 재화 또는 용역을 이용자에게 제공하기 위하여 정보통신설비를 이용하여 재화 또는 용역을 거래할 수 있도록 설정한 가상의 영업장을 말하고 아울러 사이버몰을 운영하는 사업자의 의미로도 사용한다. 이용자는 몰에 접속하여 이 약관에 따라 몰이 제공하는 서비스를 받는 회원 및 비회원을 말하고 회원은 몰에 개인정보를 제공하여 회원등록을 한 자로서 몰의 정보를 지속적으로 제공받으며 몰이 제공하는 서비스를 계속적으로 이용할 수 있는 자를 말한다. 비회원은 회원에 가입하지 않고 몰이 제공하는 서비스를 이용하는 자를 말한다.

제3조(약관 명시) 몰은 이 약관의 내용과 상호, 영업소, 대표자성명, 사업자등록번호, 연락처(전화, 팩스, 전자우편주소 등) 등을 이용자가 알 수 있도록 ○○사이버몰의 초기서비스화면의 전면에 게시하고 약관의규제에관한법률, 전자거래기본법, 전자서명법, 정보통신망이용촉진법, 방문판매등에관한법률, 소비자보호법 등 관련법을 위반하지 않는 범위에서 이 약관을 개정할 수 있다. 몰이 약관을 개정하는 경우에는 적용일자 및 개정사유를 명시하여 현행약관과 함께 몰의 초기화면에 그 적용일자 7일 전부터 적용일자 전일까지 공지하고 그 개정약관은 그 적용일자 이후에 체결되는 계약에만 적용된다.

제4조(서비스 제공) 몰은 재화 또는 용역에 대한 정보제공 및 구매계약의 체결, 구매계약이 체결된 재화 또는 용역의 배송, 기타 몰이 정하는 업무를 수행하고, 장차 체결되는 계약에 의하여 제공할 재화 또는 용역의 내용이 변경된 경우에는 그 내용 및 제공일자를 명시하여 제공일자 전 7일부터 공지하며, 제공하기로 계약을 체결한 서비스의 내용을 변경할 경우에는 몰에 고의 또는 과실이 없는 경우를 제외하고 이로 인하여 이용자가 입을 손해를 배상한다.

제5조(서비스 중단) 몰은 정보통신설비의 보수점검, 교체 및 고장, 통신두절 등의 사유가 발생한 경우에는 서비스의 제공을 일시적으로 중단할 수 있으며 이 경우 회원이 제출한 전자우편주소로 통지를 하거나 1주일 이상 게시하는 방법으로 통지하고 서비스제공의 중단으로 인하여 생긴 손해를 배상한다.

제6조(회원 가입) 이용자는 몰이 정한 가입양식에 의하여 회원정보를 기입한 후 이 약관에 동의한다는 의사표시를 함으로써 회원가입을 신청하고, 몰은 이 약관에서 정하는 부적합한 신청자가 아니면 회원으로 등록하며, 회원가입계약의 성립시기는 몰의 승낙이 회원에게 도달한 시점으로 한다. 몰은 가입신청자가 이전에 회원자격을 상실한 사실이 있거나 회원으로 등록하는 것이 몰의 기술상 현저히 지장이 있다고 판단되는 경우에는 회원등록을 거절할 수 있다.

제7조(자격 상실) 회원은 몰에 언제든지 탈퇴를 요청할 수 있고 몰은 즉시 회원등록을 말소한다. 회원이 가입신청서에 허위내용을 기재하여 등록한 경우, 다른 사람의 몰이용을 방해하거나 그 정보를 도용하는 등 전자거래질서를 위협하는 경우, 몰을 이용하여 회원이 부담하는 채무를 기일에 지급하지 않는 경우, 몰을 이용하여 법령과 이 약관이나 공서양속을 위반하는 행위를 하는 경우에는 몰은 회원자격을 정지, 제한 및 상실시킬 수 있다.

제8조(통지) 몰은 회원이 제출한 전자우편주소로 통지를 할 수 있고 불특정다수회원에 대한 통지는 1주일 이상 몰게시판에 게시함으로서 개별통지에 갈음할 수 있다.

제9조(구매신청) 몰이용자는 몰상에서 성명, 주소, 전화번호입력. 재화 또는 용역의 선택. 결제방법의 선택, 이 약관에 동의한다는 표시에 의하여 구매를 신청한다.

제10조(계약의 성립) 몰은 구매신청에 대하여 신청내용에 허위, 기재누락, 오기가 있거나, 미성년자가 담배, 주류 등 청소년보호법에서 금지하는 재화 또는 용역

을 구매하거나, 기타 구매신청을 승낙하는 것이 몰기술상 현저히 지장이 있다고 판단하는 경우를 제외하고는 승낙하고 몰의 승낙이 수신확인통지 형태로 이용자에게 도달한 시점에 계약이 성립한 것으로 본다.

제11조(지급방법) 몰에서 구매한 재화 또는 용역에 대한 대금지급은 계좌이체, 신용카드결제, 온라인무통장입금, 전자화폐 결제, 수령시 대금지급 등으로 할 수 있다.

제12조(수신확인통지) 몰은 이용자의 구매신청이 있는 경우 이용자에게 수신확인통지를 하고 수신확인통지를 받은 이용자는 의사표시의 불일치 등이 있는 경우에는 수신확인통지를 받은 즉시 구매신청변경 및 취소를 요청할 수 있고 몰은 배송 전 이용자의 구매신청변경 및 취소요청이 있는 때에는 지체없이 그 요청에 따라 처리한다.

제13조(배송) 몰은 이용자가 구매한 재화에 대하여 배송수단, 수단별 배송비용 부담자, 수단별 배송기간 등을 명시하고 몰의 고의 또는 과실로 약정배송기간을 초과한 경우에는 그로인한 이용자의 손해를 배상한다.

제14조(환급, 반품 및 교환) 몰은 이용자가 구매한 재화 또는 용역이 품절 등의 사유로 재화의 인도 또는 용역의 제공을 할 수 없을 때에는 지체없이 그 사유를 이용자에게 통지하고 사전에 재화 또는 용역의 대금을 받은 경우에는 대금을 받은 날부터 3일 이내에, 그렇지 않은 경우에는 그 사유발생일부터 3일 이내에 계약해제 및 환급절차를 취하며, 배송된 재화가 주문내용과 상이하거나 몰이 제공한 정보와 상이할 경우, 배송된 재화가 파손, 손상되었거나 오염되었을 경우, 재화가 광고에 표시된 배송기간보다 늦게 배송된 경우, 방문판매등에관한법률 제18조에 의하여 광고에 표시하여야 할 사항을 표시하지 아니한 상태에서 이용자의 청약이 이루어 진 경우에는 몰은 배송된 재화일지라도 재화를 반품받은 다음 영업일 이내에 이용자의 요구(배송된 날부터 20일 내)에 따라 즉시 환급, 반품 및 교환조치한다.

제15조(개인정보 보호) 몰은 이용자의 정보수집시에 구매계약이행에 필요한 최소한의 정보를 수집하며 성명, 주민등록번호, 주소, 전화번호, 희망아이디, 비밀번호는 필수사항이고 기타는 선택사항이다. 몰이 이용자의 개인식별이 가능한 개인정보를 수집하는 때에는 반드시 당해 이용자의 동의를 받아야 하고 당해 이용자의 동의없이 목적 외의 이용이나 제3자에게 제공한 때에는 배송업무상 배송업체에게 배송에 필요한 최소한의 이용자정보를 알려 주거나 통계작성, 학술연구 또는

시장조사를 위하여 필요한 경우로서 특정개인을 식별할 수 없는 형태로 제공되는 경우를 제외하고는 몰이 모든 책임을 진다.

몰이 이용자의 동의를 받아야 하는 경우에 개인정보관리책임자의 신원(소속, 성명 및 전화번호, 기타 연락처), 정보수집목적, 이용목적, 제3자에 대한 정보제공사항(제공받는 자, 제공목적, 제공정보 내용) 등 정보통신망이용촉진등에관한법률 제16조 제3항을 미리 명시하거나 고지하여야 하고 이용자는 언제든지 그 동의를 철회할 수 있고 몰이 가지고 있는 자신의 개인정보에 대하여 열람 및 오류정정을 요구할 수 있으며 오류를 정정할 때까지 몰은 당해 개인정보를 이용하지 않는다. 몰은 개인정보보호를 위하여 관리자를 한정하여 그 수를 최소화하며 신용카드, 은행계좌 등을 포함한 이용자의 개인정보의 분실, 도난, 유출, 변조 등으로 인한 이용자의 손해에 대하여 모든 책임을 지며, 몰 또는 그로부터 개인정보를 제공받은 제3자는 개인정보의 수집목적 또는 제공받은 목적을 달성한 때에는 당해 개인정보를 지체없이 파기한다,

제16조(몰의 의무) 몰은 법령과 이 약관이 금지하거나 공서양속에 위반하는 행위를 하지 않으며, 이 약관이 정하는 바에 따라 지속적이고 안정적으로 재화, 용역을 제공하는데 최선을 다하여야 하고, 이용자가 안전하게 인터넷서비스를 이용할 수 있도록 이용자의 개인정보보호를 위한 보안체제를 갖추어야 하며, 이용자가 원하지 않는 영리목적의 광고성 전자우편을 발송하지 않고, 상품이나 용역에 대하여 표시 · 광고의공정화에관한법률 제3조의 부당한 표시광고를 함으로써 이용자가 손해를 입은 때에는 이를 배상할 책임을 진다.

제17조(회원의 의무) 회원은 아이디와 비밀번호에 대한 관리책임을 부담하고, 자신의 아이디 및 비밀번호를 제3자에게 이용하게 하여서는 아니 되며, 자신의 아이디 및 비밀번호를 도난당하거나 제3자가 사용하고 있음을 인지한 경우에는 바로 몰에 통보하고 몰의 안내가 있는 경우에는 그에 따라야 한다.

제18조(이용자의 의무) 이용자는 신청 또는 변경시의 허위내용등록, 몰에 게시된 정보의 변경, 몰이 정한 정보 이외의 정보의 송수 또는 게시, 몰 또는 제3자의 지적재산권 침해, 명예훼손, 업무방해, 외설 또는 폭력적인 메시지, 화상, 기타 공서양속위반정보를 몰에 공개 또는 게시하는 행위를 하여서는 아니 된다.

제19조(연결몰) 연결몰은 상위 몰(웹사이트)과 하위 몰(웹사이트)이 하이퍼링크방식으로 연결된 경우 상위몰을 말하고 하위몰은 피연결몰이라고 말하며, 연결

몰은 피연결몰이 독자적으로 제공하는 재화, 용역에 의하여 이용자와 행하는 거래에 대하여 보증책임을 지지 않는다는 뜻을 연결몰의 사이트에서 명시한 경우에는 그 거래에 대한 보증책임을 지지 않는다.

제20조(저작권 귀속) 몰이 작성한 저작물에 대한 저작권 기타 지적재산권은 몰에 귀속하고 이용자는 몰을 이용함으로써 얻은 정보를 몰의 사전 승낙없이 복제, 송신, 배포, 방송 기타 방법에 의하여 영리목적으로 이용하거나 제3자에게 이용하게 하여서는 아니된다.

제21조(분쟁해결) 몰은 이용자가 제기하는 정당한 의견이나 불만을 반영하고 그 피해를 보상처리하기 위하여 피해보상처리기구를 설치, 운영하고 몰과 이용자간에 발생한 분쟁은 전자거래기본법제28조 및 동시행령 제15조에 의하여 설치된 전자거래분쟁조정위원회의 조정에 따를 수 있다.

제22조(준거법) 몰과 이용자간에 발생한 전자거래분쟁에 관한 소송은 민사소송법상의 관할법원에 제기하고 몰과 이용자간의 제기된 전자거래소송에는 한국법을 적용한다.

부동산매매

부동산매매는 부동산(토지, 건물)을 양도하거나 취득하는 계약을 말한다(민법 제563조). 영업으로 부동산을 매매하는 행위는 상행위이며(상법 제46조 1호), 부동산매매업은 자기계정에 의하여 주거용 또는 비주거용 건물 및 기타 건축물을 직접 건설하여 일반 및 산업사용자에게 분양 또는 판매하는 건축물자영건설업과 자기 계정에 의하여 직접 개발한 묘지, 농장, 택지, 공업용지 등의 토지 또는 타인에게 도급을 주어 건설한 건물 등 각종 부동산을 분할 또는 분양, 판매하는 부동산분양공급업이 있다(소득세법시행령 제34조).

부동산에 관한 법률행위로 인한 물권의 득실변경은 등기하여야 그 효력이

생기는 것이므로(민법 제186조) 부동산의 매도인은 매수인에게 목적물을 인도하고 등기명의를 이전하여야 한다.

즉 부동산은 1) 소유권, 2) 지상권, 3) 지역권, 4) 전세권, 5) 저당권, 6) 권리질권 7) 임차권의 설정, 보존, 이전, 변경, 처분의 제한 또는 소멸에 대하여 등기하여야 한다(부동산등기법 제2조). 부동산의 명의신탁약정을 무효로 하며(부동산실권리자명의등기에관한법률 제4조) 소유권이전등기에 검인계약서(부동산등기특별조치법 제3조)를 요구하고 주거용건물의 임대차에 관하여 그 등기가 없는 경우에는 주택인도와 주민등록으로 제3자에 대하여 효력이 생기게 한다(주택임대차보호법 제3조).

부동산등기신청서에 첨부할 서면은 1) 등기원인증명서, 2) 등기의무자 권리에 관한 등기필증, 3) 등기원인에 대한 제3자의 허가, 동의, 승낙서, 4) 대리인권한증명서, 5) 소유권의 보존 또는 이전등기신청인의 주소증명서, 6) 법인등기부등본 또는 초본, 부동산등기용 등록번호증명서, 7) 토지대장, 임야대장, 건축물대장의 등본이다(부동산등기법 제40조).

부동산에 관한 권리를 분석하기 위하여 국토건설종합계획법, 수도권정비계획법, 국토이용관리법, 도시계획법, 도시개발법, 도시재개발법, 주택건설촉진법, 농지법, 산림법, 지적법, 지가공시및토지등의평가에관한법률, 환경보전법, 수도법, 호소수질관리법, 한강수계상수원수질개선및주민지원등에관한법률, 토지수용법, 공공용지의취득및손실보상에관한특례법, 부동산중개업법 등에 관하여 종합적인 지식이 필요하다.

〈서식 13〉 · 부동산매매계약서

갑과 을간에 다음과 같이 부동산매매계약을 체결한다.

제1조(목적물) 갑은 을에 대하여 갑이 소유하는 다음 부동산을 매도하고 을은 이를 매수하기로 약정한다.

다 음

서울특별시 ○○구 ○○동 ○○번지

1. 대지 123평

2. 건물 철건콘크리트조 1층 50평

제2조(대금지급) 을은 매매대금 3억원을 다음 방법으로 갑에게 지급한다.

1. 이 계약성립과 동시에 일금 3,000만원을 지급한다.

2. 부동산의 인도와 동시에 2억원을 지급한다.

3. 이 부동산의 소유권이전등기와 동시에 잔금 7,000만원을 지급한다.

제3조(등기) 갑은 을에 대하여 2000년 ○○월 ○○일에 이 부동산을 인도하고 2000년 ○○월 ○○일에 본건 부동산의 소유권이전등기를 하기로 한다.

제4조(하자보증) 갑은 을에 대하여 이 부동산에 관한 저당권, 전세권, 임차권 등 을의 소유권행사를 방해하는 모든 부담이 존재하지 않음을 보증한다.

제5조(제세공과금 부담) 이 부동산에 관한 제세공과금은 인도시를 기준으로 하여 그 이전분은 갑이 부담하고 그 이후분은 을이 부담하기로 한다.

제6조(계약해제) 갑 또는 을이 이 계약의 이행을 태만히 하거나 어음교환소로부터 부도처분을 받거나 타인으로부터 강제집행을 받은 때에는 서로 이 계약을 해제할 수 있다.

제7조(비용부담) 이 부동산의 소유권이전등기에 필요한 등록세 등 비용은 을의 부담으로 한다.

이 계약의 성립을 증명하기 위하여 이 계약서 2통을 작성하여 갑을이 각 1통씩 보유한다.

2000년 ○○월 ○○일

갑(매도인) 서울특별시 ○○구 ○○동 ○○번지
김 갑 동 ㉿

을(매수인) 서울특별시 ○○구 ○○동 ○○번지
서 동 식 ㉿

유가증권 매매

유가증권의 매매는 상법 제46조 제1호에 기재된 행위이고 이 행위를 영업으로 하면 그 행위를 상행위라 한다. 상장유가증권(협회중개시장에 등록된 유가증권)의 매매는 증권회사가 한국증권거래소가 개설한 유가증권시장(한국증권업협회가 운영하는 협회중개시장)에서 증권거래소의 업무규정(증권거래법 제94조)에 따라 거래하고 있다.

증권회사는 증권거래법에 의하여 증권업을 영위하는 주식회사(증권거래법 제28조)이고 유가증권(협회중개)시장을 개설(운영)하는 한국증권거래소(한국증권업협회)의 회원(증권거래법 제76조의 2)이며 유가증권시장에서의 매매거래당사자(증권거래법 제85조)이다. 그러므로 증권회사는 사적영리기업이면서 시장조직자로서 유가증권을 공정하게 관리할 책임(공적 의무)을 가지고 있는 것이다.

증권회사의 공적성질에서 상법상의 위탁매매와 구별하기 위하여 유가증권의 위탁매매업(증권거래법 제28조 제2항 2호)만을 허가받은 증권회사는 증권중개라는 문자를 상호에 사용하여야하고(증권거래법 제62조) 고객예탁금은 자기소유재산과 구별하여 증권금융회사에 예치하여야 하며(증권거래법 제44조의 3) 자기명의로 관리하는 유가증권은 지체없이 증권예탁원에 예탁하여야 한다(증권거래법 제44조의 4).

예탁원이 아닌 자는 유가증권을 예탁받아 그 유가증권의 수수에 갈음하여 계좌간의 대체로 결제하는 업무를 영위할 수 없고(증권거래법 제173조의 3) 고객계좌부와 예탁자계좌부에 기재된 자는 그 유가증권을 점유하는 것으로 보고(증권거래법 제174조의 3) 예탁자의 고객과 예탁자는 각각 고객계좌부와 예탁자계좌부에 기재된 유가증권의 종류, 종목, 수량에 따라 예탁유가증권에 대한 공유지분을 가지는 것으로 추정한다(증권거래법 제174조의 4).

예탁유가증권중 주권의 공유자(실질주주)는 주주로서의 권리행사에 있어서는 각각 공유지분에 상당하는 주식을 가지는 것으로 보고(증권거래법 제

174조의 7) 예탁원에 예탁된 주권의 주식에 관한 실질주주명부에의 기재는 주주명부에의 기재와 동일한 효력을 가지고(증권거래법 제174조의 8) 예탁자 또는 그 고객이 예탁원이 발행한 실질주주증명서를 발행회사에 제출한 경우에는 회사주주명부에의 명의개서가 없더라도 발행회사에 대하여 대항할 수 있다(증권거래법 제174조의 10).

유가증권의 매매를 이용하여 자산을 투자운영하는 증권투자주식회사(증권투자회사법 제3조)가 있다. 이 회사는 본점이외의 영업소를 설치할 수 없고(증권투자회사법 제4조) 자금을 차입하거나 채무보증 또는 담보제공을 하지 못하며(증권투자회사법 제29조) 그 자산의 운영에 관한 업무는 자산운영회사에 위탁하고(증권투자회사법 제32조) 그 자산의 보관업무는 자산보관회사에 위탁하며(증권투자회사법 제39조) 그가 발행하는 주식의 모집 또는 판매업무는 판매회사에 위탁하고(증권투자회사법 제41조) 회사운영사무는 일반사무수탁회사에 위탁하여야 한다(증권투자회사법 제42조).

〈서식 14〉 매매거래계좌설정약관

제1조(약관의 적용) 위탁자와 증권주식회사는 한국증권거래소가 개설한 유가증권시장과 한국증권업협회가 운영하는 협회중개시장 및 증권회사가 설치, 운영하는 장외주식호가중개시스템에서의 매매거래에 대하여 이 약관을 적용한다.

제2조(계약의 성립) 계약은 연계금융기관에서 위탁자가 실명확인을 한 후 위탁자의 실명정보를 연계기관이 회사에 전송하여 회사가 이를 근거로 증권거래계좌를 설정한 경우에 성립한다.

제3조(위탁방법) 위탁자는 문서 또는 전화, 전보, 모사전송, 컴퓨터 기타 이와 유사한 전자통신의 방법으로 매매거래를 위탁하고 이 경우에는 회사가 위탁자본인임을 확인할 수 있는 방법에 의하여야 하며 회사는 주문사실을 입증하기 위하여 녹음 등의 방법을 사용할 수 있고 위탁자에 대한 개별적인 투자거래에 대하여 투자상담을 하지 않는 것을 원칙으로 한다.

제4조(위탁증거금 납입) 위탁자는 유가증권시장과 협회중개시장 및 장외호가

중개시스템에서의 매매거래를 위탁함에 있어 회사가 정하는 위탁증거금을 회사에 납입하여야 하고 이 경우 연계기관에서 증권거래계좌를 설정한 위탁자는 연계기관의 실명확인계좌에서 증권거래계좌로 은행이체의 방법에 의하여 위탁증거금을 납입한다.

제5조(수탁거부) 회사는 위탁자의 매매거래의 위탁에 관하여 공익과 투자자보호 또는 거래질서의 안정을 위하여 필요하다고 인정할 때에는 매매거래의 수탁을 거부할 수 있고, 거래소업무규정 제14조에 의하여 공매도 호가의 가격제한에 해당하는 매도주문의 수탁을 거부하며, 미수금이 있는 위탁자에 대하여 매매주문의 수탁, 현금 및 유가증권의 인출을 하지 아니한다.

제6조(일임매매거래의 제한) 회사 및 위탁자는 관계 법규에서 정하는 일임매매약정의 방법에 의하지 아니 하고는 일임매매거래의 수탁 또는 위탁을 할 수 없고, 회사는 위탁자 또는 그 대리인으로부터 유가증권의 매매거래에 위탁을 받지 아니하고는 위탁자로부터 예탁받은 재산으로 유가증권의 매매거래를 할 수 없다.

제7조(예탁금의 이용료 지급) 회사는 위탁자가 회사에 맡긴 예탁금에 대하여 회사가 정하는 요율에 상당하는 이용료를 위탁자에게 지급하고 예탁금이용료율을 변경하는 경우에는 그 변경내용을 본사영업점 및 연계기관 또는 회사인터넷웹사이트상에 1개월간 게시한다.

제8조(사고증권 교환) 예탁증권이 사고증권인 경우에는 위탁자는 이를 지체없이 교환하여 예탁하고 예탁한 사고증권과 동일한 종목의 예탁잔고가 있는 경우에는 회사는 사고증권의 수량만큼 공제할 수 있다.

제9조(결제불이행시의 처리) 위탁자가 결제시한까지 매수대금 또는 매도증권을 납부하지 아니 한 때에는 회사는 현금 또는 동일내용의 유가증권으로 결제정리하고 부족액이 있는 경우에는 당해 매수증권 또는 매도대금, 기타 위탁자를 위하여 점유한 현금 및 유가증권의 순으로 필요한 수량을 처분하여 임의충당할 수 있다. 유가증권의 매도호가는 유가증권시장 또는 협회중개시장에서의 시가결정에 참여하는 호가로 하고, 유가증권이 장외호가중개시스템의 거래대상인 경우에는 호가중개개시 후 30분 이내의 분할거래호가(당일 매매기준가격의 85% 이상의 가격)로 하고, 미수대금에 대하여는 연체기간에 대하여 연체료를 부담하고 회사가 연체료율을 변경하는 경우에는 그 변경내용을 본사영업점 및 연계기관 또는 회사인터넷웹사이트상에 1개월간 게시한다.

제10조(예탁증권의 집중예탁) 회사는 위탁자의 예탁증권을 증권예탁원에 집중예탁하고 증권예탁원으로부터 당해 예탁증권에 관한 배당금, 원리금, 준비금 또는 재평가적립금의 자본전입, 주식배당과 신주인수권, 전환청구권 및 교환청구권의 행사에 의하여 신규로 발행되는 주권을 위탁자를 위하여 수령할 수 있다.

제11조(혼합보관) 회사는 위탁자의 예탁증권을 다른 예탁자가 예탁한 동일종목의 증권과 혼합보관할 수 있고, 위탁자의 청구에 의하여 예탁증권을 반환할 경우 위탁자의 예탁증권과 종목 및 권리가 동일한 증권으로 반환할 수 있다.

제12조(월간 거래내용의 통지) 회사는 월간 매매 기타 거래가 있는 계좌에 대하여 그 거래내용 및 월말 잔고현황을 익월 20일까지, 반기매매 기타 거래가 없는 계좌에 대하여는 반기말 잔고현황을 그 반기종료 후 20일까지 위탁자에게 우편 또는 위탁자의 신청에 의한 컴퓨터 기타 이와 유사한 전자통신의 방법으로 통지하고, 통지시마다 반송계좌명세서를 작성비치한다.

제13조(매매거래의 통지) 회사는 위탁자의 주문에 의하여 매매거래가 성립된 때에는 매매체결내용을 지체없이 위탁자 또는 위탁자가 지정한 대리인에게 전자통신 등의 방법으로 통지하고, 그 매매체결내용을 전자통신방법에 의하여 조회할 수 있도록 한 때에는 통지내용을 통지한 것으로 본다.

제14조(위탁수수료) 회사는 매매거래의 위탁을 받아 매매거래가 성립되었을 때에는 결제시 위탁자로부터 회사가 정하는 위탁수수료를 징수하고, 위탁수수료의 징수율을 사전에 위탁자가 알 수 있도록 시행일 2일 전까지 본점영업점 또는 회사인터넷웹사이트상에 게시한다.

제15조(계좌의 통합 및 폐쇄) 회사는 위탁자계좌의 보유잔고가 10만원 이하의 현금, 상장이 폐지되거나 협회등록이 취소된 주권, 통합일 현재 기준가격에 의한 평가금액이 10만원 이하인 수익증권으로 최근 6개월간 매매거래가 없는 경우에는 별도의 계좌에 통합하여 관리할 수 있고, 위탁자계좌의 잔고가 영이 된 날부터 6개월이 경과된 경우에는 계좌를 폐쇄할 수 있다.

제16조(약관변경) 회사는 이 약관을 변경하고자 할 경우 위탁자에게 불리한 내용이 될 때에는 서면 또는 전자통신의 방법으로 통지하고 그밖에는 본사영업점 및 연계기관 또는 회사의 인터넷웹사이트상에 1개월간 게시함으로써 약관변경의 내용을 알리고 언제든지 열람 또는 교부할 수 있도록 한다.

제17조(기재내용 변경) 위탁자는 주소, 전화번호, 대리권범위 기타 매매거래계

좌개설신청서상에 기재된 내용에 변경이 있는 때에는 지체없이 그 변경내용을 회사에 통지한다.

第18조(면책) 회사는 천재지변, 전시, 사변 또는 이에 준하는 불가항력이라고 인정되는 사유에 의하여 매매의 집행, 매매대금의 수수 및 예탁, 보관의 지연 또는 불능, 위탁자의 귀책사유로 인하여 발생하는 경우로 인하여 위탁자에게 발생되는 손해에 대하여 책임을 지지 아니한다.

第19조(은행이체) 연계기관에서 증권계좌를 개설한 위탁자의 모든 입금 및 출금은 연계기관의 실명확인된 근거계좌를 통하여 이루어지고 증권계좌와 은행계좌간의 상호 입금, 출금이체거래는 고객의 이체행위에 의하여 연계기관 및 회사의 매체를 통하여 이루어진다.

第20조(양도금지) 위탁자는 통장 또는 증권카드를 양도하거나 질권을 설정할 수 없다.

第21조(법규준용) 이 약관에서 정하지 아니한 사항은 관계법규에 따르고 관계법규에 없는 사항은 일반상 관례에 의한다.

부 칙

이 약관은 2000. 4. 17.부터 시행한다.

위탁매매

위탁매매계약은 자기명의로서 다인의 계산으로 물건 또는 유가증권의 매매를 영업으로 하는 계약을 말한다(상법 제101조).

자기명의로는 위탁매매인이 위탁자를 위한 매매로 인하여 상대방에 대하여 직접 권리를 취득하고 의무를 부담한다는 뜻이다(상법 제102조). 타인의 계산으로라 함은 그 거래에 의한 손익은 위탁자가 부담한다는 뜻이며 위탁매매인이 위탁자로부터 받은 물건 또는 유가증권이나 위탁매매로 인하여 취득한 물건, 유가증권 또는 채권은 이를 위탁자의 소유 또는 채권으로 보고(상법 제103조) 위탁자가 지정한 가액보다 고가로 매도하거나 염가로 매수한 경우에는 그 차액은 위탁자의 이익으로 한다(상법 제106조 제2항).

〈서식 15〉 위탁매매계약서

갑과 을은 제품의 위탁매매에 관하여 다음과 같이 계약을 체결한다.

제1조(목적) 갑은 을에 대하여 자기가 제조하는 각종 상품의 계속 판매를 위탁하고 을은 이를 약속한다.

제2조(상품인도) 갑은 을의 주문에 의하여 갑이 운임을 부담하여 상품을 대한통운주식회사의 트럭에 적재하여 을의 점포에 인도하며 을에게 판매를 위탁한다.

제3조(하자보고) 제2조의 상품에 하자가 있을 때에는 을은 상품을 수령한 날로부터 7일 이내에 그 사실을 갑에게 보고하여야 한다.

제4조(소유권) (1) 을이 보관중인 상품의 소유권은 갑에게 귀속하는 것으로 하며 을이 제3자에게 판매하여 인도한 때에는 그 소유권은 제3자에게 이전한다.

(2) 을은 상품보관 중에 선량한 주의의무를 가지고 관리하여야 하며 만일 제3자로부터 압류 등을 당한 때에는 그 상품이 갑의 소유임을 적극 항변하고 그 결과를 갑에게 보고하여야 한다.

(3) 을이 상품을 보관 중에 멸실, 훼손된 것은 모두 을이 변상한다.

제5조(판매가격) 을은 이 상품을 갑이 지정하는 가격 이상으로 판매하여야 하고 을이 지정가격 이하로 판매한 때에는 그 차액은 을이 부담한다.

제6조(수수료) 갑은 을에 대하여 상품판매가격의 15%를 지급하고 을은 매월 말일에 당월 판매수량과 수수료를 계산한 보고서와 함께 상품판매가격에서 수수료를 공제한 잔액을 익월 5일까지 갑에게 송금하여 결제한다.

제7조(장부검사) 갑은 을에 대하여 수시로 위탁판매의 실적보고를 요구하고 장부를 검사할 수 있으며 재고품수량을 조사할 수 있다.

제8조(조건변경) 갑은 장래에 경제사정의 변화 또는 을의 신용변화 등 원인에 따라 필요하다고 인정되는 때에는 언제든지 위탁방법을 변경하거나 위탁을 중지할 수 있다.

제9조(계약해지) (1) 갑은 다음의 사유가 발생하면 최고없이 계약을 해지할 수 있다.

1. 을이 이 계약내용의 일부를 위반하였을 때
2. 을이 타인으로부터 압류, 가압류, 가처분 기타 조세체납처분을 받거나 신용이 악화되었다고 인정할 사유가 발생하였을 때
3. 을이 어음교환소로부터 부도처분을 받았을 때
4. 기타 위탁매매관계를 지속하기 곤란하다고 인정되는 상당한 이유가 발생한 때

(2) 계약이 해제된 경우 을은 즉시 판매액에서 수수료를 공제한 잔액과 잔존 상품을 갑에게 반환하여야 한다.

제10조(해지) 갑 또는 을은 3개월 전 예고로써 계약을 장래에 향하여 해약할 수 있다.

이 계약의 성립을 증명하기 위하여 본 계약서 2통을 작성하여 갑과 을이 각 1통씩 보유한다.

2000년 ○○월 ○○일

갑　서울특별시 ○○구 ○○동 ○○번지
한국제약주식회사
대표이사 김 국 남 ㊞

을　수원시 ○○구 ○○동 ○○번지
시민약국
대표 한 수 길 ㊞

할부매매

할부매매계약은 동산의 매수인 또는 용역의 제공을 받은 자에게 동산의 대금 또는 용역의 대가를 2개월 이상의 기간에 걸쳐 3회 이상 분할하여 지급하고 목적물의 대금의 완납 전에 동산의 인도 또는 용역의 제공을 받기로 하는 계약과 매수인이 목적물의 대금에 충당하기 위하여 신용을 제공하는 자에게 목적물의 대금을 2개월 이상의 기간에 걸쳐 3회 이상 분할하여 지급하고 그 대금의 완납 전에 매도인으로부터 목적물의 인도 등을 받기로 하는 계약을 말한다(할부거래에관한법률 제2조).

할부매매계약은 목적물의 소유권유보 조항을 기재한 서면으로 체결하여야 하며(할부거래에관한법률 제4조) 목적물의 종류 및 내용, 현금가격, 할부가격, 각 할부금의 금액, 지급횟수 및 시기, 할부수수료의 실제 연간 요율, 계약금(선수금, 최초 지급금) 등을 표시 및 고지하여야 하고(할부거래에관한법률 제3조) 활자는 9호 이상을 사용하여야 하며 목적물의 소유권유보, 매수인의 철회권행사방법, 매도인의 계약해제 및 매수인의 기한이익상실에 관한 사항은 붉은 색으로 기재하고 테두리를 쳐야 한다(할부거래에관한법률시행규칙 제3조).

매수인은 할부계약서를 교부받은 날 또는 목적물의 인도 등을 받은 날부터 7일 이내에 계약에 관한 청약을 철회할 수 있고(할부거래에관한법률 제5조 제1항) 선박법에 의한 선박, 항공법에 의한 항공기, 철도법 및 도시철도법에 의한 궤도차량, 건설기계관리법에 의한 건설기계, 자동차관리법에 의한 자동차, 고압가스안전관리법에 의한 냉동기, 보일러, 전기냉방기, 낱개로 밀봉된 음반, 비디오물 및 소프터웨어 등은 철회권행사대상에서 제외된다(할부거래에관한법률 제5조 제1항 단서).

할부매매에서 제외되는 목적물은 농, 수 축, 임, 광산물로서 통계법 제11조에 의하여 작성된 한국표준산업분류표상의 제조업에 의하여 생산되지 아니한 것, 약사법 제2조 제4항에 의한 의약품, 보험업법에 의한 보험, 증권거

래법 제2조 제1항에 의한 유가증권, 종합금융회사에관한법률에 의한 어음 및 채무증서, 할부거래에관한법률에 의한 매수인의 주문에 의하여 제조, 제공되는 목적물, 주식회사의외부감사에관한법률에 의한 회계감사 등이다(할부거래에관한법률 제2조 제1항 단서).

할부매매는 소유권유보부 매매, 대금분할지급매매, 분할지급약관부 매매라고도 하며 신용판매의 일종이다. 할부매매는 대금이 완납되는 시점에서 다시 매매를 하려는 예약이 아니며 대금완납을 정지조건으로 하여 매매의 효력이 생기는 조건부매매가 아니며 대금지급에 관하여 특약이 있는 매매이다.

할부매매는 대금지급단위를 기준으로 일부매매, 주부매매, 월부매매, 연부매매가 있고 신용을 제공하는 주체를 기준으로 매도인이 매수인에게 신용을 제공하는 자체할부, 채권추심회사가 신용을 제공하는 팩토링할부, 여신전문회사가 신용을 제공하는 신용카드할부가 있다.

할부매매에 관한 청약을 철회한 경우에는 매수인은 이미 받은 동산 또는 용역을 반환하여야 하고, 매도인은 이미 지급받은 할부료를 동시에 반환하여야 한다(법 제6조 제1항). 신용제공자가 있는 경우의 매수인이 할부매매에 관한 청약을 철회한 경우에는 매수인은 7일 내에 철회의 의사표시가 기재된 서면을 신용제공자에게 발송하여야 하고 이 서면을 발송하지 아니한 때에는 신용제공자의 할부금 지급청구에 대항하지 못한다(법 제7조).

할부계약이 체결된 후 매수인이 할부금 지급의무를 이행하지 아니한 경우에는 매도인은 14일 이상의 기간을 정하여 서면으로 그 이행을 최고한 후 계약을 해제할 수 있고 목적물의 소유권이 매도인에게 유보된 경우 매도인은 그 계약을 해제하지 아니하면 그 반환을 청구하지 못한다(법 제8조).

2. 여행계약

여행계약은 예행주최자가 확정하고 공포한 여행급여를 실시할 의무를 부담하고, 여행자는 여행주최자에게 합의한 여행대금을 지급할 의무를 부담하는 것을 말한다. 어느 여행자가 여행업자에게 항공편과 숙박시설을 수배시키는 것은 여행자와 항공회사, 여행자와 숙박업자간에 여행업자를 중개인으로 이용하는 것이므로 여행업자는 항공운임과 숙박료에 대하여 책임을 부담하지 아니한다.

여행주최자는 여행계약에 의한 이용을 보증한 것이므로 여행에 하자가 생기면 대체급여, 여행대금 감액, 해약, 손해배상 등을 이행하여야 한다. 상법 제113조는 자기명의로써 타인의 계산으로 매매아닌 행위(여행계약)를 영업으로 하는 자를 준위탁매매인으로 규정하고 위탁매매에 관한 규정을 준용하고 있다.

〈서식 16〉 국내여행계약서

국내 여행업을 영위하는 여행업자(이하 갑이라 한다)와 국내 여행을 하고자하는 여행자(이하 을이라 한다)는 국내 여행에 관하여 다음과 같이 계약을 체결한다.

제1조(목적지) 이 여행의 목적지 및 그 순서는 다음과 같다.

(예)서울-대전-부산

제2조(일정) 이 여행의 일정은 다음과 같다.

2001. 1. 20 ~ 24(4박 5일)

제3조(출발) 이 여행은 언제 어디서 출발한다.

(예) 2001. 1. 20. 10 : 00 김포공항 국내선 1층 관광안내센터

제4조(이동수단) 어디서 어디까지는 어떤 교통수단 몇 등석으로 이동한다. 현지에서의 이동수단은 무엇을 이용한다.

제5조(숙박) 이 여행의 숙박은 관광호텔 1등급으로 한다.

제6조(안내) 이 여행에는 여행인솔을 위한 안내자가 있다. 안내자의 고의 또는 과실로 을에 게 손해를 가한 경우 갑은 이를 을에게 배상하여야 한다.

제7조(최저 행사인원) 이 여행은 여행을 실시할 수 있는 최저 인원이 필요하다. 최저 인원은 몇 명으로 하고 갑은 최저 인원의 충족 및 그에 따른 여행실시가능을 출발시간 몇 시간 전까지 확정하여 을에게 통지하여야 한다. 갑이 그 통지기일을 지키지 아니 한 경우에는 이미 지급받은 여행요금을 환급하고 계약금의 100% 상당액을 배상하여야 한다. 갑은 을에게 질병이 있거나 다른 여행자에게 폐를 끼치거나 원활한 여행의 실시에 지장이 있다고 인정할 때에는 을과의 계약을 거절할 수 있다.

제8조(최대 행사인원) 이 여행은 여행자의 안전을 위하여 최대 행사인원이 필요하고 최대 행사인원은 몇 명으로 한다.

제9조(식사) 이 여행중의 식사는 관광호텔 1등급 몇 끼로 한다.

제10조(여행요금) 여행요금은 1,000,000원으로 하고 그 내역은 운임, 봉사료, 숙박비, 식대, 안내자 경비, 기타 잡비 등이다. 여행요금은 현지 관광입장료와 여행자보험료가 포함되며 여행요금과 손해배상액으로 처리되는 계약금은 요금의 10% 이하의 금액으로 갑이 지정하는 방법으로 계약체결시에 지급하여야 하고 잔금은 출발 전일까지 갑에게 지급하여야 한다,

제11조(현지 여행업자) 이 여행은 갑을 위하여 여행의 전부 도는 일부를 실시하는 여행업자 가 별도로 있다. 갑은 현지 여행업자(상호, 대표자, 전화번호, 주소, 여행업등록번호)의 고의 또는 과실로 을에게 손해를 가한 경우 이를 을에게 배상하여야 하고 항공기, 기차, 선박 등 교통기관의 연발착 또는 교통체증 등으로 인하여 을이 입은 손해를 배상하여야 하며 자기나 그 사용인이 을의 수회물의 수령, 인도, 보관 등에 관하여 주의를 해태하지 아니하였음을 증명하지 아니하면 을의 수화물의 멸실, 훼손 또는 연착으로 인한 손해를 배상할 책임을 면하지 못한다.

제12조(여행조건 변경) 제1조 내지 제11조의 여행조건은 을의 요청 또는 현지사정에 의하여 부득이하다고 쌍방이 합의거나 천재지변, 전란, 정부명령, 운송숙박시설의 파업이나 휴업으로 여행목적을 달성할 수 없는 경우에 한하여 변경될 수

있다. 여행조건의 변경으로 인한 여행요금의 증감과 계약의 해제 또는 해지로 인한 손해배상액은 여행출발 전에 또는 여행종료 후 10일 이내에 정산하여야 하고 여행출발 후 을의 사정으로 여행요금에 포함된 봉사를 받지 못한 경우는 갑에게 그에 상응하는 요금의 환급을 청구하지 못한다.

제13조(출발 전 해제) 갑 또는 을은 여행출발 전에 이 여행계약을 해제할 수 있고 이 경우에 발생하는 손해배상액은 면제약정을 제외하고는 소비자피해보상규정(재정경제부 고시)에 따라 지급되어야 한다.

제14조(출발 후 해지) 갑 또는 을은 여행출발 후 부득이한 사유가 있는 경우 이 계약을 해지 할 수 있고 계약이 해지된 경우 갑은 을이 귀가하는데 필요한 사항을 협조하여야 하며 이에 필요한 비용으로서 갑의 귀책사유에 의지 아니한 것은 을이 부담한다.

제15조(여행의 시작과 종료) 이 여행은 여행시작일 출발하는 시점부터 시작하고 여행일정이 종료하여 최종 목적지에 도착함과 동시에 종료한다.

제16조(설명의무) 갑은 이 계약서에 기재되어 있는 중요한 내용 및 그 변경사항을 을이 이해할 수 있도록 설명하여야 한다.

제17조(보험가입) 갑은 이 여행과 관련하여 을에게 손해가 발생한 경우 을에게 보험금을 지급할 것을 내용으로 하는 보험 또는 공제에 가입하거나 영업보증금을 예치하여야 한다.

제18조(기타 사항) 이 계약에 명시되지 아니한 사항 또는 이 계약의 해석에 관하여 다툼이 있는 경우에는 갑과 을이 합의하여 결정하고 합의가 이루어지지 아니한 경우에는 관계법령과 일반 관례에 의한다.

위 계약을 증명하기 위하여 이 계약서를 2통 작성하고 갑과 을이 각 각 1통씩 보관한다.

년 월 일

갑 ○○○ ㉞

을 ○○○ ㉞

3. 익명조합

익명조합은 당사자의 한쪽이 상대방의 영업을 위하여 출자하고 상대방은 그 영업으로 인한 이익을 분배할 것을 약정함으로써 그 효력이 생기는 계약을 말한다(상법 제78조). 익명조합에서는 익명조합원이 출자한 금전 기타의 재산은 영업자의 재산으로 보고(상법 제79조) 익명조합원은 영업자의 행위로 인하여 제3자에 대하여 권리를 얻거나 의무를 지지 않으므로(상법 제80조) 법률상으로 영업자의 단독기업이다.

예컨대, 익명조합에서 영업자가 그 영업의 이익을 함부로 자기용도에 사용하였다하여도 횡령죄가 성립되지 않는다(대판 1971. 12. 28. 71 도 2032). 그러나 익명조합원이 자기의 성명을 영업자의 상호중에 사용하게 하거나 자기의 상호를 영업자의 상호로 사용할 것을 허락한 때에는 그 사용 이후의 채무에 대하여 영업자와 연대하여 변제할 책임이 있다(상법 제81조).

익명조합에서는 익명조합원의 출자가 있으므로 이익이 있으면 영업자는 그 이익을 반드시 분배하여야 하며 이익이 난 여부를 따지지 않고 상대방이 정기적으로 일정한 금액을 지급하기로 약정한 경우는 익명조합이 아니다(대판 1962. 12. 27. 62 다 660). 익명조합원의 출자가 손실로 인하여 감소된 때에는 그 손실을 전보한 후가 아니면 이익배당을 청구하지 못하고 손실이 출자액을 초과한 경우에도 이미 받은 이익을 반환하거나 증자할 의무가 없다(상법 제82조).

익명조합원은 영업자의 회계장부, 대차대조표 기타의 서류를 열람할 수 있고 업무와 재산상태를 검사할 수 있으며(상법 제86조, 제227조, 이를 감시권이라 한다) 조합계약이 종료한 때에는 영업자는 익명조합원에게 그 출자의 가액이나 잔액을 반환하여야 한다(상법 제85조).

익명조합은 계약이므로 계약의 일반종료사유에 의하여 소멸하고, 영업의 폐지 또는 양도, 영업자의 사망 또는 금치산, 영업자 또는 익명조합원의 파산으로 인하여 종료한다(상법 제84조).

〈서식 17〉 익명조합계약서

갑과 을은 다음과 같이 계약을 체결한다.

제1조(목적) 갑은 을이 경영하는 ○○업을 위하여 일금 ○○만원을 출자하기로 한다.

제2조(결산) 을은 매년 ○월과 ○월에 결산하기로 한다.

제3조(이익분배) 을은 매 결산기의 이익의 ○○%를 갑에게 분배하기로 한다.

제4조(검사) 갑은 언제든지 을의 영업과 재산상태를 검사할 수 있다.

제5조(승인) 을은 매 결산기에 재산목록과 대차대조표를 작성하여 갑의 승인을 얻어야 한다.

제6조(종료) 본 계약이 종료한 때에는 을은 갑에게 출자액을 반환하여야 한다

이 계약의 성립을 증명하기 위하여 계약서 2통을 작성하여 갑과 을이 각 1통씩 보유한다.

2000년 ○○월 ○○일

갑 서울특별시 ○○구 ○○동 ○○번지
박 동 수 ㉿

을 서울특별시 ○○구 ○○동 ○○번지
대지상사
대표 최 동 만 ㉿

4. 대리상계약

대리상계약은 일정한 상인(본인)을 위하여 상업사용인이 아니면서(자기명의와 자기계산으로 독립하여 경영하는 상인) 상시 그 영업부류에 속하는 거래의 대리 또는 중개를 영업으로 하는 자(상법 제87조, 체약대리상과 중개대리상)가 일정한 상인과 체결하는 계약을 말한다. 대리상은 위탁매매인(자기명의와 불특정다수인의 계산으로 매매), 대리점(위탁매매인의 영업소), 특약점(특정상인의 상품판매장소)과 구별되는 독립상인이다.

대리상은 본인의 거래를 대리 또는 중개한 업무에 대한 보수청구권(상법 제61조)을 가지고 본인을 위하여 점유하는 물건 또는 유가증권을 유치할 수 있으며(상법 제91조) 자기의 활동으로 본인의 영업상의 거래가 현저히 증가하거나 이로 인하여 계약종료 후에도 본인이 이익을 얻고 있는 경우에는 계약종료 후 6개월 내에 본인에 대하여 상당한 보상을 청구할 수 있다(상법 제92조의 2).

대리상의 보수는 본인이 수령하는 금액의 5% 이내의 범위에서 결정하고 본인이 수령하는 통화로 지급하며 상당한 보상은 대리상계약의 종료 전 5년간의 평균 연간 보수액을 초과할 수 없다(상법 제92조의 2 제2항). 대리상은 본인의 허락없이 자기 또는 제3자의 계산으로 본인의 영업부류에 속한 거래를 하거나 동종 영업을 목적으로 하는 회사의 무한책임사원 또는 이사가 되지 못하며(상법 제89조, 경업금지) 계약과 관련하여 알게 된 본인의 영업상의 비밀을 대리상계약이 종료한 후에도 준수하여야 한다(상법 제92조의 3, 비밀준수).

대리상계약은 2개월 전에 예고하고 해지할 수 있다(상법 제92조).

5. 중개계약

중개계약은 당사자 한쪽이 중개인(상법 제93조)에게 타인간의 상행위가 성립하도록 중개할 것을 위탁하는 계약을 말한다. 중개는 적절한 계약상대방이나 물건을 위임자에게 소개하거나 위임자를 교섭당사자로 하는 거래(상품 및 유가증권의 매매, 은행단기자금대차, 해상보험, 용선)를 성립시키려고 노력하는 행위를 말하고 유상인 점에서 위임과 구별되며 계약이 성립한 때에 보수를 청구할 수 있는 점에서 고용과 구별되고 거래를 완성시킬 의무를 부담하지 않는 점에서 도급과 구별된다.

중개인은 그 계약의 당사자가 아니고 당사자의 대리인도 아니므로 중개한 행위에 관하여 당사자를 위하여 지급 기타의 이행을 받지 못하고(상법 제94조) 당사자간에 계약이 성립된 때에는 결약서를 각 당사자에게 교부(상법 제96조)한 후에 당사자 쌍방에 대하여 보수(비용은 제외)를 균분하여 청구한다(상법 제100조).

중개인은 당사자의 요구에 의하여 결약서 및 중개인일기장의 등본에 당사자의 성명 또는 상호를 기재하지 못하는 경우가 있고(상법 제98조) 임의로 또는 당사의 요구에 의하여 당사자의 한쪽을 익명으로 하는 계약이 성립한 때에는 그 당사자가 이행하지 아니하는 이행책임을 부담하는 경우가 있다(상법 제99조), 이 의무는 상대방의 신뢰를 보호하기 위하여 상법이 위탁자의 성명을 숨기고 중개한 결과에 대하여 중개인에게 이행책임을 부담시킨 것이다. 상법상의 중개업은 상행위를 중개하는 영업이며 그 상행위는 영업으로 반복하는 상행위만을 의미한다.

따라서 중개회사에 대하여는 증권거래법이 규율하고 있고 부동산중개업자(공인중개사, 중개인)에 대하여는 부동산중개업법이 규율하고 있다.

6. 운송계약

운송계약은 당사자 한쪽(운송인, 상법 제125조)이 물건 또는 여객을 한 장소로부터 다른 장소로 이동할 것을 약속하고 상대방(송하인, 여객)이 이에 대하여 일정한 보수(운임)를 지급할 것을 약속함으로써 성립하는 계약을 말한다(대판 1963. 4. 18. 63 다 126).

운송계약은 육상(물건, 여객)운송계약과 해상(물건, 여객)운송계약 및 공중(물건, 여객)운송계약으로 나뉜다.

운송인은 육상물건운송에서는 화물상환증(상법 제128조), 해상물건운송에서는 선하증권(상법 제814조, 제820)을 발행하며 운송주선인(상법 제114조)이 위탁자의 청구에 의하여 화물상환증을 작성한 때에는 직접 운송하는 것으로 보고 운송인의 지위를 갖는다(상법 제116조). 그리고 항공운송사업자는 여객항공권과 수화물표를 교부하고 있으며, 운송계약상의 수하인에게는 운송물의 수령권자의 지위를 부여하고 있다(상법 제141조, 제146조, 제147조, 제798조, 제803조).

화물의 수령과 선적을 증명하는 운송증권(화물상환증, 선하증권)은 유가증권의 성질을 가지고 있다. 즉 운송증권의 기재사항은 상법에서 정하고(상법 제128조 제2항, 제814조) 화물상환증에 대하여 상환성(상법 제129조), 지시성(상법 제130조), 문언성(상법 제131조), 처분성(상법 제132조), 인도성(상법 제133조)을 인정하면서 선하증권에 대하여는 문언성만을 제외하고 있다(상법 제820조).

여기서 운송증권을 소지한 자는 운송증권과 상환하여 운송물의 인도를 청구할 수 있으며, 운송증권을 배서에 의하여 양도할 수 있고, 운송물에 관한 운송인간의 분쟁을 운송증권의 기재에 의하여 처리하고(선하증권제외), 운

송물의 처분을 운송증권으로써 하며, 운송물의 인도를 운송증권의 교부로 갈음할 수 있는 것이다. 선박을 이용하는 해상무역에서 운송물의 수령, 선적, 양도 및 인도에 관한 선하증권의 역할은 해상보험증권과 함께 점점 증가하고 있다.

육상물건운송인은 화물자동차운수사업자, 화물자동차운송주선사업자, 철도소운송업자, 항만운송사업자 등이 있다. 항만운송업은 항만하역업, 검수업, 감정업, 검량업으로 나누고(항만운송사업법 제2조) 항만하역업은 1) 하주 또는 선박운항업자의 위탁을 받고 선박에 의하여 운송된 화물을 항만 안에서 선박으로부터 인수 또는 하주에게 인도하거나 선박에 인도 또는 하주로부터 인수하는 행위, 2) 항만 안에서 화물을 선박에 싣거나 선박으로부터 내리는 일, 3) 항만 안에서 화물을 선박 또는 부선에 의하여 운송하거나 지정구간(항만과 항만 이외의 장소)에서 화물을 부선 또는 범선에 의하여 운송하거나 예선에 의하여 부선 또는 뗏목을 예항하는 일, 4) 항만 안에서 선박 또는 부선에 의하여 운송된 화물을 창고 또는 하역장에서 반입하거나 운송될 화물을 하역장으로부터 반출하거나 이러한 화물을 하역장에서 적하, 양하 또는 보관하거나 화물을 부선으로부터 양하 또는 부선에 적하하는 일, 5) 항만 안 또는 지정구간에서 뗏목으로 편성하여 목재를 운송하는 일을 말한다.

철도소운송업은 자기 또는 타인 명의로서 하는 철도에 의한 물품운송의 알선 또는 운송물품의 철도로부터의 수령, 철도에 의하여 운송되는 물품의 집화 또는 배달, 철도를 이용하여야 하는 물품운송, 철도에 의하여 운송되는 물품의 철도차량에 싣거나 내리는 사업을 말한다(철도소운송업법 제2조).

육상물건운송인은 자기 또는 운송주선인이나 사용인 기타 운송을 위하여 사용한 자가 운송물의 수령, 인도, 보관과 운송에 관하여 주의를 해태하지 아니하였음을 증명하지 아니 하면 운송물의 멸실, 훼손 또는 연착으로 인한 손해를 인도한 날의 도착지가격에 의하여 배상할 책임을 면하지 못하고(상

법 제135조) 육상여객운송인은 자기 또는 사용인이 운송에 관한 주의를 해태하지 아니하였음을 증명하지 아니하면 여객이 운송으로 인하여 받은 손해를 배상할 책임을 면하지 못하고 그 손해배상액을 정함에 있어 법원은 피해자와 그 가족의 정상을 참작하여야 한다(상법 제148조).

해상운송인은 해상물건운송인과 해상여객운송인으로 나눈다. 해상운송인은 자기 또는 선원 기타의 선박사용인이 운송물의 수령, 선적, 적부, 운송, 보관, 양육과 인도에 관하여 주의를 해태하지 아니 하였음을 증명하지 아니하면 운송물의 멸실, 훼손 또는 연착으로 인한 손해를 배상할 책임이 있으며(상법 제788조) 해상운송인은 자기 또는 사용인이 운송에 관한 주의를 해태하지 아니하였음을 증명하지 아니하면 여객이 운송으로 인하여 받은 손해를 배상할 책임을 면하지 못한다(상법 제830조 제2항).

여객의 사망 또는 신체의 상해로 인한 손해에 관한 채권에 대한 책임의 한도액은 그 선박의 선박검사증서에 기재된 여객의 정원에 46,666계산단위(특별인출권)를 곱하여 얻은 금액과 2,500만 계산단위에 상당하는 금액 중 적은 금액으로 한다(상법 제747조).

공중운송인은 국제항공운송규칙통일협약(1929. 10. 12. 왈소체결, 1955. 9. 28. 헤이그 개정)의 비준(1967. 7. 13.)에 의하여 항공기에 적재 또는 항공기로부터 양육하는 과정에서 운송물이 멸실 또는 훼손되어 생긴 손해와 항공기의 연착으로 인한 화물의 손해를 배상할 책임이 있고 여객의 사망에 대하여는 10만 SDR한도의 배상금을 지급한다(1966. 5. 4. 몬트리올협정, 국제선화물운송약관 제15조).

7. 공중접객계약

공중접객계약은 공중접객업자(상법 제151조)와 고객간의 객의 집래를 위한 시설에 의한 거래(상법 제46조 9호)를 체결하는 것을 말한다.

공중접객업은 숙박업(호텔업, 콘도미니엄업, 여관업, 농원여관업, 여인숙업), 목욕장업(공동탕업, 가족탕업, 한증막업, 사우나탕업, 증기탕업, 복합목욕탕업), 이용업, 미용업, 유기장업(컴퓨터게임장업, 종합유원시설업, 기타 유기장업)으로 세분되는 위생접객업(공중위생법시행령 제3조)과 일반음식점영업(음식류를 조리, 판매하는 영업으로서 식사와 함께 부수적으로 음주행위가 허용되는 영업), 단란주점영업(주로 주류를 조리, 판매하는 영업으로서 손님이 노래를 부르는 행위가 허용되는 영업), 유흥주점영업(주로 주류를 조리, 판매하는 영업으로서 유흥종사자를 두거나 유흥시설을 설치할 수 있고 손님이 노래를 부르거나 춤을 추는 행위가 허용되는 영업), 휴게음식점영업으로 세분되는 식품접객업(식품위생법시행령 제7조 8호) 등이 있다.

공중접객업자는 객으로부터 임치를 받은 물건의 멸실 또는 훼손에 대하여 불가항력(유일한 배상의무배제원인)으로 인함을 증명하지 아니하면 그 손해를 배상할 책임을 면하지 못한다(상법 제152조 제1항). 이 책임은 법정채권관계에서 생기는 결과책임이므로 과실을 불문한다.

상법 제152조 제1항의 규정에 의한 임치가 성립하려면 우선 공중접객업자와 객 사이에 공중접객업자가 자기의 지배영역 내에서 목적물 보관의 채무를 부담하기로 명시적 또는 묵시적 합의가 있음을 필요로 한다(대판 1992. 2. 11. 91 다 21800).

숙박계약은 숙박업자가 고객에게 숙박을 할 수 있는 객실을 제공하여 고객으로 하여금 이를 사용할 수 있도록 하고 고객으로부터 그 대가를 받는

일종의 일시 사용을 위한 임대차계약으로서 여관의 객실 및 관련 시설, 공간은 오로지 숙박업자의 지배 아래 놓여 있는 것이므로 숙박업자는 통상의 임대차와 같이 단순히 여관 등의 객실 및 관련 시설을 제공하여 고객으로 하여금 이를 사용, 수익하게 할 의무를 부담하는 것에서 한 걸음 더 나아가 고객에게 위험이 없는 안전하고 편안한 객실 및 관련 시설을 제공함으로써 고객의 안전을 배려하여야 할 보호의무를 부담하며 이러한 의무는 숙박계약의 특수성을 고려하여 신의성실의 원칙에서 인정되는 부수적 의무로써 숙박업자가 이를 위반하여 고객의 생명, 신체를 침해하여 투숙객에게 손해를 입힌 경우 불완전 이행으로 인한 채무불이행책임을 부담한다(대판 1994. 1. 28. 93 다 43590 : 대판 2000. 11. 24. 2000 다 38718, 38125).

보건복지부장관은 식품위생법 제30조에 의하여 식품접객업소 영업행위 제한기준(1999. 7. 20. 보건복지부 고시 제1999-20호)을 제정하여 식품위생법 시행령 제7조 제8호 라 목의 유흥주점 영업행위 중 무도장을 갖추고 손님으로 하여금 춤을 추게 하는 행위를 1999. 8. 1.부터 오전 9시에서 오후 5시까지로 제한하고 있으며 이 기준은 과소비, 사치, 향락분위기 등의 재발을 막고 건전한 사회기풍을 조성하기 위한 목적을 가진 것이므로 직업행사의 자유, 평등권을 침해하는 것이 아니다(헌재 결정 2000. 7. 20. 99 헌마 455).

단란주점영업, 유흥주점영업(식품위생법상의 식품접객업), 특수목욕장업(공중위생법상의 목욕장업), 비디오물감상실업, 노래연습장업, 게임제공업(음반비디오물및게임물에관한법률상의 영업), 무도학원업, 무도장업(체육시설의설치, 이용에관한법률상의 영업)은 풍속영업에 해당하여 풍속영업을 하는 장소에서 1) 윤락, 음란행위를 하게 하거나 이를 알선 또는 제공하여서는 아니 되고, 2) 음란한 문서, 도화, 음반, 비디오물 기타 물건을 반포, 판매, 대여하거나 이를 하게 하는 행위와 음란한 물건을 관람, 열람의 목적으로 음란한 물건을 진열 또는 보관하여서는 아니되고, 3) 도박 기타 사행행위를 하게 하여서는 아니된다(풍속영업의규제에 관한법률 제3조).

8. 창고계약

창고계약은 창고업자(상법 제155조)와 임치인 사이의 물건보관에 관한 계약을 말한다.

당사자 일방이 상대방에게 대하여 금전이나 유가증권 기타 물건의 보관을 위탁하고 상대방이 이를 승낙함으로써 효력이 생기는 계약을 임치라고 한다(민법 제693조).

임치의 인수를 영업으로 하는 행위는 상행위이고(상법 제46조 14호), 타인의 수요에 응하여 유상으로 창고에 물건을 보관하는 사업을 창고업이라 한다(화물유통촉진법 제2조 10호).

창고업자의 보관의무는 임치물의 인도에 의하여 생기고 임치물의 반환에 의하여 소멸하며 보관의 대가를 보관료라고 한다(상법 제162조). 창고업자는 자기 또는 사용인이 임치물의 보관에 관하여 주의를 해태하지 아니하였음을 증명하지 아니하면 임치물의 멸실 또는 훼손에 대하여 손해를 배상할 책임을 면하지 못한다(상법 제160조). 보수없이 임치를 받은 자는 임치물을 자기재산과 동일한 주의로 보관하여야 하고(민법 제695조) 수치인은 임치인의 동의없이 임치물을 사용하지 못하며(민법 제694조) 임치물은 보관한 장소에서 반환하여야 한다(민법 제700조).

창고는 보통창고, 야적창고, 수면창고, 저장창고, 위험물창고, 냉동냉장창고로 분류한다(화물유통촉진법시행령 제31조). 주무부장관에게 등록한 창고업자는 임치인의 청구에 의하여 지시성과 문언성 및 인도성을 갖는 창고증권을 발행하고(상법 제156조, 화물유통촉진법 제44조) 임치물의 화재, 도난으로 인한 피해를 보상하기 위하여 보험에 가입하여야 한다(화물유통촉진법 제45조).

9. 상호 계산

상호 계산은 상거래로 생긴 채권과 채무를 생산적(송금료 절약, 고정자금이용 등)으로 정리하는 방법에 관한 계약이다. 즉 상호 계산은 상인간 또는 상인과 비상인간에 상시거래관계가 있는 경우에 일정한 기간의 거래로 인한 채권, 채무의 총액에 관하여 상계하고 그 잔액을 지급할 것을 약정함으로써 그 효력이 생기는 계약을 말한다(상법 제72조).

예컨대, 은행과 예금자가 당좌예금계약을 체결하고 수표자금결제계약을 하는 것은 상호 계산이다. 소매상과 소비자가 외상으로 거래하여 일방적으로 채권만을 발생시키거나 의무만을 증가시키는 거래는 상호간에 채권채매를 발생시키는 거래가 아니므로 상호 계산의 대상이 되는 거래가 아니다. 어음 기타 상업증권으로 인한 채권채무는 그 증권채무자가 변제하지 아니할 수 있으므로 당사자는 그 채무항목을 상호 계산에서 제거할 수 있다(상법 제73조). 상호 계산은 약정기간 내의 채권채무의 독립성을 정지시키는 것이므로 그 기간 내의 각 채권의 양도, 시효, 압류가 금지된다(이를 상호 계산 불가분의 원칙이라고 한다).

거래당사자가 상계기간을 정하지 아니한 때에는 그 기간은 6개월로 하며(상법 제74조) 채권채무의 각 항목을 기재한 계산서를 승인한 때에는 이의를 하지 못하고(상법 제75조) 상계로 인한 잔액에 대하여는 채권자는 계산폐쇄일 이후의 법정이자를 청구할 수 있다(상법 제76조).

상호 계산은 각 당사자가 언제든지 해지할 수 있고, 상호 계산을 해지한 때에는 즉시 계산을 폐쇄하고 잔액의 지급을 청구할 수 있다(상법 제77조). 상호 계산은 회사정리절차가 개시된 때(회사정리법 제107조)와 당사자의 한쪽이 파산선고를 받았을 때(파산법 제57조) 및 상호 계산기간 만료에 의하여 종료한다.

〈서식 18〉 상호계산계약서

갑과 을은 양당사자간에 상호 계산에 관하여 다음과 같이 계약한다.

제1조(목적) 갑과 을간에 상시 행하여지는 거래에 관하여 상호 계산을 하기로 한다.

제2조(범위) 갑과 을간의 상호 계산은 2000년 ○○월 ○○일부터 행하여 질 거래부터 시작한다.

제3조(기간) 상호 계산에 의하여 계산하는 기일은 ○월 ○일로 하고 기일 후 ○일 내에 서로 계산서를 제출하여 승인하고 이의가 있는 때에는 계산서를 수령한 후 ○일 내에 이의를 하기로 한다.

제4조(지급) 상계 후의 잔액은 상계 후 ○일 내에 지급한다.

제5조(해지) 당사자는 언제든지 상대방에게 통지하고 상호 계산을 해지할 수 있고 해지통지 수령일을 상호 계산의 폐쇄기일로 한다.

이 계약의 성립을 증명하기 위하여 본 계약서 2통을 작성하여 갑, 을이 각각 1통씩 보유한다.

2000년 ○○월 ○○일

갑 서울특별시 ○○구 ○○동 ○○번지
대지상회
대표 박 수 길 ㊞

을 서울특별시 ○○구 ○○동 ○○번지
여수상사
대표 김 수 철 ㊞

10. 위 임

위임계약은 당사자 일방이 상대방에 대하여 사무의 처리를 위탁하고 상대방이 이를 승낙함으로써 그 효력이 생기는 계약을 말한다(민법 제680조, 사무처리위탁). 대리는 본인의 명의로 제3자와 법률행위를 행하는 권한을 부여하는 단독행위이므로 대리와 위임은 다른 것이므로 수임인이 당연히 대리권을 가지는 것은 아니다.

수임인은 위임의 본지에 따라 선량한 관리자의 주의로써 위임사무를 처리하여야 할 의무가 있고(민법 제681조) 위임사무의 처리상황을 보고하고 위임이 종료한 때에는 지체없이 그 전말을 보고하여야 하며(민법 제683조) 위임사무처리로 인하여 받은 금전 기타의 물건 및 그 수령한 과실을 인도하여야 하고 위탁자를 위하여 취득한 권리를 이전하여야 한다(민법 제684조).

예컨대, 의사가 환자에게 부담하는 진료채무는 질병의 치료와 같은 결과를 반드시 달성하여야 할 결과채무가 아니라 환자의 치유를 위하여 선량한 관리자의 주의의무를 가지고 현재의 의학수준에 비추어 필요하고 적절한 치료조치를 다하여야 할 수단채무라고 보아야 할 것이다(대판 1993. 7. 27. 92다 15031).

채권추심의 위임을 받은 자는 당사자간의 계약에 의하여 채권추심위임의 이행으로써 채권을 추심하여야 할 의무가 있을 뿐 아니라 그 의무이행으로써 채권을 추심한 경우에 그 추심된 것을 위임자에게 지급 또는 인도하여야 될 추상적인 의무가 있고 수임자가 채권추심으로서 채무자로부터 지급을 받은 경우에 그 추심물을 위임자에게 인도 또는 지급하여야 할 구체적인 의무가 있는 것이다(대판 1963. 9. 26. 63 다 423).

수임인은 특약이 있는 경우에(변호사위탁계약, 은행계약 등) 위임사무를 종료한 후에 보수를 청구할 수 있고(민법 제686조) 위임사무처리비용의 선급(민법 재687조)과 필요비를 지출한 날 이후의 이자를 청구할 수 있다(민법 제688조).

변호사에게 사건처리를 위임함에 있어서 그 보수 지급 및 수액에 관하여 명시적인 약정을 아니하였다하여도 무보수로 한다는 등 특별한 사정이 없는 한 응분의 보수를 지급할 묵시적 약정이 있는 것으로 봄이 상당하고 이 경우 그 보수액은 사전수임의 경위, 사건의 경과와 난이정도, 소송물 가액, 승소로 인하여 당사자가 얻은 구체적 이익과 소속 변호사의 보수규정 및 의뢰인과 변호사간의 관계 기타 변론에 나타난 제반 사정을 참작하여 결정함이 상당하다(대판 1995. 12. 5. 94 다 50229). 변호사가 소송사건 위임을 받으면서 지급받은 착수금 또는 착수수수료는 일반적으로 위임사무의 처리비용 외에 보수금 일부의 선급금조로 지급받는 성질의 금원이다(대판 1982. 9. 14. 81 다 125).

민법상의 위임계약은 그것이 유상계약이든 무상계약이든 당사자 쌍방의 특별한 대인적 신뢰관계를 기초로 하는 위임계약의 본질상 각 당사자는 언제든지 이를 해지할 수 있고(민법 제689조 제1항) 그로 말미암아 상대방이 손해를 입는 일이 있어도 그것을 배상할 의무를 부담하지 않는 것이 원칙이며 다만, 상대방이 불리한 시기에 해지한 때에는 그 해지가 부득이한 사유에 의한 것이 아닌 한 그로 인한 손해를 배상하여야 한다(민법 제689조 제2항, 대판 1991. 4. 9. 90 다 18968).

11. 도 급

도급은 당사자 한쪽이 어느 일을 완성할 것을 약정하고 상대방이 그 일의 결과에 대하여 보수를 지급할 것을 약정하는 것을 말한다(민법 제664조). 설계시공일괄입찰방식에 의한 도급은 수급인이 도급인이 의욕하는 공사목적물의 설치목적을 이해한 후 그 설치목적에 맞는 설계도서를 작성하고 이를 토대로 스스로 공사를 시행하며 그 성능을 보장하여 결과적으로 도급인이 의욕한 공사목적을 이루게 하여야 하는 계약을 말한다(대판 1996. 8. 23. 96 다 16650).

작업 또는 노무의 도급의 인수를 영업으로 하는 행위는 상행위이다(상법 제46조 5호). 일반적으로 자기의 노력과 재료를 들여 건물을 건축한 사람은 그 건물의 소유권을 원시취득하고 도급계약에 있어서는 수급인이 자기의 노력과 재료를 들여 건물을 완성하더라도 도급인과 수급인 사이에 도급인 명의로 건축허가를 받아 소유권보존등기를 하기로 하는 등 완성된 건물의 소유권을 도급인에게 귀속시키기로 합의 한 것으로 보여 질 경우에는 그 건물의 소유권은 도급인에게 원시적으로 귀속된다(대판 1996. 9. 20. 96 다 24804).

도급의 보수는 완성물의 인도와 동시에 지급함이 원칙이고(상법 제665조 제1항) 목적물의 인도를 요하지 아니하는 경우에는 그 일을 완성한 후 지체없이 지급하여야 하며(상법 제665조 제1항 단서) 당사자간에 일의 진행정도에 따른 분할지급의 약정이 있는 경우에는 수급인이 상당정도 공사를 시행한 후 공사진행을 포기하였다 하더라도 기성고 부분에 대한 보수채권은 소멸되지 않는다(대판 1985. 5. 28. 84 다카 856).

건축공사도급계약이 중도해제된 경우 도급인이 지급하여야 할 미완성건물에 대한 보수는 특별한 사정이 없는 한 당사자 사이에 약정한 총공사비를 기준으로 하여 그 금액에서 수급인이 공사를 중단할 당시의 공사기성고 비율에 의한 금액이 되는 것이지 수급인이 실제로 지출한 비용을 기준으로 할 것은 아니다(대판 1992. 3. 31. 91 다 42630).

도급계약에 있어 수급인이 도급인에게 소위 보증금을 제공한 것은 수급인이 일을 완성하여 채무불이행이 없을 때에는 반환을 청구할 수 있다는 조건부로 금전의 소유권을 도급인에게 양도하는 것이라고 해석하는 것이 타당하고 일의 완성을 해제조건으로 하는 금전의 임치라고는 볼 수 없다(대판 1962. 7. 12. 62 마 8).

도급에 있어 일의 완성에 관한 주장, 입증책임은 일의 결과에 대한 보수의 지급을 구하는 수급인에게 있으므로 도급인이 도급계약상의 공사중 시공하지 아니한 부분이 있다고 주장한 바가 없다고 하더라도 그 공사의 완성에 따른 보수금의 지급을 구하는 수급인으로서는 공사의 완성에 관한 주장, 입증을 하여야 한다(대판 1994. 11. 22. 94 다 26684, 26691). 도급인이 파산선고를 받은 때에는 수급인 또는 파산관재인은 계약을 해제할 수 있고 각 당사자는 상대방에 대하여 계약해제로 인한 손해배상을 청구하지 못한다(상법 제674조).

하도급은 원사업자가 수급사업자에게 제조위탁, 수리위탁 또는 건설위탁을 하거나 원사업자가 다른 사업자로부터 제조위탁, 수리위탁 또는 건설위탁을 받는 것을 수급사업자에게 다시 위탁하고 이를 위탁받은 수급사업자가 위탁받는 것을 제조 또는 수리하거나 시공하여 이를 원사업자에게 납품 또는 인도하고 그 대가를 수령하는 행위를 말한다(하도급거래공정화에관한법률 제2조 제1항).

원사업자는 부당한 방법을 이용하여 목적물과 동등 또는 유사한 것에 대하여 통상 지급되는 대가보다 현저하게 낮은 수준으로 하도급대금을 결정하거나 하도급받도록 강요하여서는 아니 되고(하도급거래공정화에관한법률 제4조) 지정하는 물품, 장비 등을 수급사업자에게 매입 또는 사용하도록 강요

하여서는 아니 되며(하도급거래공정화에관한법률 제5조) 위탁을 임의로 취소 또는 변경하거나 목적물의 납품에 대한 수령 또는 인수를 거부 또는 지연하여서는 아니 되고(하도급거래공정화에관한법률 제8조) 부당하게 반품을 하여서는 아니 되며(하도급공정화에관한법률 제10조) 부당하게 감액하여서는 아니 된다(하도급거래공정화에관한법률 제11조).

원사업자는 하도급대금을 목적물 수령일부터 60일 이내의 지급기일에 할인가능한 어음으로 지급하여야 하고(하도급거래공정화에관한법률 제13조) 하도급대금지급보증서를 교부하여야 한다(하도급거래공정화에관한법률 제13조의 2). 하도급대금을 어음으로 지급하였으나 그 어음이 부도처리된 경우에는 하도급대금을 지급하지 아니 한 것으로 보고(1999. 6. 1. 시행. 하도급공정화지침 11, 나) 하도급대금지급시 기산점이 되는 목적물의 수령일은 제조수리위탁의 경우에는 원사업자가 수급업자로부터 목적물의 납품을 받은 날, 건설위탁의 경우에는 원사업자가 수급사업자로부터 준공 또는 기성부분의 통지를 받고 검사를 완료한 날을 말한다(하도급거래공정화지침 11, 라). 수급사업자는 계약대금의 100분의 10에 상당한 하도급이행보증서를 교부하여야 한다(하도급거래공정화에관한법률 제13조의 2).

〈서식 19〉 건축도급계약서

갑과 을은 건축도급에 관하여 다음과 같이 계약을 체결한다.

제1조(목적) 갑은 을을 위하여 제11조의 설계에 의한 공장건설공사를 완성하기로 약속하고 을은 그 공사의 완성에 대하여 갑에게 보수를 지급하기로 약속한다.

제2조(공사기간) 공사착수시기는 2000년 ○○월 ○○일로 하고 공사완성시기는 2001년 ○○월 ○○일로 한다.

제3조(공사대금) 공사대금은 5,000만원으로 하고 을은 전공정의 30%가 끝난 때마다 공사대금의 30%를 지급하고 완공된 때에 을의 검사에 의한 확인을 받아

잔액을 지급한다.

제4조(재료제공) 공사에 필요한 재료와 노무는 갑이 제공하고 이에 대한 대금은 공사대금에 포함하여 을이 지급한다.

제5조(소유권 귀속) 공사가 완성되고 을이 공사대금을 전부 지급하였을 때에는 이와 동시에 건축물의 소유권은 을에게 이전하고 갑은 이에 필요한 등기절차 등에 협력할 의무를 이행하여야 한다.

제6조(손실부담) 공사 중 또는 공사완성 후 건축물을 을에게 완전히 이전, 인도하기 전에 발생한 사고에 의하여 목적물이 멸실, 훼손된 때의 손실은 을에게 귀책사유가 없으면 모두 갑이 부담한다.

제7조(지연손해금) (1) 갑이 제2조에서 정한 기간 내에 공사를 완성하지 못한 경우에는 공사대금의 10%에 상당하는 금액을 지연배상금으로 을에게 지급하여야 한다. 이 지연배상금은 갑이 받을 대금과 상계할 수 있다.

(2) 을이 공사대금의 지급을 지연한 경우에는 지연배상금의 30%에 해당하는 비율의 금액을 갑에게 지급하여야 한다.

제8조(하도급) 갑은 스스로 도급공사를 하여야 한다. 그러나 을의 서면에 의한 승낙의 범위 내에서 갑은 공사의 일부를 제3자에게 하도급할 수 있다.

제9조(하자보수) 하자보수, 손해배상, 계약해제 등은 목적물인도시부터 2년간 청구할 수 있다.

제10조(담보책임) 공작물 또는 지반의 하자에 대한 담보책임은 3년간으로 한다.

제11조(공사내용) 이 도급공사는 수원시 ○○구 ○○동 ○○번지에 별지 설계도와 시방서에 의하여 ○○공장을 신축하는 것이다.

제12조(설계변경) (1) 을이 공사의 설계를 변경할 필요가 있다고 인정한 때에는 갑은 을의 지시에 따라야 하며 이의없이 그 변경지시에 응하여야 한다.

(2) 이 경우에 대금의 증감이 있으면 그 시공정도에 따라 견적서와 시방서를 기준으로 대금을 변경한다.

제13조(공사대금 변경) 재료의 가격변동, 임금인상 등의 사정이 생기더라도 공사대금은 증감하지 않는다.

제14조(인도) 공사완성 후의 검사는 갑의 입회하에 을이 지정하는 자가 행하고 그 검사에 합격하고 을이 공사대금의 잔금을 지급하는 것과 동시에 인도를 한다.

제15조(분쟁처리) 이 계약에 관하여 분쟁이 생긴 때에는 한국상사중재원에 중재를 신청할 수 있고 재판관할은 ○○지방법원으로 할 것을 합의한다.

이 계약의 성립을 증명하기 위하여 이 계약서 2통을 작성하여 갑, 을이 각각 1통씩 보유한다.

2000년 ○○월 ○○일

갑　서울특별시 ○○구 ○○동 ○○번지
동부건설주식회사
대표이사 박 갑 동 ㊞

을　수원시 ○○구 ○○동 ○○번지
중앙공업주식회사
대표이사 김 상 석 ㊞

설계도 및 시방서(생략)

도급계약에 있어서 완성된 목적물에 하자가 있는 때에는 도급인은 수급인에 대하여 상당한 기간을 정하여 그 하자의 보수를 청구할 수 있고(민법 제667조 제1항) 그 하자의 보수에 갈음하여 또는 보수와 함께 손해배상을 청구할 수 있는바(민법 제667조 제2항) 이들 청구권은 특별한 사정이 없는 한 수급인의 보수지급 청구권과 동시 이행의 관계에 있다(대판 1991. 12. 10. 91 다 33056). 수급인에게 도급계약상의 하자담보책임을 묻기 위하여는 건물의 하자의 원인 즉 그 하자가 공사재료 또는 시공의 불량 기타 도급계약 위반으로 인한 것인지 여부 및 하자의 범위를 확정하여야 한다(대판 1987. 11. 10. 87 다카 876).

12. 대 차

소비대차

소비대차는 당사자 일방이 금전 기타 대체물의 소유권을 상대방에게 이전할 것을 약정하고 상대방은 그와 같은 종류, 품질 및 수량으로 반환할 것을 약정하는 것을 말한다(민법 제598조, 소비대차). 이 계약은 이른바 낙성계약이므로 현실로 금전을 수수하거나 현실의 수수가 있는 것과 같은 경제적 이익을 취득하여야만 성립하는 것은 아니다(대판 1991. 4. 9. 90 다 14652).

기존의 금전(외상)채무를 금전소비대차에 의한 채무로 변경하는 것을 준소비대차(민법 제605조)라 하고, 금전대차의 경우에 차주가 금전에 갈음하여 유가증권 기타 물건을 인도받은 때에는 대물대차(민법 제606조)라 하며, 차용물의 반환에 관하여 차주가 차용물에 갈음하여 다른 재산권을 이전할 것을 예약한 경우는 대물반환의 예약(민법 제607조)이라 한다.

〈서식 20〉 금전대차계약서

갑과 을은 금전대차에 관하여 다음과 같이 계약을 체결한다.

제1조(목적) 갑은 을에게 금 1,000만원을 대여하고 을은 이를 차용한다.

제2조(이자) 이자는 연 15%로 하고 매월 말일 갑에게 지참하여 지급한다.

제3조(변제기) 을은 차용금중 500만원은 2001년 10월 30일에, 잔금은 2001년 12월 30일에 갑에게 지참하여 변제한다.

제4조(기한이익 상실) 을이 1.이자지급을 2개월 이상 연체한 때 2. 제3조 기한

에 500만원을 지급하지 않는 때 3. 제3자로부터 강제집행이나 파산신청을 당한 때 4. 어음교환소로부터 부도처분을 받은 때에는 차용금을 일시에 변제하여야 한다.

제5조(지연손해금) 을은 갑에 대하여 기한이익을 상실한 날의 익일부터 완제에 이르기까지 연 25%에 의한 손해배상을 지급하여야 한다.

이 계약의 성립을 증명하기 위하여 본 계약서를 2통 작성하여 각자 기명날인하고 보유한다.

2000년 10월 30일

서울시 ○○구 ○○동 ○○번지
갑 ○ ○ ○ ㉞
수원시 ○○구 ○○동 ○○번지
을 ○ ○ ○ ㉞

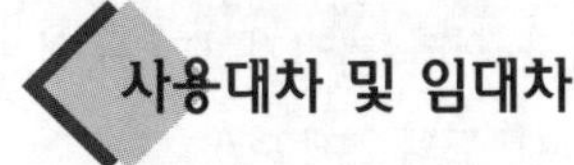

사용대차 및 임대차

사용대차

사용대차는 당사자 일방이 상대방에게 무상으로 사용, 수익하게 하기 위하여 목적물을 인도할 것을 약정하고 상대방은 이를 사용, 수익한 후 그 물건을 반환할 것을 약정함으로써 그 효력이 생기는 계약을 말한다(민법 제609조). 차주가 차용물을 반환하는 때에는 이를 원상에 회복하여야 한다(민법 제615조).

임대차

임대차는 당사자 일방이 상대방에게 목적물을 사용, 수익하게 할 것을 약정하고 상대방이 이에 대하여 차임을 지급할 것을 약정함으로써 그 효력이 생기는 계약을 말한다(민법 제618조). 임대인의 보증금반환의무는 임대차관계가 종료되는 경우에 그 보증금 중에서 목적물을 반환받을 때까지 생긴 연체차임 등 임차인의 모든 채무를 공제한 나머지 금액에 관하여서만 비로소 이행기에 도달하여 임차인의 목적물반환의무와 서로 동시이행관계에 있다(대판 1987. 6. 23. 87 다카 98).

임대인은 목적물을 임차인에게 인도하고 계약존속 중 그 사용, 수익에 필요한 상태를 유지하게 할 의무를 부담하고(민법 제623조) 임차인이 임대인의 동의를 얻어 임차물을 전대한 때에는 전차인은 직접 임대인에 대하여 의무를 부담한다(민법 제630조).

주거용 건물의 임대차에 관하여 임대차는 그 등기가 없는 경우에도 임차인이 주택의 인도와 주민등록을 마친 때에는 그 익일부터 제3자에 대하여 효력이 생기고(주택임대차보호법 제3조 제1항) 임대차계약증서상의 확정일자를 갖춘 임차인은 민사소송법에 의한 경매 또는 국세징수법에 의한 공매시 임차주택(대지 포함)의 환가대금에서 후순위 권리자 기타 채권자보다 우선하여 보증금을 받을 권리가 있다(주택임대차보호법 제3조의 2 제2항).

임대차가 종료된 후 보증금을 반환받지 못한 임차인은 임차주택의 소재지를 관할하는 법원에 임차권등기명령을 신청할 수 있고(주택임대차보호법 제3조의 3), 임차인은 보증금중 일정액을 다른 담보물권자보다 우선하여 변제받을 권리가 있다(주택임대차보호법 제8조). 등기하지 아니한 주택의 전세계약에 관하여 주택임대차보호법을 준용하고 이경우의 전세금은 임대차의 보증금으로 본다(주택임대차보호법 제12조).

〈서식 21〉 백화점임대차계약서

주식회사 ○○백화점 대표이사 ○○○(이하 갑이라 한다)와 을간에 백화점매장 사용에 관하여 임대차계약을 체결한다.

제1절 임대차계약

제1조(임대차계약) 갑은 표시 임대차목적물을 을에게 임대하고 을은 별첨백화점사규와 본 계약조항에 의하여 임차한다.

제2조(임차목적물 사용권) 을은 임차목적물을 임차함에 있어서 임대보증금 전액을 갑에게 지급한 때부터 임차목적물을 사용, 수익할 수 있고 그 임대차목적물에 관하여 임차인으로써 점유, 사용하는 권리 이외의 권리를 보유하지 아니한다.

제3조(업종 및 취급상품) 을은 갑으로부터 임차한 매장에서 약정한 업종과 별지 작성된 취급상품에 한하여 상행위를 할 수 있고 그 업종과 취급상품을 변경하고자할 경우에는 서면으로 이를 신청하여 갑의 사전승인을 얻어야 하며 항시 상품구색을 완비하고 우량품만을 취급하여야 하며 위생상 관리를 철저히 이행하고 고객에 대한 상품교환, 반품, 수리 등 판매관리 일체를 일반 상관례에 따라야 한다.

제2절 임대보증금 및 월임대료

제4조(임대보증금) 을은 약정한 납입일 이내에 임대보증금 전액을 갑에게 납입하여야 하고 납입일 이내에 납입하지 못할 경우에는 납입일 익일부터 기산되는 연체기간에 대하여 연체료를 함께 납입하여야 한다. 임대보증금에 대한 이자는 인정하지 아니하고 을은 임대보증금으로 월임대료 기타 각종 비용의 지급에 대체하지 못한다.

제5조(임대보증금 반환) 임대차계약의 종료 또는 해지시 을이 갑에게 납입한 임대보증금은 임대료, 관리비 등의 각종 비용과 기타 갑에게 지급할 비용 일체를 상계하고 임대차목적물의 인도와 동시에 반환하고, 을에게 손해배상, 기타 본 계약상의 채무가 있을 경우에는 갑은 그 내용을 을에게 통지하고 임대보증금중 일부 또는 전부로써 변제에 충당할 수 있으며, 관리비 등 통상적으로 명도일까지 계산이 불가능한 비용은 전월을 기준하여 2개월분의 관리비 등을 상계한 후에 정산한

다.

제6조(월임대료) 월임대료는 표시금액으로 하고, 갑과 을이 합의한 영업개시일부터 기산하며, 월중에 임대차계약이 시작하거나 종료되는 경우에는 당해 월의 임대료는 일수에 따라 계산한다. 월임대료는 평당 단가를 기준하여 영업일수로 계산하고 영업일수는 계약만료 익일부터 갑의 매장에서 철수하는 당일을 포함하는 기간으로 한다.

제7조(월임대료 납입) 을은 매월 ○일까지 당월 임대료를 갑에게 납입하여야 하고, 납입기일을 경과한 경우에는 연체료를 납입하여야 하며, 임대차기간 내에 임대차목적물을 사용하지 아니한 경우에도 월정임대료를 납입하여야 한다.

제8조(보증금 및 임대료의 변경) 갑과 을은 본 계약유효기간 중이라도 임대차목적물에 주변환경의 현저한 변화, 물가, 기타 경제여건의 변동 등 부득이한 사유가 발생할 경우에는 사정변경원칙을 적용하여 그 사유를 상대방에게 통지하고 쌍방합의하여 임대보증금 또는 월임대료를 변경할 수 있다.

제9조(관리비 및 사용료) 을은 갑으로부터 부과내역서를 첨부한 납입통지서를 받아 갑이 산정한 직접비(전기, 가스, 냉난방, 상하수도, 공조, 전화료, 교환료, 공과금)와 공익비(통로, 계단 등 공용부분의 전기, 수도, 냉난방, 공조, 주차장사용료, 소모품비, 보안, 경비, 청소, 위생, 점포안내, 공용잡비, 복리후생비)를 매월 ○일까지 납입하여야 하고, 갑이 설치한 점포의 고정장치, 장식, 매장의 유지관리에 필요한 비품을 차용함에 있어 갑의 산정기준에 따라 일정금액의 시설사용료를 지정기일 내에 납입하여야 한다.

제10조(경비지급 기준일) 모든 경비의 지급은 매월 ○일을 기준으로 하며 그 날이 갑의 휴무일일 경우에는 그 익일까지 납입하여야 하고 을이 본 계약상 갑에게 지급하여야 할 금액중에서 미납금이 있으면 갑은 을에게 지급할 일체의 금액중에서 그 미납금을 상계할 수 있다.

제3절 관리 및 준수사항

제11조(시설의 설치 및 변경) 을은 임대차목적물 내의 칸막이, 창호, 내장 등의 신설 또는 모양변경, 전등, 전원의 신설 및 이전, 전압의 변경, 전화가설 기타 설비의 시설, 증설, 이전, 변경. 금고 기타 중량물의 고착, 갑이 설치한 시설 이외의 비

품 등의 설치, 임대차물건의 외곽에 간판 및 광고물의 시설을 부착하는 경우에는 자기비용으로 하고 1주일 전까지 도면을 첨부한 승인신청서를 제출하여 갑의 사전승인을 받아야 하며 갑이 지정한 자가 시공감독을 할 수 있다.

제12조(선관주의의무) 을은 임대차목적물 및 갑으로부터 대여받은 시설물일체를 사용, 수익 및 유지, 관리함에 있어 선량한 관리자로서의 주의의무를 다하여야 한다.

제13조(피용인의 채용 및 교육) 을의 피용인이라 함은 임대차목적물 내에서 을의 업무에 종사하는 점원, 고용원 및 기타 을의 영업에 관련된 일체의 종사원을 말하고, 을이 그 피용인을 채용할 때에는 임차목적물 내에서의 근무에 적합한 자를 채용하여야 하며. 그 피용인에 대하여 노동법 및 민법, 형법상의 일체의 책임을 지고, 을의 비용으로 갑이 정하는 교육훈련에 피용자와 함께 참석하도록 한다.

제14조(상품관리) 을은 취급상품을 자기책임하에 보관하고 폐점 후에는 각 진열장에 시건장치를 하여야 하며 소유상품 및 비품가격의 전액을 손해보험에 가입하여야 한다. 갑은 을의 상품과 비품에 대하여 고의 또는 중대한 과실로 인한 화재 또는 도난의 경우에 그 손해배상책임을 진다.

제15조(임대차목적물 내의 출입권한) 갑은 건물의 보존, 각종 시설의 조작, 점검, 방화, 위생, 구호 등을 위하여 필요한 경우에는 임대차목적물 내에 출입할 수 있으며 을은 특별한 사유가 없는 한 이를 거부할 수 없다.

제16조(금지행위) 을은 공중에 대하여 불쾌감을 주거나 공용시설물에 방해가 되는 간판, 광고물 등을 설치하거나 상품 등을 방치하는 행위, 폭발물 등 위험성이 있는 물질 또는 인체에 위해하거나 불쾌감을 주거나 재산을 파손할 우려가 있는 물품 등 갑이 그 사용을 금지한 물품을 반입 또는 보관하는 행위, 냉난방용 기재 및 채열을 위한 연료를 반입 또는 사용하는 행위, 소란스러운 행위, 악기사용, 애완동물사육행위, 매장 내 주거시설의 설치행위 또는 기거, 숙박행위를 하거나 임대차목적물을 본 계약상의 사용목적이외로 사용하는 행위, 낭국이 성한 부정외래품을 취급하거나 판매하는 행위, 매장운영상의 이해관계를 위하여 갑의 피용인에게 금품을 제공하는 행위, 갑의 명예와 신용을 훼손하는 행위, 기타 본계약사항에 위반하는 행위를 하여서는 아니 된다.

제17조(통지의무) 을은 주소, 상호, 대표자 및 정관이 변경된 경우, 자본구성에 중대한 변경이 있는 경우, 사업자등록증의 어느 사항이 변경된 경우, 개인사업자

가 법인으로 변경되거나 법인이 개인사업자로 변경된 경우, 기타 을에게 중대한 변경이 있는 경우에는 지체없이 필요한 서류를 첨부하여 갑에게 서면으로 통지하여야 한다.

제18조(조사권) 을이 법령 또는 계약조건을 위반하여 갑의 명예와 신용에 중대한 손상을 초래할 우려가 있다고 인정되는 경우에는 갑은 필요한 조사를 실시할 수 있으며 특별한 사유가 없는 한 을은 이에 응하여야 한다.

제19조(통지의 전달) 갑이 을에게 통지하는 사항은 구두 또는 서면으로 을의 피용인에게 전달함으로써 을에게 전달한 것으로 하고 본 계약과 관련하여 을에게 재산상 이해관계가 있는 중대한 사항은 서면으로 통보하여야 한다.

제4절 각종 영업행위

제20조(영업시간) 을의 영업시간 및 휴무일은 갑이 별도로 정하는 영업규칙에 따르고 을은 갑이 지정한 영업시간 내에 한하여 상행위를 하여야 하며 갑이 지정한 시간외에는 특별한 사유가 없는 한 출입을 금한다.

제21조(금전등록기 설치) 을은 갑이 지정한 금전등록기를 설치, 운영하여야 하고 이에 의한 영수증을 발급하여야 한다.

제22조(인가, 허가) 을이 주무관청의 허가 또는 등록을 요하는 업종을 영위하거나 상품을 판매할 경우에는 영업허가 또는 등록은 을의 명의로 제출하고 영업상의 일체의 대외적 책임은 을에게 있으며 갑의 명의로 된 허가, 면허 등에 의하여 영업행위를 할 때에는 이에 대한 면허세, 영업세, 조합비 등을 을이 부담하여야 하고 을의 부주의, 허가나 면허조건상의 의무불이행 등으로 허가, 면허 등이 취소되는 경우에는 을의 책임으로 이를 복구하여야 하며 그 복구가 불가능한 때에는 갑은 임대차계약해지 및 손해배상을 청구할 수 있다.

제23조(판촉) 을은 영업활동상의 선전을 위하여 행하는 광고, 선전 등 각종 광고행위와 광고전단제작, 장치, 장식 및 유니폼, 쇼핑백, 포장박스, 안내문의 제작, 작성 등은 갑의 사전승인을 얻어야 하며 제작, 작성된 광고물 및 포장물은 갑의 점내에서만 사용하여야 한다.

제24조(신용카드) 을은 갑이 발행 또는 관리하고 있는 신용카드를 가급적 취급하여야 하고 카드취급에 필요한 기자재는 갑이 영업에 지장이 없는 기종을 을의

비용으로 구입하며 신용카드매출액의 ○%를 카드취급수수료로 갑에게 납입하여야 한다.

제25조(유사상품권 발행금지) 을은 갑 또는 을의 명의로 물품교환증, 상환권 및 이와 유사한 일체의 유사상품권을 발행할 수 없다.

제5절 계약변경 및 해지

제26조(임대차목적물 변경) 갑은 건물의 관리, 운영상 또는 매장 운영상 부득이한 경우에는 을과 협의하여 임대장소를 이전하거나 위치 및 면적을 변경할 수 있고 이로 인한 임차인의 손실을 보상하여야 한다.

제27조(계약위반 해지) 계약자인 을과 실운영자가 상이하거나 동업할 경우, 을의 영업준비가 미비하여 지정된 영업개시일에 개점이 지연되거나 개점이 불가능하다고 인정되는 경우, 갑의 사전 승인없이 무단으로 영업을 중지하거나 폐점하는 경우, 을이 갑에게 발행, 배서, 인수, 보증, 교부한 어음 또는 수표가 부도된 경우, 을이 공정거래관련법규 또는 식품위생법 등 제반 법규를 위반하여 갑의 매장운영을 현저히 저해하는 경우, 을이 갑의 사전승인없는 선동행위나 가격, 품질표시의무를 불이행하여 갑의 매장운영에 있어 공익성을 현저히 저해하는 경우에는 갑은 을에게 상당기간(14일 이상)을 정하여 이행의 최고를 하고 그 기간 내에 이행을 하지 아니한 때에는 본 계약을 해지할 수 있다.

갑의 사전승인없이 명의변경 또는 제3자에게 매장사용권을 양도, 전매, 전대하는 경우, 을이 파산 또는 지급불능상태에 빠지거나 을에 대한 회사정리절차의 신청이 있거나 채무로 인하여 당해 점포 내의 상품, 비품 및 갑과 을 사이에 발생된 일반매출채권에 대하여 강제집행(가압류, 가처분 포함)을 받거나 경매신청을 받았을 경우에는 갑은 본 계약을 해지할 수 있다.

제28조(중도 해지) 본 계약을 중도해지하고자 할 경우에는 갑은 6개월 전에, 을은 1개월 전에 상대방에게 서면통지하여야 하고(제27조의 경우에는 제외) 계약이 해지될 때의 위약금은 총 사용료(계약기간동안의 임대보증금에 대한 정기예금이자분과 월임대료를 합산한 총액)의 10%에 상당하는 금액으로 약정하고 그 귀책사유있는 자가 상대방에게 지급하기로 한다.

제29조(원상회복) 을은 본 계약유효기간만료로 인도하는 경우에는 유효기간종

료일까지, 중도해지하는 경우에는 서면통지된 중도해지일까지 자기의 소유물, 시설물 등의 재산을 임대차목적물로부터 반출하여야 하며 갑의 재산을 을의 비용으로 원상복구하여 인도하여야 하고 을의 사정으로 인하여 기일 내 인도하지 못한 경우에는 을은 본 계약종료일 익일부터 기산하여 인도 또는 복구된 날까지에 대한 통상임대료 및 기타 각종 비용을 갑에게 지급하여야 한다.

제30조(인도대행) 을이 본 계약종료 후에도 자기 소유물을 반출하지 아니할 경우 갑은 을의 책임과 비용부담아래 본 임대차계약서에 기재된 을의 주소 또는 거소로 이를 반출할 수 있고 특별한 사정으로 인하여 을의 주소 또는 거소로 반출할 수 없는 경우에는 갑은 을의 책임과 비용부담으로 제3자에게 보관하게 할 수 있다. 이 경우 을은 본계약 종료일 익일부터 기산하여 반출일 또는 제3자에게 보관하게 한 날까지의 기간에 대한 통상임대료 및 기타 각종 비용을 갑에게 지급하여야 한다.

제31조(계약갱신) 갑과 을은 임대차유효기간만료 1개월 전까지 당사자 어느 일방으로부터 서면에 의한 의사표시가 없는 경우에는 본 임대차계약과 동일한 조건으로 임대차계약을 1년간 연장하는 것으로 한다.

제6절 보 칙

제32조(연체료) 을은 임대차계약에 의하여 갑에게 지급하여야 할 금전채무를 연체한 경우에는 연체일수에 대하여 연체금액의 연 24%에 상당한 연체료를 가산 납입하여야 한다.

제33조(연체금 상계) 을이 임대료 등을 1개월 이상 연체할 경우 갑은 을의 매상액 중에서 연체료를 포함한 연체에 상당하는 금액을 우선적으로 입금토록 조치하거나 신용카드대금지급시에 상계할 수 있다.

제34조(손해배상) 을 또는 을의 피용인의 고의 또는 과실로 인하여 갑 또는 제3자에게 손해를 입힌 경우 을은 그 손해를 즉시 배상하거나 원상복구하여야 하고 손해액의 산정은 손해발생 당시의 시가에 의한다.

제35조(연대보증인) 을의 연대보증인은 본 계약조항에 의하여 임대차기간중 갑에 대하여 을이 부담하여야 하는 임대차와 관련한 채무에 대하여 연대하여 책임을 진다.

제36조(일반법 적용) 본 계약에서 정하지 아니한 사항은 일반법령규정과 임대차계약관습에 의하고 각 조항의 해석이 다른 경우에는 신의성실의 원칙에 의하여 쌍방협의하여 결정하며 상호불일치하는 부분에 대하여는 일반상 관례에 의한다.

제37조(분쟁) 본 계약으로 발생하는 갑과 을간의 소송은 임대차목적물의 소재지 관할법원에 제기한다.

이 계약을 증명하기 위하여 갑과 을은 각 계약조항을 확인하고 서명날인하여 각각 1통씩 보관한다.

2001. 2. 20.

갑 ○○○ ㉤

을 ○○○ ㉤

임대차규정은 물적금융이고, 비전형계약인 시설대여계약에 적용되지 아니한다(대판 1994. 11. 8. 94 다 23388). 임대차는 당사자 한쪽이 상대방에 대하여 목적물을 사용 수익하게 할 것을 약속하면 되는 것이므로(대판 1965. 5. 31. 65 다 562) 임대인이 임대차 목적물에 대한 소유권 기타 이를 임대할 권한이 없다고 하더라도 임대차계약은 유효하게 성립하고, 따라서 임대인은 임차인으로 하여금 그 목적물을 완전하게 사용, 수익케 할 의무가 있고 또한 임차인은 이러한 임대인의 의무가 이행불능으로 되지 아니하는 한 그 사용 · 수익의 대가로 차임을 지급할 의무가 있으며, 그 임대차 관계가 종료되면 임차인은 임차목적물을 임대인에게 반환하여야 할 계약상의 의무가 있지만 임차인이 진실한 소유자로부터 목적물의 반환청구나 임료 내지 그 해당액의 지급요구를 받는 등의 이유로 임대인이 임차인으로 하여금 사용 · 수익케 할 수가 없게 되었다면 임대인의 채무는 이행불능으로 되고 임차인은 이행불능으로 인한 임대차의 종료를 이유로 그 때 이후의 임대인의 차임지급청구를 거절할 수 있다(대판 1996. 9. 6. 94 다 5464).

13. 보 증

보증은 주채무자가 이행하지 아니하는 채무를 보증인이 이행할 것을 약정하는 계약을 말한다(민법 제428조). 보증인은 주채무자와 별개의 보증채무를 부담하고 그 채무가 주채무와 동일한 내용(주채무의 이자, 위약금, 손해배상 기타 주채무에 종속한 채무를 포함, 민법 제429조)이므로(대판 1977. 3. 8. 76 다 2667) 보증인은 주채무자의 항변(민법제433조)과 채권에 의한 상계(민법 제434조)를 주장할 수 있고 먼저 주채무자에게 청구할 것과 그 재산에 대하여 집행할 것을 항변할 수 있다(민법 제437조, 이를 최고 및 검색의 항변이라 한다).

보증인의 최고 및 검색의 항변은 소위 연기적 항변권으로서 법원은 보증인이 소송에서 그 항변권을 행사하지 않는 한 이에 관하여 심리판단할 필요가 없는 것임에도 불구하고 당사자가 변론에서 주장한 사실이 없는 각 항변권에 관하여 판단한 것은 부당한 조치라 할 것이다(대판 1961. 5. 31. 4293 민상 285).

보증인은 장래의 채무에 대하여도 보증할 수 있고(민법 제428조 제2항, 이를 근보증이라 하고 보증기간이나 보증금액을 한정할 수 있다) 주채무자와 연대하여 보증할 수 있다(민법 제437조 단서, 이를 연대보증이라 하고 최고 및 검색의 항변이 배제된다).

수인의 보증인이 연대보증인인 때에는 각 자가 별개의 법률행위로 보증인이 되었으므로 보증인 상호간에 연대의 특약이 없더라도 채권자에 대하여는 분별의 이익을 가지지 못하고 각자의 채무전액을 변제하야야 하고(대판 1993. 5. 27. 93 다 4656), 여러 사람이 그 1인 또는 전원에게 상행위가 되는 행위로 인하여 채무를 부담한 때에는 연대하여 변제할 책임이 있고, 보증인

이 있는 경우에 그 보증이 상행위이거나 주채무가 상행위로 인한 것인 때에는 주채무자와 보증인은 연대하여 변제할 책임이 있다(상법 제57조).

〈서식 22〉 근보증계약서

근보증인 갑은 채무자 을의 채권자 병에 대한 채무의 이행을 담보하기 위하여 채무자 을과 연대하여 그 채무이행을 보증하며 다음과 같이 채권자 병과 약속을 한다.

제1조(보증채무의 범위) 보증인은 채무자가 채권자에 대하여 현실적으로 부담한 또는 장래 부담하게 될 모든 채무에 관하여 채무자와 연대하여 지급책임을 진다. 다만, 보증의 한도는 금 1,000만원으로 하고 보증기간은 2000년 ○○월 ○○일까지로 한다.

제2조(보증인에 대한 통지의무) 보증인 및 채무자는 보증인이 사망하였을 때, 파산 기타 지급불능상태에 빠졌을 때, 압류 등 강제집행 또는 체납처분을 당하였거나 이와 유사한 사정으로 보증인의 재산상태가 악화되고 신용이 위태로워지거나 그럴 위험이 있다고 인정된 때에는 즉시 채권자에게 통지하여야 한다.

제3조(보증인의 변경) 보증인이 제2조의 어느 하나에 해당하게 된 때에는 채권자는 채무자에 대하여 연대보증인의 변경, 추가를 요구할 수 있고 채무자의 기한이익을 박탈하고 즉시 보증인에 대하여 보증채무의 이행을 청구할 수 있다.

제4조(보증채무 이행) 채무자가 변제기에 변제하지 아니하거나 채무자 및 보증인이 이 계약을 위반한 때에는 채권자는 다른 담보의 유무에 관계없이 각 보증인에 대하여 즉시 채무의 전부 또는 일부의 이행을 청구할 수 있다.

2000년 ○○월 ○○일

채무자 서울특별시 ○○구 ○○동 ○○번지
○○ 양조주식회사
대표이사 ○ ○ ○ ㊞

근보증인 수원시 ○○구 ○○동 ○○번지
○○전기주식회사
대표이사 ○ ○ ○ ㊞

서울특별시 ○○구 ○○동 ○○번지
한국기계주식회사
대표이사 ○ ○ ○ 귀하

일반적으로 계속적 거래 도중에 매수인을 위하여 보증의 범위와 기간의 정함이 없이 보증인이 된 자는 특별한 사정이 없는 한 계약일 이후에 발생되는 채무뿐만 아니라 계약일 현재 이미 발생된 채무도 보증하는 것으로 본다(대판 1995. 9. 15. 94 다 41485).

원래 보증인의 의무는 보증계약 성립 후 채무자가 한 법률행위로 인하여 확장, 가중되지 아니하는 것이 원칙이고(대판 1996. 2. 9. 94 다 38250), 회사의 이사가 그 이사라는 직위에 있었기 때문에 은행대출 규정상의 계속적 거래로 인하여 생기는 회사의 채무에 대하여 연대보증을 하게 된 것이고 은행은 그 거래시마다 그 거래 당시에 재직했던 회사의 이사 등의 연대보증을 새로이 받아 왔다면 은행과 이사 사이의 연대보증계약은 그 보증인이 회사의 이사로 재직중에 생긴 채무만을 책임지우기 위한 것이라고 보아야 할 것이다(대판 1987. 7. 21. 87 다카 677). 주채무의 내용이 당사자의 의사에 의하여 변경된 경우에 그 변경된 범위가 종래의 범위보다 감축되어 보증인에게 불이익하지 않는 이상 보증 채무의 부종성에 따라 보증인은 당연히 감축된 주채무를 보증하게 되는 것이다(대판 1960. 4. 21. 429 민상 619).

14. 저당권설정계약

저당권설정계약은 채무의 이행을 담보하기 위하여 특정한 부동산에 저당권을 설정하는 계약을 말한다. 저당권은 점유를 이전하지 아니하고 채무의 담보로 제공한 부동산에 대하여 우선변제를 받는 권리(민법 제356조)를 말하고 그 담보할 채무의 최고액만을 정하고 채무의 확정을 장래에 보유하여 저당권을 설정할 수 있다(민법 제357조, 이를 근저당권이라 한다).

존속기간의 약정이 없는 근저당권을 설정한 경우에 그 거래관계가 종료됨으로써 예정된 원본채무가 더 이상 발생할 가능성이 없게 된 때에는 그 때까지 잔존하는 채무가 근저당권에 의하여 담보되는 채무로 확정되는 것이다(대판 1996. 4. 26. 96 다 2286).

〈서식 23〉 근저당권설정계약서

채권자 갑과 채무자 을 및 담보제공자 병 사이에 병 소유부동산에 관하여 근저당권을 설정함에 있어서 다음과 같이 계약한다.

제1조(피담보채권) 갑과 을간에 2000년 ○○월 ○○일 체결한 계속적 약품매매에서 을이 갑에 대하여 부담하는 채무를 담보하기 위하여 말미에 기재한 을 소유의 부동산에 순위 제1번, 병 소유부동산에 순위 제2번인 최고액 금 1,000만원의 근저당권을 설정한다.

제2조(기한이익 상실) 을 또는 병에게 다음 각 호의 사유가 발생한 때에는 즉시 기한의 이익을 상실하고 현존채무의 금액을 일시에 변제하기로 하며 기한도래의 익일부터 완제일까지 연 25%의 지연배상금을 지급하여야 한다.

1. 단 1회라도 거래상의 채무이행을 지체하였을 때
2. 가압류, 가처분, 강제집행, 경매, 제공과금의 체납처분을 받은 때
3. 파산, 화의 또는 회사정리의 신청이 있을 때
4. 담보물을 멸실, 훼손 또는 그 가치를 현저하게 감소시킨 때
5. 기타 이 계약에 위반하는 행위가 있을 때.

제3조(담보 변경) 갑이 담보의 증가 또는 다른 담보를 요구한 때에는 을은 즉시 이것을 제공하든가 아니면 채무의 전부를 변제하여야 한다.

제4조(현상 변경) 을 또는 병은 담보물의 전부 또는 일부를 타에 매각 또는 임대하는 등 그 현상을 변경하고자 하는 때에는 처음부터 서면에 의한 갑의 동의를 받아야 한다.

제5조(담보물 조사) 갑이 담보물의 조사 또는 이에 관한 보고를 요구한 때에는 을 또는 병은 언제든지 이에 응하고 협조하여야 한다.

제6조(부보험) 을 또는 병은 이 계약에 의한 채무금액을 완제할 때까지 담보물에 대하여 갑이 승인하는 보험회사에 갑이 승인하는 금액 이상의 화재보험계약을 체결하고 갑은 이 보험증권위에 질권을 설정한다.

제7조(대물변제 예약) (1) 을 또는 병이 기한이익을 상실하거나 또는 변제를 하지 않는 때에는 갑은 을의 선택에 따라 담보물의 경매에 갈음하여 잔채무 중 1,000만원의 대물변제로서 담보물 전부의 소유권을 취득할 수 있게 하며 이 계약에 의한 근저당권설정등기와 동시에 대물변제예약에 의한 소유권이전청구권보전의 가등기를 한다.

(2) 을과 병은 전항의 소유권이전본등기에 필요한 서류를 미리 갑에게 교부하여야 한다.

제8조(비용 부담) 제1조, 제3조 및 제7조에 의한 등기는 을의 책임과 비용으로 한다. 위 계약을 증명하기 위하여 본 계약서 3통을 작성하고 각 각 기명날인하여 1통씩 보유한다.

2000년 ○○월 ○○일

채권자 서울특별시 ○○구 ○○동 ○○번지
중앙산업주식회사

대표이사 ○○○ ㊞
채무자 서울특별시 ○○구 ○○동 ○○번지
대동공업주식회사
대표이사 ○○○ 인
담보제공자 서울특별시 ○○구 ○○동 ○○번지
○○○ ㊞

물건표시(생략)

저당물의 경매로 인하여 토지와 그 지상건물이 다른 소유자에 속한 경우에는 토지소유자는 건물소유자에 대하여 지상권을 설정한 것으로 본다(민법 제366조). 이는 가치권과 이용권의 조정을 위한 공익상의 이유로 지상권의 설정을 강제하는 것이므로 저당권설정 당사자간의 특약으로 저당목적물인 토지에 대하여 법정 지상권을 배제하는 약정을 하더라도 그 특약은 효력이 없다(대판 1988. 10. 25. 87 다카 1564). 미등기건물을 그 대지와 함께 양수한 사람이 그 대지에 대하여서만 소유권이전등기를 넘겨 받고 건물에 대하여는 그 등기를 이전받지 못하고 있는 상태에서 그 대지가 경매되어 소유자가 달라지게 된 경우에는 법정지상권이 발생할 수 없는 것이다(대판 1991. 8. 27. 91 다 16730).

15. 양도담보

양도담보는 담보물(동산, 채권)을 점유개정(민법 제189조)의 방법에 의하여 인도하고(계속점유사용) 현재 또는 장래의 채무를 담보하는 계약을 말한다. 채무자가 약정기간 내에 채무를 변제하였을 때에는 담보물(유가증권, 집합물)의 소유권은 채무자에게 복귀한다.

〈서식 24〉 양도담보계약서

채권자 갑과 채무자 을은 갑에 대한 을의 채무를 담보하기 위하여 이 양도담보계약을 체결하고 이와 동시에 을은 갑에 대하여 자기소유의 말미 목록 기재 부동산을 양도하며 점유개정의 방법에 의하여 그 인도를 마친다.

제1조(피담보채권의 범위) 이 계약서에 의하여 양도된 담보물은 을이 갑에 대하여 현재 또는 장래에 부담하게 되는 모든 채무를 담보한다.

제2조(채무자의 의무) (1) 을은 이 물건이 자기의 소유에 속함은 물론 제3자로부터 권리를 주장당하거나 압류를 당하거나 기타 갑의 권리를 침해하는 모든 장애가 없도록 보장하며 또 을은 이 계약존속기간 중 갑의. 권리행사를 방해하는 행위를 하여서는 아니 된다.

(2) 제3자가 갑의 권리를 방해하거나 방해할 염려가 있는 때에는 을은 지체없이 이를 방지하도록 노력하고 이를 갑에게 통지하여야 한다.

(3) 을은 이 계약이 존속하는 동안 이 물건을 목적으로 하고 갑을 피보험자로 하는 갑 지정의 손해보험계약을 체결하고 그 효력을 유지하는 데 노력하여야 한다. 갑이 스스로 이 물건을 목적으로 하는 보험계약을 체결할 때에는 그 보험료는 을의 부담으로 한다.

제3조(물건의 관리) (1) 갑은 이 물건을 을이 무상으로 사용함을 승낙하고 을은 이 물건을 갑을 위하여 대리점유하면서 현상대로 선량한 관리자의 주의로써 관리, 사용한다.

(2) 을은 이 물건을 타인에게 양도하거나 담보로 제공하여서는 아니 되며 전대 또는 형태변경 등을 하여서는 아니 된다.

(3) 이 물건을 사용하는 동안 보통의 필요경비, 제 공과금 등은 을의 부담으로 한다.

(4) 을은 갑이 이 목적물상에 그 권리가 존재한다는 것을 명시하는 방법을 강구하는데 협조하여야 하며 부동산의 이전등기에 필요한 서류를 교부하여야 한다.

제4조(물건의 멸실) (1) 이 계약기간 중에 담보목적물이 멸실, 훼손되거나 담보가치가 감소된 때에는 을은 즉시 이 사실을 갑에게 통지하여야 하며 갑의 청구에 따라 담보를 추가제공하거나 채무금액의 전부 또는 일부를 변제하여야 한다.

(2) 담보물건이 멸실, 훼손된 때에는 갑은 모든 채무에 관하여 변제를 요구할 수 있다.

제5조(채권자의 의무) 갑은 그 채권을 담보하기 위한 목적 이외에는 이 물건을 매각하지 못한다.

제6조(목적물 반환) 을이 변제기에 변제하지 아니하거나 이 계약에 위반한 경우 또는 강제집행, 파산, 부도처분 등을 당하여 신용상태가 악화된 때에는 갑은 최고없이 바로 이물건의 대차계약을 해제하여 이 물건의 반환을 요구할 수 있다.

제7조(변제충당) (1) 전조의 경우 갑은 이 물건을 임의의 시기에 금 100만원 이상의 가액으로 처분하고 그 대금으로써 채무의 전부 또는 일부의 변제에 충당하든가 자기의 반대채권과 대등액에서 상계할 수 있다.

(2) 갑은 이 물건을 잔여 채무 중 금 100만원의 대물변제로 그 소유권을 취득할 수 있다. 그래도 채무에 잔액이 있을 때에는 을은 즉시 잔액을 지급하여야 하며 환가금 또는 평가금이 잔여 채무액을 초과하는 때에는 갑은 그 차액을 을에게 반환한다.

(3) 제2조 제3항에 의한 손해보험계약에 의하여 지급된 보험금은 본조의 적용에 관하여 환가금으로 본다.

제8조(물건반환) 갑, 을간의 거래가 끝나고 을이 채무전액을 변제하였을 때에는 이 물건의 소유권은 당연히 을에게 복귀한다.

위 계약의 취지를 명확히 하기 위하여 이 계약서 2통을 작성하고 갑을이 각각 1통씩 보유한다.

2000년 ○○월 ○○일

채권자 서울특별시 ○○구 ○○동 ○○번지
서울공업주식회사
대표이사 ○○○ ㊞

채무자 서울특별시 ○○구 ○○동 ○○번지
한국산업주식회사
대표이사 ○○○ ㊞

물건목록(생략)

채권자가 채권담보의 목적으로 부동산에 가등기를 경료하였다가 그 후 변제기까지 변제를 받지 못하게 되어 가등기에 의한 소유권이전의 본 등기를 경료한 경우에는 당사자들 사이에 채무자가 변제기에 피담보채무를 변제하지 아니하면 채권채무관계는 소멸하고 부동산의 소유권이 확정적으로 채권자에게 귀속된다는 명시의 특약이 없는 한 그 본등기도 채권담보의 목적으로 경료된 것으로서 정산절차를 예정하고 있는 이른바 약한 의미의 양도담보가 된 것으로 보아야 한다(대판 1995. 2. 17. 94 다 38113).

약한 의미의 양도담보가 된 경우 채무의 변제기가 지난 후라고 하더라도 채권자가 담보권을 실행하여 정산절차를 마치기 전에는 채무자는 언제든지 채무를 변제하고 채권자에게 가등기 및 가등기에 의한 본등기의 말소를 청구할 수 있다(대판 1992. 1. 21. 91 다 35175).

16. 대물변제

대물변제는 채무자가 본래의 채무이행에 갈음하여 다른 급여를 하여 변제의 효력을 생기게 하는 계약을 말한다(민법 제466조).

대물변제는 본래의 채무에 갈음하여 다른 급여를 현실적으로 하는 때에 성립되는 요물계약이므로 다른 급여가 부동산의 소유권이전인 때에는 부동산소유권이전등기도 완료하여야만 대물변제가 성립되어 기존채무가 소멸하는 것이며(대판 1978. 8. 22. 77 다 1940) 채권자에게 대한 채무변제를 위하여 어떤 다른 채권을 그 채권자에게 양도함은 특단의 약정이 없는 한 채무변제를 위한 담보방법으로 양도되는 것이지 채권변제에 갈음하여 양도되어 그 채권이 소멸되는 것이라고 볼 수 없다(대판 1976. 3. 9. 76 다 12).

차용금에 대한 대물변제는 특별한 사정이 없는 한 채권자에게 하여야 할 것이며(대판 1970. 2. 24. 69 다 2112, 2113), 기존 채무에 관하여 채무자가 제3채무자에 대하여 가지고 있는 채권을 양도한 경우에 그들 사이에 특별한 의사표시가 없는 이상 기존 채무의 변제를 위하여 또는 그 담보조로 양도한 것이라고 추정하여야 하고(대판 1994. 2. 8. 93 다 50291, 50307), 매도담보로 일정한 부동산을 채권의 담보로 제공하고 변제기를 경과하면 당연히 부동산의 소유권이 채권자에게 귀속된다는 약정은 소위 조건부대물변제에 속한다(대판 1957. 10. 21. 4290 민상 487).

대물변제의 예약만으로서는 본래의 채권이 소멸되지 않는 것이므로 채권자는 본래의 채권의 목적인 급여를 청구하거나 또는 대물변제예약에서 약정한 다른 급여를 청구하거나 임의로 결정한 바에 의하여 그 어느 권리든지 행사할 수 있고 채무자는 채권자가 본래의 급여를 청구한 경우 대물변제예약에서 약정한 다른 급여를 현실적으로 이행하고 본래의 채권을 소멸시킴으로써 채권자의 청구를 배격할 수 있으며 또는 본래의 급여를 이행함으로써 대물변제예약의 효력을 상실하게 할 수 있다(대판 1960. 3. 3. 4293 민상 693, 694, 695).

채권자와 채무자 사이에 채권담보의 목적이 된 아파트입주권에 대하여 대물변제의 예약을 하고 그 예약완결권을 채권자에게 유보한 경우에 채권자가 그 예약완결권을 행사하여 그 입주권을 처분하였다면 특별한 사정이 없는 한 그 채권은 대물변제로 인하여 소멸하였다 할 것이다(대판 1987. 3. 10. 86 다카 2055).

〈서식 25〉 대물변제계약서

갑과 을은 을의 갑에 대한 채무의 변제를 위하여 다음과 같이 계약을 체결한다.

제1조(채무확인) 을은 갑에 대하여 을이 갑으로부터 1999년 ○○월 ○○일부터 2000년 ○○월 ○○일 까지 제품을 구매한 대금 7,000만원의 채무가 존재함을 확인한다.

제2조(대물변제) 을은 제1조의 채무변제에 갈음하여 을이 소유하는 별지 토지의 소유권을 갑에게 이전하고 갑은 이를 취득하기로 약정한다.

제3조(등기) 을은 2000년 ○○월 ○○일에 별지 토지에 대한 소유권을 갑에게 이전등기하고 이 토지를 인도한다.

제4조(어음반환) 을이 제3조의 절차를 완료한 때에 갑은 을로부터 받은 어음을 을에게 반환한다.

2000년 ○○월 ○○일

갑 서울특별시 ○○구 ○○동 ○○번지
동부산업주식회사
대표이사 김 두식 ㉤

을 수원시 ○○구 ○○동 ○○번지
서부산업주식회사
대표이사 박 일경 ㉤

물건표시(생략)

17. 신탁계약

신탁은 위탁자와 수탁자의 특별한 신임관계에 기하여 위탁자가 특정의 재산권을 수탁자에게 이전하거나 기타의 처분을 하고 수탁자로 하여금 수익자의 이익을 위하여 또는 특정의 목적을 위하여 그 재산권을 관리, 처분하게 하는 법률관계를 말하고(신탁법 제1조 제2항) 신탁은 위탁자와 수탁자간의 계약 또는 위탁자의 유언에 의하여 설정할 수 있다(신탁법 제2조). 수탁자는 누구의 명의로도 신탁의 이익을 향수하지 못하고(신탁법 제29조) 수탁자가 신탁행위로 인하여 수익자에 대하여 부담하는 채무에 관하여는 신탁재산의 한도 내에서 이행의 책임을 진다(신탁법 제32조).

신탁의 인수를 업으로 하는 때에는 이를 상행위로 하며(신탁법 제4조, 상법 제46조 15호) 신탁을 영업으로 하는 신탁회사는 신탁업법에 의하여 운영하여야 하고(신탁업법 제2조) 금전신탁과 재산신탁의 인수업무를 행하는 주식회사에 한한다(신탁업법 제4조).

영업신탁의 경우 신탁회사가 인수할 수 있는 재산은 1) 금전, 2) 유가증권, 3) 금전채권, 4) 동산, 5) 토지와 그 정착물, 6) 지상권, 전세권 및 토지임차권이다(신탁업법 제10조 제1항). 금전신탁은 특정금전신탁(운용방법지정)과 불특정금전신탁으로 구분한다(신탁업법시행령 제3조 제2항).

고유자금은 공채, 사채 및 주식의 모집, 인수 또는 개입, 유가증권담보대출, 동산담보대출, 부동산매입, 부동산저당대출, 공공단체대출, 은행예금, 은행인수어음매입 등으로 운용하고(신탁업법 제15조 제1항), 신탁금전은 국채, 공채, 사채, 주식 기타 유가증권의 응모, 인수, 매입, 대출, 부동산의 매입 및 개발, 유가증권지수, 선물거래, 신탁회사고유재산관리계정에 대한 대여, 종합금융회사자금거래기관에 대한 대여 등으로 운용한다(신탁업법 제15

조의 2, 법시행령 제11조).

신탁회사는 미리 금융감독위원회의 인가를 받아 무기명식으로 금전신탁계약에 의한 수익권을 표시하는 수익증권을 발행할 수 있으며(신탁업법 제17조의 2) 수익증권이 발행된 경우에는 당해 신탁계약에 의한 수익권의 양도 및 행사는 그 수익증권으로 하여야 하고(신탁업법 제17조의 4) 수익증권을 취득하는 자는 당해 수익증권에 관한 권리의무를 승계한다(신탁업법 제17조의 5).

신탁회사의 신탁업에 부수하는 업무는 보호예수, 채무보증, 부동산매매중개, 금전 또는 부동산대차중개, 공채, 재산유언집행, 회계감사, 재산의 취득, 관리, 처분, 대차, 정리, 청산, 채무의 추심, 이행, 보험대리가 있다(신탁업법 제13조).

수탁자는 영업으로써 신탁을 인수하는 경우에는 보수를 받을 수 있으나 일반적으로는 특약이 없으면 보수를 받을 수 없다(신탁법 제41조). 신탁회사는 신탁의무위반으로 수익자에게 생기게 될 손해의 담보로서 자본금의 10분의 1 이상의 금액에 상당하는 현금 또는 국채를 공탁하여야 하고(신탁업법 제16조 제1항), 수익자는 신탁회사가 공탁한 예금, 국채 및 유가증권에 대하여 다른 채권자에 우선하여 변제를 받을 권리가 있다(신탁업법 제17조).

물상담보를 붙인 사채의 신탁을 담보부사채신탁이라 한다(담보부사채신탁법 제3조). 투자자로부터 증권투자에 운용할 목적으로 자금을 수입하는 위탁자가 그 자금을 수탁자로 하여금 당해 위탁자의 지시에 따라 특정 유가증권에 투자, 운용하고 그에 따른 수익권을 분할하여 당해 투자자에게 취득시키는 것을 증권투자신탁이라 한다(증권투자신탁업법 제2조).

채무자가 채권자를 해함을 알고 신탁을 설정한 경우에는 채권자는 수탁자가 선의일지라도 민법 제406조 제1항(채권자취소 및 원상회복청구)의 취소 및 원상회복을 청구할 수 있다(신탁법 제8조).

부동산신탁의 경우에 수탁자는 수탁받은 부동산에 건물을 신축하면서 시공자와 도급계약을 체결하고 신탁재산을 담보로 제공하여 금융기관으로부

터 금전대출을 받고 신축건물에 대하여 일반인을 상대로 분양계약을 체결하여 채무를 지고 있는 경우에 신탁재산이 원상회복되는 때에는 시공자에 대한 도급대금지급, 대출원리금상환, 분양대금반환으로 생기는 손해를 보상받을 수가 없어서(신탁법 제42조) 빚만 지고 망하는 수가 있다.

〈서식 26〉 부동산관리신탁약정서

갑과 을은 신탁계약에 의하여 갑이 위탁자(원소유자)로부터 인수한 부동산의 실질적인 관리를 위하여 다음과 같이 관리약정을 체결한다.

제1조(관리부동산) 갑이 신탁재산으로서 인수한 별지 기재의 부동산을 관리부동산으로 하여 실질적인 관리업무를 을에게 위임하고 을은 이를 승낙한다.

제2조(관리범위) 을은 관리부동산에 대하여 등기부상 소유권 이외의 실질적인 관리 및 보존에 관한 업무를 담당하고 관리부동산의 임대차 등에 관하여 분쟁이 발생한 때에는 적절한 해결조치를 취한다.

제3조(관리기간) 부동산의 관리기간은 신탁계약에서 정한 신탁기간으로 한다.

제4조(관리비용) 부동산의 관리 및 보존에 필요한 비용에 대하여는 신탁계약에 의한 위탁자와 을이 별도로 합의한 바에 따른다.

제5조(기타) (1) 부동산의 실질적인 관리 및 보존을 위하여 보수공사 등을 할 필요가 생기거나 기타 예상하지 못한 일이 생긴 경우에는 을은 지체없이 그 사실을 갑에게 통지하여야 한다.

(2) 갑은 을에게 부동산의 관리에 관한 수지계산서의 제출을 요구할 수 있다.

이 약정서는 2통을 작성하여 갑과 을이 각각 1통씩 보관한다.

2000년 ○○월 ○○일

갑　　주식회사 ○○은행

　　　신탁부장 ○○○ ㉆

을　　○○부동산개발주식회사

　　　대표이사 ○○○ ㊞

위 약정내용에 동의함

　위탁자　서울특별시 ○○구 ○○동 ○○번지

　　　　　○○○ ㊞

별지 관리부동산목록

증권투자신탁업은 대통령령이 정하는 금액 이상의 자본금을 가진 주식회사가 금융감독위원회의 허가를 받아 투자신탁업무와 수익증권판매업무를 영위하는 것을 말한다(증권투자신탁업법 제9조). 위탁회사는 수탁회사에게 신탁재산의 보관을 위탁하고 수탁회사는 보관을 위탁받은 유가증권을 증권예탁원에 예탁하여야 한다(법 제17조). 투자신탁의 수익권은 균등하게 분할하며 그 분할된 수익권은 수익증권으로 표시하여야 하고 수익권의 양도 기타 권리행사는 수익증권으로 하여야 한다(법 제5조).

수익증권은 위탁회사(증권투자신탁업자)가 발행하고 1) 기호 · 번호, 2) 위탁회사 및 수탁회사(신탁업경영자)의 상호, 3) 기명식 수익증권의 수익자의 성명 또는 명칭, 4) 증권투자신탁 계약 체결 당시의 신탁원본액 및 수익증권의 총좌수, 5) 이익금분배의 시기 및 장소, 6) 위탁회사 및 수탁회사가 받는 신탁보수와 기타 수수료의 계산방법, 지급방법 및 시기, 7) 수익증권의 환매조건, 환매를 청구할 수 없다는 뜻, 8) 추가신탁을 할 수 있는 원본의 한도액, 9) 당초의 신탁 원본에 수익증권 발행시까지의 추가신탁분을 합한 신탁원 본액 및 수익증권의 총좌수, 10) 원본 보전이나 이익부족분을 위탁회사가 부담하기로 하는 내용, 11) 수익증권기준 가격의 계산 방법, 12) 신탁계정의 기간을 기재하고 대표이사가 기명날인하여야 한다(법 제6조 제10항).

18. 채권양도

채권양도는 채권자가 타인에 대한 청구권을 양수인에게 이전하는 계약을 말한다(민법 제449조). 지명채권의 양도는 양도인이 채무자에게 통지하거나 채무자가 승낙하지 아니하면 채무자 기타 제3자에게 대항하지 못하고 확정일자있는 증서에 의하지 아니하면 채무자 이외의 제3자에게 대항하지 못한다(민법 제450조).

채권양도 통지는 양도인이 채무자에 대하여 당해 채권을 양수인에게 양도하였다는 사실을 통지하는 것으로서 이것이 채무자에게 도달됨으로서 그 효력을 발생하는 것이고 이른바 도달은 사회관념상 채무자가 요지할 수 있다고 인정되는 상태를 지칭한다(대판 1960. 12. 15. 4293 민상 455). 채무자의 승낙은 채권양도의 사실을 채무자가 승인하는 뜻이다(대판 1986. 2. 25. 85 다카 1529).

채무자가 이의를 보류하지 아니하고 승낙을 한 때에는 양도인에게 대항할 수 있는 사유로써 양수인에게 대항하지 못하고, 양도인이 양도통지만을 한 때에는 채무자는 그 통지를 받을 때까지 양도인에 대하여 생긴 사유로써 양수인에게 대항할 수 있다(민법 제451조). 양도인이 채무자에게 채권양도를 통지한 때에는 아직 양도하지 아니 하였거나 그 양도가 무효인 경우에도 선의인 채무자는 양수인에게 대항할 수 있는 사유로 양도인에게 대항할 수 있고 그 통지는 양수인의 동의가 없으면 철회하지 못한다(민법 제452조).

민법은 채권의 귀속에 관한 우열을 오로지 확정일자있는 증서에 의한 통지 또는 승낙의 유무와 그 선후로써만 결정하도록 규정하고 있는데다가 채무자의 이의를 보류하지 아니한 승낙은 민법 제451조 제1항의 전단의 규정 자체로 보더라도 그의 양도인에 대한 항변을 상실시키는 효과밖에 없고 채권에 관하여 권리를 주장하는 자가 여럿인 경우 그들 사이의 우열은 채무자에게도 효력이 미치므로 위 규정의 양도인에게 대항할 수 있는 사유란 채권의 성립, 존속, 행사를 저지, 배척하는 사유를 가리킬 뿐이고 채권의 귀속(채권이 이미 타인에게 양도되었다는 사실)은 이에 포함되지 아니한다(대판 1994. 4. 29. 93 다 35551).

〈서식 27〉 채권양도계약서

갑과 을은 다음과 같이 채권양도계약을 체결한다.

제1조(목적) 갑은 을에 대하여 부담하는 일금 500만원의 외상구매채무의 변제를 위하여 병에 대하여 가지고 있는 대금채권 500만원을 을에게 양도한다.

제2조(양도통지) 갑은 병에 대하여 지체없이 제1조의 채권양도통지를 내용증명우편으로 행하고 그 사실을 연락한다.

제3조(변제충당) 을이 병으로부터 제1조에 의하여 채권의 전부 또는 일부의 변제를 받은 때에는 그 한도 내에서 제1조의 갑의 을에 대한 채권은 소멸한다.

제4조(담보) 갑은 을에 대하여 이 계약에 의하여 양도하는 채권에 관하여 병이 갑에 대하여 채권의 무효나 지급거절의 항변 등 모든 하자가 부착되어 있지 아니함을 담보한다.

2000년 ○○월 ○○일

갑 서울특별시 ○○구 ○○동 ○○번지
동양제과주식회사
대표이사 김 삼 룡 ㉞

을 서울특별시 ○○구 ○○동 ○○번지
아남산업주식회사
대표이사 남 기 수 ㉞

19. 채무인수

채무인수는 채무자 이외의 자가 채권자와의 계약으로 채무를 인수하여 채무자의 채무를 면하게 하는 계약을 말하고(민법 제453조 제1항) 제3자가 채무자와의 계약으로 채무를 인수한 경우에는 채권자의 승낙에 의하여 그 효력이 생긴다(민법 제454조 제1항).

채권자의 채무인수에 대한 승낙은 다른 의사표시가 없으면 채무를 인수할 때에 소급하여 그 효력이 생기고(민법 제457조) 인수인은 전채무자의 항변할 수 있는 사유로 채권자에게 대항할 수 있으며(민법 제458조) 전채무자의 채무에 대한 보증이나 제3자가 제공한 담보는 채무인수로 인하여 소멸한다(민법 제459조).

보증인이나 제3자가 채무인수에 동의한 경우에는 인수인을 위하여 새로운 담보를 설정하도록 하는 의사표시를 의미하는 것이 아니라 기존의 담보를 인수인을 위하여 계속시키는데 대한 의사표시를 의미하는 것이므로 물상보증인이 채무인수에 동의함으로써 소멸하지 아니하는 담보(민법 제459조 단서)는 당연히 기존의 담보와 동일한 내용을 갖는 것이다(대판 1996. 10. 11. 96 다 27476).

면책적 채무인수는 채무의 동일성을 유지하면서 이를 종래의 채무자로부터 인수인에게 이전하는 것이므로 인수인은 종래의 채무자와 지위를 교체하여 새로이 당사자로서 채무관계에 들어서서 종래의 채무자와 동일한 채무를 부담하고 동시에 종래의 채무자는 채무관계에서 탈퇴하여 면책되는 것일 뿐 종래의 채무가 소멸하는 것은 아니다(대판 1996. 10. 11. 96 다 27476).

종래의 채무자의 채무가 면책되지 아니하고 채무인수인의 채무가 생기는 것을 중첩적 채무인수라고 한다. 계약당사자 사이에서 당사자 일방이 상대방 당사자가 제3자에게 부담하고 있는 채무와 동일한 내용의 채무를 중첩적으로 인수하여 직접 제3자에 대하여 이행하기로 약정하는 경우에는 제3자를 위한 계약이라고 보아야 한다(대판 1989. 4. 25. 87 다카 2443).

이해관계가 없는 제3자는 채무자의 의사에 반하여 채무를 인수할 수 없다(민법 제453조 제2항)고 하더라도 중첩적 채무인수에 있어서는 원채무자의 의사에 반하여 제3자가 채무를 인수하였다하더라도 이것을 무효라고 할 수 없고 채무인수에 있어서 면책적 채무인수인가 또는 중첩적 채무인수인가 분명하지 아니한 때에는 중첩적으로 인수한 것이라고 해석하여야 할 것이다(대판 1962. 4. 4. 4294 민상 1087).

〈서식 28〉 면책적 채무인수계약서

갑과 을은 다음과 같이 채무인수계약을 체결한다.

제1조(목적) 을은 병의 갑에 대한 다음 채무에 관하여 병에 갈음하여 채무를 인수하고 이 채무를 2000년 ○○월 ○○일까지 갑에게 지급하기로 약속한다.

다음

1999년 ○○월 ○○일부터 2000년 ○○월 ○○일까지 강철외상구매채무 일금 5,000만원

제2조(면책) 갑은 병에 대한 제1조의 채무를 전부 면제한다.

2000년 ○○월 ○○일

갑 서울특별시 ○○구 ○○동 ○○번지
대한철강주식회사
대표이사 고 대 선 ㊞

을 서울특별시 ○○구 ○○동 ○○번지
동국철강주식회사
대표이사 강 두 석 ㊞

20. 조 합

조합은 2인 이상이 상호출자(금전, 재산, 노무)하여 공동사업을 경영할 것을 약정하는 것을 말한다(민법 제703조).

조합원의 출자 기타 조합재산은 조합원의 합유로 하고(민법 제704조) 조합의 업무집행은 조합원의 과반수로써 결정하며(민법 제706조 제2항) 업무집행자는 조합원의 3분의 2 이상의 찬성으로써 선임한다(민법 제706조 제1항). 조합의 업무를 집행하는 조합원은 그 업무집행의 대리권있는 것으로 추정한다(민법 제709조).

각 조합원은 조합의 업무 및 재산상태를 검사할 수 있고(민법 제710조) 손익분배의 비율은 각 조합원의 출자가액에 비례하여 정한다(민법 제711조). 조합원의 제명은 정당한 사유있는 때에 한하여 다른 조합원의 일치된 의결로써 결정하고(상법 제718조) 탈퇴한 조합원과 다른 조합원간의 계산은 탈퇴당시의 조합재산상태에 의하고 지분은 금전으로 반환할 수 있다(상법 제719조).

2인으로 된 동업관계에서 한사람이 탈퇴하면 조합관계는 종료하나 조합은 해산되지 아니하고 조합재산은 남은 조합원의 단독소유에 속하며 탈퇴자와 남은 자 사이의 계산은 탈퇴 당시의 조합재산상태에 의하여 하는 것이다(대판 1996. 9. 6. 96 다 19208).

일반적으로 조합의 채무는 조합원의 채무로서 조합채권자는 각 조합원에 대하여 지분의 비율에 따라 또는 균일적으로 변제의 청구를 할 수 있으나 조합채무가 조합원 1인 또는 전원을 위하여 상행위가 되는 행위로 인하여 부담하게 된 것이면 상법 제57조 제1항을 적용하여 조합원들이 연대책임을 지게 된다(대판 1991. 11. 22. 91 다 30705).

〈서식 29〉

조합계약서

갑과 을 및 병은 각 각 출자를 하여 공동사업을 운영하고자 다음과 같이 계약을 체결한다.

제1조(명칭) 이 조합의 명칭은 ○○조합이라 한다.

제2조(주소) 이 조합은 ○○시 ○○구 ○○동 ○○번지에 사무실을 둔다.

제3조(목적) 이 조합은 ○○의 제조 및 판매업과 이에 부대하는 사업을 운영할 것을 목적으로 한다.

제4조(출자) 갑은 ○○만원으로 평가되는 노무를 출자하고 을은 일금 ○○만원, 병은 일금 ○○만원을 2000년 ○○월 ○○일까지 출자한다.

제5조(업무집행) 이 조합의 업무집행은 갑에게 위임하고 무보수로 한다.

제6조(계산) 갑은 매년 3월과 9월의 말일에 결산서류를 작성하여 다음 달 15일까지 모든 조합원에게 제시하여 승인을 얻어야 하고 결산서류의 승인 후에 지체없이 출자비율에 따라 손익을 분배하여야 한다.

제7조(검사) 각 조합원은 언제든지 조합의 업무 및 재산에 대하여 검사를 할 수 있다

제8조(존속기간) 이 조합의 존속기간은 이 계약성립일부터 ○○년으로 한다.

위의 계약을 증명하기 위하여 계약서 1통을 작성하여 조합사무실에 비치하고 그 사본을 각 조합원이 1통씩 보유한다.

2000년 ○○월 ○○일

갑　서울특별시 ○○구 ○○동 ○○번지
　　김 갑 동 ㊞

을　수원시 ○○구 ○○동 ○○번지
　　나 종 석 ㊞

병　의정부시 ○○구 ○○동 ○○번지
　　박 병 두 ㊞

21. 금융계약

금융계약은 수신, 여신, 환 기타 금융거래(상법 제46조 8호)에 관한 계약을 말한다. 수신계약은 예금주가 예금의 의사표시를 하면서 금융기관에 예금을 제공하고 금융기관이 그 예금을 받아 확인하면 성립하는 요물계약이고(대판 1996. 1. 26. 95 다 26919), 여신계약은 금융기관이 신용을 제공할 것을 약정하고 거래처는 금전 기타의 대체물로 반환할 것을 약정하는 낙성계약이다(대판 1966. 1. 25. 65 다 2337). 예컨대, 어음대출, 어음할인, 증서대출, 당좌대출, 지급보증, 유가증권대여계약 등이다.

환계약은 금융기관을 통하여 현금의 이동없이 격지자 사이의 자금결제를 실현하는 계약을 말한다. 예컨대, 의뢰인의 예금계좌에서 수령인의 예금계좌로 자금을 금융기관이 송금하는 것이다. 금융거래는 금융실명거래및비밀보장에관한법률시행령 제3조에 의하여 실명으로 거래한다

〈서식 30〉 예금거래기본약관

이 약관은 은행과 거래처가 서로 믿음을 바탕으로 예금거래를 빠르고 틀림없이 처리하는 한편, 서로의 이해관계를 합리적으로 조정하기 위하여 기본적이고 일반적인 사항을 정한 것이다.

제1조(적용범위) 이 약관은 입출금이 자유로운 예금, 거치식 예금 및 적립식 예금거래에 적용한다.

제2조(실명거래) 거래처는 실명으로 거래하여야 하고 은행은 거래처의 실명확인을 위하여 주민등록증, 사업자등록증 등 실명확인증표 또는 그밖에 필요한 서류

의 제시나 제출을 요구할 수 있으며 거래처는 이에 따라야 한다.

제3조(거래장소) 거래처는 예금계좌를 개설한 영업점에서 모든 예금거래를 하고 은행이 정하는 바에 따라 다른 영업점이나 다른 금융기관 또는 현금자동지급기, 현금자동입출금기, 컴퓨터, 전화기 등을 통하여 거래할 수 있다.

제4조(거래방법) 거래처는 은행에서 내준 통장(증서, 전자통장포함) 또는 수표, 어음용지로 거래하여야 하고 입금할 때와 자동이체약정, 전산통신기기이용약정 등에 따라 거래할 때는 통장없이도 할 수 있다.

제5조(인감, 비밀번호의 신고) 거래처는 거래를 시작할 때 인감 또는 서명, 비밀번호, 성명, 상호, 대표자명, 대리인명, 주소 등 거래에 필요한 사항을 신고하여야 하고(거치식, 적립식 예금은 비밀번호 제외) 인감과 서명을 함께 신고하거나 인감 또는 서명을 추가로 신고할 수 있다.

제6조(입금) 거래처는 현금이나 즉시 추심할 수 있는 수표, 어음, 기타 증권 등으로 입금할 수 있고 현금이나 증권으로 계좌송금(거래처가 개설점 이외에서 자기계좌에 입금하거나 제3자가 개설점 또는 다른 영업점이나 다른 금융기관에서 거래처계좌에 입금하는 것)하거나 계좌이체(다른 계좌에서 거래처계좌에 입금하는 것)할 수 있다. 증권으로 입금할 때에 입금인은 증권의 백지보충이나 배서 또는 영수기명날인 등 필요한 절차를 밟아야 하고 은행은 백지보충 등의 의무를 지지 않으며 입금하는 증권이 수표나 어음일 때에는 은행은 소정금액란에 적힌 금액으로 처리한다.

제7조(예금성립시기) 현금으로 입금한 경우는 은행이 이를 받아 확인한 때, 현금으로 계좌송금하거나 계좌이체한 경우는 예금원장에 입금의 기록이 된 때, 증권으로 입금하거나 계좌송금한 경우는 은행이 그 증권을 교환에 돌려 부도반환시한이 지나고 결제를 확인한 때(개설점에서 지급하여야 할 증권은 그 날 안에 결제를 확인한 때, 증권이 자기앞수표이고 지급제시기간 안에 사고신고가 없으며 결제될 것이 틀림없음을 은행이 확인하였을 때에는 예금원장에 입금의 기록이 된 때)에 예금이 된다.

제8조(증권의 부도) 입금한 증권이 지급거절되었을 때에는 은행은 그 금액을 예금원장에서 뺀 뒤 거래처(무통장입금일 때는 입금의뢰인)가 신고한 연락처로 그 사실을 알리고 지급거절된 증권을 그 권리보전절차를 거치지 아니하고 입금한 영업점에서 거래처가 반환청구를 할 때에 돌려주며, 증권발행인이 지급거절한 날

의 다음 영업일까지 증권을 입금할 예금계좌에 해당자금을 현금이나 즉시 현금으로 바꿀 수 있는 증권으로 입금하였을 때에는 발행인에게 돌려 줄 수 있다.

제9조(이자) 이자는 원을 단위로 약정한 예치기간 또는 예금이 된 날(입금일)부터 지급일 전날까지의 기간에 대하여 은행이 정한 이율로 셈한 금액에서 소득세법 등 관계 법령에 따라 원천징수한 세액을 뺀 금액이며, 이율을 바꾼 때에는 입출금이 자유로운 예금은 바꾼 날로부터 바꾼 이율을 적용하고 거치식, 적립식 예금은 계약 당시의 이율을 적용하며 변동금리가 적용되는 예금은 바꾼 날로부터 바꾼 이율을 적용한다.

제10조(지급 및 해지청구) 거래처가 통장으로 예금을 찾거나 예금계약을 해지하고자 할 때에는 신고한 비밀번호 등 필요한 사항을 적고 거래인감을 날인하거나 서명감과 일치되게 서명된 지급 또는 해지청구서를 제출하여야 하며 자동이체, 전산통신기기 등을 이용하여 찾을 때는 그 약정에 따른다.

제11조(지급시기) 입출금이 자유로운 예금은 거래처가 찾을 때에 지급하고 자유저축예금, 기업자유예금은 먼저 예금한 금액부터 지급하며 거치식, 적립식 예금은 만기일이 지난 다음 거래처가 찾을 때에 지급한다.

제12조(양도 및 질권설정) 거래처가 예금을 양도하거나 질권을 설정하려면 사전에 은행에 통지하고 동의를 받아야 하고 법령에 의하여 금지되는 경우에는 양도나 질권을 설정할 수 없으며 입출금이 자유로운 예금은 질권을 설정할 수 없다.

제13조(사고 신고) 거래처는 통장, 도장, 카드 또는 증권이나 그 용지를 분실, 도난, 멸실, 훼손하였을 때에는 곧 서면으로 신고하여야 하고 인감, 비밀번호, 성명, 상호, 대표자명, 대리인명, 주소, 전화번호 기타 신고사항을 바꿀 때에는 서면으로 신고하여야 한다. 신고는 은행이 이를 접수한 뒤 전산입력 등 필요한 조치를 하는데 걸리는 합리적인 시간이 지나면 그 효력이 생기고 신고의 철회는 거래처본인이 서면으로 하여야 한다.

제14조(통장 재발급) 통장, 도장, 카드에 대한 사고신고가 있을 때에는 은행은 신고인이 거래처본인임을 확인하는 등 필요한 조치를 마친 뒤 재발급하거나 지급한다.

제15조(통지의 방법 및 효력) 은행은 예금계약의 임의해지 등 중요한 의사표시를 하는 때에는 서면으로 하여야 하고 그 통지가 거래처에 도달되어야 의사표시의 효력이 생기며, 예금거래에서 발생하는 일반적인 사항을 통보하는 경우에는 거래

처가 신고한 연락처로 전화통보할 수 있고 그 통화자가 은행의 통지내용을 이해하고 이를 거래처에 전달할 것이라고 믿을 충분한 이유가 있는 때에는 거래처에 정당하게 통보한 것으로 보며, 일반적인 사항을 서면으로 통지하였을 때에는 보통의 우송기간이 지났을 때에 도달한 것으로 본다.

제16조(면책) 은행은 예금지급청구서, 증권 또는 신고서 등에 찍힌 인영 또는 서명을 신고한 인감 또는 서명감과 육안으로 주의깊게 비교, 대조하여 틀림없다고 여기고 예금지급청구서 등에 적힌 비밀번호가 신고한 것과 같아서 예금을 지급하였거나 기타 거래처가 요구하는 업무를 처리하였을 때에는 인감이나 서명의 위조, 변조 또는 도용이나 그 밖의 다른 사고로 인하여 거래처에 손해가 생겨도 은행이 거래처의 인감이나 서명의 위조, 변조 또는 도용사실을 알았거나 알 수 있었을 때를 제외하고는 그 책임을 지지 않으며, 전산통신기기 등을 이용하거나 거래정보 등의 제공 및 금융거래명세 등의 통보와 관련하여 은행이 책임질 수 없는 사유로 계좌번호, 비밀번호 등의 금융정보가 새어나가 거래처에 손해가 생겨도 은행은 그 책임을 지지 않는다.

제17조(수수료) 거래처가 개설점아닌 다른 영업점이나 다른 금융기관 또는 전산통신기기 등을 통하여 거래할 때에 은행은 온라인수수료나 추심수수료 등을 받을 수 있고 거래처가 자기앞수표발행 등을 원하거나 거래처 잘못으로 통장재발행 등을 요청할 때에는 그 사무처리와 관련하여 수수료를 받을 수 있다.

제18조(오류처리) 은행이 예금원장이나 통장거래내용을 사실과 다르게 처리하였을 때에는 이를 확인하여 바르게 고치고 그 사실을 거래처에 통지하여야 하고 거래처는 거래를 마친 때에 그 내용이 맞는가를 확인하고 거래내용이 사실과 다를 때에는 바르게 고칠 것을 요구할 수 있으며 은행은 그 사실을 확인하고 바르게 처리하여야 한다.

제19조(비밀보장) 은행은 금융실명거래및비밀보장에관한법률에서 정한 경우를 제외하고는 거래처의 거래내용에 대한 자료나 정보를 남에게 제공하지 않으며, 거래처가 전화 등으로 무통장 입금(송금 포함), 예금잔액 등에 관한 정보의 제공을 요청한 때에는 명의인, 계좌번호, 비밀번호(자동응답서비스는 계좌번호, 비밀번호)가 맞으면 그 요청자를 본인으로 여겨 입금(송금)을 하고 입금인, 입금액, 예금잔액 등에 관한 정보를 제공할 수 있으며 이로 인하여 금융거래정보누설 등으로 거래처에 손해가 생겨도 그 책임을 지지 않는다.

제20조(약관 변경) 은행은 이 약관이나 자유로운 예금약관 또는 거치식, 적립식 예금약관을 변경하고자 할 때에는 그 변경 1개월 전에, 그 내용이 거래처에 불리한 경우에는 영업점에 게시하는 외에 일간신문에 공고하는 것으로, 그 밖의 경우에는 영업점에 게시하여 거래처에 알리며, 변경내용을 일간신문에 공고하거나 영업점에 게시한 후 1개월 이내에 거래처의 서면에 의한 이의가 은행에 도달하지 않으면 거래처가 이를 승인한 것으로 본다.

제21조(약관적용순서) 은행과 거래처 사이에 개별적으로 합의한 사항이 약관 조항과 다를 때에는 그 합의사항을 약관에 우선하여 적용하고 약관이 정한 사항과 입출금이 자유로운 예금약관 또는 거치식, 적립식 예금약관에서 정한 사항이 다를 때에는 입출금이 자유로운 예금약관이나 거치식, 적립식 예금약관을 먼저 적용한다.

제22조(이의제기) 거래처는 은행거래와 관련하여 이의가 있을 때 거래은행의 분쟁처리기구에 해결을 요구하거나 금융분쟁조정위원회 등을 통하여 분쟁조정을 신청할 수 있다.

은행여신거래 기본약관은 은행과 거래처와의 상호 신뢰를 바탕으로 여신거래의 원활하고 공정한 처리를 위하여 만들어진 것이고 채무자가 발행, 배서, 인수나 보증한 어음 · 수표를 은행이 제3자와의 여신에 관한 거래에서 취득한 경우에 그 채무의 이행에 관하여도 적용하고 은행의 본 · 지점과 채무자의 본 · 지점 사이의 모든 거래와 채무이행에 공통으로 적용한다(은행여신거래기본약관 제1조).

이 약관에 터잡은 여신거래에 관하여 은행과 채무자 또는 보증인 또는 물상보증인 사이에 소송의 필요가 생긴 때에는 법원이 정하는 관할 법원과 아울러 은행의 거래영업점 소재지 지방법원을 관할 법원으로 하기로 한다(약관 제20조).

22. 물융(리스)계약

물융계약은 기계, 시설 기타 재산의 물융행위(상법 제46조 19호)에 관한 당사자간의 계약을 말한다.

물융은 이용자가 공급자와 협의하여 선정한 시설, 설비, 기계, 기구, 건설기계, 차량, 선박, 항공기, 부동산 및 재산권을 물융업자가 새로이 취득하거나 대여받아 이용자(거래상대방)에게 내용연수의 50%에 해당하는 기간 이상 사용하게 하고 그 기간에 걸쳐 일정한 대가를 정기적으로 분할하여 지급받으며 그 기간종료 후의 물건의 처분(소유권 귀속)에 대하여는 당사자간의 약정으로 정하는 방식의 금융(물융, 물적 금융, 금융리스, 시설대여)을 말한다(여신전문금융업법 제2조 10호).

설비하자에 대한 담보책임은 이용자가 설비를 선정한 때문에 공급자가 부담하고 공급자에 대한 물품대금은 이용자의 물품수령증이 물융회사에 교부된 때에 지급되며 물품수령 전에 물품수령증이 교부됨으로써 이용자가 입은 손해에 대하여는 물융계약이 낙성계약이므로 보증보험회사가 지급책임을 부담한다(대판 1995. 9. 29. 93 다 3417).

물융계약은 물건공급계약(공급자와 이용자)과 물건이용권부여계약(이용자와 물융업자)을 하나로 결합한 계약이고 당사자가 3인이 존재하는 계약이므로 민법상의 전형계약으로 처리할 수 없는 법적 사실이고 상법에 존재근거를 가지고 있는 새로운 상행위의 일종이다.

물융업자의 투자금은 재산취득원가, 취득가액의 이자, 이윤, 보험료, 고정자산세, 수수료 등이 포함되는 금액으로 계산하고 그 재산의 내용연수 내의 사용기간 내에 투자금의 전액이 상환되도록 계산하고 있으며 이용자는 그 재산이 물융업자의 소유임을 표시하는 의무를 부담하고 있는 것이다(여신전

문금융업법 제36조).

그리고 물융업자는 이용자가 점유하는 재산과 그 재산의 공급자를 스스로 선정하지 아니하고 직접 재산을 공급하지 아니한 때문에 그 재산에 대한 하자담보책임을 부담하지 않고 공급자가 이용자에 대하여 하자담보책임을 부담하고 있는 것이다.

물융계약은 이용자가 선정한 물건이나 설비의 대금을 공급자가 아닌 물융업자에게 분할 상환하는 것이므로 이용자는 특정재산을 조달하는 자금을 대출받는 이익이 있고 내용연수 내의 용익기간에 물건이나 설비의 대금을 전액 회수한 물융업자로부터 그 물건이나 설비에 대한 염가매수선택권을 부여받거나 무상으로 소유권 이전을 약속받는 경우가 있다.

물융업자는 공급자에게 물건이나 설비의 대금을 지급한 자이므로 그 물건이나 설비의 소유권자이다. 그러나 물건이나 설비의 선택은 이용자가 하고 공급자가 이용자에게 직접 인도하고 있으므로 물융업자는 물건이나 설비의 수령 및 검사를 하지 아니하고 이용자에 대하여 하자담보책임을 부담하지 않는 이점이 있다.

이용자는 공급자로부터 직접 물건이나 설비를 수령하여 점유하고 있는 자이므로 그 재산에 대한 멸실, 훼손 및 도난에 대한 위험을 관리할 책임이 있고 하자책임을 추궁할 권리가 있으나 물융업자와 공급자간의 계약을 침해하여서는 아니된다(국제금융리스협약 제10조 제2항, hell or high water clause).

23. 가맹(프란차이즈)계약

가맹계약은 상호, 상표 등의 사용허락에 의한 영업행위(상법 제46조 20호)에 관한 당사자간의 계약을 말한다. 상호, 상표 등의 사용허락에 의한 영업행위는 상법상의 상행위이며 이를 영업으로 하는 자를 가맹업자(프란차이즈업자)라 한다. 가맹업자는 가맹업관련권리를 부여하는 자를 말하고 가맹업자로부터 가맹업에 관련된 포괄적 권리를 제3자에게 부여할 수 있는 권리를 얻은 자를 중간가맹업자라고 한다.

가맹업자로부터 가맹업관련권리를 부여받는 자를 가맹계약자(가맹점)라고 한다. 가맹계약의 당사자는 상법상의 독립상인이다.

가맹계약자는 가맹업자의 거래를 대리하거나 중개하는 것이 아니므로 상법상의 대리상과 구별되며, 가맹계약자는 자기의 계산으로 영업을 하므로 위탁매매인과 구별되고, 가맹계약자는 가맹업자로부터 보수를 받지 아니하므로 상업사용인과 구별되며, 가맹계약자는 가맹업자의 영업표지를 사용하고 영업지도를 받고 있으므로 영업표지의 사용권만을 설정하는 라이센스계약자와 구별되고, 가맹계약자는 가맹업자와 손해분담을 하지 아니하므로 동업조합(합작투자)과 구별되며, 가맹계약자는 직접 상품을 매매하는 자이므로 다단계판매업자와 구별되고, 가맹계약자는 가맹업자의 영업표지를 이용하여 가맹업자와 동일한 영업을 수행하고 있으므로 상법상의 익명조합과도 구별되는 상법상의 독립상인인 것이다.

가맹업은 가맹업자(본부)가 다수의 가맹계약자(독립상인 가맹점)에게 자기의 상호, 상표, 서비스표, 휘장 등(영업표지)을 사용하여 자기와 동일한 이미지로 상품판매, 용역제공 등 일정한 영업활동을 하도록 하고 그에 따른 각

종 영업의 지원 및 통제를 하며(점포구조 및 의장설계를 본부가 정한대로 한다) 가맹계약자는 가맹업자로부터 부여받은 권리 및 영업상의 지원의 대가로 일정한 경제적 이익(매상고의 ○%)을 제공하는 계속적 거래관계를 말한다(가맹업의 불공정거래행위의 기준 제2조 1호).

상호는 기업의 명칭을 말한다. 상호권자는 타인에게 자기의 상호를 사용하여 영업을 할 것을 허락할 수 있으며(상법 제24조) 상표는 자기의 상품을 타인의 상품과 식별되도록 사용하는 기호, 도형, 문자를 말하고(상표법 제2조 1호) 상표권자는 타인에게 전용사용권(상표법 제55조)과 보통사용권(상표법 제57조)을 설정할 수 있다. 국가는 소비자가 물품의 사용이나 용역의 이용에 있어서 표시나 포장 등으로 인하여 선택이 잘못되는 일이 없도록 그 주관하는 물품 또는 용역에 대하여 표시기준을 정하여야 하고(소비자보호법 제8조) 사업자 또는 사업자단체가 상품 또는 용역에 관한 사항을 소비자에게 알리기 위하여 그 상품 등의 용기의 포장 또는 사업장 등에 설치한 표지판에 쓰거나 붙인 문자, 도형, 상품의 특성을 나타내는 용기 포장을 허위, 과장, 기만, 부당비교, 비방적으로 표시하여서는 아니 된다(표시 · 광고의공정화에관한법률 제3조).

예컨대, 석유사업은 석유정제업, 석유수출입업, 석유판매업으로 나뉘고, 석유판매업은 석유도매업(일반대리점, 용제대리점)과 석유소매업(주유소, 일반판매소, 이동판매소, 용제판매소, 특수판매소)으로 구분한다(석유사업법 제2조).

석유사업자는 품질기준에 미달되도록 석유제품의 품질을 저하시켜서는 아니되며 품질기준에 미달되는 석유제품을 판매 또는 인도하거나 판매 또는 인도할 목적으로 저장, 수송 또는 보관하여서는 아니 되고(석유사업법 제24조 제3항) 석유제품에 다른 석유제품 또는 석유화학제품을 혼합(석유제품의 종류간 또는 등급이 다른 석유제품간 혼합)하거나 석유화학제품에 다른 석유화학제품을 혼합하는 등의 방법으로 제조된 것으로서 유사석유제품(차량연료로 사용되어 질 수 있는 것)을 생산 또는 판매하거나 판매목적인 유사석유제품임을 알고 이를 저장, 수송 또는 보관하여서는 아니 된다(석유사업법 제26조).

주유소 등 석유판매업에 있어서의 공급자에 관한 표시는 1) 특정석유정제업자의 제품을 판매하면서 이와 다른 석유정제업자의 상표를 표시하거나, 2) 서로 다른 석유정제업자의 제품을 교체 또는 혼합 판매하면서 특정석유정제업자의 상표를 표시하거나, 3) 하나의 영업장소에 서로 다른 석유정제업자의 상표를 표시하는 등 소비자를 오인시킬 우려가 있는 표시를 하거나, 4) 석유정제업자가 다른 석유정제업자의 제품을 공급받거나 외국석유제품을 수입하여 공급하는 경우 자기제품의 품질수준에 미달되는 제품을 판매하면서 자기상표를 표시하거나, 5) 기타 실제 판매하는 석유제품과 다른 상표를 표시하거나 소비자를 기만 또는 오인시킬 우려가 있는 표시를 하는 행위는 부당한 표시가 된다(1999. 7. 1. 주유소 등 석유판매업에 있어서의 공급자에 관한 부당한 표시, 광고행위의 유형 및 기준 제5조).

〈서식 31〉 상표전용사용권설정계약서

갑과 을간에 다음과 같은 계약을 체결한다.

제1조(정의) 이 계약에서 사용되는 용어는 다음과 같은 의미를 갖는다.

1. 계약상품이란 아래에 언급된 의미를 갖는다.
2. 계약영역이란 대한민국정부에 속하는 지역을 의미한다.
3. 계약상표는 별첨에 명시된 상표를 말한다.

제2조(계약상품의 허가) 갑은 을에게 계약상표사용권의 재허가권을 제외하고 갑이 제공하는 계약상표를 사용하여 을이 계약영역에서 상품의 제조, 판매, 상표사용을 할 수 있는 독점적 권리를 허가한다.

제3조(상품명의 사용) (1) 각 계약상표는 특허청에 합법적으로 등록되고 본 계약 자체도 특허청에 합법적으로 등록된 후에 사용하여야 한다.

(2) 계약상표는 반드시 등록된 모양과 동일한 상표를 사용하여야 한다.

(3) 상표사용은 모든 계약상품이 본 계약서에 의한 디자인과 패턴에 따라 을에 의하여 제조되었음을 뚜렷하고 알기 쉽게 사용하여야 한다. 이 경우 을은 제품의 라벨 및 포장이 을에 의하여 제조되었음을 표시하여야 하며 갑의 성명을 계약상품에 사용하여서는 아니 된다.

제4조(기간) 이 계약은 계약일부터 ○○○○년 ○○월 ○○일까지 유효하다.

제5조(사용료) (1) 갑에 의하여 을에게 제공된 계약상품의 대가로 을은 이 계약기간 중 매년마다 상표사용료를 갑에게 지급하여야 한다.

(2) 상표사용료는 매년 ○○원으로 하고 매년 ○○월말 내에 갑이 지정하는 금융기관으로 송금하거나 현금으로 직접 지급한다.

제6조(품질관리) (1) 을은 계약상품을 제조함에 있어 반드시 사용가능한 최고의 자재를 사용하여야 하며 계약영역분야에서 통용되는 최고급계약상품을 제조할 수 있는 시설을 활용하여야 한다.

(2) 계약상품의 판매는 이 상표의 높은 제품수준과 품위로 계약영역 내 주요도시의 권위있는 유통점에서 판매하여야 한다.

(3) 을은 갑의 요구가 있을 경우 계약상품의 디자인 및 견품을 갑에게 제시하여야 한다.

(4) 갑은 계약영역 내의 계약상품의 제조설비의 공장 또는 자재를 검사, 시험할 수 있다. 을이 계약상품을 갑의 요구수준에 이르는 정도로 생산하지 않거나 못할 경우에는 갑의 단독판단으로 제조방법의 변경 및 계약상품의 생산에 필요한 자재가 확보될 때까지 생산을 중단시키고 요구수준에 못 미치는 기존 상품의 출고를 중지시킬 수 있다.

제7조(의무) (1) 갑은 을과 협의없이 계약상표를 사용한 상품을 계약영역 내로 수입하지 못한다.

(2) 을은 계약상품의 계약영역 내의 제조 및 판매는 반드시 법적인 의무사항을 준수하여야 한다.

(3) 계약상품의 판매는 을의 요청에 의하여 갑이 승인한 판매점에서만 팔 수 있으며 판매점의 증감 및 변동에 대한 현황을 갑의 요구가 있을 경우 보고하여야 한다.

(4) 을은 계약기간이 종료되면 즉시 이미 생산되어 있는 이 계약상품을 갑의 입

회하에 계약상표를 전부 제거하여야 하나 계약기간종료 후의 제조 및 판매행위로 발생한 갑의 재산권손해는 을이 배상하여야 한다.

(5) 을은 하도급업자의 행위로 인하여 생긴 갑의 손해에 대하여 단독책임이 있으며 하도급업자와 공동으로 책임을 부담한다.

제8조(광고) (1) 을은 계약영역 내의 계약상품의 판매증진과 홍보 및 광고에 최선을 다하여야 한다.

(2) 계약영역 내의 이 계약조건에 의하여 제조된 계약상품이 일반적인 홍보광고 및 판매촉진과 연관된 을의 상표사용은 갑의 사전승인을 전제로 하는 것이며 갑은 계약영역 내에서 계약상표로 판매되는 모든 종류의 상품에 관한 광고 및 홍보에 협조하여 조화를 이루어야 한다.

(3) 을은 계약상품의 광고 및 홍보를 실시한 자료 및 증빙서류를 갑에게 서면으로 보고하여야 한다.

(4) 을은 계약영역 내에서 계약상품의 판매에 중요시되는 시장여건의 변동과 거래조건 특히 고객의 구체적인 요구사항, 거부사항 및 경쟁업체의 활동상황을 성실하게 갑에게 보고하여야 한다.

제9조(재산권) (1) 을은 갑의 상표전용사용권이 갑의 재산권임을 인정하고 을의 계약상표사용권이 갑에게 귀속되는 것에 동의한다.

(2) 을은 이 계약에서의 유효기간 또는 만료 후에 갑의 상표나 상표소유권의 효력을 문제삼지 말아야 하며 상표의 실효는 계약서의 실효나 이미 지급된 사용료(실효된 상표에 대하여 처음부터 지급하기로 한 금액으로 본다)의 환급 또는 갑을 상대로 하는 손해배상 등의 사유와 일치하지 않는다.

제10조(해약) 1. 정당한 사유없이 상표사용료를 10일 이상 연체하거나, 2. 염가판매로 상품의 품위를 실추시키거나, 3. 계약상품 이외의 상품에 이 계약의 상표를 사용한 때에는 갑은 최고없이 을에게 즉시 해약을 통보한다.

이 계약의 성립을 증명하기 위하여 계약서 2통을 작성하여 갑, 을이 각 1통씩 보유한다.

2000년 ○○월 ○○일

갑	서울특별시 ㅇㅇ구 ㅇㅇ동 ㅇㅇ번지
	제일물산주식회사
	대표이사 김 복 동 ㊞
을	서울특별시 ㅇㅇ구 ㅇㅇ동 ㅇㅇ번지
	세일물산주식회사
	대표이사 박 수 동 ㊞

가맹업자는 가맹업 관련 재무사항, 최근 5년간의 사업경력, 가맹업 관련 진행중인 소송, 가맹료, 보증금 기타 공과금, 상품 또는 용역의 공급조건, 영업지도에 대한 대가지급 방법, 영업통제사항, 계약의 해지 · 해제 및 갱신 조건, 점포인근지역의 가맹점현황, 점포예상매출액 산정내용을 가맹계약자에게 서면으로 제공하여야 하고(가맹기업기준 제5조), 가맹업자는 시간과 노력을 투입하여 특정한 사업의 개발 개점 및 운영에 관하여 독특한 경험, 특별한 기술 및 지식을 습득하였고 상품, 서비스, 생산, 유통, 회계 및 관리에 독창적이고 표준적이며 고유하고 통일적인 체계를 개발하였으며 이 체계는 상표에 의하여 통일성이 인정되고 그 상표와 서비스표 기타 전속적 표지와 특허권 및 저작권과 영업권에 대하여 전적인 권리와 권한 및 이익을 가지며 품질 및 서비스에 관한 동일성과 고급성을 유지함으로써 그 상호하에 운영되는 영업에 관한 명성과 수요 및 영업권을 확립하였음을 인정받는다.

여기서 가맹업자는 사용이 허락된 상표 등이 적절히 사용되고 있는가를 조사하고 상담할 권리가 있고 새로운 상표, 기술을 가지고 새로운 상호 및 신기술로 변경할 수 있으며 가맹계약자가 영업광고를 하고자 할 때에는 판촉재료와 광고 내용을 제출받아 동의할 권리가 있는 것이다.

24. 영업채권추심(팩토링)계약

영업채권추심계약은 당사자 한쪽이 상대방에 대하여 영업상 채권의 매입, 회수 등에 관한 행위(상법 제46조 21호)를 위탁하고 상대방이 이를 승낙함으로써 그 효력이 생기는 계약을 말한다.

영업상 채권의 매입, 회수 등의 행위는 영업자(거래기업)가 자기의 영업상의 채권을 채무자의 채권양도승낙서를 첨부하여 영업채권추심업자에게 채권만기일 전에 양도하여 채무를 회수하고(영업채권할인에 의한 금융기능) 영업채권추심업자는 채무자에 갈음하여 채무를 변제하고(채무자의 지급능력보증기능) 영업자의 회계장부를 지원하며 다수의 채무자에 대한 신용을 조사하고 관리하면서 채권을 추심하는 것이다(채권관리기능).

거래기업으로부터 채무자가 물품을 할부로 구입한 때에는 영업채권추심업자와 채무자는 할부거래에관한법률의 규제를 받는다.

영업상의 채권은 영업자의 상행위로 인하여 생긴 채권을 말하고 장래에 성립할 채권도 포함한다. 영업상의 채권은 지명채권의 일종이므로 영업자가 영업상의 채권을 양도한 것을 채무자에게 통지하거나 채무자가 승낙하지 아니하면 채무자 기타 제3자에게 대항하지 못한다(민법 제450조 제1항). 채권양도의 통지나 승낙은 확정일자있는 증서에 의하지 아니하면 채무자 이외의 제3자에게 대항하지 못한다(민법 제450조 제2항).

확정일자라 함은 증서에 대하여 그 작성한 일자에 관한 완전한 증거가 될 수 있는 것으로 법률상 인정되는 일자를 말하며 당사자가 나중에 변경하는 것이 불가능한 확정된 일자를 가리키고 확정일자있는 증서는 공증인 또는 법원서기가 작성한 사문서를 말한다(대판 1988. 4. 12. 87 다카 2429).

확정일자있는 증서나 승낙에 의하여 대항되는 제3자는 당해 채권에 관하

여 양수인의 지위와 양립할 수 없는 법률상의 지위를 취득한 자를 말하고 (대판 1983. 2. 22. 81 다 134), 채권양도의 통지의 효력은 그 통지가 채무자에게 도달됨으로써 발생하는 것이며, 이른바 도달은 사회관념상 채무자가 요지할 수 있다고 인정되는 상태를 지칭한다(대판 1960. 12. 15. 4293 민상 455). 이 때부터 채무자는 영업채권추심업자에게 지급의무를 부담하는 것이다.

영업채권의 매입, 회수업자는 외상채권을 매입하여 대금을 지급하고 그 채권을 관리하면서 회수하는 전문가이므로 채무자의 신용을 철저히 조사하는 국제적인 유대조직을 가지고 있다. 여기서 영업채권추심업은 1964년에 네덜란드의 암스테르담에서 설립된 Factors Chain International에 1989년에 한국 중소기업은행이 가입함으로써 국제 무역거래에서의 새로운 대금결제 방식으로 발전하고 있다(신용장거래비용보다 추심수수료가 적은 점을 이용).

25. 보험계약

보험계약은 당사자 일방이 약정한 보험료를 지급하고 상대방이 재산 또는 생명이나 신체에 관하여 불확정한 사고가 생길 경우에 일정한 보험금액 기타의 급여를 지급할 것을 약정함으로써 효력이 생기는 계약을 말한다(상법 제638조).

보험사업은 계약에 의한 채무 또는 법령에 의한 의무의 이행에 관하여 발생할 채권자 또는 권리자의 손해를 보상할 것을 약정하고 채무자 또는 의무자로부터 그 보수를 수수하는 것이며(보험업법 제5조 제1항) 보험사업은 손해보험사업과 인보험사업으로 구분하고 보험사업자는 겸업을 하지 못한다(보험업법 제10조).

손해보험계약은 화재(집합)보험계약, 운송보험계약, 해상(선박, 화물)보험계약, 책임(영업, 보관자)보험계약, 자동차보험계약으로 나뉘고, 인보험계약은 생명(양로, 연금, 단체)보험계약, 상해보험계약으로 나뉜다.

보험계약은 보험약관에 의하여 체결하고(상법 제638조의 3) 보험을 모집(계약의 체결을 중개 또는 대리)할 수 있는 자는 보험회사임직원, 보험모집인, 보험대리점 또는 보험중개인과 그 임원이나 사용인 등이며(보험업법 제144조) 보험자(보험사업자, 보험업법 제2조)는 보험계약이 성립한 때에는 지체없이 보험증권을 보험계약자에게 교부하여야 한다(상법 제640조).

보험사업자는 그 임원, 직원, 보험모집인 또는 보험대리점이 모집을 함에 있어서 보험계약자에게 가한 손해를 배상할 책임을 지고(보험업법 제158조 제1항) 보험중개인의 보험계약체결의 중개행위와 관련하여 손해를 입은 보험계약자들은 보험중개인의 영업보증금의 한도 내에서 다른 채권자에 우선하여 변제받을 권리를 가진다(보험업법 제150조의 5).

26. 고 용

고용은 당사자 한쪽이 상대방에 대하여 노무를 제공할 것을 약정하고 상대방이 이에 대하여 보수를 지급할 것을 약정함으로써 그 효력이 생기는 계약을 말한다(민법 제655조).

노무자는 사용자의 동의없이 제3자로 하여금 자기에 갈음하여 노무를 제공하게 하지 못하고 노무자가 이를 위반한 때에는 사용자는 고용을 해지할 수 있으며(민법 제657조), 사용자가 노무자에 대하여 약정하지 아니한 노무의 제공을 요구한 때에는 노무자는 고용을 해지할 수 있고 약정한 노무가 특수한 기능을 요하는 경우에 노무자가 그 기능이 없는 때에는 사용자는 고용을 해지할 수 있다(민법 제658조).

고용기간의 약정이 없는 때에는 당사자는 언제든지 고용의 해지를 통고할 수 있으며 상대방이 해지의 통고를 받은 날부터 1개월이 경과하면 해지의 효력이 생긴다(민법 제660조). 고용의 약정기간이 3년을 넘거나 당사자의 한쪽 또는 제3자의 종신까지로 된 때에는 각 당사자는 3년을 경과한 후 언제든지 고용을 해지할 수 있고 상대방이 해지의 통고를 받은 날부터 3개월이 경과하면 해지의 효력이 생긴다(민법 제659조).

고용기간의 약정이 있는 경우에도 부득이한 사유가 있는 때에는 각 당사자는 고용을 해지할 수 있고 그 사유가 당사자 한쪽의 과실로 인하여 생긴 때에는 상대방에 대하여 손해를 배상하여야 한다(민법 제661조). 사용자가 파산선고를 받은 경우에는 고용기간의 약정이 있는 때에도 노무자 또는 파산관재인은 고용을 해지할 수 있고 각 당사자는 계약해지로 인한 손해배상을 청구하지 못한다(민법 제663조).

고용기간이 만료한 후 노무자가 계속하여 그 노무를 제공하는 경우에 사용자가 상당한 기간 내에 이의를 하지 아니한 때에는 전고용과 동일한 조건으로 다시 고용한 것으로 보고 전고용에 대하여 제3자가 제공한 담보는 기간의 만료로 인하여 소멸한다(민법 제662조).

보수 또는 보수액은 당사자간의 약정에 의하고 약정이 없는 때에는 관습에 의하여 지급하여야 하고, 보수는 약정한 시기에 지급하여야 하며 시기의 약정이 없으면 관습에 의하고 관습이 없으면 약정한 노무를 종료한 후 지체없이 지급하여야 한다(민법 제656조).

상업사용인 중에서 지배인은 영업주에 갈음하여 그 영업에 관한 재판상 또는 재판 외의 모든 행위를 할 수 있고(상법 제11조) 영업의 특정한 종류 또는 특정한 사항에 대한 위임을 받은 사용인은 위임사항에 관한 재판 외의 모든 행위를 할 수 있으며(상법 제15조) 물건을 판매하는 점포의 사용인은 물건판매에 관한 모든 권한이 있는 것으로 그 권한이 법정되어 있다(상법 제16조). 상업사용인이 영업주에 의하여 선임되고 해임되는 관계에 고용이 포함되어 있으므로 상업사용인이 영업주의 허락없이 자기 또는 제3자의 계산으로 영업주의 영업부류에 속한 거래를 하거나 다른 상인의 사용인이 되면 해고, 손해배상, 이득양도청구를 당하게 된다(상법 제17조).

그리고 노무 또는 근로(근로기준법 제16조) 및 노동의 제공은 근로자의 신체와 결합되어 있으므로 인간의 존엄성(헌법 제32조 제3항)과 관련되고 임금(근로기준법 제18조)은 국민의 인간다운 생활권(헌법 제34조 제1항)과 관련되어 있으므로 근로자와 고용주와의 경제적 불평등과 직무에 대한 지휘명령관계에 있어서 노사간의 알력을 조정하기 위하여 특별법이 다수 제정되고 있다.

근로자가 사용자에게 근로를 제공하고 사용자는 이에 대하여 임금을 지급함을 목적으로 체결된 계약을 근로계약이라고 한다(근로기준법 제17조). 근로기준법 제22조는 임금, 근로시간 기타의 근로조건에 대한 법정기준을 위반하는 근로계약부분을 무효로 하고 있다.

27. 영업양도

영업양도는 당사자 한쪽이 자기 영업의 전부 또는 일부를 상대방에게 이전할 것을 약정하고 상대방이 그 대금을 지급할 것을 약정하는 것을 말한다(상법 제41조). 영업양도가 있었다고 인정하려면 당사자 사이에 영업양도에 관한 합의가 있거나 영업상의 물적, 인적 조직이 그 동일성을 유지하면서 양도인으로부터 양수인에게 일체로서 포괄적으로 이전되어야 하는 것이다(대판 1995. 7. 14. 94 다 20198). 영업양도에 근로자와 사용자간의 근로계약이 당연히 포함되는 가에 대하여는 다툼이 있다.

영업을 양도한 자는 10년간 같은 종류의 영업을 하지 못하고(상법 제41조) 영업을 양수한 자는 양도인의 상호를 계속 사용하는 경우(양도인의 상호와 양수인의 상호가 주요부분에 있어서 공통되기만 하면 상호를 계속 사용한다고 본다)에는 양도인의 영업으로 인한 제3자의 채권에 대하여 변제할 책임이 있다(상법 제42조 제1항).

이것은 일반적으로 채무자의 영업상 신용은 채무자의 영업재산에 의하여 실질적으로 담보되는 것이 대부분인데 채무가 승계되지 아니함에도 상호를 계속 사용함으로써 영업양도의 사실 또는 영업양도에도 불구하고 채무의 승계가 이루어지지 않은 사실이 대외적으로 판명되기 어렵게 되어 채권자에게 채권추구의 기회를 상실시키는 경우 양수인에게도 변제의 책임을 지우기 위한 것이다(대판 1998. 4. 14. 96 다 8826). 영업양수인이 양도인의 상호를 계속 사용하지 아니하는 경우에 양도인의 영업으로 인한 채무를 인수할 것을 광고한 때에는 양수인도 변제할 책임이 있다(상법 제44조).

〈서식 32〉 영업양도계약서

갑과 을은 갑의 영업의 일부양도를 위하여 다음과 같이 계약을 체결한다.

제1조(목적) 갑은 안양시 ○○구 ○○동 ○○번지에 있는 공장을 일금 10억원에 을에게 양도하기로 약속하고 을은 이것을 양수하기로 승낙한다.

제2조(영업내용) 갑의 안양공장은 갑의 영업 중 기계의 제작, 판매와 대차대조표에 의한 영업용 재산 및 종업원, 특약점을 포함하며 갑의 안양공장이 현재 부담하고 있는 채무도 포함한다.

제3조(재산승인) 갑은 2000년 ○○월 ○○일까지 제2조의 양업재산 중 부동산에 관하여는 인도와 소유권이전절차를, 동산 및 유가증권에 관하여는 인도를, 지명채권에 관하여는 채권증서의 인도와 채권양도통지를, 무체재산권에 관하여는 권리이전등록절차를 완료하여야 하고 을의 채무인수를 위한 확답을 받아야 한다.

제4조(대금지급) 을은 갑이 제3조의 절차를 완료하는 것과 상환으로 대금을 갑에게 지급한다.

제5조(공과금) 안양공장에 관한 공과금은 2000년 ○○월 ○○일까지는 갑의 부담으로 하고 그 이후의 공과금은 갑이 영업한 것까지를 포함하여 을이 부담한다.

제6조(경업) 갑은 이 계약이 성립한 날부터 10년간 양도한 영업과 동일한 영업을 국내에서 영위하지 못한다.

제7조(보고) 갑은 이 계약이 성립한 날부터 2000년 ○○월 ○○일까지 선량한 관리자의 주의로 영업을 계속하여야 하며 부동산, 중요한 동산의 처분, 제조, 판매에 관하여 을에게 보고하여 그 지시를 받아야 한다.

이 계약의 성립을 증명하기 위하여 계약서 2통을 작성하여 갑과 을이 각각 1통씩 보유한다.

2000년 ○○월 ○○일

갑 서울특별시 ○○구 ○○동 ○○번지
국제공업주식회사
대표이사 조 중 대 ㉿

을 수원시 ○○구 ○○동 ○○번지
대동공업주식회사
대표이사 송 대 문 ㉿

제 5 장

계약의 내용

1. 해약금

해약금은 매매의 당사자 일방이 계약 당시 금전 또는 기타 물건을 계약금, 보증금, 해약금 등의 명목으로 상대방에게 교부하는 금전을 말한다.

해약금은 당사자의 일방이 이행에 착수할 때까지 교부자가 이를 포기하고 수령자는 그 배액을 상환하여 계약을 해제할 수 있는 성질을 가지고 있으므로 계약을 해제하려면 계약금을 지급한 후 중도금을 지급하기 전에 교부자는 계약금을 포기하고 수령자는 계약금의 배액을 제공하여야 한다(민법 제565조 제1항).

특약으로 매도인은 매수인에게 해약금의 3배를 지급하고 계약을 해제할 수 있는 것으로 정할 수 있으며 당사자의 한쪽이 위약한 경우 그 계약금을 위약금으로 하기로 하는 특약이 있는 경우에는 손해배상액의 예정으로서의 성질을 갖는 것이다(대판 1987. 2. 24. 86 누 438).

해약금에 관한 약정은 매매 기타 계약에 부수된 약정이기는 하나 반드시 본 계약과 동시에 성립할 것을 요하지 아니하므로 본 계약 성립 후에 해약금약정을 할 수 있는 것이며(대판 1955. 3. 10. 4287 민상 388), 한번 매수한 물건을 다시 매수하는 형식으로 한 합의에 있어서 위약금에 관한 조항은 보통 매매에서의 해약권유보의 보증금이 아니라 위약자의 상대방이 위약자에 대하여 위약사유를 들고 위약금을 청구하고 계약을 해제할 것을 약정한 취지로 보아야 한다(대판 1980. 3. 11. 79 다 2019).

매매당사자간에 계약금을 수수하고 계약해제권을 유보한 경우에 계약금을 받은 자가 배액을 상환하고 계약을 해제하려면 계약해제의 의사표시 이외에 계약금 배액의 이행의 제공이 있으면 계약은 해제된다(대판 1981. 10. 27. 80 다 2784).

예컨대, 부동산매매에서 계약금으로 1천만원을 받은 매도인이 당해 부동산가격이 급격히 상승하여 계약을 해제하려면 계약금의 배액인 2천만원을 매수인에게 제공하면 계약이 해제되는 것이다.

이행에 착수한다 함은 객관적으로 외부에서 인식할 수 있는 정도로 채무의 이행행위의 일부를 하거나 또는 이행을 하기 위하여 필요한 전체행위를 하는 경우를 말하는 것으로 서 단순히 이행의 준비를 하는 것만으로는 부족하나 반드시 계약내용에 들어맞는 이행의 제공의 정도까지 이르러야 하는 것은 아니다(대판 1994. 5. 13. 93 다 56954).

이행기가 되기 전에 잔대금수령을 최고한 행위는 이행의 착수로 볼 수 없고 계약을 해제하려는 매도인으로서는 계약금의 배액상환만으로 족하고 공탁할 필요는 없다(대판 1979. 11. 27. 79 다 1663).

해제권행사의 시기를 당사자의 한쪽이 이행에 착수할 때까지로 제한한 것은 당사자의 한쪽이 이미 이행에 착수한 때에는 그 당사자는 그에 필요한 비용을 지출하였을 것이고 또 그 당사자는 계약이 이행될 것으로 기대하고 있는데 만일 이러한 단계에서 상대방으로부터 계약이 해제된다면 예측하지 못한 손해를 입게 될 우려가 있으므로 이를 방지함에 있고 이행기의 약정이 있는 경우라 하더라도 당사자가 채무의 이행기 전에는 착수하지 아니 하기로 하는 특약을 하는 등 특별한 사정이 없는 한 이행기 전에 이행에 착수할 수 있다(대판 1993. 1. 19. 92 다 31322).

계약해제에 있어서의 손해배상은 유효이었던 채무가 이행되지 아니 함으로 인하여 발생한 손해의 배상을 의미하므로(대판 1960. 7. 21. 4292 민상 769) 계약의 해제는 손해배상의 청구에 영향을 미치지 아니하나(민법 제551조) 해약금을 수수하고 있는 때에는 교부자가 이를 포기하고 수령자는 배액을 상환하여 손해를 보상하는 취지이므로 별도로 채무불이행으로 인한 손해배상문제가 생기지 아니 한다(민법 제565조 제2항).

2. 지연손해금

매매대금의 지급이 지체된 경우에 지연손해금을 어느 정도로 할 것인가에 대하여 민법에는 명문규정이 없다. "지체상금"이라 함은 일반적으로 채권자가 계약상의 채무를 이행받은 자체보다도 그 채무를 일정한 시기까지는 이행받아야만 할 필요성 즉 이행시기가 더 중요하여 채무자로 하여금 이행기를 준수케 하고 지체되는 일이 있더라도 가능한 한 조속한 기간 내에 이행을 완료하도록 강제할 필요성이 있는 경우에 그 위약벌로 정하는 것이 일반거래의 관행이고 따라서 그 액수는 지체기간의 장단에 따라 정비례함이 성질상 당연하다(대판 1986. 2. 25. 85 다카 2025).

채무의 불이행에 관한 위약금의 약정은 손해배상액의 예정으로 추정한다(민법 제398조 제4항). 대출금회수를 위하여 은행이 지출하는 법적절차 비용을 은행이 정하는 바에 따라 채무자가 변상하기로 하는 취지의 약정을 하는 경우 이러한 약정은 사법상의 손해배상의 예약이라고 봄이 상당하고 이러한 약정이 있었다하더라도 그 손해액은 상당한 범위 내의 손해이어야 할 것인즉 위 법적 절차 비용이 변호사 비용인 때에는 그 보수가 상당한 범위 내의 것이냐 여부는 변호사 보수 중 소송비용산입에관한규칙에 의한 보수기준도 일응 참작이 되지만 그 소속변호사회의 규약, 소송물가액, 사건의 난이도, 소속진행 과정, 판결 결과 등 여러 가지 시정을 침작하여 합리적으로 판단하여야 하고(대판 1986. 8. 19. 86 다카 70) 금전채무불이행의 손해배상액은 법정이율에 의하고 법령의 제한에 위반하지 아니한 약정이율이 있으면 그 이율에 의한다(민법 제397조 제1항).

법정이율은 이자있는 채권의 이율은 다른 법률의 규정이나 당사자의 약정이 없으면 연 5푼으로 하고(민법 제379조) 상행위로 인한 채무의 법정이율은 연 6푼으로 한다(상법 제54조).

약정이율의 한도에 대하여는 민법, 상법에 명문규정이 없다. 그러나 약정이율을 적용한 결과가 폭리행위로 되고 그 폭리행위는 선량한 풍속 기타 사회질서에 위반한 사항을 내용으로 하는 법률행위에 해당하여 무효로 될 수 있다(민법 제103조).

보증채무 자체의 이행지체로 인한 지연손해금을 지급보증한도액과 별도로 부담하는 경우 보증채무의 연체이율에 관하여 특별한 약정이 없는 경우라면 그 거래행위의 성질에 따라 상법 또는 민법에서 정한 법정이율에 따라야 할 것이지 주채무에 관하여 약정된 연체이율이 당연히 적용된다고 볼 것은 아니다(대판 1998. 2. 27. 97 다 1433). 금전채무불이행의 손해배상에 관하여 채권자는 손해의 증명을 요하지 아니하고 채무자는 과실이 없음을 항변하지 못한다(민법 제397조 제2항).

유상계약을 체결함에 있어서 계약금이 수수된 경우 계약금은 해약금의 성질을 가지고 있어서 이를 위약금으로 하기로 하는 특약이 없는 이상 계약이 당사자 한쪽의 귀책사유로 인하여 해제되었다하더라도 상대방은 계약불이행으로 입은 실제 손해만을 배상받을 수 있을 뿐 계약금이 위약금으로써 상대방에게 귀속되는 것은 아니다(대판 1996. 6. 14. 95 다 54693).

손해배상의 예정액이 부당히 과다한 경우에는 법원이 적당히 감액할 수 있다(민법 제398조 제2항). 부당히 과다한 경우라 함은 채권자와 채무자의 각 지위, 계약의 목적 및 내용, 손해배상액을 예정한 동기, 채무액에 대한 예정액의 비율, 예상손해액의 크기, 그 당시의 거래 관행 등 모든 사정을 참작하여 일반사회 관념에 비추어 그 예정액의 지급이 경제적 약자의 지위에 있는 채무자에게 부당한 압박을 가하여 공정성을 잃는 결과를 초래한다고 인정되는 경우를 뜻하는 것이다(대판 1999. 10. 25. 94 다 18140).

3. 상품의 소유권

상품의 소유권은 상품의 소유자가 법률의 범위 내에서 그 상품을 사용, 수익, 처분할 권리를 말한다(민법 제211조). 상품이 부동산인 경우에는 부동산이 등기부에 공시되어 있기 때문에 소유권의 득실변경은 등기하여야 그 효력이 생기고(민법 제186조), 상품이 동산인 경우에는 그 상품을 매도인이 매수인에게 인도하여야 상품의 소유권의 양도의 효력이 생긴다(민법 제188조 제1항).

상품의 인도는 상품의 점유를 이전하는 것을 의미한다. 점유는 물건이 사회통념상 그 사람의 사실적 지배에 속한다고 보여 지는 객관적 관계에 있는 것을 말하고 사실상의 지배가 있다고 하기 위하여는 반드시 물건을 물리적, 현실적으로 지배하는 것만을 의미하는 것이 아니고 물건과 사람과의 시간적, 공간적 관계에 본권관계, 타인지배의 배제가능성 등을 고려하여 사회관념에 따라 합목적적으로 판단하여야 한다(대판 1996. 8. 23. 95 다 8713). 즉 인도는 현실의 점유이전 뿐만 아니라 관념적 인도를 포함하는 것이다. 관념적 인도는 간이의 인도(민법 제188조 제2항), 점유개정(민법 제189조), 목적물반환청구권의 양도(민법 제191조) 등을 말한다.

간이의 인도는 양수인이 이미 그 동산을 점유한 때에는 당사자의 의사표시만으로 동산양도의 효력이 생기는 것을 말한다. 예긴대, 양수인이 양도인으로부터 차용하고 있는 동산을 매수하는 경우에 당사자간에 점유를 이전하는 의사표시를 하는 것만으로 양수인은 인도를 받은 것으로 되는 것이다.

점유개정은 동산에 관한 물권을 양도하는 경우에 당사자의 계약으로 양도인이 그 동산의 점유를 계속하는 때에는 양수인이 인도를 받은 것으로 보는 것이다. 예컨대, 양도인이 양수인에게 매도한 물건을 양수인으로부터 차용하는 경우 양도인이 양수인의 점유대리인으로서 점유하는 뜻의 의사표시를 하는 것만으로 양수인은 인도를 받은 것으로 되는 것이다.

목적물반환청구권의 양도는 제3자가 점유하고 있는 동산에 관한 물권을 양도하는 경우에 양도인이 그 제3자에 대한 반환청구권을 양수인에게 양도함으로써 동산을 인도한 것으로 보는 것이다. 예컨대, 양도인이 제3자에게 예치하고 있는 물건을 양수인에게 매도하는 경우 양도인은 제3자에 대하여 앞으로 양수인을 위하여 점유하는 뜻을 지시하고 양수인이 이를 승낙함으로써 양수인은 그 동산을 인도받은 것으로 되는 것이다.

이와 같이 상품이 동산인 경우에는 그 인도와 동시에 그 상품에 대한 점유권(물건을 사실상 지배하는 자가 갖는 권리)과 소유권을 매수인에게 이전하므로 매수인이 대금을 지급하지 아니하고 전매하여 그 대금을 유용할 우려가 있다. 이러한 위험을 제거하기 위하여 매도인은 대금이 완제될 때까지 상품의 소유권은 매도인에게 있다는 것을 특약할 필요가 있다. 이를 소유권유보의 특약이라고 한다.

소유권유보의 특약은 대금채권의 지급을 담보하는 효용을 가지고 있고 매수인은 대금완제시까지 목적물의 사용, 수익권과 소유권취득의 조건부권리(기대권)를 가지게 하는 것이다. 그리고 매도한 물건을 매수인이 사용, 수익하는 경우 매수인은 그 물건을 선량한 관리자의 주의를 가지고 사용, 보관하고 양도인의 소유권이 침해되지 아니 하도록 보장하는 소유권보전특약을 마련할 필요가 있다. 예컨대, 소유권이 침해당하면 매수인은 제3자이의의 소를 제기하여 다시 찾아 놓거나 상품이 멸실, 훼손되어도 매수인은 대금을 지급한다고 약속하는 것이다.

선박에 관한 권리의 이전은 당사자간의 합의만으로써 효력이 생긴다(상법 제743조 본문, 민법 제188조 제1항의 동산물권변동에 관한 인도주의원칙에 대한 예외). 그러나 이를 등기하고 선박국적증서에 기재하지 아니하면 제3자에게 대항하지 못한다(상법 제743조 단서, 선박등기의 대항요건주의). 한편 상법 제743조는 총톤수 20톤 미만의 선박에 적용하지 아니 함으로(상법 제745조) 총

톤수 20톤 미만의 소형선박에 관한 권리이전은 당사자간의 합의만으로써는 그 효력을 발생할 수 없는 것이고 일반 동산의 예에 따라 그 인도를 받지 아니하면 그 소유권을 취득할 수 없는 것이다(대판 1966. 12. 20. 66 다 1554).

부동산등기는 구분건물의 표시와 소유권, 지상권, 지역권, 전세권, 권리질권, 임차권의 설정, 보존, 이전, 변경, 처분의 제한 또는 소멸에 대하여 하고(부동산등기법 제2조), 부동산 가등기는 위 권리의 설정, 이전, 변경 또는 소멸의 청구권을 보존하려 할 때 한다(법 제3조). 부동산등기를 신청할 때에는 신청서, 등기원인증명서, 등기의무자의 권리에 관한 등기필증, 등기원인에 대한 제3자의 허가, 동의 또는 승낙서, 대리인 권한 인증서, 소유권의 보존 또는 이전등기를 신청하는 경우에는 신청인의 주소증명서, 법인 등기부등본 또는 초본(사단 · 재단, 외국인의 부동산 등기용 등록번호증명서), 소유권이전등기신청시에는 토지대장, 임야대장, 건축물대장의 등본 기타 부동산의 표시증명서를 제출하여야 한다(법 제40조 제1항).

부동산등기는 등기권리자와 등기의무자 또는 대리인이 등기소에 출석하여 이를 신청하여야 하고(법 제28조), 판결에 의한 등기는 승소한 등기권리자 또는 등기의무자, 상속으로 인한 등기는 등기권리자(법 제29조)만으로 신청할 수 있다.

가등기는 신청서에 가등기 의무자의 승낙서 또는 가처분 명령의 정본을 첨부하여 가등기권리자가 신청할 수 있다(법 37조). 미등기토지의 소유권보존등기는 토지대장등본 또는 임야대장등본에 의하여 자기 또는 피상속인이 토지대장 또는 임야대장에 소유자로 등록(판결, 수용에 의한 소유권 취득)되어 있는 것을 증명하는 자(법 제130조), 미등기건물의 소유권보존등기는 건축물대장등본에 의하여 자기 또는 피상속인이 건축물대장에 소유자로서 등록(판결, 수용에 의한 소유권 취득)되어 있는 것을 증명하는 자(법 제131조)가 신청할 수 있고 부동산소유권 이전계약을 체결한 자는 그 계약의 효력이 발생한 날부터 60일 내에 소유권 이전등기를 신청하여야 한다.

4. 상품의 하자

수량을 지정한 매매의 목적물이 부족되는 경우와 매매목적물의 일부가 계약 당시에 이미 멸실된 경우에 매수인이 그 부족 또는 멸실을 알지 못한 때에는(민법 제574조) 그 사실을 안 날로부터 1년 내에(민법 제573조) 대금의 감액(민법 제572조 제1항), 계약전부의 해제(민법 제572조 제2항), 손해배상(민법 제572조 제3항)을 청구할 수 있다.

매매의 목적물에 하자가 있는 경우에 매수인이 이를 알지 못한 때에는 그 사실을 안 날로부터 6개월 내에(민법 제582조) 이로 인하여 계약의 목적을 달성할 수 없는 경우에 한하여 매수인은 계약을 해제할 수 있고 기타의 경우에는 손해배상만을 할 수 있다(민법 제580조 제1항). 매매의 목적물을 종류로 지정한 경우에도 그 후 특정된 목적물에 하자가 있는 때에는 매수인은 계약의 해제 또는 손해배상의 청구를 하지 아니하고 하자없는 물건을 청구할 수 있다(민법 제581조 제2항).

상인간의 매매에 있어서 매수인이 목적물을 수령한 때에는 지체없이(대개 7일 내) 이를 검사하여야 하며 하자 또는 수량의 부족을 발견(즉시 발견할 수 없는 경우에 매수인이 6개월 내에 이를 발견한 것을 포함)한 경우에는 즉시 선의의(상법 제69조 제2항) 매도인에게 그 통지를 발송하지 아니 하면 이로 인한 계약해제, 대금감액 또는 손해배상을 청구하지 못한다(상법 제69조 제1항).

이것은 상인인 매수인은 직업적 전문지식이 풍부하므로 매도인에 대하여 하자담보책임을 묻기 위한 전제조건으로 수령물의 검사와 하자통지의무를 부담시키고(대판 1990. 12. 21. 90 다카 28498) 이를 위반하는 경우에는 각종 청구권을 박탈함으로써 상거래가 신속히 결제되도록 하여 매도인의 이익을 보호하고 있는 것이다.

5. 기한이익 상실

기한이라 함은 법률행위의 당사자가 그 법률행위의 효력의 발생, 소멸 또는 채무의 이행을 장래에 발생할 것이 확실한 사실에 의존케 하는 종된 의사표시를 말한다. 기한이익이라 함은 기한이 아직 도래하지 아니 함으로써 당사자가 받는 이익을 말한다.

예컨대, 쌍무적 매매에서 매도인은 물건인도채무, 매수인은 대금지급채무를 부담하고 쌍방채무는 동시에 이행하여야 하는 관계에 있을 때에 대금의 지급시기를 어느 정도 늦추면 매수인에게 기한의 이익을 준 것이 된다.

기한은 채무자의 이익을 위한 것으로 추정하고(민법 제153조 제1항) 기한의 이익은 포기할 수 있으나(민법 제153조 제2항) 기한이 도래하기 전의 시점에서 채무자의 재산이 위태롭게 되어 기한에 채무의 이행을 하는 것이 현저하게 곤란하게 된 때에는 채권자는 부여한 기한이익을 상실시키고 잔액을 일시에 변제시킬 필요가 있다. 이 조건을 기한이익상실약관이라 하고 채권자가 변제기도래 전에 채무를 회수하는 수단으로 이용되고 있다.

민법은 채무자가 담보를 손상, 감소 또는 멸실하게 하거나 담보제공의 의무를 이행하지 아니한 때에는 채무자는 기한이익을 주장하지 못한다고 규정하고(제388조) 은행여신거래 기본약관은 당연히 채무자의 기한이익을 상실시키는 사유와 은행의 청구에 의하여 채무자의 기한이익이 상실되는 사유를 구체적으로 나열하고 있다(은행여신거래기본약관 제7조).

(1) 독촉, 통지 등이 없어도 채무자는 당연히 기한이익을 상실해 곧 이행할 의무를 지기로 하는 경우

1) 제 예치금 기타 은행에 대한 채권이나 채무자가 제공한 담보재산에 대하여 가압류, 압류명령이나 체납처분 압류통지가 발송된 때 또는 기타의 방

법에 의한 강제집행개시나 체납처분착수가 있는 때 2) 파산, 화의개시, 회사정리절차 개시의 신청이 있거나 채무불이행자명부 등재 신청이 있는 때 3) 조세공과에 관하여 납기 전 납부 고지서를 받거나 어음교환소의 거래정지처분이 있는 때 4) 폐업, 도피 기타의 사유로 지급을 정지한 것으로 인정된 때 5) 채무자의 과점 주주나 실질적인 기업주인 포괄근보증인의 제 예치금 기타 은행에 대한 채권에 대하여 담보재산에 대한 압류명령이나 통지가 발송된 때

(2) 채무자나 당해 채무전기간을 통하여 이자 등의 지체 회수가 4회에 달한 때 독촉, 통지 등이 없어도 채무자는 당연히 기한이익을 상실하여 곧 이행의무를 지기로 하는 경우

(3) 채무자에 관하여 1) 이자 등을 지급하여야 할 때로부터 계속하여 14일간 지체한 때 2) 분할상환금 또는 분할상환원리금의 지급을 2회 이상 연속하여 지체한 때 중 하나라도 발생한 경우에는 채무자는 당연히 기한이익을 상실하고 이행할 의무를 지기로 하는 경우

(4) 채무자에 관하여 1) 은행에 대한 여러 개의 채무 중 하나라도 기한내 변제하지 아니하거나 기한이익을 상실한 채무를 변제하지 아니한 때 2) 예치금 외의 재산에 대하여 가압류, 압류, 체납처분압류가 있거나 채무자가 제공한 담보재산에 대하여 임의경매개시가 있는 때

계약당사자 사이에 일정한 사유가 발생하면 채무자는 기한의 이익을 잃고 채권자의 별도의 의사표시가 없더라도 바로 이행기가 도래한 것과 같은 효과를 발생케 하는 이른바 정지조건부 기한이익상실의 특약을 한 경우에는 그 특약에 정한 기한이익상실사유가 발생함과 동시에 기한의 이익을 상실케 하는 채권자의 의사표시가 없더라도 이행기도래의 효과가 발생하고 채무자는 특별한 사정이 없는 한 그 때부터 이행지체의 상태에 놓이게 된다(대판 1989. 9. 29. 88 다카 14663).

6. 조건부 계약

조건이라 함은 법률행위의 효력의 발생 또는 소멸을 장래의 불확실한 사실에 의존케하는 법률행위의 종된 의사표시(부관)을 말한다.

법률행위의 효력의 발생을 장래의 불확실한 사실에 의존케하는 것을 정지조건이라 하고 법률행위의 효력의 소멸을 장래의 불확실한 사실에 의존케하는 것을 해제조건이라 한다. 조건부계약은 조건이 성취한 때로부터 계약의 효력이 생기거나(정지조건부계약, 민법 제147조 제1항) 그 계약의 효력을 잃는 것(해제조건부계약, 민법 제147조 제2항)을 말한다. 법률행위를 하는 경우에 당사자는 법률효과를 바로 생기게 하지 아니하고 일정한 사실이 생긴 때에 그 효과가 생기도록 희망하는 수가 있고, 그 법률효과를 무제한으로 계속시키지 아니 하고 일정한 사실이 생긴 때에는 그 효과를 소멸시킬 필요도 있는 것이다.

예컨대, 소유권유보의 특약을 한 경우 목적물의 소유권을 이전한다는 당사자 사이의 물권적 합의는 매매계약을 체결하고 목적물을 인도한 때에 이미 성립하지만 대금이 모두 지급되는 것을 정지조건으로 하므로 목적물이 매수인에게 인도되었다고 하더라도 특별한 사정이 없는 한 매도인은 대금이 모두 지급될 때까지 매수인 뿐만 아니라 제3자에 대하여도 유보된 목적물의 소유권을 주장할 수 있고 대금이 모두 지급되었을 때에는 그 정지조건이 완성되어 별도의 의사표시없이 목적물의 소유권이 매수인에게 이전된다(대판 1996. 6. 28. 96 다 14807).

또 회사채권자가 회사의 경영정상화를 위한 투자약정을 한 후 자신의 그 회사에 대한 대여금채권에 대하여 연대보증을 해주지 않으면 투자하지 않겠다고 하여 그 회사의 대표이사가 연대보증을 한 경우 그 연대보증계약은 회사채권자가 약정투자금을 투자하지 않을 것을 해제조건으로 하는 계약이다(대판 1996. 2. 9. 95 다 47756).

법률행위에 조건을 붙이면 법률행위의 발생 또는 존속이 불확실하게 되므로 법률효과가 확정적으로 발생 또는 존속할 것을 필요로 하는 법률행위에는 조건을 붙이는 것을 원칙으로 허용하지 아니한다.

예컨대, 상계, 해제, 취소, 추인, 환매 등이다. 그러나 이 경우에도 상대방의 동의가 있거나 또는 조건의 내용이 상대방을 불리하게 하지 아니하는 경우에는 조건을 붙일 수 있다. 예컨대, 채무자가 채무를 이행하지 아니하는 때에는 그 지급을 최고하고 3일 이내에 채무를 이행하지 않으면 다시 해제의 의사표시를 하지 아니하고 계약해제의 효과가 생긴다고 하는 조건부해제는 유효한 것이다.

조건있는 법률행위의 당사자는 조건의 성부가 미정한 동안에 조건의 성취로 인하여 생길 상대방의 이익을 해하지 못하고(민법 제148조) 조건의 성취가 미정한 권리의무는 일반규정에 의하여 처분, 상속, 보존 또는 담보로 할 수 있다(민법 제149조).

조건의 성취로 인하여 불이익을 받을 당사자가 신의성실에 반하여 조건의 성취를 방해한 때에는 상대방은 그 조건이 성취한 것으로 주장할 수 있고(민법 제150조 제1항) 조건의 성취로 인하여 이익을 받을 당사자가 신의성실에 반하여 조건을 성취시킨 때에는 상대방은 그 조건이 성취하지 아니한 것으로 주장할 수 있다(민법 제150조 제2항).

조건이 선량한 풍속 기타 사회질서에 위반한 것인 때에는 그 법률행위는 무효로 하고(민법 제151조 제1항) 조건이 법률행위 당시 이미 성취한 것인 경우 그 조건이 정지조건이면 조건없는 법률행위로 하고, 해제조건이면 그 법률행위는 무효로 하며(민법 제151조 제2항), 조건이 법률행위당시에 이미 성취할 수 없는 것이면 그 조건이 해제조건이면 조건없는 법률행위로 하고 정지조건이면 그 법률행위는 무효로 한다(민법 제151조 제3항).

7. 계약해제

계약의 해제는 적법하게 성립하여 효력을 발생하고 있는 계약의 각 당사자가 그 상대방에 대하여 원상회복의무를 부담하는 법률요건을 말한다(민법 제548조). 예컨대, 매매가 해제된 경우에는 매수인에게 이전되었던 소유권은 당연히 매도인에게 복귀하는 것이며(대판 1982. 7. 27. 80 다 2968) 당사자 일방이 그 수령한 금전을 반환함에 있어 그 받은 때로부터 법정이자를 부가함을 요하는 것은(민법 제548조 제2항) 원상회복의 범위에 속하는 것이며 일종의 부당이득 반환의 성질을 가지는 것이고(대판 1996. 4. 12. 95 다 28892). 기존의 계약은 소급하여 소멸하는 효과가 생기는 것이다. 이에 대하여 계약의 해지는 계약의 효력을 장래에 대하여 잃게 할 뿐이고 계약 당사자 사이에 원상회복 의무를 발생케 하는 것은 아니다(민법 제550조, 대판 1971. 2. 23. 70 다 2760).

계약의 합의해제(민법 제543조)는 당사자 쌍방의 묵시적인 합의에 의하여서도 성립되나 이를 인정하는데는 계약의 실현을 장기간 방치한 것만으로는 부족하고 당사자 쌍방에게 계약을 실현할 의사가 없거나 계약을 포기하는 동기에서 비롯되어 장기간 방치된 것이라고 볼 수 있는 사정이 있어야만 묵시적 합의해제를 인정할 수 있다(대판 1992. 2. 28. 91 다 28221).

당사자의 일방이 그 채무를 이행하지 아니하는 때에는 상대방은 상당한 기간을 정하여 그 이행을 최고하고 그 기간 내에 이행하지 아니한 때에는 계약을 해제할 수 있고(민법 제544조) 채무자의 책임있는 사유로 이행이 불능하게 된 때에는 채권자는 계약을 해제할 수 있다(민법 제546조).

쌍무계약에 있어서는 당사자 쌍방의 채무가 동시이행의 관계에 있으므로 이행기일의 도과만으로는 계약해제의 이유가 되는 것이 아니고 당사자의 한쪽이 상대방에 대하여 계약불이행에 인한 책임을 부담하게 함에는 자기의 채무를 이행제공하고 또 이를 상대방에게 통지한 후 그 이행을 수령할 것을 최고함을 요하는 것이다(대판 1948. 4. 26. 4280 민상 360).

상당한 기간은 이행의 준비를 완성하는 데 필요한 기간을 말하고 그 기간은 이행할 채무의 성질 기타 객관적 사정에 의하여 결정하여야 한다. 매매계약에 관하여 그 이행기일이 도과하도록 쌍방의 의무가 이행되지 않고 있는 중 매도인이 소유권이전등기서류 일체를 매수인에게 제공하면서 2일 이내에 잔대금을 지급할 것을 최고하였는데 잔대금의 지급이 없어서 해제통고를 한 경우에는 매매계약은 적법히 해제되었다(대판 1980. 1. 15. 79 다 1859)고 할 것이다.

최고기간이 상당하지 아니한 경우에도 최고는 최고로서의 효력을 발생하므로 그 최고를 한 때부터 상당한 기간을 경과한 후 해제를 할 수 있다. 이것은 최고를 받아도 채무를 이행하지 않는 채무자를 보호할 필요가 없다고 보는 때문이다.

그러나 법정해제규정은 임의규정이므로 계약해제의 특약이 있는 경우에는 그 특약이 우선한다. 이를 법정해제에 대하여 약정해제라고 말한다. 약정해제는 대금채무를 이행하지 아니 할 때에는 최고를 하지 아니하고 즉시 본 계약을 해제하여 물건의 반환을 청구할 수 있다는 약관을 설정하는 것이며 기한이익상실약관과 연결하여 최고없이 바로 계약해제통지를 할 수 있는 것이다.

이 통지는 배달증명부 내용증명우편으로 행한다. 이와 같이 약정해제는 법정해제보다 신속히 계약해제를 할 수 있으나 보다 더 신속히 채권을 보전하려면 대금채무를 이행하지 아니 할 때에는 어떠한 의사표시도 요하지 아니하고 본 계약은 당연히 해제되며 물건은 즉시 반환하여야 한다는 실권약관을 설정하면 계약해제의 통지도 하지 않고 바로 계약을 해제할 수 있는 방법을 강구할 수 있는 것이다.

매매의 성질 또는 당사자의 의사표시에 의하여 일정한 일시 또는 일정한

기간 내에 이행하지 아니하면 계약의 목적을 달성할 수 없는 매매(민법 제545조)는 최고를 하지 아니하고 계약을 해제(의사표시)할 수 있으나 상사확정기매매(상법 제68조)에서는 당사자 일방이 이행시기를 경과한 때에는 상대방은 즉시 그 이행을 청구하지 아니하면 계약을 해제한 것으로 보고(의사표시없는 해제)있는 것이다. 그리고 상인간에 매매가 성립되면 매수인의 일방적인 계약해제를 방지하기 위하여 매도인에게 최고없이 경매하여 그 대금에서 매매대금을 충당시키는 권리를 인정하고 있는 것이다(상법 제67조).

계약해제로 인하여 생기는 원상회복 의무는 제3자의 권리를 해하지 못한다(민법 제548조 제1항 단서). 계약해제로 인하여 권리를 침해받지 않는 제3자라 함은 계약 목적물에 관하여 권리를 취득한 자 중 계약당사자에게 권리취득에 관한 대항 요건을 구비한 자를 말한다(대판 1996. 8. 20. 96 다 17653).

8. 계약의 자동연장

상거래의 기본계약은 존속기간을 정하는 것이 보통이다. 그러나 계속적 상거래에서 기간만료로 계약이 종료되고 다시 계약을 체결하는 것은 그 절차가 번거롭고 비용과 시간의 낭비가 따른다. 여기서 기본계약서 중에 계약기간의 만료 전 3개월 전까지 당사자의 일방이 서면으로 변경 또는 해제의 신청이 없으면 이 계약은 앞으로 1년간 자동적으로 연장된 것으로 한다는 특약조항을 설정할 필요가 있는 것이다.

특히 계속적인 신용거래관계로부터 장래 발생하는 불특정채무를 보증하는 이른바 신용보증을 하고(대판 1983. 7. 26. 82 다카 1772) 아울러 특정한 계속적인 거래관계로부터 발생하고 소멸하는 불특정다수의 장래채권을 결산기에 결산하여 잔존하는 채무를 일정한 한도액의 범위 내에서 담보하는 담보권(근저당권, 민법 제357조, 대판 1996. 6. 14. 95 다 53812)을 설정한 경우에는 자동연장특약이 없으면 다시 새로운 계약서에 근보증인의 서명을 받아야 하는 불편이 있는 때문이다.

전세권의 존속기간은 10년을 넘지 못하고(민법 제312조 제1항) 전세권의 설정은 그 기간을 갱신한 날부터 10년을 넘지 못하게 갱신할 수 있다(민법 제312조 제3항). 건물의 전세권설정자가 전세권의 전세기간 만료 전 6개월부터 1개월까지의 사이에 전세권자에 대하여 갱신거절의 통지 또는 조건을 변경하지 아니하면 갱신하지 아니한다는 뜻의 통지를 하지 아니한 경우에는 그 기간이 만료된 때에는 전 전세권과 동일한 조건으로 다시 전세권을 설정한 것으로 보고 이 경우 전세권의 존속기간은 그 정함이 없는 것으로 본다(민법 제312조 제4항).

민법 제312조 제4항(전세권의 법정갱신)은 법률의 규정에 의한 부동산에

대한 물권의 변동이므로 전세권갱신에 관한 등기를 필요로 하지 아니하고 전세권자는 그 등기없이도 전세권설정자나 그 목적을 취득한 제3자에 대하여 그 권리를 주장할 수 있다(대판 1989. 7. 11. 88 다카 21029).

전세권이 그 존속기간의 만료로 인하여 소멸한 때에는 전세권자는 그 목적물을 원상회복하여야 하며 그 목적물에 부속시킨 물건은 수거할 수 있고 그 부속물건이 전세권설정자의 동의를 얻어 부속시킨 것인 때에는 전세권설정자에 대하여 그 부속물건의 매수를 청구할 수 있으며(민법 제316조), 전세권설정자는 전세권자로부터 그 목적물의 인도 및 전세권 설정 등기의 말소등기에 필요한 서류의 교부를 받는 동시에 전세금을 반환하여야 한다(민법 제317조).

9. 국제계약

국제계약의 규제

사업자 또는 사업자단체는 부당한 공동행위, 불공정거래행위 및 재판매가격유지행위에 해당하는 사항을 내용으로 하는 국제적 협정이나 계약을 체결하여서는 아니된다(독점규제및 공정거래에관한법률 제32조). 이규정을 위반하거나 위반할 우려가 있는 때에는 공정거래위원회는 사업자 또는 사업자단체에 대하여 계약의 취소, 계약내용의 수정, 변경 기타 시정을 위한 필요한 조치를 명할 수 있고(독점규제및공정거래에관한법률 제34조) 이를 위반하여 계약을 체결한 때에는 과징금을 부과할 수 있다(독점규제및공정거래에관한법률 제34조의 2).

독점규제및공정거래에관한법률 규정은 저작권법, 특허법, 실용신안법, 의장법 또는 상표법에 의한 권리의 행사라고 인정되는 행위에 대하여는 적용하지 아니 한다(독점규제및공정거래에관한법률 제59조). 그러나 특허권, 실용신안권, 의장권, 상표권, know-how 등의 산업재산권 기타 기술을 대한민국국민 또는 법인이 외국인으로부터 양수하거나 그 사용에 관한 권리를 도입하는 계약(외국인투자촉진법 제2조 제1항 제9호)은 산업자원부장관에게 신고하여야 함으로(외국인투자촉진법 제25조) 기술도입계약에서 산업재산권이 남용되는 경우에는 독점규제및공정거래에관한법률의 규제를 받는다.

준거법 결정

법률을 달리하는 외국상인과의 거래에 있어서는 어느 국가의 법률에 의하여 법률행위의 성립이나 효력을 결정할 것인가의 문제가 제기된다. 섭외사법에 의하면 법률을 달리하는 국가의 국민상호간의 법률행위에 관하여 그 성립 및 효력의 준거법은 당사자의 의사에 의하여 정하고 당사자의 의사가 분명하지 아니한 때에는 행위지법에 의한다(섭외사법 제9조)고 규정하고 있다.

준거법을 정하는 행위지에 대하여 의사표시는 그 통지를 한 곳을 행위지로 보며(섭외사법 제11조 제1항) 계약의 성립 및 효력에 관하여는 그 청약의 통지를 한 곳을 행위지로 보고 그 청약을 받은 자가 승낙을 한 때에 그 청약의 발신지를 알지 못한 때에는 청약자의 주소지를 행위지로 본다(섭외사법 제11조 제2항).

또 동산 및 부동산에 관한 물권 기타 등기하여야 할 권리는 그 목적물의 소재지법에 의하고 그 권리의 득실변경은 그 원인된 행위 또는 사실이 완성할 때의 목적물의 소재지법에 의한다(섭외사법 제12조).

채권양도의 제3자에 대한 효력은 채무자의 주소지법에 의하고(섭외사법 제14조) 채무자의 주소를 알 수 없는 때에는 그 거소지법에 의한다(섭외사법 제3조). 만일 외국과의 상거래에서 분쟁이 생기면 사무관리, 부당이득 또는 불법행위로 인하여 생긴 채권의 성립 및 효력은 그 원인된 사실이 발생한 곳의 법에 의한다(섭외사법 제13조 제1항).

그러나 이는 외국에서 발생한 사실이 대한민국의 법률에 의하면 불법행위가 되지 아니하는 때에는 적용하지 아니하고(섭외사법 제13조 제2항) 외국에서 발생한 사실이 대한민국의 법률에 의하여 불법행위가 되는 경우일지라도 피해자는 대한민국의 법률이 인정한 손해배상 기타의 처분 이외에 이를 청구하지 못한다(섭외사법 제13조 제3항).

법률행위가 당사자의 본국법에 의하여야 할 경우에 그 당사자의 본국법이 대한민국의 법률에 의할 것인 때에는 대한민국의 법률에 의하고(섭외사법 제4조) 법률행위가 외국법에 의하여야 할 경우에 있어서 그 외국의 법규가 선량한 풍속 기타 사회질서에 위반하는 사항을 내용으로 하는 것인 때에는 이를 적용하지 아니한다(섭외사법 제5조).

대외무역

무역은 수출과 수입으로 구분하고(대외무역법 제2조 제1항) 수출은 매매, 교환, 임대차, 증여 등을 원인으로 하여 국내에서 외국으로부터 물품을 이동하는 것과 유상으로 외국에서 외국으로 물품을 인도하는 것을 말한다(대외무역법 시행령 제2조 3호).

무역대리업은 수출입업자의 위임을 받은 자가 국내에서 수출물품을 구매하거나 수입물품을 수입함에 있어 그 계약의 체결과 이에 부대되는 행위를 업으로 영위하는 것을 말하고(대외무역법 제51조 5호) 국내에서 물품매도확약서 발행을 업으로 하는 갑류무역대리업(대외무역법 제2조 5호)과 국내에서 물품의 구매, 구매알선을 하는 을류무역대리업(무역법 제2조 6호)으로 구별한다. 무역에 관한 국제법규는 국제물건매매계약에 관한 국제연합협약(United Nations Convention on Contracts for the International Sale of Goods, 1988, 1, 1 발효)과 해상물건운송에 관한 국제연합협약(United Nations Convention on the Carriage of Goods by Sea, 1978, 3, 31 서명) 및 무역용어의 해석을 위한 국제규칙(International Rules for the Interpretation of Trade Terms, 1936 International Chambers of Commerce 채택) 등이 있다.

신용장에 의한 거래

신용장은 개설(발행)은행이 의뢰인의 요청과 지시에 따라 지정한 서류와 상환하여 제3자(수익자) 또는 지시인에게 직접 지급을 하거나 제3자(수익자)가 발행한 환어음을 인수 또는 지급하거나 다른 은행에게 환어음을 인수(지급약속) 또는 매입(할인)하도록 권한을 부여하는 약정서를 말한다(신용장통일규칙<Uniform Customs and Practice for Documentary Credits> 제2조, 1994, 1, 1 시행). 신용장은 매매계약 또는 기타 계약과는 아무런 관계가 없으며 또한 이들 계약에 구속되지 않는 별개의 거래이며(신용장통일규칙 제3조) 은행은 서류만을 가지고 거래하는 것이며 그 서류와 관련된 물품, 용역 또는 기타 의무이행을 처리하는 것이 아니다(신용장통일규칙 제4조).

신용장의 사용방법은 지급, 연지급, 인수, 매입의 4종이 있다(신용장통일규칙 제10조). 지급신용장은 일람출급, 무어음신용장이고, 연지급신용장은 기한부 무어음신용장이며, 인수신용장은 인수은행이 지정되는 기한부 어음신용장이고, 매입신용장은 개설은행이외의 은행이 추심전에 매입할 수 있는 어음신용장이다. 취소불능신용장의 지급확약은 수익자가 지정은행 또는 개설은행에 신용장조건에 일치하는 서류를 제시할 때에 성립한다(신용장통일규칙 제9조a). 신용장에 의한 거래에서 필요한 서류는 선하증권, 해상운송장, 복합운송서류, 항공운송장, 우편수령증, 운송중개인운송서류, 보험서류. 상업송장, 환어음 등이 있다.

국제결제에서 사전송금은 대금을 받고 물건을 보내지 않는 결점이 있고 사후송금은 물건을 받고 대금을 보내지 않을 염려가 있으며 추심방법은 수입자가 대금을 지급하지 아니하거나 인수를 하지 아니할 염려가 있다. 송금과 추심에서 생기는 수입자의 불신을 제거하기 위하여 마련한 결제방법이 은행이 수출자가 발행하는 환어음을 매입하여 수입자 또는 개설은행이 수출대금을 지급하기 전에 물건대금을 지급하는 방법이며 이를 신용장에 의한 결제라고 한다.

신용장은 약인(법적 효력을 갖는 원인, 매매계약)이 필요없는 독립적 제도이므로 수익자는 은행간에 존재하는 코레스계약이나 개설은행과 개설의뢰인간에 존재하는 수입거래약정을 원용하여 자구수단을 행사하지 못한다.

신용장 개설을 위한 기본 요건은 보증문구, 서류명세, 취소표시, 유효기간, 선적서류제시기간을 말하고, 신용자 지시는 어음, 서류, 선적 및 특수사항에 관한 지시를 말한다. 신용장개설의뢰인의 요청에 의하여 신용장을 개설한 개설은행은 신용장을 수익자에게 직접 통지하거나 개설은행과 환거래계약을 체결한 다른 은행을 통지은행으로 지정하는 경우가 있다. 신용장통지에 서명확인을 날인하고 통지번호를 기재한 경우 그 신용장은 진정성이 있는 것으로 해석하여야 한다.

취소불능 신용장은 명시된 서류가 지정은행 또는 개설은행에 제시되고 신용장의 조건이 충족되었을 때 개설은행의 확약이 성립된다. 개설은행의 수권에 의하여 다른 은행(확인은행)이 취소불능신용장을 확인하는 행위는 명시된 서류가 확인은행에 제시되고 신용장의 조건이 충족되는 경우 확인은행의 확약이 성립된다. 이는 확인은행이 개설은행에 대하여 여신을 제공하는 것과 동일한 효과를 나타내는 것이다.

취소불능 신용장을 취소하거나 조건을 변경하기 위하여는 개설은행, 수익자, 확인은행의 동의가 있어야 하나 개설의뢰인의 동의는 필요없다. 조건변경의 효력은 개설은행이 조건변경서를 발행한 때부터, 확인은행이 조건변경서를 통지한 때부터 효력을 발생하고 수익자가 그 변경을 수락하고 이를 통지은행에 통고한 때부터 그 조건 변경은 유효하다.

제 6 장

계약의 담보

1. 인적 담보

단순보증

보증은 보증인이 채권자에 대하여 주채무와 동일한 내용의 채무를 부담하는 독립된 계약을 말하고(1977. 3. 8. 76 다 2667), 채권자와 보증인 사이의 계약이나 채무자가 보증인의 대리인 또는 사자의 자격으로 채권자와 사이에 보증계약을 체결할 수 있다(대판 1965. 2. 4. 64 다 1264).

보증인은 주채무자가 그 채무를 이행하지 않을 때에 주채무자가 이행하지 아니하는 채무를 이행할 의무를 부담하는 것이므로(민법 제428조, 이를 보증채무의 보충성이라고 한다) 채권자는 보증채무의 이행기가 도래된 이상(보증채무의 이행기는 별단의 정함이 없는 한 주채무의 이행기에 의한다) 보증인에 대하여 즉시 청구할 수 있는 것이다(1960. 4. 21. 4292 민상 619). 그리하여 주채무가 변제되거나 취소 기타의 원인으로 소멸하면 보증채무도 소멸한다. 이것을 보증채무의 부종성이라고 한다.

장래에 발생할 채무에 대한 보증채무에 있어서 그 범위 또는 기간에 관한 약정이 없는 경우라도 당사자의 의사, 거래의 경험법칙에 비추어 그 범위 또는 기간을 확정할 수 있는 때에는 그 보증채무는 유효하게 성립된 것이라 할 수 있다(민법 제428조 제2항, 대판 1957. 10. 27. 4290 민상 349).

계속적 보증계약(근보증)은 보증책임의 범위나 보증기간에 관하여 아무런 정함이 없는 경우라도 그 본질은 의연히 보증계약임에 변함이 없는 것이므로 보증인은 변제기에 있는 주채무 전액에 관하여 보증책임을 부담함이 원칙이고 다만, 보증인의 부담으로 돌아갈 주채무의 액수가 보증인이 보증 당시에 예상할 수 있었던 범위를 훨씬 상회하고 그 원인이 채권자가 주채무자의 자산상태가 현저히 악화된 사실을 익히 알면서도 이를 알지 못하는 보증인에게 아무런 통보나 의사타진도 없이 고의로 거래규모를 확대함에 연유하는 등 신의성실의 원칙에 반하는 사정이 있는 경우에 한하여 보증인의 책임을 합리적인 범위로 제한할 수 있다(대판 1987. 4. 28. 86 다카 2023).

보증인은 주채무자의 항변으로 채권자에게 대항할 수 있고(민법 제433조) 주채무자의 채권에 의한 상계로 채권자에게 대항할 수 있으며(민법 제434조) 채권자가 보증인에게 채무의 이행을 청구한 때에는 주채무자의 변제자력이 있는 사실 및 그 집행이 용이할 것을 증명하여 먼저 주채무자에게 청구할 것과 그 재산에 대하여 집행할 것을 항변할 수 있다(민법 제437조). 이를 보증인의 최고의 항변권 및 검색의 항변권이라 한다.

보증인은 채무이행청구에 대하여 먼저 주채무자에게 청구할 것을 청구할 수 있고 따라서 채권자는 주채무자에게 최고를 하지 아니하면 보증인에 대하여 청구할 수 없으며 일단 최고를 하면 되는 것으로서 최고의 효과가 없음을 증명할 필요도 없고 보증인의 이 최고권은 채권자가 주채무자에게 최고한 사실이 없는 때에 한하여 허용되는 것이며 주채무자에게 대한 최고는 보증인에 대한 이행청구가 있기 전에 있었던 또는 그와 동시에 있었던 일단 최고가 있은 이상은 다시는 보증인의 최고항변권은 허용될 수 없는 것이다(대판 1962. 1. 11. 4294 민상 387).

이른바 "검색의 항변권"이라 함은 주채무자에게 변제의 자력이 있고 또 집행이 용이하다는 점에 관한 주장, 입증을 함으로써 이를 행사할 수 있다(대판 1960. 3. 31. 4292 민상 285). 여러 사람의 보증인이 각 자의 행위로 보증채무를 부담한 경우에도 특별한 의사표시가 없으면 각 채권자 또는 각 채무자는 균등한 비율로 권리가 있고 의무를 부담한다(민법 제439조). 이를 공동보증의 분별의 이익이라 한다.

연대보증

연대보증은 보증인이 채무자의 채무를 보증한 경우에 보증인과 채무자가 연대하여 채무를 변제할 책임이 있는 것을 말한다. 연대하여 채무를 변제한다는 것은 보증인과 채무자가 여러 사람의 채무자 관계로 되어 채무전부를 각자 이행할 의무가 있고 채무자 1인의 이행으로 다른 채무자도 그 의무를 면하게 되는 것을 말한다(민법 제413조).

연대채무에서는 채권자가 어느 연대채무자에 대하여 또는 동시나 순차로 모든 연대채무자에 대하여 채무의 전부나 일부의 이행을 청구할 수 있고(민법 제414조) 어느 연대채무자에 대한 이행청구는 다른 연대채무자에게도 효력이 있다(민법 제416조).

여러 사람의 보증인이 각자 채무자와 연대하여 채무를 부담하는 경우에 있어서는 보증인상호간에 연대의 특약이 없는 경우에도 여러 사람의 보증인이 각자 채무의 전부를 이행할 의무가 있고 보증인 1인의 이행으로 다른 보증인도 그 의무를 면하게 되는 것이므로(민법 제413조, 연대채무) 채권자에 대하여 분별의 이익이 없고 각자가 약정한 보증한도액 전액을 변제할 책임이 있는 것이다.

그러나 보증인 상호간의 내부관계에 있어서는 일정한 부담부분이 있고 그 부담부분의 비율에 관하여는 특약이 없는 한 각자 평등한 비율로 부담한다(대판 1993. 5. 27. 93 다4656). 이 경우 연대보증인 중의 한사람이 채무를 변제하고 다른 연대보증인에게 구상권을 행사하려면(민법 제425조) 자기의 부담부분을 초과하여 변제를 하여 공동의 면책을 얻은 경우라야 가능한 것이므로(민법 제448조 제2항) 다른 연대보증인 중 이미 자기의 부담부분을 변제한 사람에 대하여는 구상을 할 수 없는 것이다(대판 1988. 10. 25. 86 다카1729).

어느 연대채무자가 변제 기타 자기의 출재로 공동면책이 된 때에는 다른 연대채무자의 부담부분(민법 제424조, 균등 추정)에 대하여 구상권을 행사할 수 있고(민법 제425조 제1항) 공동면책통지를 하지 아니한 경우에 다른 연대채무자가 선의로 채권자에게 변제 기타 유상의 면책행위를 한 때에는 그 연대채무자는 자기의 면책행위의 유효를 주장할 수 있다(민법 제426조 제2항).

상거래에 있어서 여러 사람의 채무자가 그 1인 또는 전원에게 상행위가 되는 한 개의 공동행위로 인하여 채무를 부담한 때에는 연대하여 변제할 책임이 있고(상법 제57조 제1항) 보증인이 있는 경우에 그 보증이 상행위이거나 주채무가 상행위로 인한 것인 때에는 주채무자와 보증인은 연대하여 변제할 책임이 있다(상법 제57조 제2항). 이것은 상사보증은 연대보증을 원칙으로 한다는 뜻이다.

보증이 상행위라 함은 보증행위자체가 상인이 영업을 위하여 하는 행위(상법 제47조 제1항)에 해당되는 것을 말하므로 보증이 보증인에 있어서 상행위인 경우 뿐만 아니라 채권자에 있어서 상행위성을 가진 경우를 포함하는 것이다(대판 1959. 8. 27. 4291 민상 407).

예컨대, 회사는 상인(상법 제5조 제2항)이므로 회사가 지급보증을 하는 행위는 그 지급보증이 상행위가 되고(상법 제47조 제2항) 그 지급보증은 연대보증이 되는 것이다.

주채무가 상행위로 인한 것이라 함은 채무가 주채무자의 상행위로 인하여 발생하는 것을 말한다. 예컨대, 상인이 영업자금을 차용하는 경우 그 영업자금차용행위는 상인이 영업을 위하여 하는 행위이므로 상행위가 되고 이 상행위로 인하여 생긴 채무를 다른 사람이 보증을 하면 그 사람의 보증은 연대보증이 되는 것이다.

2. 물적 담보

양도담보

양도담보는 목적물을 채권자에게 신탁적으로 양도하고 어떤 시기에 그 목적물을 변제에 충당하는 것을 말한다. 명의신탁관계를 성립시키기 위한 신탁계약의 기본은 신탁자와 수탁자 사이의 내부관계에 있어서 그 목적물의 소유권은 언제나 신탁자가 보유하는 것이므로 그 목적물이 소유권과 관련되어 발생된 권리도 그들 내부관계에 있어서는 신탁자에게 귀속되는 것이므로 신탁자가 신탁계약을 해지하면 수탁자는 그 권리를 신탁자에게 이전하여 줄 의무가 있고 명의 수탁자가 사망하면 그 명의신탁관계는 그 재산상속인과의 사이에 존속하게 된다(대판 1996. 5. 31. 94 다 35985).

담보가 되는 목적물은 동산이 많다. 부동산은 저당권(민법 제356조, 점유를 이전하지 아니하는 부동산담보)설정에 이용되고 있으며 재산권은 권리질(민법 제345조)에 의하여 활용되고 있고 동산질(민법 제329조. 점유하고 우선변제 받는 것)은 목적물의 점유를 현실적으로 채권자에게 이전하여야 하는 때문에 채무자에게는 불편하다.

양도담보계약에서도 동산에 관한 물권의 양도는 그 동산을 채권자에게 인도하여야 효력이 있는 것이다(민법 제188조). 그러나 동산에 관한 물권을 양도하는 경우에 당사자의 계약으로 양도인이 그 동산의 점유를 계속하는 때에는 양수인이 인도받은 것으로 보므로(민법 제189조, 점유개정) 실제로는 채무자가 그 동산을 점유하여 사용, 수익하면서 간접점유권(민법 제194조)만을 채권자에게 양도하는 방법(민법 제196조)을 이용하여 동산인도의 목적을 달성할 수 있는 것이다.

양도담보에서 간접점유권만을 양도하여 동산인도의 효력을 발생시키는 방법을 이용하면 채무자는 변제제공도 하고 목적물을 계속 점유하면서 사용, 수익할 수 있고 채권자(양수인)는 채권을 확보하고 목적물의 소유권과 점유권을 취득하여 이를 사용대차(민법 제609조, 무상으로 사용수익 후 반환)하거나 임대차(민법 제618조, 사용수익하고 차임지급)하는 방법으로 활용할 수 있는 것이다.

양도담보계약서는 공증인사무실에서 인증(공증인법 제57조)을 받으면 제3자에 대한 대항요건을 구비한 것이 된다. 그리고 동산담보제공자는 양도담보권자의 권리를 침해하지 아니하여야 하고 제3자가 채권자의 권리를 침해한 때에는 그 침해를 방지하여야 하고 이를 채권자에게 지체없이 통지하여야 한다.

동산담보제공자가 계약상의 의무를 의 이행하지 아니하면 양도담보권자는 목적물을 임의로 처분하여 그 매각대금을 채무변제에 충당하거나 목적물을 적당하게 평가하여 대물변제(민법 제466조)로 하여 취득할 수 있다.

목적물은 특정하는 것이 원칙이고 목적물은 유동적이나 건물이 특정되어 있으면 특정된 건물이나 창고 등에 한 개의 집합물로서 담보의 목적이 될 수 있다.

일반적으로 일단의 증감, 변동하는 동산을 하나의 물건으로 보아 이를 채권담보의 목적으로 삼으려는 이른바 집합물에 대한 양도담보설정계약체결도 가능하며 이 경우 그 목적동산이 담보설정자의 다른 물건과 구별될 수 있도록 그 종류, 장소 또는 수량지정 등의 방법에 의하여 특정되어 있으면 그 전부를 하나의 재산권으로 보아 이에 유효한 담보권의 설정이 된 것으로 볼 수 있다(대판 1990. 12. 26. 68 다카 20224). 이를 집합물양도담보라고 한다.

제3자가 양도담보를 설정한 때에는 그 제3자를 물상보증인이라고 한다.

질권설정

동산질권은 채권의 담보로 채무자 또는 제3자가 제공한 동산을 점유하고 그 동산에 대하여 다른 채권자보다 자기 채권의 우선변제를 받을 권리를 말한다(민법 제329조).

질권은 재산권을 그 목적으로 할 수 있고(민법 제345조) 권리질권은 그 권리의 양도방법에 의하여 설정할 수 있으므로(민법 제346조) 채권자는 불량채권에 질권을 설정하여 자기채권의 한도에서 질권의 목적이 된 채권을 직접 청구하거나 (민법 제353조) 민사소송법에 정한 집행방법에 의하여 질권을 실행할 수 있는 것이다(민법 제354조).

정기예금채권(지명채권)에 질권을 설정하는 경우 제3채무자(은행)에게 질권설정의 사실을 통지하거나 제3채무자가 이를 승낙함이 아니면 이로써 제3채무자 기타 제3자에게 대항하지 못한다(민법 제349조). 이 통지 또는 승낙은 확정일자있는 증서나 내용증명우편의 방법에 의하여 행한다. 주권, 기타 유가증권 등의 지시채권에 질권을 설정할 때에는 증서에 배서하여 그 증서를 교부하는 방법에 의한다(민법 제350조).

질권설정자는 질권자의 동의없이 질권의 목적된 권리를 소멸하게 하거나 질권자의 이익을 해하는 변경을 할 수 없다(민법 제352조).

저당권 설정

저당권은 채무자 또는 제3자가 점유를 이전하지 아니하고 채무의 담보로 제공한 부동산에 대하여 다른 채권자보다 자기채권의 우선변제를 받는 권리를 말한다(민법 제356조).

저당권은 저당부동산에 부합된 물건과 종물에 미치고(민법 제358조) 원본,

이자, 위약금, 채무불이행손해배상 및 저당권실행비용을 담보하며(민법 제360조) 저당권으로 담보한 채권이 시효완성 기타 사유로 인하여 소멸하면 저당권도 소멸한다(민법 제369조, 이를 저당권의 부종성이라고 한다).

저당권은 그 담보할 채무의 최고액(원본, 이자 산입)만을 정하고 채무의 확정을 장래에 보유하여 이를 설정할 수 있으며 그 채무액이 확정될 때까지의 채무의 소멸 또는 이전은 저당권에 영향을 미치지 아니한다(민법 제357조 제1항, 근저당).

근저당권이라 함은 계속적인 거래관계로부터 발생하고 소멸하는 불특정 다수의 장래채권을 결산기에 계산하여 잔존하는 채무를 일정한 한도액의 범위 내에서 담보하는 저당권이어서 거래가 종료하기까지 채권은 계속적으로 증감변동되는 것이다(대판 1996. 6. 14. 95 다 53812). 그러나 모든 채권을 담보한다는 포괄근저당은 인정하지 아니한다.

저당권은 1개의 목적물에 여러 개의 저당권을 설정할 수 있고 동일한 부동산에 관하여 등기한 권리의 순위는 등기의 전후에 의한다(부동산등기법 제5조). 저당권자는 그 저당권을 담보채권과 함께 자기채무의 담보에 제공할 수 있다(민법 제361조). 이를 전저당이라 한다. 전저당권으로 우선변제를 받는 액은 원저당권의 피담보채권액을 초과하지 못하고 전저당권의 행사시기는 원저당채권액의 변제기이다.

저당권자는 그 저당권을 담보채권과 함께 타인에게 양도할 수 있다(민법 제361조). 이를 저당권의 양도라고 한다. 저당권자는 그 채권의 변제를 받기 위하여 저당물의 경매를 청구할 수 있고(민법 제363조 제1항) 저당권자는 저당권의 피담보채권에 대하여 배당에 관한 우선권을 포기하여 무담보채권자와 각자가 가지고 있는 채권액에 따라 비례배분을 받을 수 있다. 이를 저당권의 포기라고 한다.

저당권자는 자기의 저당권을 후순위저당권과 교환할 수 있다. 이를 저당권의 순위양도라고 한다. 저당권자는 자기의 저당권에 후순위저당권자를 참가시키고 자기도 후순위저당권에 참가할 수 있다. 이를 저당권의 순위포기

라고 한다.

예컨대, 피담보채권이 선순위담보권자가 3000만원이고 후순위담보권자는 2000만원인 때에 순위포기가 있으면 선순위에서는 선순위담보권자가 1800만원, 후순위담보권자가 1200만원, 후순위에서는 선순위담보권자가 1200만원, 훈위담보권자가 800만원을 배당받는 것이다.

공장소유자는 공장에 속하는 토지 또는 건물에 저당권을 설정할 수 있고(공장저당법 제4조, 제5조) 1개 또는 여러 개의 공장으로 공장재단을 설정(공장재단등기부에 소유권보존등기)하여 저당권의 목적으로 할 수 있다(공장저당법 제11조 제1항). 공장은 영업을 하기 위하여 물품의 제조, 가공 또는 인쇄나 촬영, 방송 또는 전기나 가스의 공급의 목적에 사용하는 장소를 말한다(공장저당법 제2조).

담보가등기

가등기는 권리의 설정, 이전, 변경 또는 소멸의 청구권을 보존하려 할 때에 하는 것이고(부동산등기법 제3조) 가등기를 한 경우에는 본등기의 순위는 가등기의 순위에 의한다(부동산등기법 제6조 제2항). 그러므로 가등기는 후일 본등기를 한 경우에 그 본등기의 효력을 소급시켜 가등기를 한 때에 본등기를 한 것과 같은 순위를 확보케 하는 데에 그 목적이 있을 따름이고 가등기에 의하여 어떤 특별한 권리를 취득케 하는 것이라고는 볼 수 없다(대판 1972. 6. 2. 72 마399). 이러한 가등기제도를 채권담보에 활용하는 것이 담보가등기이다.

예컨대, 채권불이행이 있을 때에 채무자의 권리를 채권자에게 이전시킨다는 계약(채권담보계약)을 체결하고 그 계약에 의한 채권자의 권리(담보권)를 가등기에 의하여 보존하려고 하는 것이 담보가등기이다.

가등기담보등에관한법률에서는 담보계약은 차용물의 반환에 관하여 차주가 차용물에 갈음하여 다른 재산권을 이전할 것을 예약함에 있어서 그 재산의 예약당시의 가액이 차용액 및 이에 붙인 이자의 합산액을 초과하는 경우에(가등기담보등에관한법률 제1조) 민법 제608조(합산액을 초과하여 차주에게 불리한 약정부분은 무효)에 의하여 그 효력이 상실되는 대물반환의 예약에 포함되거나 병존하는 채권담보의 계약을 말하고(가등기담보등에관한법률 제2조 1호), 담보가등기는 채권담보의 목적으로 경료된 가등기를 말한다(가등기담보등에관한법률 제2조 3호).

담보가등기계약의 형식은 대물변제의 예약 이외에 환매, 양도담보, 매매의 예약, 증여의 예약 등 명목 여하를 불문하며 장래 채무불이행이 있을 때에 등기 또는 등록할 수 있는 부동산소유권, 지상권, 임차권 특허권 등 다른 권리(질권, 저당권, 전세권을 제외한다, 가등기담보등에관한법률 제18조)를 이전할 것을 합의하면 담보가등기계약은 성립하는 것이다. 다른 권리를 이용하고 있는 자가 채무를 위반한 때에 담보계약에 의하여 다른 권리를 적절한 평가액으로 채권자의 소유로 귀속시키거나 제3자에게 매각하여 그 매각대금에서 채권자의 채권을 변제받는 것이다(가등기담보등에관한법률 제12조).

가등기는 소유권이전을 목적으로 하는 것이면 소유권이전청구권보전가등기를 한다. 담보가등기가 경료된 경우에는 청산기간이 경과하여야 그 가등기에 기한 본등기를 청구할 수 있다(가등기담보등에관한법률 제4조 제2항).

채권자가 담보계약에 의한 담보권을 실행하여 그 담보목적부동산의 소유권을 취득하기 위하여는 그 채권의 변제기 후에 목적부동산의 가액에서 그 채권액을 공제한 금액(청산금)의 평가액을 채무자 등에게 통지 당시의 목적부동산의 평가액과 피담보채권의 범위(민법 제360조)를 명시하여 통지하고 그 통지가 채무자 등에게 도달한 날로부터 2월(청산기간)이 경과하여야 하며(가등기담보등에관한법률 제3조) 담보부동산에 관하여 이미 소유권이전등기가 경료된 경우에는 청산기간 경과 후 청산금을 채무자 등에게 지급한 때에 목적부동산의 소유권을 취득한다(가등기담보등에관한법률 제4조 제2항).

채무자 등은 그 채무의 변제기가 경과한 때로부터 10년이 경과하거나 선의의 제3자가 소유권을 취득한 때를 제외하고 청산금채권을 변제받을 때까지 그 채무액(반환시까지의 이자와 손해금을 포함)을 채권자에게 지급하고 그 채권담보의 목적으로 경료된 소유권이전등기의 말소를 청구할 수 있다(가등기담보등에관한법률 제11조).

담보가등기가 경료된 부동산에 대하여 경매 등이 행하여진 때에는 담보가등기권리는 그 담보가등기가 경료된 때에 저당권설정등기가 행하여진 것으로 보고 다른 채권자보다 자기채권의 우선변제를 받을 권리가 있다(가등기담보등에관한법률 제13조). 그러나 담보가등기권리는 부동산의 매각에 의하여 소멸하므로(가등기담보등에관한법률 제15조) 후순위권리자가 청산기간 내에 피담보채권의 변제기도래전에 목적부동산의 경매를 청구하면(가등기담보등에관한법률 제12조 제2항) 채권자는 그 부동산의 매각으로 인하여 담보가등기권리가 소멸되어 소유권이전의 청구를 하지 못하게 되는 것이다.

이와 같이 가등기담보등에관한법률에서 규정하고 있는 담보가등기권은 채무불이행시에 목적부동산의 소유권 기타 권리를 취득할 수 있는 권리이기도 하고 다른 채권자가 경매를 한 때에는 우선변제를 받을 수 있는 권리이기도 한 독립된 권리인 것이다.

소유권의 이전에 관한 가등기가 되어 있는 부동산에 대한 경매 등의 개시결정이 있는 경우에는 법원은 가등기권리자에 대하여 그 가등기가 담보가등기인 때에는 그 내용 및 채권의 존부, 원인 및 수액을, 담보가등기가 아닌 경우에는 그 내용을 법원에 신고할 것을 상당한 기간을 정하여 최고하여야 하고, 압류등기 전에 경료된 담보가등권리가 매각에 의하여 소멸되는 때에는 채권신고를 한 경우에 한하여 그 채권자는 매각대금의 배당 또는 변제금의 교부를 받을 수 있고 소유권의 이전에 관한 가등기권리자는 경매절차의 이해관계인으로 본다(가등기담보등에관한법률 제16조).

담보가등기권리는 국세기본법, 국세징수법, 지방세법, 회사정리법의 적용에 있어서는 이를 저당권으로 보고, 파산재단에 속하는 부동산에 설정한 담보가등기권리에 대하여는 파산법중 저당권에 관한 규정을 적용하며, 파산재단에 속하지 아니하는 파산자의 부동산에 대하여 설정되어 있는 담보가등기권리자에 대하여는 파산법 제88조를 준용한다(가등기담보등에관한법률 제17조).

청산금채권이 압류 또는 가압류된 경우에 채권자는 청산기간이 경과한 후에 청산금을 채무이행지를 관할하는 지방법원 또는 지원에 공탁하여 그 범위에서 채무를 면할 수 있다. 이 경우에 채권자는 공탁금의 회수를 청구할 수 없고, 채무자 등과 압류채권자 또는 가압류채권자에게 지체없이 공탁의 통지를 하여야 하며, 채무자의 공탁금출급청구권이 압류 또는 가압류된 것으로 본다(가등기담보등에관한법률 제8조).

토지 및 그 지상의 건물이 동일한 소유자에게 속하는 경우에 그 토지 또는 건물에 대하여 채권자가 청산금을 채무자에게 지급하고 목적부동산의 소유권을 취득하거나 담보가등기에 의한 본 등기가 행하여진 경우에는 그 건물의 소유를 목적으로 그 토지 위에 지상권이 설정된 것으로 보고 그 존속기간 및 지료는 당사자의 청구에 의하여 법원이 정한다(가등기담보등에관한법률 제10조).

제 7 장

어음, 수표에 의한 거래

1. 어음수표의 발행
2. 어음(수표)의 배서양도
3. 어음(수표)의 보증
4. 어음의 할인
5. 어음(수표)의 상실
6. 어음상의 권리의 상실
7. 어음, 수표의 부도
8. 이득상환청구권

1. 어음, 수표의 발행

어음과 수표는 유가증권이다. 어음과 수표는 어음법과 수표법에 의하여 각 각 독자적으로 (원인과는 관계없이) 발행되고(요식성) 유통하는 증권(유통성, 지시성)이고 지급에 의하여 소멸하는 증권(지급성, 상환성)이다.

약속어음의 발행

1) 발행인의 책임

약속어음의 발행인은 환어음의 인수인과 동일한 의무를 부담하는 것이며 (어음법 제78조 제1항) 환어음에 인수를 기재한 인수인(지급인)은 인수로 인하여 만기에 환어음을 지급할 의무를 부담한다(어음법 제28조 제1항). 이것은 약속어음의 발행인과 환어음의 인수인이 동일한 책임을 부담한다는 뜻이며 환어음이 지급위탁관계(3각관계)의 구조를 가지고 있고 약속어음이 양면관계의 구조에서 가지고 있는 특색에서 생기는 현상이다.

일람 후 정기출급 환어음은 지급인이 그 환어음 원본에 인수 기타 이와 동일한 의미가 있는 문자로 표시하고 인수일자를 기재하거나 또는 기재하지 아니한 채 기명날인 또는 서명하여 이를 그 인수제시인에게 교부하면 인수가 되는 것이다(대판 1980. 2. 12. 78 다 1164).

약속어음은 발행인이 지급을 받을 자에게 어음금액을 지급할 뜻의 무조건의 약속을 한 것이므로(어음법 제75조) 약속어음을 받을 때에는 어음법 제75

조의 어음요건이 기재되지 아니하여 어음법 제76조에 의하여 무효어음이 되는 여부를 확인할 필요가 있는 것이다.

2) 어음의 요건

약속어음의 어음요건은 1) 약속어음의 표시, 2) 일정금액의 지급약속, 3) 만기, 4) 지급지, 5) 수령인, 6) 발행일과 발행지, 7) 발행인의 기명날인 또는 서명이다(어음법 제75조).

어음금액은 아라비아숫자를 사용하거나 한문숫자를 사용한다.

만기의 종류는 1) 일람출급, 2) 일람 후 정기출급, 3) 발행일자 후 정기출급, 4) 확정일출급의 어느 하나로 할 수 있다(어음법 제33조).

일람출급어음은 제시된 때에 만기로 되고(어음법 제34조 제1항) 만기의 기재가 없는 때에는 일람출급어음으로 본다(어음법 제2조 제2항).

지급지는 원칙으로 독립된 최소 행정구역인 시, 구명을 기재하여야 하나 서울특별시의 경우는 서울이라고만 기재하면 되고 반드시 그 구까지를 표시하여야 하는 것은 아니다(대판 1981. 12. 8. 80다 863). 지급지의 기재가 없는 어음은 지급인의 명칭에 부기한 지를 지급지로 본다(어음법 제2조 제3항).

수령인은 어음상의 최초의 권리자가 되는 자의 명칭으로 회사인 경우에는 지점의 상호로도 기재할 수 있는 것이다(대판 1961. 11. 23. 4294 민상 864).

발행일은 반드시 실제로 발행한 날을 기재하여야 하는 것은 아니고 달력에 있는 날이면 기재할 수 있다.

발행지는 그 어음이 어느 국가의 법률에 의하여 규율되는 여부를 결정하는데 기준이 되는 것이므로 독립된 최소 행정구역을 표시하면 충분하고 (1984. 7. 10. 84 다카 423) 국내에서 발행되고 지급되는 어음면상에 발행지의 기재가 없다고 하더라도 그 어음면에 기재된 지급지와 지급장소, 발행인과 수령인, 지급할 어음금액을 표시하는 화폐, 어음문구를 표기한 문자, 어음교환소의 명칭 등에 의하여 그 어음이 국내에서 어음상의 효과를 발생시키

기 위하여 발행된 것으로 여겨지는 경우에는 발행지를 백지로 발행한 것인지 여부에 불구하고 국내어음으로 추단할 수 있다(대판 1998. 4. 23. 95 다 36466).

발행지의 기재가 없는 어음은 발행인의 명칭에 부기한 지에서 발행한 것으로 본다(어음법 제2조 제4항).

발행인은 어음금액을 절대적으로 지급할 채무를 부담하는 자이므로 지급제시를 하지 아니하였다 하더라도 어음금액을 청구할 수 있으며(대판 1981. 4. 14. 80 다 2695) 발행인의 기명이 반드시 그 본명과 일치하여야 하는 것은 아니다(대판 1969. 7. 2. 69 다 742). 무인 기타 지장은 그 진부를 육안으로는 식별할 수 없고 특수한 기구와 특별한 기능에 의하지 아니하면 식별할 수 없으므로 거래상의 유통을 목적으로 하는 어음에 있어서는 기명날인에는 지장을 포함하지 않는다(대판 1962. 11. 1. 62 다 604).

3) 백지어음

어음요건을 하나라도 기재하지 아니한 어음은 무효어음이다(어음법 제2조 제1항). 그러나 만기, 지급지, 발행지가 없는 어음은 보충규정에 의하여 유효어음으로 본다(어음법 제2조 제2항, 제3항, 제4항).

그리고 미완성으로 발행한 어음(백지어음)에 미리한 합의(보충범위)를 그 수령인 또는 그 소지인에게 보충할 권리를 수여할 의사로서 발행한 것은 미리한 합의가 보충된 때부터 모든 어음행위가 그 효력을 발생하는 것이다(대판 1968. 8. 31. 65 다 666).

백지어음의 보충은 보충권이 시효에 의하여 소멸하기전까지는 지급기일 후에도 이를 행사할 수 있고 주된 채무자인 발행인에 대하여 어음금청구소송을 제기한 경우에는 변론종결시까지만 보충권을 행사하면 된다(대판 1995. 6. 9. 94 다 41812).

백지어음의 부당 또는 불법보충의 경우에도 그 보충 후의 선의의 피배서인에 대하여는 그 보충의 부당 또는 불법으로써 대항하지 못한다(어음법 제10조 본문).

그러나 소지인이 백지어음의 부당보충 사실을 알고 있고 이를 취득할 경우 어음채무자를 해하게 된다는 것을 인식하면서도 어음을 양수하거나 조금만 주의를 기울였어도 백지어음의 부당보충 사실을 알 수 있었음에도 불구하고 만연히 부당보충된 어음을 취득한 것은 악의 또는 중대한 과실로 어음을 취득한 것이므로(대판 1995. 6. 30. 95 다 10600) 미리한 합의와 다른 보충으로써 소지인에게 대항할 수 있는 것이다(어음법 제10조 단서).

어음금액란이 부당보충된 경우는 어음법상 보충권의 남용에 해당하고, 어음법상의 어음위조에는 해당되지 아니한다(대판 1978. 3. 14. 77 다 2020).

백지어음에 대한 제권판결을 받은 자는 발행인에 대하여 백지보충권과 백지보충을 조건으로 한 어음상의 권리까지를 모두 민사소송법 제468조에 규정된 증서에 의한 권리로서 주장할 수 있다고 봄이 상당하고 따라서 백지어음의 제권판결을 받은 자는 발행인에 대하여 백지부분에 대하여 어음 외의 의사표시에 의하여 보충권을 행사하고 그 어음금의 지급을 청구할 수 있는 것이다(대판 1998. 9. 4. 97 다 57573).

환어음의 발행

1) 환어음의 인수

환어음이라 함은 발행인이 지급인에게 일정한 금액을 수령인에게 무조건으로 지급할 것을 위탁하는 어음을 말한다. 환어음은 지급위탁증권이므로 발행인으로부터 지급을 위탁받은 지급인은 지급예정자에 불과하다. 그러므로 환어음은 그 지급예정자가 지급을 약속하여야만 완전한 어음이 되는 특

색을 가지고 있는 것이다.

환어음에서 지급예정자가 지급을 약속하는 절차를 인수라 하고 지급인은 인수로 인하여 만기에 환어음을 지급할 의무를 부담하는 것이다(어음법 제28조). 이와 같은 환어음의 특색에서 환어음을 수령하는 자는 빨리 인수절차를 밟을 필요가 있는 것이다.

환어음은 발행인을 지급받을 자로 하여 발행되는 것도 있고(어음법 제3조 제1항, 자기지시어음) 발행인을 지급인으로 하여 발행되는 것도 있다(어음법 제3조 제2항, 자기앞어음).

2) 환어음의 성립요건

환어음의 성립요건은 1) 환어음의 표시, 2) 일정한 금액의 무조건지급위탁, 3) 지급인의 명칭, 4) 만기, 5) 지급지, 6) 지급을 받을 자의 명칭, 7) 발행일과 발행지, 8) 발행인의 기명날인 또는 서명이 존재하는 것이다(어음법 제1조).

만기, 지급지, 발행지의 기재가 없는 때에는 보충규정(어음법 제2조 2항, 3항, 4항)을 적용하여 유효어음으로 만들고 있으며 미완성어음에 미리한 합의를 보충하여 완전한 어음의 효력을 발생시키는 백지어음(어음법 제10조)의 성립을 인정하고 있다.

환어음은 지급위탁증권이므로 지급인으로 지정된 자가 지급을 약속하는 절차(인수)를 이행하여야 지급이 담보된다. 환어음은 무역업에서 많이 이용하고 있다.

예컨대, 수출업자가 상품수출계약을 체결한 후에 상품을 선적하고 선하증권을 수령하면 상품대금을 추심하기 위하여 발행인(수출업자)을 수령인으로 하는 자기지시환어음을 발행하여 거래은행에 교부하여 인수시키고 그 어음을 할인받아 수출대금을 추심하는 것이다.

수표의 발행

1) 수표의 지급자금

수표는 발행인이 제3자에게 일정한 금액의 지급을 무조건 위탁하는 유가증권이다. 그러므로 수표소지인은 수표상의 지급인에게 지급을 청구할 수 있는 수표상의 권리가 없는 점에서(대판 1964. 4. 28. 63 다 914) 인수전의 환어음과 같은 성질을 가지고 있는 것이다. 그러나 수표는 제시한 때에 발행인이 처분할 수 있는 자금(당좌예금)이 있는 은행을 지급인으로 하여 발행하여야 하고(인수금지 - 수표법 제4조, 일람출급성- 수표법 제28조) 발행인이 그 자금을 수표에 의하여 처분할 수 있는 명시 또는 묵시의 계약(상호계산)에 따라서만 이를 발행할 수 있는 점(수표계약- 수표법 제3조)에서 환어음과 다른 발행구조를 가지고 있는 것이다.

〈서식 33〉 당좌예금약관

제1조(당좌계정개설보증금의 제공) 당좌계정거래개시에 있어서는 소정금액의 당좌계정개설보증금을 별단예금으로 예치하여 주십시오.

제2조(용지) 당좌거래개시에 있어서는 저희은행이 당좌계정입금표, 수표책, 어음책을 드립니다. 거래중 수표용지, 어음용지의 교부요청이 있는 때에는 필요하다고 인정되는 수량을 소정비용으로 드립니다. 당좌계정에 입금하실 때에는 입금표를 사용하시고 당좌계정에서 지급케 하실 때에는 수표용지 또는 어음용지를 사용하여 주십시오. 환어음에 거래점을 지급장소로 적고 인수를 하실 때에는 발행인이 당좌계정거래 금융기관으로부터 받은 환어음용지에만 하여 주십시오.

제3조(증권입금) 당좌예금에는 현금말고도 수표, 어음, 기타 증권으로서 곧 추심할 수 있는 것으로 입금할 수 있습니다. 또 계좌송금(계좌이체포함)의 방법으로도 입금할 수 있습니다. 증권중 백지의 보충, 배서 또는 영수란의 기재가 필요한 것은 꼭 그 절차를 밟아 주십시오. 저희 은행은 백지보충의 의무를 아니 집니다. 증권이 수표, 어음인 경우에는 부기금액여하를 불구하고 주금액란에 적힌 금액으로 처

리합니다. 증권을 추심하는데 비용이 드는 경우에는 소정의 추심수수료를 받습니다.

제4조(예금성립시기) 증권이나 계좌송금으로 입금하신 경우에는 1) 거래점에서 교환에 돌려 그 부도반환시한이 지나고 결제를 확인한 때, 동 추심을 완료한 때.

2) 거래점이 지급장소인 증권이면 그 날 안에 결제를 확인한 때.

3) 거래처가 저희 은행의 다른 영업점 또는 다른 금융기관을 통하여 계좌송금으로 입금하신 경우에는 계정원장에 입금기장을 마친 때. 그러나 증권에 의한 계좌송금인 때에는 그 결제까지 확인한 때.

4) 제3자가 거래점에서 증권으로 이 예금에 계좌이체시킨 경우에는 1) 또는 2)에서와 같이 절차를 밟고 계정원장에 입금기장을 마친 때.

5) 제3자가 저희 은행 다른 영업점이나 다른 금융기관을 통하여증권으로 이 예금에 계좌송금한 경우에는 3)에서와 같이 증권의 결제를 확인하고 계정원장에 입금기장을 마친 때에 예금이 되어 지급할 수 있게 됩니다. 1), 2)에 불구하고 입금하신 증권이 자기앞수표, 송금수표, 가계수표로서 각기 제시기간내이고 무사고이며, 지급 내지 대지급요건, 보증요건구비 등 결제될 것이 틀림없음을 확인한 후 입금받은 경우에는 곧 예금이 됩니다. 또 거래점이 지급하여야 할 증권으로서 결제될 것이 틀림없음을 확인한 후 입금받은 경우에도 같기로 합니다.

제5조(부도) 입금하신 증권이 부도가 된 경우에는 저희 은행은 그 금액을 계정원장에서 빼며, 부도된 증권은 거래점 또는 계좌송금한 영업점에서 청구있는대로 거래처 또는 계좌송금한 제3자에게 권리보전절차를 밟지 아니하고 돌려 드립니다.

제6조(지급) 수표가 지급제시되거나 어음이 제시기간 내에 지급제시된 때에는 당좌계정에서 지급합니다. 거래처가 당좌계정에서 환급받고자 하실 때에도 수표를 사용하셔야 합니다.

제7조(금액처리) 수표나 어음을 지급할 때에는 부기금액이하에 불구하고 주금액란에 적힌 금액으로 처리합니다.

제8조(일부 지급) 당좌계정의 지급자금을 초과하는 금액의 수표나 어음이 지급제시된 때에는 저희 은행은 그 지급의무를 이행하지 아니하며, 한 장의 수표나 어음금액의 일부지급도 아니합니다. 같은 날 안에 지급하여야 할 여러 장의 수표나 어음의 총액이 당좌계정의 지급자금을 초과할 경우에 그 중 어느 것을 지급하느냐

함은 저희 은행 임의로 합니다.

제9조(초과지급) 저희 은행의 재량에 의하여 지급자금을 초과하여 수표나 어음을 지급한 경우에는 저희 은행의 청구있는대로 곧 초과금액을 변제하여 주십시오. 이 초과금액에 대하여는 변제하는 날까지 연 0%의 율, 연 365일의 일일계산단위에 의한 지연배상금을 더하여 주십시오. 초과지급을 한 뒤에 당좌계정에 입금 또는 계좌송금된 자금은 초과금액과 지연배상금의 변제에 충당합니다. 초과금액과 지연배상금의 변제가 없는 경우에는 저희은행은 그 채권과 거래처의 제 예치금 기타의 채권과를 그 기한도래여부에 불구하고 통지에 의하여 상계하거나 사전통지와 소정절차를 생략하고 거래처를 대리하여 제 예치금 기타의 채권을 환급받아 변제에 충당할 수 있기로 하고, 거래처가 당좌계정에 입금하거나 계좌송금한 증권은 그 초과금액과 지연배상금의 담보로서 저희 은행앞으로 양도된 것으로 합니다.

제10조(지급보증) 수표의 지급보증신청이 있는 때에는 지급보증에 갈음하여 저희 은행의 자기앞수표를 발행하여 드리고, 그 금액은 당좌계정에서 지급합니다.

제11조(기재누락) 수표, 어음을 발행하거나 환어음을 인수하실 때에는 수표요건, 어음요건을 되도록 빠짐없이 기재하여 주십시오. 만일 수표 또는 만기일 기재있는 어음으로서 발행인의 기재없는 것 또는 어음으로서 수령인의 기재없는 것이 지급제시된 때에는 연락을 아니하고 지급할 수 있기로 합니다. 이 처리로 손해가 생겨도 저희 은행은 그 책임을 아니 지기로 합니다.

제12조(횡선수표) 횡선수표가 제시된 경우 그 뒷면에 거래처의 신고인감에 맞는다고 인정되는 인영이 찍혀 있는 때에는 그 소지인에게 지급할 수 있기로 합니다. 이 처리로 말미암아 수표법 제38조 제5항의 규정에 의한 손해가 생겨도 저희 은행은 그 책임을 아니지기로 하며, 만일 저희 은행이 제3자에게 그 손해를 배상한 경우에는 발행인에게 이를 구상할 수 있기로 합니다.

제13조(자기거래어음) 어음행위에 이사회승인, 사원총회승인 기타 이에 준하는 절차를 필요로 하는 경우라도 그 승인 등의 유무에 관하여 조사를 아니하고 지급할 수 있기로 하며, 이 처리로 말미암아 손해가 생겨도 저희 은행은 그 책임을 아니지기로 합니다.

제14조(지시금지) 배서로 양도할 수 있는 수표나 어음에 지시금지의 뜻을 적어서 발행한 때에는 그 수령인에 대하여는 미리 지급정지의 서면요청없는 한 지급제시있는대로 지급하기로 합니다. 지시금지의 뜻의 기재는 누구나 알아 볼 수 있는

크기의 글자로 분명히 적어주십시오. 보통의 주의로는 알아보기 어려운 기재로 말미암아 생긴 손해에 대하여는 저희 은행은 책임을 아니 집니다.

제15조(환급) 거래처가 변제하여야 할 각 종의 이자, 보증료, 수수료, 수입어음의 원금, 수출어음부도대전, 기타 대체결제가 필요하다고 인정되는 채무에 관하여는 거래처가 발행하는 수표에 의하지 아니하고 저희 은행이 타에 우선하여 당좌계정에서 대체결제할 수 있기로 합니다. 어음교환소 규약상 제재금이 부과된 경우거래처의 책임있는 사유로 말미암은 것인 때에는 거래처가 그 상당액을 곧 저희 은행에 지급할 책임을 지며 이 채무에 관하여도 당좌계정에서 대체결제하기로 합니다.

제16조(이자) 당좌예금에는 이자를 붙이지 아니 합니다.

제17조(잔액) 저희 은행은 매월의 정한 날에 당좌계정의 잔액이 적힌 당좌계정계산서를 거래처에게 보내드리고 또 거래처의 청구있는 때에는 당좌계정거래명세표를 드리며 이 명세표에 대하여는 그 발송일부터 2주일 안에 이의가 저희 은행에 도달하지 아니하면 이를 승인하신 것으로 봅니다.

제18조(인감신고) 수표, 어음 및 제 신고서류 등 이 거래에 관한 서면에 사용하실 인감 또는 서명감은 소정용지로 미리 거래점에 신고하여 주십시오. 대리인에 의하여 거래하고자하실 때에도 거래처는 그 성명과 인감 또는 서명감을 신고하여 주십시오.

제19조(사고신고) 수표, 어음, 수표용지, 어음용지, 도장을 잃으신 때 또는 이름, 상호, 대표자, 대리인, 주소, 도장, 전화번호 기타 신고사항에 변경이 있는 때에는 곧 서면으로 거래점에 신고하여 주십시오. 서면신고가 있기 전에는 변경없는 것으로 처리하기로 합니다. 등기부상 변경등기를 마친 사항에 관하여도 같습니다. 이 경우의 처리로 말미암아 손해가 생겨도 저희 은행은 그 책임을 아니 지기로 합니다.

저희 은행이 거래처가 신고한 최종 주소로 시면통지 또는 기타 서류 등을 발송한 경우에는 그것이 연착하거나 도달하지 아니한 때에도 보통의 우송기간이 경과한 때 도달한 것으로 봅니다. 그러나 당좌계정거래의 해지통지 등 중요한 의사표시인 경우에 배달불가능으로서 저희 은행에 반송될 때에는 그것이 거래처가 변경신고를 게을리하므로 말미암은 경우를 제외하고 도달한 것으로 아니 봅니다. 이 경우 저희 은행이 통지 등의 사본을 보존하고 또 그 발송의 사실 및 연월일은 장부에 명백히 기재한 때에는 발송한 것으로 추정합니다.

제20조(면책) 수표, 어음 또는 제 신고서류 등에 찍힌 인영 또는 서명을 신고인감 또는 서명과 육안에 의하여 상당한 주의로써 대조하고 틀림이 없다고 인정하여 지급 기타의 처리를 한 경우에는 그 수표, 어음, 제신고서류 등과 도장에 관한 위조, 변조, 도용 기타 어떠한 사고로 말미암아 손해가 생겨도 저희 은행은 그 책임을 아니 집니다.

수표, 어음으로 사용한 용지를 육안에 의하여 상당한 주의로써 살피고 저희은행에서 드린 용지라고 인정하여 처리한 경우에는 그 용지에 관하여 모조, 변조, 유용 등의 사고로 말미암아 손해가 생겨도 저희은행은 그 책임을 아니 집니다. 이 약관 및 따로 정한 수표책, 어음책기재주의사항에 정하는 바에 위반하므로 말미암은 손해에 대하여도 저희 은행은 그 책임을 아니 집니다.

제21조(양도금지) 당좌예금은 양도하거나 질권설정을 하실 수 없습니다.

제22조(해지) 당좌계정거래는 거래처나 저희 은행의 형편에 따라 언제든지 해지할 수 있습니다. 그러나 저희 은행에 대한 해지는 서면으로 하여 주십시오. 어음교환소의 거래정지처분으로 말미암아 저희은행이 해지하는 경우에는 그 도달 여부에 불구하고 그 통지를 발송한 때에 해지된 것으로 합니다.

제23조(거래종료) 이 거래가 종료된 경우에는 그 종료 전에 발행하신 수표, 약속어음 또는 인수하신 환어음일지라도 저희 은행은 그 지급의무를 아니 집니다. 이 경우에는 미사용 수표용지, 어음용지를 곧 거래점에 반환하시고 당좌계정의 결제를 마쳐 주십시오.

제24조(어음교환소규약) 이 거래에 관하여는 거래점이 참가한 어음교환소규약에 따라 처리하기로 합니다.

제25조(보증금) 당좌계정개설보증금은 당좌계정거래가 종료된 경우 거래처가 부담하여야 할 채무가 있는 때에 저희은행이 임의로 그 변제에 충당합니다. 보증금은 거래처채무변제충당절차를 마치고 미사용 수표용지, 어음용지를 모두 회수한 다음에 그 잔액을 환급합니다. 그러나 이미 발행한 수표, 어음으로서 미결제인 것이 있을 때에는 어음교환소규약에 정하는 부도어음 제재금상당금액을 공제하고 환급할 수 있습니다.

2) 수표의 성립요건

수표의 성립요건은 1) 수표의 표시, 2) 일정금액의 무조건지급위탁, 3) 지급인의 명칭, 4) 지급지, 5) 발행일과 발행지, 6) 발행인의 기명날인 또는 서명이다(수표법 제1조).

수표에 만기가 없는 것은 수표는 당좌예금 한도 내에서 발행되므로 모든 수표를 일람출급으로 하는 때문이고(수표법 제28조 제1항) 수표에 수령인이 없는 것은 수표는 소지인출급식으로 발행할 수 있고(수표법 제5조 제1항 3호) 수령인의 기재가 없는 수표는 소지인출급식수표로 보기 때문이다(수표법 제5조 제3항).

수표는 만기가 없으므로 지급제시한 날에 지급하여야 하고(수표법 제28조 제2항) 국내에서 발행하고 지급할 수표는 발행일로부터 10일 내에 지급제시를 하여야 하고(수표법 제29조 제1항) 지급위탁의 취소가 없는 때에는 지급제시기간 경과 후에도 지급할 수 있게 하였다(수표법 제32조 제2항).

〈서식 34〉 지급위탁취소통지서

서기 2000년 ○○월 ○○일자 귀 은행 앞으로 발행한 일금 100만원정의 제10호 수표는 제시기간이 경과하였으므로 사정에 의하여 지급위탁을 취소하겠사오니 양지하시기 바랍니다.

2000년 ○○월 ○○일

서울특별시 ○○구 ○○동 ○○번지
발행인 김 일 남 ㉞

서울특별시 ○○구 ○○동 ○○번지
주식회사 ○○은행명동지점 귀하

그러므로 수표의 발행일은 현실의 발행일일 필요는 없으며 현실의 발행일보다 선일자로 발행할 수도 있는 것이다. 선일자수표도 지급제시일에 당좌예금이 부족하여 부도(지급거절)되는 경우가 있으므로(선일자 전의 지급제시금지특약을 위반한 손해배상문제 발생) 대부분의 경우 발행일 이후의 제시기간 내의 제시에 따라 결제되는 것이라고 보아야 하므로 선일자수표가 발행교부된 날에 액면금의 지급효과가 발생한다고 볼 수는 없는 것이다(대판 1989. 11. 28. 88 다카 33367).

3) 횡선수표

소지인출급식(수표법 제5조 제1항 3호)으로 발행되는 수표가 도난, 분실되는 경우에 그 수표의 부정소지인이 지급인에게 수표를 인도하여 수표금 상당액을 지급받을 위험성이 많이 있다. 이러한 위험을 사전에 방지하기 위하여 수표의 발행인이나 소지인은 횡선수표를 이용할 수 있는 것이다(수표법 제37조 제1항).

횡선수표는 수표의 표면에 2줄의 평행선을 그어 그 횡선 내에 아무런 지정을 하지 아니하거나 은행 또는 이와 동일한 의의가 있는 문자를 기재한 일반횡선수표[은행 또는 지급인의 거래처에만 지급하는 수표(수표법 제38조 제1항)]와 횡선 내에 은행의 명칭을 기재한 특정횡선수표[지정은행 또는 자기거래처에 대하여서만 지급하는 수표(수표법 제38조 제2항)]가 있다. 은행은 자기의 거래처 또는 다른 은행에서만 횡선수표를 취득할 수 있고(수표법 제38조 제3항) 횡선 또는 지정된 은행의 명칭의 말소는 이를 하지 아니한 것으로 본다(수표법 제37조 제5항).

2. 어음(수표)의 배서양도

어음(수표)은 배서에 의하여 양도할 수 있다(어음법 제11조 제1항, 수표법 제14조 제1항). 배서는 어음(수표) 또는 이에 결합한 보전에 기재하고 피배서인(양수인)과 지시문구를 기재하여 배서인이 기명날인 또는 서명하여야 하는 것(어음법 제13조 제1항, 수표법 제16조 제1항-기명식배서=정식배서, 완전배서)이 원칙이고, 피배서인(양수인)을 기재하지 아니하는 백지식 배서(무기명식 배서=약식 배서)는 환어음(수표)의 이면이나 보전에 기재하여야만 효력이 있다(어음법 제13조 제2항, 수표법 제16조 제2항).

백지식 배서가 된 어음을 소지한 자는 자기의 성명 또는 타인의 성명으로 백지를 보충할 수 있고 백지식으로 또는 타인을 표시하여 다시 어음에 배서할 수 있고 백지를 보충하지 아니하고 또 배서도 하지 아니하고 어음을 제3자에게 양도할 수 있다(어음법 제14조 제2항, 수표법 제17조 제2항).

배서금지어음으로 되기 위하여는 통상인이 어음거래를 함에 있어서 어음면상으로 보아 발행인이 배서를 금지하여 발행한 것임을 알 수 있을 정도로 어음법 제11조 제2항의 지시금지의 문자 또는 동일한 의의가 있는 문언이 명료하게 기재되어야 한다(대판 1994. 10. 21. 94 다 9948).

수표에서는 지급인의 배서를 무효로 하며(수표법 제15조 제3항) 지급인에 대한 배서는 영수증의 효력만이 있다(수표법 제15조 제5항).

배서는 어음(수표)으로부터 생기는 모든 권리를 배서인으로부터 피배서인에게 이전하여 피배서인을 어음상의 권리자로 되게 하는 것(어음법 제14조 제1항, 수표법 제17조 제1항)이며 이를 배서의 권리이전적 효력이라 한다. 이 효력은 채권양도의 효력보다 강력한 것으로 인적항변을 제한하는 효과가 있다.

즉 어음(수표)에 의하여 청구를 받은 자는 발행인 또는 종전의 소지인에 대한 인적관계로 인한 항변으로써 선의의 소지인에게 대항하지 못하는 것이다(어음법 제17조, 수표법 제22조). 이는 배서의 무인성(무조건성)에 근거한다. 이른바 융통어음은 타인으로 하여금 어음에 의하여 제3자로부터 금융을 얻게 할 목적으로 수수되는 어음을 말한다. 융통어음에 관한 항변은 그 어음을 양수한 제3자에 대하여는 선의, 악의를 불문하고 대항할 수 없는 것이다(대판 1996. 5. 14. 96 다 3449).

그리고 배서로 양도할 수 있는 어음(수표)의 점유자가 형식상 배서의 연속에 의하여 그 권리를 증명하는 때에는 이를 적법한 소지인으로 추정함으로(어음법 제16조 제1항, 수표법 제19조) 피배서인(소지인)은 자기가 진정한 권리자임을 증명하지 아니하고 어음(수표)상의 권리를 행사하는 자격을 가진다. 이를 배서의 자격수여적 효력이라 한다.

약속어음의 점유자가 배서의 연속에 의하여 그 권리를 증명하는 때에는 이를 적법한 소지인으로 추정하며 배서의 연속은 오로지 어음의 외관상 배서연속이 되어 있으면 족하고(대판 1973. 6. 22. 72 다 2026) 배서가 위조된 경우에도 이를 주장하는 사람이 그 위조사실 및 소지인이 선의취득을 하지 아니한 사실을 입증하여야 한다(대판 1987. 7. 7. 86 다카 2151).

어음, 수표의 소지인이 배서연속에 의하여 그 권리를 증명한 때에는 어음, 수표의 점유를 잃은 자의 반환청구에 대하여 그 어음, 수표를 반환할 의무가 없다(어음법 제16조 제2항, 수표법 제21조). 이를 어음의 선의취득이라고 하며 이에 의하여 어음의 거래안전이 보호된다. 기한후배서도 배서연속에 의하여 자격수여적 효력이 있다(대판 1961. 7. 27. 4293 민상 735).

또 어음의 배서인은 반대의 문언이 없으면 인수와 지급을 담보하고(어음법 제15조 제1항) 수표배서인은 지급을 담보한다(수표법 제18조 제1항). 이를 배서의 담보적 효력이라 한다. 배서인은 다시하는 배서를 금지할 수 있고 이 경우에 배서인은 그후의 피배서인에 대하여 담보책임을 부담하지 아니한다(어음법 제15조 제2항, 수표법 제18조 제2항).

3. 어음(수표)의 보증

어음(수표)의 보증은 지급을 담보하는 것이고(어음법 제30조 제1항, 수표법 제25조 제1항) 보증인은 보증된 자와 동일한 책임을 지는 것이다(어음법 제32조 제1항, 수표법 제27조 제1항). 보증은 어음(수표) 또는 보전에 누구를 위한 것임과 보증 또는 이와 동일한 의의가 있는 문언을 표시하고 보증인이 기명날인 또는 서명을 하여야 한다(정식보증, 어음법 제31조, 수표법 제26조).

누구를 위하여 한 표시가 없는 때(약식보증)에는 발행인을 위하여 보증한 것으로 보고(민법상의 보증채무는 주채무자가 분명한 경우에 성립) 어음(수표)의 표면에 단순한 기명날인 또는 서명이 있는 경우에는 지급인 또는 발행인의 기명날인 또는 서명을 제외하고 이를 보증으로 본다.

어음수표의 보증은 담보된 채무가 그 방식에 하자가 있는 경우를 제외하고 어떠한 사유로 인하여 무효가 된 때에도 그 효력이 있으므로(어음법 제32조 제2항, 수표법 제27조 제2항) 피보증채무가 형식적으로 유효한 것이면 실질적으로 무효한 것이라도 보증인은 독립하여 보증채무를 부담하는 것이다. 그리고 어음(수표)의 보증인은 피보증인과 합동하여 소지인에 대하여 책임을 지고(부진정연대채무-어음법 제47조 제1항, 수표법 제43조 제1항), 수표를 담보로 하여 타인으로부터 돈을 빌린다는 사실을 알면서 수표에 대하여 보증을 한 것은 돈을 대여하고 그 수표를 교부받아 소지하는 사람에 대하여 그 수표의 액면금범위 내에서 민법상의 연대보증을 한 것이라고 보아야 하므로(대판 1980. 3. 11. 80 다 15) 최고의 항변권이나 검색의 항변권을 가지지 아니하며 여러 사람의 보증인이 있는 경우에도 각 보증인 상호간에 분별의 이익을 가지지 않는 것이다.

4. 어음의 할인

어음의 할인은 어음소지인이 만기 전에 배서인, 발행인 기타 어음채무자에 대하여 소구권을 행사하는 경우에 어음금액에서 공정할인율(은행률)에 의하여 계산한 만기까지의 이자를 공제한 금액을 지급하는 것을 말한다(어음법 제48조 제2항, 제77조 제1항 4호).

어음법 제43조 2호(제77조 제1항 4호)에 의하면 1) 인수의 전부 또는 일부의 거절이 있은 때 2) 인수를 하였거나 하지 아니한 지급인의 파산의 경우 그 지급정지의 경우 또는 그 재산에 대한 강제집행이 주효하지 아니한 경우 3) 인수를 위한 어음의 제시를 금지한 발행인의 파산의 경우에는 만기 전에도 소구권을 행사할 수 있는 것이다.

이 경우 만기 전에 어음을 할인하여 준 배서인, 발행인 기타 어음채무자는 어음을 할인받은 자에 대하여 일정한 조건이 성취(지급거절 등)되면 당연히 환매청구권을 갖는다는 상거래약정을 한다.

어음할인은 상업어음이나 은행인수환어음 이외에 수출업자가 CIF(Cost, Insurance & Freight)조건으로 판매한 물건대금을 추심하기 위하여 발행하는 화환어음을 대상으로 하고 있다. CIF매매(International Commercial Term = Incoterms)에서는 수입업자로부터 신용장(Uniform Custom and Practice for Documentary Credit = 신용장통일규칙)을 받은 수출업자가 물건을 선적하고 그 후에 운송인으로부터 교부받은 선하증권과 보험업자가 발행한 해상보험증권을 수입업자에게 인도하여 물건대금을 추심하게 된다.

이 경우에 수출업자는 수입업자 또는 수입업자의 신용장발행은행을 지급인(인수인)으로 하고 자기를 수령인으로 하여 발행한 자기지시환어음(어음법 제3조 제1항)에 선하증권과 보험증권을 첨부(담보로 제공)하여 자기의 거

래은행으로부터 환어음을 할인받을 수 있는 것이다.

할인은행은 수입지의 추심은행에 환어음과 담보증권을 보내고 수입업자의 지급과 상환하게 한다. 상업어음을 할인 할 때에는 물품대금영수증사본과 납품확인서를 첨부한다. 일람출급성인 수표의 경우에는 만기가 없으므로 어음할인과 같은 엄격한 의미에서의 수표할인은 성립할 수 없으나 특정기일 전까지 지급제시를 하지 아니 하기로 하여 수표금액에서 그 기간까지의 이자를 공제하는 의미에 있어서의 수표할인은 가능하고 금융기관 아닌 시중에서 이와 같은 의미의 수표할인이 이루어진 경우 그 수표는 소비대차상의 채무를 담보하기 위하여 교부된 것이라고 해석하여야 한다(대판 1997. 4. 25. 97다 6636).

환매는 매도인이 매매와 동시에 환매할 권리를 유보한 때에 그 영수한 대금 및 매수인이 부담한 매매비용을 반환하고 그 목적물을 취득하는 것을 말한다. 따라서 매도인이 환매권을 행사한다. 어음에 대하여는 어음법, 수표법, 상법등에 환매규정을 두고 있지 않으나 어음할인을 매매라고 보는 경우에는 은행이 어음할인의뢰인에 대하여 환매청구권을 행사할 수 있는 법률구성이 가능하다.

은행여신거래기본약관 제8조는 어음할인을 받은 자가 환매채무를 부담하는 구체적인 사항을 열거하고 있다. 은행이 할인하여 소지한 어음이 부도어음으로 되면 어음교환소규약 제70조에 따라 부도어음을 반환하고 세칙에서 정하는 바에 따라 부도어음대전을 회수하여야 하는 것이다.

은행의 환매청구권은 어음 외의 실질관계에서 생긴 채권이므로 소구권행사나 어음의 제시 등의 어음법요건을 적용할 필요가 없으며 은행은 거래약관에 의하여 환매청구권을 자동채권으로 하고 할인의뢰인의 예금채권을 수동채권으로 하여 상계처리함으로써 손해를 방지하고 있다.

5. 어음(수표)의 상실

어음, 수표가 상실된 경우 도난, 분실 또는 멸실된 증권 기타 상법에 무효로 할 수 있음을 규정(상법 제360조의 주권)한 증서의 최종 소지인 또는 증서에 의하여 권리를 주장할 수 있는 자는 발행인으로 하여금 어음, 수표금 등 지급정지의뢰를 하도록 하여야 하고 경찰서에 어음, 수표 등 도난신고를 하여야 하며 그 증권이나 증서에 표시된 이행지의 지방법원에 공시최고신청서를 제출하여야 한다(민사소송법 제447조 제2항, 463조).

공시최고는 공고종료일부터 3개월 후로 정한 날까지(민사소송법 제452조) 권리의 신고와 증서의 제출을 하도록 하고, 이를 어기면 실권으로 증서무효의 선고가 있을 것을 경고한다(민사소송법 제466조). 권리신고와 증서제출이 없으면 증서의 무효를 선고하고(민사소송법 제467조의 제권판결) 신청인은 증서에 의하여 의무를 부담한 자에 대하여 증서에 의한 권리를 주장할 수 있다(민사소송법 제468조, 제권판결의 적극적효력).

〈서식 35〉 제권판결신청서

인지

신청인 이 일 남
서울특별시 ○○구 ○○동 ○○번지

귀원 99카1200공시최고신청사건에 관하여 다음과 같이 제권판결을 신청합니다.

신청의 취지

별지 목록 기재 수표에 대한 무효를 선고한다라는 제권판결을 구합니다.

신청의 이유

신청인은 별지 목록 기재 수표의 최종 소지인이었던 바 주소지에서 분실하였으므로 귀원에 공시최고신청을 하였습니다(99카1200). 귀원은 2000년 ○○월 ○○일자로 공시최고를 하였으나 공시최고기일인 2000년 ○○월 ○○일 오전 10시까지 위 수표에 대한 권리의 신고나 청구 및 제출자가 없으므로 위 수표에 대한 무효선고의 제권판결을 구합니다.

2000년 ○○월 ○○일

신청인 이 일 남 ㊞

서울지방법원 귀중

수표상실에 관한 제권판결의 효력은 그 판결 후에 있어 당해 수표를 무효로 하는 것이고 또 신청인에게 수표의 소지인과 동일한 지위를 회복시키는 것에 그치는 것이며 공시최고신청인이 실질상의 권리자임을 확정하는 것은 아니다(대판 1965. 7. 27. 65 다 1002).

공시최고 이전에 그 수표를 선의로 취득한 경우에는 그 권리신고를 하지 아니하였다 하여 당연히 수표의 선의취득자의 실질적 권리가 상실되는 것은 아니나 제권판결은 선고와 동시에 형식적 확정력이 생겨 그 소극적 효과로써 당해 수표는 수표로서의 효력을 상실하여(대판 1965. 11. 30. 65 다 1926) 정당한 소지인이라 할지라도 그 수표상의 권리를 행사할 수 없게 되고, 제권판결의 신청인이 정당한 소지인을 알고 있었거나 수표금청구소송을 당하고 있으면서 그 신청을 하였다할지라도 일단 제권판결이 선고된 이상 그 판결이 불복의 소에 의하여 취소되지 않는 한 당연 무효로 되는 것은 아니다(대판 1982. 10. 26. 82 다 298).

6. 어음상의 권리의 상실

어음상의 권리는 어음으로부터 생기는 모든 권리를 말하고 어음에 의하여 어음금액의 지급을 청구하는 권리와 적법한 기간 내에 지급을 받지 못한 어음소지인이 어음채무자에 대하여 소구하는 권리가 있다.

소구권의 상실

일람출급 환어음은 발행일로부터 1년 내에(어음법 제34조 제1항), 확정일출급, 발행일자 후 정기출급 또는 일람후정기출급 환어음은 지급을 할 날 또는 이에 이은 2거래일 내에(어음법 제38조 제1항) 지급제시를 하여야 한다(약속어음도 같다, 어음법 제77조 제1항).

수표는 일람출급 환어음의 지급제시기간보다 현저하게 단축하여 국내수표는 발행일로부터 10일 내에(수표법 제29조 제1항), 지급지의 국가와 다른 국가에서 발행한 수표는 발행지와 지급지가 동일 주에 속한 경우에는 20일 내에, 다른 주에 속한 경우에는 70일 내에 이를 제시하여야 한다(수표법 제29조 제2항).

일람출급 또는 일람후정기출급의 환어음의 제시기간, 인수거절증서 또는 지급거절증서의 작성기간, 무비용상환의 문언의 기재가 있는 경우에 지급을 위한 제시기간을 경과한 때에는 소지인은 배서인, 발행인 또는 기타의 어음채무자에 대하여 그 권리를 잃고(어음법 제53조 제1항) 발행인이 기재한 기간 내에 인수를 위한 제시를 하지 아니한 때에는 소지인은 지급거절과 인수

거절로 인한 소구권을 잃는다(어음법 제53조 제2항).

그리고 적법한 기간 내에 제시한 수표의 지급을 받지 못한 경우에 소지인이 공정증서, 수표에 제시의 날을 기재하고 일자를 부기한 지급인의 선언, 적법한 시기에 수표를 제시하였으나 지급이 없었던 뜻을 증명하고 일자를 부기한 어음교환소의 선언에 의하여 지급거절을 증명하지 못한 때에는 수표소지인은 배서인, 발행인 기타의 채무자에 대하여 소구권을 행사하지 못한다(수표법 제39조). 그러나 수표는 지급증권이므로 지급제시기간 후에도 지급위탁의 취소가 없는 때에는 지급인은 지급을 할 수 있다(수표법 제32조).

시효에 의한 소멸

환어음의 인수인에 대한 환어음상의 청구권은 만기의 날로부터 3년간(어음법 제70조 제1항), 소지인의 배서인과 발행인에 대한 청구권은 적법한 기간 내에 작성시킨 거절증서일로부터(무비용상환의 경우에는 만기의 날로부터) 1년간(어음법 제70조 제2항), 배서인의 다른 배서인과 발행인에 대한 청구권은 그 배서인이 어음을 환수한 날 또는 그 자가 제소된 날로부터 6개월간(어음법 제70조 제3항) 행사하지 아니하면 소멸시효가 완성한다.

수표소지인의 배서인, 발행인 또는 기타의 채무자에 대한 소구권은 제시기간 경과 후 6개월간(수표법 제51조 제1항), 수표의 채무자의 다른 채무자에 대한 소구권은 그 채무자가 수표를 환수한 날 또는 그 자가 제소된 날로부터 6개월간(수표법 제51조 제2항) 지급보증을 한 지급인에 대한 수표상의 청구권은 제시기간 경과 후 1년간(수표법 제58조) 행사하지 아니하면 소멸시효가 완성한다.

어음상의 권리가 확정판결, 이와 동일한 효력이 있는 재판상의 화해, 조정 등에 의하여 확정된 경우는 시효기간이 10년이다(민법 제165조). 보증인, 참가인수인 및 무권대리인에 대한 청구권의 시효기간은 주채무자, 피참가인 및 본인에 대한 청구권의 시효에 따른다.

약속어음에 공증이 된 것이라고 하여 이 약속어음이 판결과 동일한 효력이 있는 것에 의하여 확정된 채권이라고 할 수 없고, 이 약속어음채권이 민법 제165조 제2항의 채권으로서 10년의 소멸시효에 걸린다고 할 수 없다(대판 1992. 4. 14. 92 다 169).

기존 채무의 이행을 보장하기 위하여 약속어음을 발행한 경우에도 기존 채권을 행사할 수 있는 것이므로 이 경우 기존 채권이 약속어음채권으로 변모하였다고 하여 어음법에 규정된 단기소멸시효에 걸렸다고 보는 것은 부당하다(대판 1961. 2. 8. 4294 민상 816).

어음시효중단사유로서의 승인은 시효이익을 받을 당사자인 어음채무자가 시효의 완성으로 권리를 상실하게 될 자에 대하여 그 권리가 존재함을 인식하고 있다는 뜻을 표시함으로써 족하고 반드시 기존 어음에 개서하거나 새로운 어음을 발행하여 교부함을 요하지 아니하며 또 채무승인에 관한 문서가 작성되어 있지 않다고 하여 채무승인을 인정할 수 없는 것은 아니다(대판 1990. 11. 27. 90 다카 21541).

7. 어음, 수표의 부도

지급인의 책임

어음, 수표의 지급이라 함은 어음, 수표상의 지급인이 어음, 수표의 소지인에게 어음, 수표의 액면금액을 지급하여 어음, 수표관계를 소멸시키는 것을 말한다. 만기에 지급을 하는 지급인은 사기 또는 중대한 과실이 없으면 그 책임을 면하고 이 경우에 지급인은 배서의 연속이 제대로 되었는지를 조사할 의무가 있으나 배서인의 기명날인 또는 서명을 조사할 의무는 없다(어음법 제40조 제3항, 제77조 제1항 3호, 수표법 제35조).

은행에 제시된 수표가 위조, 변조된 것이고 은행에 제출되어 있는 예금주의 필적 등과 대조하여 통상적인 판별로서 위조 또는 변조된 것임을 알 수 있음에도 불구하고 은행의 과실로 이를 알지 못하고 그 수표의 위조, 변조된 액면금을 지급한 때에는 예금주는 여전히 은행에 대하여 어음채권을 주장할 수 있다(대판 1968. 1. 21. 68 다 1701).

어음, 수표의 부도

수표, 약속어음 및 환어음의 부도반환 사유는 1) 예금부족, 2) 무거래, 3) 형식불비(인감누락, 기명 또는 서명누락, 인감불선명, 정정인 누락 또는 상이, 지시금지 위반, 횡선수표조건 위반, 금액 오기, 발행일자 오기, 배서불비, 인수없음, 약정용지 상이), 4) 안내서 미착(국고수표 해당), 5) 사고신고서 접수(도난, 분실, 피사취, 계약불이행), 6) 위조 · 변조, 7) 제시기간 경과 또는 미도래, 8) 인감 또는 서명의 상이, 9) 지급지 상이, 10) 법적 지급제한, 11) 가계수표 장당 최고발행한도 초과 등이다(서울어음교환소규약 제66조 제1항).

지급은행은 교환일 영업시간까지 어음금이 입금되지 아니한 부도어음에 대하여 부도어음통보시각(토요일; 교환일 영업시간 종료 후 30분까지)까지 제시은행에 유선통보함과 동시에 부도어음통보서에 의하여 팩스통보하여야 하고, 부도어음의 통보를 받은 은행은 부도어음통보시각으로부터 30분 이내에 부도확인번호를 부여하여 지급은행에 통보하여야 한다(서울어음교환소규약 제68조).

지급은행은 부도어음내역을 작성하여 부도발생일영업종료 후 5시간 30분까지 교환소 온라인에 전송하여야 하고, 교환부장은 거래정지처분으로 이어질 수 있는 부도어음의 내용을 부도발생 다음 영업일에 참가은행에 통지하여야 한다(서울어음교환소규약 제73조).

어음의 사고신고서 제출(분실, 도난, 피사취, 계약불이행), 지급정지가처분 명령의 송달 또는 위조, 변조를 신고한 경우 어음발행인은 어음금액해당자금을 지급제시된 날의 영업시간까지 지급은행에 별단예금으로 입금하여야 한다(서울어음교환소규약 제75조 제1항).

사고신고와 관련한 예수금(사고신고담보금)은 어음발행인이 어음금지급자금부족을 은폐하고 거래정지처분을 면탈하기 위한 것이 아님을 보장하고 정당한 어음권리자로 판명된 자에게 어음금지급을 담보하는 것이므로 어음소지인이 정당한 어음권리자임이 판명된 경우에 어음소지인이 수익의 의사표시를 함으로써 그 지급청구권을 가지며 어음소지인이 정당한 권리자가 아님이 판명된 경우에 어음발행인이 그 반환청구권을 가진다(서울어음교환소규약 제75조의 2).

부도어음으로서 1) 예금부족의 부도로서 부도어음대전의 입금통보가 없

을 때, 2) 입금사실의 등록이 없는 어음으로서 입금통보가 없는 경우, 3) 관계 증빙자료를 소정기일 내에 교환소에 제출하지 않는 경우, 4) 전참가은행을 통하여 1년간 4회 이상 입금통보가 있는 예금부족, 사고신고서제출 또는 지급정지가처분명령의 송달로 인한 어음의부도가 있을 때, 5) 거래없는 은행을 지급인 또는 지급장소로 지정한 관계로 부도가 되었을 때, 6) 전참가은행을 통하여 1년간 2회 이상 가계수표 장당 최고발행한도를 초과하여 발행하였을 때에는 교환소는 그 지급의무자에 대하여 거래정지일에 거래정지처분(이를 최종부도라고 한다)을 한다(서울어음교환소규약 제78조 제1항).

참가은행은 거래정지처분을 받은 자에 대하여 그 거래정지일부터 만 2년간 당좌예금 및 가계당좌예금거래를 불허하여야 하고(서울어음교환소규약 제79조), 거래정지처분을 받은 자와의 당좌예금 및 가계당좌예금거래를 즉시 해지하고 미사용수표장과 어음장 전부를 회수하여야 한다(서울어음교환소규약 제80조).

수표를 발행하거나 작성한 자가 수표를 발행한 후에 예금부족 등으로 인하여 제시기일에 지급되지 아니하게 한 때에는 고의범이므로(대판 1994. 11. 8. 94 도 1799) 형사처벌을 받는다(부정수표단속법 제2조 제2항). 위조한 수표 또는 약속어음을 마치 진정한 수표 또는 약속어음인 것처럼 담보로 제공하는 등의 기망행위에 의하여 금원대여가 이루어 진 이상 그로써 사기죄는 성립한다(대판 1993. 7. 27. 93 도 1408).

금융기관에 종사하는 자가 직무상 부정수표단속법 제2조 제1항(가실인명의로 발행한 수표, 금융기관과의 수표계약없이 발행한 수표, 금융기관에 등록된 것과 상이한 서명 또는 기명날인으로 발행한 수표) 또는 제5조(수표를 위조 또는 변조한 자)에 규정된 수표를 발견한 때에는 수사기관에 이를 고발하여야 한다(부정수표단속법 제7조).

소구권(상환청구권)행사

만기에 지급되지 아니하는 때에는 소지인은 지급거절원인을 증명하는 서면(거절증서)을 작성하여 배서인, 발행인 기타의 어음채무자에 대하여 소구권(상환청구권)을 행사할 수 있다(어음법 제43조, 제77조 제1항 4호, 수표법 제39조). 일람출급 또는 일람후정기출급의 환어음의 제시기간, 인수거절증서 또는 지급거절증서의 작성기간, 무비용상환의 문언의 기재가 있는 경우에 지급을 위한 제시기간을 경과한 때에는 소지인은 배서인, 발행인 기타 어음채무자에 대하여 소구권을 상실한다(어음법 제53조).

〈서식 36〉 어음금 등 상환청구서

아래 표시한 약속어음은 지급을 거절당하였으므로 별지 계산서의 금액을 즉시 지급하여 주실 것을 청구합니다.

2000년 ○○월 ○○일

서울특별시 ○○구 ○○동 ○○번지
정 일 남 ㊞

제2배서인 박일남 귀하

약속어음의 표시

계산서

1. 어음금액	금○○원
2. 이자	금 ○원
3. 거절증서작성비용	금 ○원

4. 등기배달증명료　　금　○원
합계　　　　　　금 ○○○원

2000년 ○○월 ○○일

소지인 정 일 남 ㊞

귀하

만기 전의 배서와 동일한 효력을 갖는 만기 후 배서의 피배서인이 어음의 최종 소지인의 지위에서 어음의 배서인 등 소구의무자에 대한 소구권을 보전하기 위하여는 그에게 만기후배서를 한 배서인이 지급제시를 하였는지 여부와 관계없이 다시 스스로 적법한 지급제시기간 내에 지급제시를 하여야 한다(대판 2000. 1. 28. 99 다 144250).

어음법은 약속어음에 관하여는 지급거절로 인한 소구만을 인정하고 만기 전의 소구에 관하여는 규정하고 있지 아니하나, 약속어음에 있어서도 만기 전에 발행인의 파산이나 지급정지 기타 그 자력을 불확실하게 하는 사유로 말미암아 만기에 지급거절이 될 것이 예상되는 경우에는 만기전이라도 소구할 수 있다고 보아야 한다(대판 1992. 5. 26. 92 다 6471).

약속어음의 소지인은 소구권을 행사하기 전에 어음제시일 및 이에 이은 4거래일 내에 자기의 직전의 배서인에게 지급거절의 사실과 자기의 성명, 처소를 통지하여야 한다(어음법 제45조 제1항).

8. 이득상환청구권

어음(수표)상의 권리가 소구권의 상실(거절증서작성기간 및 제시기간 경과)과 단기소멸시효의 완성으로 실효하는 경우에는 어음(수표)상의 채무자는 그 채무를 지급하지 아니하고 어음(수표)을 주고 받는 원인관계에서 현실로 받은 재산상의 이익(대판 1993. 7. 13. 93 다 10897)을 그대로 보유하는 경우가 생길 수 있다.

이 경우에서 어음(수표)상의 채무자가 보유하고 있는 재산상의 이익은, 지급제시기간의 경과로 어음(수표)상의 권리가 소멸될 당시의 어음(수표)의 소지인으로서 그 어음(수표)상의 권리를 행사할 수 있었던 자(이득상환청구권의 양수인) 또는 시효완성 당시의 어음(수표)소지인(대판 1959. 10. 29. 4292 민상 440 ; 대판 1960. 6. 9. 4292 민상 758 ; 대판 1976. 1. 13. 70 다 2462)이 받아야 할 이익이다.

여기서 어음법 제79조(수표법 제63조)는 환어음 또는 약속어음(수표)에서 생긴 권리가 절차의 흠결로 인하여 소멸한 때나 그 소멸시효가 완성한 때라도 소지인은 발행인, 인수인(지급보증을 한 지급인) 또는 배서인에 대하여 그가 받은 이익의 한도 내에서 상환을 청구할 수 있다고 규정하여 어음, 수표상의 권리가 실효된 경우의 어음, 수표소지인의 이익을 보호할 수 있는 어음, 수표법상의 권리를 인정하고 있다. 이를 "이득상환청구권"이라 한다.

어음법에 의한 이득상환청구권이 발생하기 위하여는 모든 어음상 또는 민법상의 채무자에 대하여 각 권리가 소멸되어야 하는 것이고(대판 1993. 3. 23. 92 다 50942), 어음법 제79조에서 말하는 "받은 이익"이라는 것은 어음채무자가 어음상의 권리의 소멸에 의하여 어음상의 채무를 면하는 것 자체를 말하는 것이 아니라 어음수수의 원인관계 등 실질관계에 있어서 현실로 받은

이익을 말하는 것이다(대판 1993. 7. 13. 93 다 10897).

어음채무자에게 받은 이익이 있음과 그 한도에 관하여는 어음소지인인 이득상환청구권자가 이를 주장, 입증하여야 한다(대판 1994. 2. 25. 93 다 50147).

어음(수표)법상의 "이득상환청구권"은 지명채권이므로 은행의 자기앞수표의 경우에 있어서도 이득상환청구권의 양도는 지명채권양도의 대항요건(승낙과 통지)을 구비하여야 제3자에게 대항할 수 있는 것(대판 1976. 1. 13. 70 다 2462의 소수의견)이라는 주장이 있고, 이에 대하여 은행 기타 금융기관이 발행한 자기앞수표소지인이 그 제시기간을 경과하여 수표상의 권리가 소멸한 수표의 이득상환청구권은 수표상의 권리의 잔존물이라 보고 자기앞수표가 지급수단으로써 현금과 동일시되는 유통실태를 존중하여 자기앞수표의 양도자체가 수표금액의 지급수령권한과 아울러 특별한 사정이 없으면 수표상의 권리의 소멸로 인하여 소지인에게 발생한 이득상환청구권까지도 이를 양도하는 동시에 그에 수반하여 이득을 한 발행은행에 대하여 그 소지인을 대신하여 양도에 관한 통지를 할 수 있는 권능을 부여하는 것이라는 주장도 있다(대판 1976. 1. 13. 70 다 2462의 다수의견).

이에 따라서 이득상환청구권의 소멸시효완성시기도 지명채권설은 10년, 상사채권설은 5년, 어음(수표)채권설은 3년을 주장하게 되는 것이다.

〈서식 37〉 이득상환청구의 소

청구취지

청구금액 : 일금 ○○○원

지연손해금 비율 : 연 5% 일금 ○○원

기간 : 1999. ○○. ○○부터 2000. ○○. ○○까지

청구원인

1. 원고는 다음과 같은 소지인출급수표의 소지인입니다.

1) 액면금액 ○○○원

2) 발행인 ○○○

3) 지급인 ○○○

4)지급지 서울특별시 ○○구 ○○동

5) 발행지 서울특별시 ○○구 ○○동

6) 발행일 1999. ○○. ○○

7) 지급제시일 2000. ○○. ○○

2. 원고의 수표취득경위

3. 위 수표는 지급제시기간 경과 전에 지급제시되지 못함으로써 그 수표상의 권리가 소멸되었습니다.

4. 이로 인하여 위 수표의 발행인 피고는 그 액면 금 ○○○원 상당을 이득하였습니다.

5. 원고는 위 수표의 지급제시기간 만료 당시의 적법한 소지인으로써 피고에 대하여 이득상환청구권이 있습니다.

6. 지연손해금 비율 : 연 5%

기간 : 1999. ○○. ○○부터 2000. ○○. ○○까지

위와 같이 주장하여 청구취지와 같은 판결을 구합니다.

2000. ○○. ○○

원고 ○○○ ㉤

제 8 장

기업의 경영분석

1. 기업의 경영분석의 의미
2. 기업의 재무분석
3. 기업의 소비자분석

1. 기업의 경영분석의 의미

기업의 경영목적은 기업의 영원한 번영을 위하여 기업의 수익성을 계속적으로 도모하는 것이다. 그러나 기업에도 질병이 발생하는 경우가 있으며 이로 인하여 수익성과 안전성을 유지하지 못하면 기업은 결국 살아 남지 못하는 것이므로 주주, 채권자 및 근로자, 투자가, 국가 등은 기업내부에 존재하는 여러 가지 증상(장부 및 서류)을 토대로 하여 기업이 고통받고 있는 원인을 찾아내고 건강을 회복할 수 있는 처방을 마련할 필요가 있는 것이다. 기업의 내재적 질병원인을 발견하고 치료할 수 있는 처방을 얻으려고 하면 기업이 제출하는 각종 자료에 대한 기초지식을 가지고 있을 뿐만 아니라 기업의 질병을 사전에 예방하고 응급조치를 할 수 있는 능력이 있는 자가 필요한 것이다.

기업의 경영자는 현재의 국민경제상태를 나타내는 경기동향지수(산업생산지수, 제조업가동률지수, 생산자출하지수, 도소매판매액지수, 비내구소비재출하수입액지수, 시멘트소비량지수, 비농가취업자지수) 순환변동치와 장래의 경기상태를 나타내는 선행지수(건축허가면적, 건설용 중간재생산지수, 기계수주액, 수출신용장내도액, 수입허가서발급액, 총유동성예금, 은행대출금, 제조업재고율지수, 중간재출하지수, 취직과 직장이동의 비율) 전년대비증가율을 장기적으로 관찰하여야 하며 그 조직이나 업무가 합목적성과 경제성이 있는가를 분석하고(업무통제) 금전이나 물건의 관리가 내부에서 견제를 받고 장부작성이 적정한가를 분석하는(회계통제) 능력이 필요한 것이다.

기업의 경영분석은 분석하는 주체를 기준으로 하여 외부(은행, 감독기관, 징세기관 등)분석과 내부(경영자)분석으로 구별하고, 분석대상을 기준으로 하여 재무분석과 원가분석 및 기타 자료분석으로 나눈다. 내부분석은 그 목적을 기준으로 재무활동분석, 이익계획분석, 설비계획분석, 세무대책분석, 이익분배분석, 은행 및 주주분석 등으로 세분한다.

기업의 수익성을 예측하기 위하여 재무제표를 이용하는 자는 주주이고 기업을 경영하여 장래의 배당과 주가를 평가할 수 있는 재무제표를 작성하여 주주에게 제공하는 자는 경영자이다. 주주는 영업자금을 제공하고 자기가 선임한 경영자로부터 영업이익을 배당받는 지위에 있으므로 적정이익을 확보하고 경영자를 감독하기 위하여는 경영자가 작성하는 재무제표를 분석할 수 있는 능력이 필요하다.

재무제표는 기업회계법규에 의하여 작성되고 있으므로 경영자가 회계법규의 의미를 정확히 알고 있으며, 그 의미를 올바르게 실현하는 경우에 경영자가 작성한 재무제표를 믿게 되는 것이다.

기업회계법규는 합리성을 추구하는 기업(경쟁사회)이 영속할 수 있도록 보장하는 정의(윤리사회)를 기업사회에 실현시키는 강제수단이다. 주주가 기업회계법규에 대한 지식이 부족하면 경영자의 부적정한 회계를 감독하지 못하고 기업법이 최고의 신뢰를 부여하고 있는 대표이사(사장)를 믿지 못하게 되는 것이다.

기업의 경영분석은 기업의 영속성을 보장하기 위하여 필요한 것이므로 주주, 경영자, 채권자, 근로자, 소비자, 세무관청 등이 기업의 경영분석에 대하여 관심을 가지고 있다. 그리고 자본주의 경제와 국민주권주의를 기초로 하여 조직되어 있는 기업의 주권자는 영리목적으로 자본을 투자한 주주이다. 그러므로 적정하고 올바른 경영분석을 하기 위하여 경영자로부터 회계보고를 받고 있는 주주의 기업회계법규에 대한 관심은 그 중에서도 제일 중요한 것이다.

2. 기업의 재무분석

대차대조표의 분석

대차대조표는 상인(회사)이 영업상의 재산 및 손익의 상황을 명확히 하기 위하여 영업을 개시(회사성립)한 때와 일정기간(결산기)에 회계장부에 의하여 작성하는 상업장부를 말한다(상법 제29조, 30조 제2항).

대차대조표는 자산(유동자산 및 고정자산)=부채(유동부채 및 고정부채)+자본(자본금, 자본잉여금, 이익잉여금 및 자본조정)으로 구분한다(1998. 12. 11. 개정, 기업회계기준 제11조 제1항).

유동자산(1년 이내에 현금으로 전환될 수 있는 자산, 기업회계기준 제12조)은 당좌자산(현금 및 현금등가물, 단기금융상품, 유가증권, 매출채권, 단기대여금, 미수금 등)과 재고자산(상품, 제품, 반제품, 재공품, 원재료, 저장품 등)으로 분류하고 고정자산(현금이 동결된 자산, 기업회계기준 제16조)은 투자자산(장기금융상품, 장기대여금, 보증금, 투자유가증권, 장기매출채권, 투자부동산 등), 유형자산(토지, 건물, 기계장치, 선박, 차량운반구 등), 무형자산(영업권, 산업재산권, 어업권, 광업권, 차지권, 창업비, 개발비 등)으로 분류한다.

유동부채(1년 이내에 지급할 채무, 기업회계기준 제23조)는 단기차입금, 매입채무, 선수금, 예수금, 미지급금, 단기부채성(퇴직급여)충당금 등으로 나누고 고정부채(기업회계기준 제24조)는 사채, 장기차입금, 장기성 매입채무, 장기부채성 충당금 등으로 한다. 부채성 충당금은 당기 수익에 대응하는 비용으로서 장래에 지출될 것이 확실하고 당기의 수익에서 차감되는 것이 합리적인 금액을 말한다(기업회계기준 제26조).

자본금(기업회계기준 제29조)은 보통주자본금과 우선주자본금으로 분류하고 자본잉여금(기업회계기준 제31조)은 주식발행초과금, 감자차익, 기타 자본잉여금으로 하고 이익잉여금 또는 결손금(기업회계기준 제32조)은 이익준비금, 법정적립금, 임의적립금, 차기이월이익잉여금 또는 차기이월결손금으로 하며, 자본조정(기업회계기준 제33조)은 주식할인발행차금(3년 이내 매기균등 상각액은 이익잉여금으로 처분), 배당건설이자(배당이익초과금액과 동액이상의 상각액은 이익잉여금으로 처분), 자기주식, 미교부주식배당금(주식배당시 자본계정에 대체), 투자유가증권평가이익 또는 손실, 해외사업환산이익 또는 손실로 한다.

〈서식 38〉 대차대조표(계정식)

제○기 2000년 ○○월 ○○일 현재
제○기 2000년 ○○월 ○○일 현재

회사명 ○○○ 단위; 원

자산	제○기 금액	제○기 금액	부채, 자본	제○기 금액	제○기 금액
[1] 유동자산			[1] 부채		
(1) 당좌자산			(1) 유동부채		
1. 현금 및 현금등가물			1. 매입채무		
2. 단기금융상품			2. 단기차입금		
3. 유가증권			3. 미지급금		
4. 매출채권			4. 선수금		
5. 단기대여금			5. 예수금		
6. 미수금			6. 미지급비용		

7. 미수수익
8. 선급금
9. 선급비용
10. 기타의 당좌자산

(2) 재고자산
1. 상품
2. 제품
3. 반제품
4. 재공품
5. 원재료
6. 저장품
7. 기타의 재고자산

[2] 고정자산
(1) 투자자산
1. 정기금융상품
2. 투자유가증권
3. 장기대여금
4. 장기성매출채권
5. 투자부동산
6. 보증금
7. 이연법인세차
8. 기타의 투자자산
(2) 유형자산
1. 토지
2. 건물
3. 구축물
4. 기계장치

7. 미지급법인세
8. 미지급배당금
9. 유동성장기부채
10. 선수수익
11. 단기부채성충당금
12. 기타의 유동부채

(2) 고정부채
1. 사채
2. 장기차입금
3. 장기성매입채무
4. 장기부채성충당금
5. 이연법인세대
6. 기타의 고정부채

[2] 자본
(1) 자본금
(2) 자본잉여금
1. 주식발행초과금
2. 감자차익
3. 기타 자본잉여금
(3) 이익잉여금
1. 이익준비금
2. 기타 법정적립금
3. 임의적립금
4. 차기이월이익잉여금
(4) 자본조정
1. 주식할인발행차금
2. 배당건설이자
3. 자기주식

5. 선박	4. 미교부주식배당금
6. 차량운반구	5. 투자유가증권평가이익
7. 건설중인 자산	6. 해외사업환산대
8. 기타의 유형자산	
(3) 무형자산	
1. 영업권	
2. 산업재산권	
3. 광업권	
4. 어업권(입어권)	
5. 차지권(지상권)	
6. 창업비	
7. 개발비	
8. 기타의 무형자산	
자산총계 ○○○○	부채와 자본총계 ○○○○

1) 공제법

공제법은 기업의 지급능력을 조사하기 위하여 유동자산에서 유동부채를 공제한 잔액을 확인하여 경영을 분석하는 방법을 말한다. 유동자산의 잔액규모는 기업의 규모에 의하여 다르게 평가(동일한 잔액규모가 소규모기업에게는 충분한 지급능력을 표시하지만 대규모기업에게는 가치가 별로 없다는 평가)되는 것이므로 이 방법에 의하여 신용을 판정하는 것은 불합리하다.

2) 강제처분평가법

강제처분평가법은 대차대조표에 표시되어 있는 모든 자산을 강제적으로 처분한 가격에 의하여 기업의 지급능력을 평가하는 방법을 말한다. 유행이 지난 상품이나 충분한 감가상각을 하지 못한 기계장치는 장부가격대로 환금되는 것이 아니므로 최소한도로 20 내지 30%는 낮게 평가하는 것이 타당한 가격이라는 것이다. 그러나 계속기업을 전제로 하여 기업의 지급능력을 평가함에 있어 기업해산을 전제로 처분가격을 평가기준으로 채택하는 것은 불합리한 것이다.

3) 항목별 분석법

항목별 분석법은 대차대조표의 각 계정항목에 대하여 의의, 성질, 내용을 평가한 결과를 가지고 기업의 경영을 분석하는 방법을 말한다.

예컨대, 모든 자산에 대한 현금 등의 당좌자산의 비율은 몇 %이며, 상품 등의 재고재산의 표시가격이 제대로 표시되어 있으며, 기계설비 등의 고정재산의 감가상각이 충분하게 이행되었으며, 부채는 단기와 장기로 구분되고 단기부채에 대하여 충분한 유동자산을 확보하고 있으며, 경영에 관계없는 대여금이나 투자에 자금이 사용되고 있는가를 검토하여 경영을 분석하는 것이다.

4) 자금운용표 분석법

자금운용표분석법은 대차대조표에 의하여 자금의 조달과 운용상태를 표시하는 계산표(자금적용표, 대차대조표변화총괄표)를 작성하여 당기와 전기의 각 항목별 증감을 비교분석하는 방법을 말한다. 예컨대, 유동자산에서 유동부채를 공제한 차액은 순운용자본으로 부채에 충당하지 아니하고 기업이 자유롭게 이용할 수 있는 금액이므로 유동자산이 증가하고 유동부채가 감소하면 순운용자본은 증가한다.

당기이익자금(자금원천)으로 토지를 매수(자금운용)하고 남은 금액은 순운용자본을 증가시킨다. 그러나 자금운용표상의 항목별 증감은 자금의 원천과 운용에 있어서 변화를 명확히 하는 기능은 있으나 그 변화가 기업경영에 좋은 것인지 나쁜 것인지를 알려 주지 못한다. 여기서 대차대조표상의 각 항목을 전기와 후기로 구분하여 증감을 비교하면 전기의 대차대조표상에서 고정자산에 동결되어 있던 자금이 후기의 대차대조표에서 감소하고 유동자산의 자금을 증가시키고 있으면 기업의 지급능력상태는 좋아진 것으로 보는 것이다. 그러나 이 분석방법은 자금의 이동으로 경영이 좋고 나쁨을 판단하는 것이므로 자금이동의 정도나 상호간의 비율을 알지 못한다.

5) 비율법

비율법은 대차대조표상의 2개 이상의 항목간의 비율을 이용하여 기업의 경영을 분석하는 방법을 말한다. 대차대조표상의 각 항목은 상호간에 밀접한 관계를 가지고 있으므로 어느 항목이 증감하면 다른 항목이 영향을 받아 그 증감이 있게 된다. 그러므로 각 항목간의 변화비율을 산출하여 그 비율이 균형된 것이면 경영이 좋은 것이고 불균형하면 경영이 나쁜 것으로 판단한다.

정태비율

정태비율은 대차대조표상의 각 항목 상호간의 비율을 말한다. 대차대조표는 기업의 일정한 시점에서의 재정상태를 정지된 상태에서 나타내는 표이므로 정지상태에서의 재정비율을 알려 주는 것이다.

유동비율

유동비율은 기업이 소유하는 유동자산을 유동부채로 나눈 비율을 말하고 이 비율이 높으면 운용자금이 많아서 지급능력이 큰 것을 나타낸다. 이 비율은 200% 이상이면 안전하다고 말함으로 유동자산은 유동부채의 2배를 보유하여야 한다(2대1의 법칙). 그러나 유동비율이 높아도 재고자산의 비율이

크고 그 중의 대부분이 유행이 지나 손님이 구매하지 않는 상품일 경우 지급능력이 좋다고 말할 수 없는 것이다.

당좌비율

당좌비율은 당좌자산과 유동부채와의 비율을 말한다. 유동자산 중에는 제조나 판매를 거쳐야 현금으로 되는 재고자산이 포함될 수도 있고 팔리지 않는 상품도 있기 때문에 재고자산의 비율이 높으면 유동비율이 높아도 당좌의 지급능력이 충분하다고 말할 수 없는 것이다. 현금과 유동부채의 비율은 25% 정도는 유지하여야 한다.

받을 채권비율

받을 채권비율은 받을 어음 등의 채권을 재고품으로 나눈 비율을 말한다. 이 비율이 크면 판매활동이 좋은 것을 나타내고 유동성이 강한 것이다. 그러나 회수상태가 나쁜 경우에도 이 비율은 높아질 수 있으므로 받을 채권의 금액은 개별기업의 업종, 경영방법, 거래관습 등을 고려하여 판단하여야 한다.

부채비율

부채비율은 사채, 차입금 등의 타인자본과 자본금, 잉여금 등의 자기자본과의 비율을 말한다. 이 비율은 200% 이하를 유지하는 것이 좋고 비율이 낮을 수록 남의 돈을 끌어다 쓰는 타인자본 의존도가 낮은 것이다.

고정비율

고정비율은 자기자본을 고정자산으로 나눈 것을 말한다. 타인자본으로 설비자산을 조달하면 영업자본이 고정화되고 기업활동을 저해하는 결과를 초래하는 것이므로 이 비율은 100% 이내일 것을 요구한다.

동태비율

동태비율은 연간 매출액과 대차대조표상의 각 항목과의 비율을 말한다. 이 비율이 높으면 기업의 활동능력이 좋은 것이다.

상품회전율

상품회전율은 1년간에 상품이 몇 회전하였는가를 나타내는 비율을 말한다. 제조업의 경우 평균재고로 판매제품의 원가를 나눈 비율을 재고품회전율이라 한다. 기업은 자본을 사용하여 이익을 획득하는 것을 목적으로 함으로 상품의 회전속도가 빠를수록 상품에 사용한 자본이 많아지고 이익도 많이 생기는 것이다.

받을 채권회전율

받을 채권회전율은 판매에서 생긴 채권의 잔액으로 판매총액을 나눈 비율을 말한다. 이 비율이 높으면 받을 채권의 회수상태가 좋은 것을 표시함으로 1년 365일을 받을 채권회전율로 나누면 기업이 고객에게 주고 있는 신용기간(추정신용기간)이 며칠인가를 판단할 수 있는 것이다

자본회전율

자본회전율은 자기자본으로 매출액을 나눈 비율을 말한다. 이 비율이 높으면 자기자본의 이용도가 높은 것이므로 영업상태가 좋은 것으로 평가된다. 그러나 이 비율이 갑자기 높아지면 투기적 경영이 채용된 것으로 보아야 한다.

고정자산회전율

고정자산회전율은 고정자산으로 매출액을 나눈 비율을 말한다. 이 비율이 높으면 고정설비에 투자된 자본이 적은 것이므로 그 설비가 경영에서는 많이 이용되는 것을 나타낸다. 그러나 설비를 차용하거나 경영과 관계없는 설

비를 소유하고 있는 경우에는 이들을 제외하여야 정확한 회전율을 계산할 수 있을 것이다.

비율교차법

비율교차법은 비율법의 비율중에서 2개 이상을 사용하여 그 비율을 교차시킨 결과를 가지고 경영을 분석하는 방법을 말한다.

예컨대, 1. 재고품과다투자를 검증하려고 하면 당좌비율, 유동비율, 상품회전율을 이용한다. 당좌비율이 64%(200%), 유동비율이 84%(100%), 상품회전율이 43이면 당좌비율이 너무 낮아 지급능력은 부족하나 유동비율이 높고 회전율이 빠르므로 재고품과다는 아니라고 본다.

2. 매출채권과다투자를 검증하려고 하면 당좌비율, 받을 채권비율, 받을 채권회전율을 이용한다. 받을 채권비율이 152%(높음), 받을 채권회전율이 29(신용수여기간=65를 29로 나눔=12.5, 양호)이면 매출채권과다투자의 위험은 없다고 본다.

3. 고정자산과다투자를 검증하려면 고정비율, 고정자산회전율을 이용한다. 고정비율이 111%(100%), 고정자산회전율이 4이면 설비에 대한 자기자본부족의 느낌이 있으나 설비이용속도가 빠르므로 과다투자는 아니라고 본다.

4. 자본금부족을 검증하려고 하면 부채비율, 자본회전율을 이용한다. 부채비율이 61%(40%), 자본회전율이 4.5이면 자기자본이 상당한 경우 자금부족의 위험은 없는 것으로 본다.

5. 순이금의 과소를 검증하려고 하면 순익을 자기자본으로 나눈 순익률을 이용한다. 자기자본금은 기업이 영업기간 중에 실제로 사용한 금액이므로 기초의 자기자본(자본금+적립금)과 기말의 자기자본(기초의 자기자본+순이익)의 평균을 이용하고 순익률은 시장이자율보다 높아야 한다. 순익률이 4%이면 세금공제 후 연 10% 배당을 하고 남을 유보이익은 없을 것이다.

표준비율법

표준비율법은 기업의 여러 가지 비율에 대하여 일정한 표준이 되는 비율을 결정하여 놓고 이것과 실제비율을 대조하여 그 비율이 적당한가를 판단하는 방법을 말한다.

표준비율을 결정하는 방법은 1) 동종기업의 실제비율을 평균한 것을 표준비율로 하는 방법, 2) 합성대차대조표에 의하여 산출된 비율을 표준비율로 하는 방법, 3) 각 기업의 대차대조표에 의하여 산출한 비율의 집중점을 표준비율로 하는 방법, 4) 각 기업의 대차대조표에 의하여 산출한 비율의 중위수를 표준비율로 하는 방법이 있다.

지수법

지수법은 표준비율로 산출된 각 비율을 점수화하고 그 총점수를 100점으로 하여 실제득점과 비교하는 방법을 말한다.

추세법

추세법은 대차대조표를 1) 당좌자산, 2) 재고자산, 3) 유동자산, 4) 고정자산, 5) 이연자산, 6) 유동부채, 7) 고정부채, 8) 자기자본으로 나누어 각 항목의 제1차 연도의 숫자를 100으로 하고 그 이후의 연도 숫자를 제1차 연도의 몇 %로 표시하여 기업의 경영을 판단하는 방법을 말한다.

백분율 분석법

백분율 분석법은 2개 이상의 대차대조표에 나타난 재산의 모든 가치를 100으로 하고 각 항목이 표시하는 비율을 대조하여 경영을 분석하는 방법을 말한다. 이와 같은 방법으로 만든 대차대조표를 백분율(공통형)대차대조표라 한다.

손익계산서의 분석

손익계산서는 기업의 경영성과를 명확히 보고하기 위하여 그 회계기간에 속하는 모든 수익과 이에 대응하는 모든 비용을 나타내는 계산표를 말한다(기업회계기준 제34조 제1항). 손익계산서는 기업의 손익을 발생시키는 원인을 검토하여 경영능력을 정확히 판단할 수 있게 하는 것이다.

손익계산서는 그 계정과목을 1) 매출총손익(매출액에서 매출원가를 공제한 금액)-매출액(기업회계기준 제38조)은 총매출액에서 매출에누리와 환입 및 매출할인을 공제한 금액이며 판매업의 매출원가(기업회계기준 제39조)는 기초상품재고액과 당기상품매입액의 합계액에서 기말상품재고액을 공제한 금액이다.

2) 영업손익(매출총손익에서 판매비와 관리비를 공제한 금액)-판매비와 관리비(기업회계기준 제43조)는 상품과 용역의 판매활동 또는 기업의 관리와 유지에서 발생하는 비용으로 급여, 퇴직급여, 복리후생비, 임차료, 접대비, 감가상각비, 무형자산상각비, 세금, 광고선전비, 연구비, 경상개발비, 대손상각비 등 매출원가에 속하지 아니하는 영업비용이다.

3) 경상손익(영업손익에 영업외 수익을 가산하고 영업외 비용을 공제한 금액)-영업외 수익(기업회계기준 제47조 제1항)은 이자, 배당금, 임대료, 유가증권처분이익, 유가증권평가이익, 외환회수 또는 상환차익, 외화환율환산차익, 지분법평가이익, 투자유가증권감액손실환입, 투자자산처분이익, 유형자산처분이익, 사채상환이익, 법인세환급액을 말하고 영업외 비용(기업회계기준 제47조 제2항)은 이자비용, 대손상각비, 유가증권처분손실, 유가증권평가손실, 재고자산평가손실, 외환회수 또는 상환차손, 외화환율환산손실, 기부금, 지분법평가손실, 투자유가증권감액손실, 투자자산처분손실, 유형자산처분손실, 사채상환손실, 법인세추납액 등이다.

4) 법인세비용차감전순손익(경상손익에 특별이익=재산수증이익, 채무면제이익, 보험차익 등을 가산하고 특별손실=재해손실 등을 공제한 금액, 기업회계

기준 제50조)

5) 당기순손익(법인세 비용 차감전 순손익에서 법인세 비용을 공제한 금액, 기업회계기준 제53조)으로 구분한다(기업회계기준 제35조 4호).

1) 비율법

순익률

순익률(자기자본이익률)은 당기순이익을 자기자본으로 나눈 비율을 말한다. 자기자본이익률은 자산을 투자하여 매출을 얼마나 많이 내고 있으며(효율성) 매출에서 얼마나 많은 수익을 올리고 있으며(수익성) 영업으로 얻은 이익에서 이자 등을 공제하고 남는 순이익이 얼마이며(수익의 질) 사업자금에서 자기자본의 비율은 어느 정도인가(자산건전성)를 파악할 수 있는 지표이다. 기업의 순수익이 예금이나 사채에 투자하는 것보다 유리하다고 판단하려면 순익률이 시장이자율보다 높아야 한다.

매출 수익률

기업의 순이익은 영업외 수익(이자수입)을 가산하고 영업외 비용(이자지급)을 공제하는 것이므로 영업고유의 활동으로 생긴 수익력을 파악하려면 각 종 매출항목을 매출액으로 나눈 매출 수익률을 산정하여 분석할 필요가 있다.

예컨대, 매출총 수익률(매출총이익을 매출액으로 나눈 비율)은 매출액에 대한 총이익을 알게 하고, 매출순익률(매출순이익을 매출액으로 나눈 비율)은 물건을 한 개 팔면 얼마의 이익이 나는 가를 알려주고, 매출원가율(매출원가를 매출액으로 나눈 비율)과 매출작업률(매출원가와 판매비를 합계한 금액을 매출액으로 나눈 비율)은 낮을수록 기업의 수익률은 높아지는 것이고 매출비율(판매비를 매출액으로 나눈 비율)의 증가는 순이익의 감소원인을 판단할 수 있도록 하는 것이다.

손익요소비율

판매에 직접관계가 없는 일반관리비나 영업외 비용을 매출액으로 나눈 비율이 경영능률을 판단하는 데 도움이 되고 총수익에 대한 각 수익요소의 비율이나 총비용에 대한 각 손비요소의 비율이 경영의 결함을 판단하는데 유익하다.

2) 추세법

추세법은 손익계산서의 제1차 연도의 숫자를 100으로 하고 그 후의 연도를 제1차 연도에 대한 몇 %라고 수정하여 영업성적을 판단하는 방법을 말한다.

3) 원가분석방법

대차대조표 및 손익계산서에 의한 분석방법은 동일한 기업에 있어서 일정한 기간의 실제 계산자료에 의하여 또는 과거의 실제 자료와 현재의 실제 자료를 기간적으로 비교하는 분석 및 다른 기업과 자기 기업의 실제 자료를 상호 비교하는 분석이며 또는 동종기업 간의 표준수치를 비교수치로 이용하는 경우에도 그 표준수치에 도달하지 못하는 이유를 찾아내기가 어려웠다(이를 실제 자료에 의한 원가분석이라 한다). 이에 대하여 표준원가를 미리 설정하여 실제 원가와의 차이를 비교분석하고 그 차액을 발생요소별로 세분하여 원가인하를 관리하는 방법이 있다(이를 표준실적비교에 의한 원가분석이라 한다).

표준실적비교 원가분석방법의 장점은 차액을 자동적으로 전개할 수 있는 점이다. 표준원가를 각 계정에 기록하면 차액을 각각 기장하여 집적할 수 있고 발생요소별로 재료의 가격, 사용량, 직접노무비 등의 차액발생원을 세분할 수 있는 것이다. 차액의 총액을 차액의 원인별로 세분하는 경우 어느 정도로 세분할 수 있는가는 표준액을 요소별로 어느 정도로 세분할 수 있는가 또는 실제의 경험에 대하여 비슷한 자료를 이용할 수 있는가에 의하여 결정한다.

가격차액은 실제량에 실제가격에서 표준가격을 공제한 액을 곱하여 산출하고, 사용량차액은 표준가격에 실제량에서 표준 양을 공제한 양을 곱하여 산출하며, 조업도차액은 제품의 표준가격에 실제의 조업도에서 기준조업도를 공제한 차이를 곱하여 산출한다.

4) 건전한 재무분석

건전한 재무분석이라 함은 경영자가 기록한 장부를 기초로 하여 기업의 상태를 파악하거나 상태개선에 이용할 수 있는 방법을 연구하여 기업의 건전한 발전을 도모하는 기업경영분석방법을 말한다.

건전한 재무 여부는 1) 매출액에 대한 순운용자본의 비율(순운용자본회전율)은 적당한가(부패하기 쉬운 생선판매대금은 현금전환이 빨라야 하고 회전속도가 늦은 가구는 매출액에 대한 운용자본이 많아야 한다).

2) 재고자산은 순운용자본보다 작은가(재고자산이 순운용자본을 초과하면 당좌자산이 유동부채를 감당하지 못한다).

3) 고정자산의 투자액은 자기자본에 대하여 적당한 비율을 유지하고 있는가(과잉투자는 불황일 때 증가된 고정비지출을 어렵게 한다).

4) 자기자본과 타인자본의 비율(부채비율)을 적당하게 유지하고 있는가에 의하여 판단한다(기업이 얻은 영업이익을 이자비용으로 나누면 영업이익으로 어느 정도의 이자를 갚을 수 있는가를 보여 주는 이자보상비율을 얻는다).

● 매출액의 분석

매출액은 받을 채권회전율에 의하여 분석한다. 판매대금은 회수되어야 비로소 가치가 생기는 것이므로 회수일수(365일을 회전수로 나누어 산출한다)가

단기이면 자금의 유통이 원활해진다.

거래처가 도산하면 자기기업도 도산하는 수가 있으므로 거래처에 대한 장부는 매출액과 회수액의 기록부가 되도록 관리하여야 하고 자기기업의 회전율이 동일업종의 표준비율보다 낮으면 거래처에 문제가 있는 것으로 판단하여 적어도 1개월 단위로 거래처의 상태를 조사하고 분석할 필요가 있다. 불량거래처는 판매대금의 회수일수가 늦어지는 곳뿐만 아니라 적자를 내고 있는 거래처도 포함하여 빨리 정리하는 것이 유리하다.

재고품의 분석

재고품은 적정재고량의 보유를 목적으로 관리하여야 하고 매출액에 대한 재고품의 비율(재고품회전율)에 의하여 분석한다.

예컨대, 일정기간에 보유재고가 6회 필요한 기업에서 회전율이 4이면 보유재고는 필요재고량의 50%를 초과한 것이 되고 회전율이 8이면 보유재고량은 25%가 된다. 회전율이 표준보다 낮으면(회전기간이 길면) 재고품을 과다보유한 것이 되고 반대로 회전율이 표준보다 높으면(회전기간이 짧으면) 재고품의 과소보유가 된다.

재고품의 부당관리는 과다보유로 인한 자금동결과 과소보유로 인한 매출감소 등으로 경영에 손실을 증가시키는 것이다. 적정 재고량을 산출하기 위하여 1일 재고품사용량 및 주문하여 입고하는 일수 또는 최고보유량과 최저보유량을 산출할 필요가 있다.

고정자산의 분석

고정자산에 투자된 자금은 장기간 동결되므로 필연적으로 운용자금의 부족과 고정비 증대를 초래하여 불황시에 자금조달의 고통을 받게 된다. 여기서 고정자산은 설비계획을 시행하기 전에 분석할 필요가 있고 그 분석에는 고정비율(고정자산을 자기자본으로 나누어 산출하고 100% 이하를 유지한다), 고정자산회전율(매출액을 고정자산으로 나누어 산출한다), 고정장기적합률(고정자산을 자기자본과 고정부채의 합계로 나누어 산출하고 100% 이하를 유지한다) 등을 이용한다.

고정자산을 분석할 때에는 1. 고정자산의 현재고가 전기에 비하여 팽창하고 있는가, 당기의 감가상각비계상에도 불구하고 고정자산 현재고가 감소하지 않고 있는가

2. 고정자산증가가 장기차입금 등의 설비자금을 대상으로 행하여지고 있는가, 단기차입금에 의하여 고정자산투자가 행하여지고 있는가(자금운용표를 작성하여 분석한다)

3. 현재의 고정자산은 기업에 필요한 것이며 유효하게 사용하고 있는가(총자산에 대한 고정자산의 비율, 기계장치의 비율, 1설비당 수입비율 등을 비교한다)를 주의하여야 한다.

이익분석

일정기간에서의 기업이익은 그 기간에 판매한 매출액에서 비용을 공제한 차액에 의하여 측정하고 목표이익을 표시하는 방법은 순이익을 투하자본(고정적 자본과 변동적 자본)으로 나누어 산정하는 비율(자본이익률)을 이용한다.

이익의 분배는 기업이 획득한 이익을 기업활동에 기여한 자에게 배분하는 것을 말한다. 존속기업에서는 세금(국가), 이자(채권자), 배당금(주주), 급료(경영자), 임금(근로자), 적립금(기업자체), 좋은 제품(소비자), 서비스(거래처)를 제공하여야 하는 것이므로 당기이익금을 최대로 하는 것도 중요하지만 일정한 기간에 기업이 생성한 부가가치(기업이 생산을 통하여 새로 만들어 내는 가치)를 최대화시킬 필요가 있다.

부가가치를 계산하는 방법은 공제법(매출액에서 사용자비용을 공제)과 가산법(요소비용+영업순이익+조세)이 있다.

기업의 손익분기점은 매출액에서 이익분배를 공제하면 잔액이 남지 않는 점이며 기업이 성장을 계속하려면 매출액에서 이익을 분배하고도 잔액이 남

아야 하는 것이다. 일정기간의 매출액에서 변동비를 공제하고도 남는 잔액(한계이익)을 매출액으로 나누어 산출한 비율을 한계이익률이라 한다.

기간이익을 축소하는 방법으로 지출이 없는 비용(또는 손실)을 충당금이라는 계정과목으로 부채에 기재하는 경우가 있다. 기업회계기준은 1년 내에 사용되는 단기부채성 충당금을 유동부채로 하고(제23조 11호) 1년 후에 사용되는 장기부채성 충당금을 고정부채로 하며(제24조 4호) 단기수익에 비용으로서 장래에 지출될 것이 확실하고 당기의 수익에서 차감되는 것이 합리적인 것에 대하여는 그 금액을 추산하여 부채성 충당금으로 계상하여야 하고(제26조 제1항) 부채성 충당금은 퇴직급여충당금, 수선충당금, 판매보증충당금 등을 포함하는 것으로 하며(제26조 제2항) 부채성 충당금중 이를 연차적으로 분할하여 사용하거나 그 전부 또는 일부의 사용시기를 합리적으로 예측할 수 없는 경우에는 이를 전부 고정부채에 속하는 것으로 기재할 수 있다(제26조 제3항)고 한다.

기업회계기준은 주식회사의외부감사에관한법률 제13조에 의하여 금융감독위원회 금융감독원에서 제정한 것이고(1998. 12. 11. 의결) 상법 제32조 제2항의 상업장부의 작성원칙인 일반적으로 공정, 타당한 회계관행에 해당하는 것이므로 기업의 경영자는 대차대조표의 부채에 부채성 충당금을 계상하여야 하는 것이다.

퇴직급여충당금은 장래의 근로자에게 지급할 퇴직금을 기업이익에서 공제하여 유동자산으로 확보하는 비용이며, 이 비용은 노동의 대가이므로 노동의 용역이 제공되는 기간에 분할하여 배분하는 것이 합리적이다. 충당금은 이익에서 공제되는 충당금이 많을수록 배당이 감소하고, 법률상의 채무로서 당연히 비용으로 계상되는 확정채무나 조건부채무와는 달리 장래의 채무이므로 대차대조표상의 부채에 기재할 수 있는 수권규정을 요구한다. 현재의 기업회계기준은 부채성 충당금만을 규정하고 있으므로 기업이익을 유보하는 이익성 충당금을 계상하는 것은 배제하고 있는 것이다.

이익잉여금처분계산서의 계정과목은 1. 처분전이익잉여금, 2. 임의적립금 등의 이입액, 3. 이익잉여금처분액(이익준비금, 기타 법정적립금, 이익잉여금처분에 의한 상각, 배당금, 임의적립금), 4. 차기이월이익잉여금으로 한다(기업회계기준 제77조).

결손금 처리계산서의 계정과목은 1. 처리전 결손금〔전기이월결손금(전기이월 이익잉여금)에 회계처리기준의 변경으로 인한 누적 효과, 전기 오류수정손익(전전기 이전에 발생한 오류사항을 비교목적으로 작성하는 전기 재무제표에 반영하는 경우에 한한다), 중간배당액 및 당기순손실(당기순이익) 등을 가감한 금액으로 한다〕.

2. 결손금처리액(임의적립금이입액, 기타 법정 적립금이입액, 이익준비금이입액, 자본잉여금이입액의 순서로 처리)

3. 차기이월결손금(처리전 결손금에서 결손금처리액을 차감한 금액)으로 한다(기업회계기준 제78조).

3. 기업의 소비자분석

소비자권리

소비자라 함은 사업자가 제공하는 물품 및 용역을 소비생활을 위하여 사용하거나 이용하는 자를 말한다(소비자보호법 제2조 2호).

기업에 있어서 소비자는 상품판매고를 좌우하는 상대방이므로 이들의 상품구매욕망을 창출하기 위하여 대량판매체제를 구축하고 과대광고, 부당표시를 한다. 그러나 소비자는 사업자가 제공하는 물품 및 용역을 구입하여 자기생활에 사용하거나 이용하는 생활인이므로 이들은 단순히 상품구매자로서의 지위뿐만 아니라 생활자로서의 인간의 지위도 가지고 있는 것이다. 여기서 기업경영자는 소비자가 상품을 구매하여 사용함에 있어서 생명, 신체 및 재산상의 손해를 입지 않도록 보호할 의무를 부담하는 것이며 소비자는 기업과 대등한 지위에서 스스로 소비이익을 확보할 권리를 가져야 한다고 보는 것이다.

대량생산, 대량판매로 대표되는 현대의 경제사회에 있어서 소비자의 피해(결함상품, 부당표시, 약관거래에 의한 피해)는 구조적인 것(불평등한 것)이므로 소비자의 피해를 예방하고 구제하기 위하여는 소비자에게 기업의 소비자보호의무를 강제할 수 있는 소비자권리가 부여되어야 하는 것이다.

국가는 소비자보호운동을 법률이 정하는 바에 의하여 보장하고(헌법 제124조) 소비자에게, 1) 모든 물품 및 용역으로 인한 생명, 신체 및 재산상의 위해로부터 보호받을 권리

2) 물품 및 용역을 선택함에 있어서 필요한 지식 및 정보를 제공받을 권리

3) 물품 및 용역을 사용 또는 이용함에 있어서 거래의 상대방, 구입장소.

가격, 거래조건 등을 자유로이 선택할 권리

4) 소비생활에 영향을 주는 국가 및 지방자치단체의 정책과 사업자의 사업활동 등에 대하여 의견을 반영시킬 권리

5) 물품 및 용역의 사용 또는 이용으로 인하여 입은 피해에 대하여 신속, 공정한 절차에 의하여 적절한 보상을 받을 권리

6) 합리적인 소비생활을 영위하기 위하여 필요한 교육을 받을 권리

7) 소비자 스스로의 권익을 옹호하기 위하여 단체를 조직하고 이를 통하여 활동할 수 있는 권리를 인정하고 있다(소비자보호법 제3조).

사업자는 사업자가 제공하는 물품 및 용역으로 인한 소비자의 생명, 신체 및 재산상의 위해를 방지하기 위하여 사업자가 지켜야할 기준을 정하고 이 기준에 위배되는 물품을 제조, 수입, 판매하거나 용역을 제공하여서는 아니되고 물품의 사용이나 용역의 이용에 있어서 선택이 잘못되는 일이 없도록 필요한 기준을 표시하여야 하며 물품 또는 용역의 잘못된 소비 또는 과다한 소비로 인하여 소비자의 생명, 신체 및 재산상의 위해를 방지하기 위한 광고기준을 위반하여서는 아니되고 소비자의 합리적인 선택을 방해하고 소비자에게 손해를 끼칠 우려가 있다고 인정되는 부당행위를 하여서는 아니된다(소비자보호법 제16조).

불공정약관조항의 무효

국가는 사업자가 그 거래상의 지위를 남용하여 불공정한 내용의 약관을 작성, 통용하는 것을 방지하고 규제하여 소비자를 보호하고 있다. 사업자는 계약체결에 있어서 고객에게 약관의 내용을 계약의 종류에 따라 일반적으로 예상되는 방법으로 명시하고 고객이 요구할 때에는 당해 약관의 사본을 고객에게 교부하여 이를 알 수 있도록 하여야 하고 약관에 정하여져 있는 중

요한 내용을 고객이 이해할 수 있도록 설명하여야 한다(약관의규제에관한법률 제3조).

그리고 사업자가 1) 신의성실의 원칙에 반하여 공정을 잃은 조항(부당하게 불리한 조항, 예상하기 어려운 조항, 본질적 권리를 제한하는 조항)

2) 사업자, 이행보조자 또는 피용자의 고의 또는 과실로 인한 법률상의 책임을 배제하는 조항

3) 사업자의 손해배상범위를 제한하거나 사업자가 부담하여야 할 위험을 고객에게 이전시키는 조항

4) 사업자의 담보책임을 배제 또는 제한하거나 그 담보책임에 따르는 고객의 권리행사요건을 가중하거나 계약목적물에 관하여 견품이 제시되거나 품질, 성능 등에 관한 표시가 있는 경우 그 보장된 내용에 대한 책임을 배제 또는 제한하는 조항

5) 고객에 대하여 부당하게 과중한 지연손해금 등의 손해배상의무를 부담시키는 조항

6) 법률의 규정에 의한 고객의 해제권 또는 해지권을 배제하거나 그 행사를 제한하는 조항

7) 사업자에게 법률에서 규정하고 있지 아니하는 해제권, 해지권을 부여하거나 법률의 규정에 의한 해제권, 해지권의 행사요건을 완화하여 고객에 대하여 부당하게 불이익을 줄 우려가 있는 조항

8) 계약의 해제 또는 해지로 인한 고객의 원상회복의무를 과중하게 부담시키거나 원상회복청구권을 부당하게 포기하도록 하는 조항

9) 계약의 해제, 해지로 인한 사업자의 원상회복의무나 손해배상의무를 부당하게 경감하는 조항

10) 계속적인 채권관계의 발생을 목적으로 하는 계약에서 그 존속기간을 부당하게 단기 또는 장기로 하거나 묵시의 기간연장 또는 경신이 가능하도록 정하여 고객에게 부당하게 불이익을 줄 우려가 있는 조항

11) 급여의 내용을 사업자가 일방적으로 결정하거나 변경할 수 있도록 권

한을 부여하는 조항

12) 사업자가 이행하여야 할 급여를 일방적으로 중지할 수 있게 하거나 제3자로 하여금 대행할 수 있게 하는 조항

13) 법률의 규정에 의한 고객의 항변권, 상계권 등의 권리를 배제 또는 제한하는 조항

14) 고객에게 부여된 기한의 이익을 박탈하는 조항

15) 고객이 제3자와 계약을 체결하는 것을 부당하게 제한하는 조항

16) 사업자가 업무상 알게된 고객의 비밀을 누설하는 것을 허용하는 조항

17) 일정한 작위 또는 부작위가 있을 때 고객의 의사표시가 표명되거나 표명되지 아니한 것으로 보는 조항

18) 고객의 의사표시의 형식이나 요건에 대하여 부당하게 엄격한 제한을 가하는 조항

19) 고객의 이익에 중대한 영향을 미치는 사업자의 의사표시가 고객에게 도달된 것으로 보는 조항

20) 고객의 이익에 중대한 영향을 미치는 사업자의 의사표시가 부당하게 장기의 기한 또는 불확정기한을 정하는 조항

21) 고객의 대리인에 의하여 계약이 체결된 경우 고객이 그 의무를 이행하지 아니하는 때에는 대리인에게 그 의무의 전부 또는 일부를 이행할 책임을 지우는 내용의 조항

22) 고객에 대하여 부당하게 불리한 소제기의 금지 또는 재판관할의 합의나 고객에게 입증책임을 부담시키는 조항을 약관에 규정한 때에는 그 조항은 무효로 한다(약관의규제에관한법률 제6조 내지 제14조).

사업자가 불공정약관을 계약내용으로 한 경우에는 공정거래위원회는 당해 약관조항의 삭제, 수정 등 시정명령이나 시정권고 또는 사용금지권고를 하고(약관의규제에관한법률 제17조의 2) 불공정약관의 목록을 일반인에게 공개하며(약관의규제에관한법률 제23조) 2년 이하의 징역 또는 1억원 이하의 벌금에 처한다(약관의규제에관한법률 제32조).

제조물책임

제조업자는 제조물의 결함으로 인하여 생명, 신체 또는 재산에 손해(당해 제조물에 대하여 발생한 손해는 제외)를 입은 자에게 그 손해를 배상하여야 하고 제조업자를 알 수 없는 경우 제조물을 영리목적으로 판매, 대여 등의 방법에 의하여 공급한 자는 제조업자 또는 공급한 자를 알거나 알 수 있었음에도 불구하고 상당한 기간 내에 그 제조업자 또는 공급한 자를 피해자 또는 그 법정대리인에게 고지하지 아니한 때에는 제조물의 결함으로 인하여 생명, 신체 또는 재산에 손해를 입은 자에게 그 손해를 배상하여야 한다(제조물책임법 제3조). 제조물책임은 과실책임이 아니라 무과실책임이다. 동일한 손해에 대하여 배상할 책임이 있는 자가 2인 이상인 경우에는 연대하여 그 손해를 배상할 책임이 있고(제조물책임법 제5조) 제조물책임법에 의한 손해배상책임을 배제하거나 제한하는 특약은 무효로 한다(제조물책임법 제6조). 제조물책임을 연대책임으로 한 것은 소비자의 이익을 보호하기 위한 것이다.

제조업자는 제조물의 제조, 가공 또는 수입을 영업으로 하는 자와 제조물에 성명, 상호, 상표 기타 식별가능한 기호 등을 사용하여 자신을 제조업자로 오인시킬 수 있는 표시를 한 자를 말한다(제조물책임법 제2조 3호). 가공업자, 수입업자, 유통업자가 제조업자에 포함된다.

"제조물"이라 함은 다른 동산이나 부동산의 일부를 구성하는 경우를 포함한 제조 또는 가공된 동산을 말한다(제조물책임법 제2조 1호).

"결함"이라 함은 당해 제조물에 제조, 설계 또는 표시상의 결함이나 기타 통상적으로 기대할 수 있는 안정성이 결여되어 있는 것을 말한다(제조물책임법 제2조 2호).

제조물의 불량은 하자라고 말하며 이는 제조물이 본래 가지고 있어야 하는 성능이 불량하여 본래의 기능을 발휘하지 못하는 것이다. 제조물의 불량으로 인한 제조물손해는 민법상의 하자담보책임에 의하여 처리된다. 그러나 제조물의 제조상의 불비나 제조물의 설계에 불비한 점이 있으면 동종제조물에는 모두 같은 결함이 발생하여 손해를 야기하게 된다. 그리고 제조물자체에는 결함이 없으나 제조물의 사용상의 표시가 불비하여 소비자의 오용으로 인한 손해가 발생한다. 또 통상적으로 기대할 수 있는 안전성의 결여로 인하여 생명, 신체 또는 재산에 생긴 손해에 대하여 배상을 추구하는 것이 제조물책임이다.

제조물책임법에 의한 손해배상청구권은 제조업자가 손해를 발생시킨 제조물을 공급한 날로부터 10년 이내에 이를 행사(신체에 누적되어 사람의 건강을 해하는 물질에 의하여 발생한 손해는 또는 일정한 잠복기간이 경과한 후에 증상이 나타나는 손해에 대하여는 그 손해가 발생한 날부터 기산)하여야 하고(제조물책임법 제7조 제2항) 피해자 또는 그 법정대리인이 손해 및 손해배상책임을 지는 자를 안 날부터 3년간 이를 행사하지 아니하면 시효로 인하여 소멸한다(제조물책임법 제7조 제1항).

제조물책임법에 의한 손해배상청구권은 제조물공급일부터 10년 경과로 소멸하고 안 날부터 3년의 소멸시효에 걸린다.

소비자의 피해를 구제하기 위하여 제조물보험을 이용하자는 요구가 있다. 일정한 제조물의 일정한 제조업자에게 보험을 강제하는 경우에는 무과실책임에 수반하여 보험료의 부담이 증가하고 결함제조물에 대한 소송증가로 변호사비용이 증대하여 제조물가격의 상승에 영향을 미칠 것이라고 한다. 그러나 소비자주권의 확립은 실현되어야 할 과제이므로 보험활용의 가능성은 높아지고 있다.

제 9 장

계약의 이행

1. 계약의 효력
2. 이행할 채무의 내용
3. 채무불이행과 손해배상
4. 연체채권의 자주적 회수방법
5. 연체채권의 강제적 회수방법

1. 계약의 효력

계약이 성립되면 당사자 간에는 계약상의 권리와 의무관계(효력)가 발생하는 것이 원칙(민법 제111조)이다. 그러나 법률행위의 일부분이 무효인 때에는 그 전부를 무효로 하고(민법 제137조) 취소한 법률행위는 처음부터 무효인 것으로 본다(민법 제141조). 정지 또는 해제조건부계약은 그 조건이 성취된 때로부터 그 효력이 생기고(민법 제147조) 기한부계약은 기한이 도래한 때로부터 그 효력이 생긴다(민법 제152조).

쌍방이 서로 대가적 채무를 부담하는 계약(쌍무계약)에서는 쌍방의 권리의무가 서로 견련관계를 가지게 되므로 당사자 일방은 상대방이 그 채무의 이행을 제공할 때까지 자기의 채무이행을 거절할 수 있다(민법 제536조). 이를 동시이행항변권이라 한다.

계속적인 물품공급계약은 일정상품을 매기마다 계속적으로 공급하고 그 대금이 결제되는 것이므로 1회의 공급에 관한 의무를 이행치 아니함은 일부의 채무불이행에 해당된다 할 것이며 이미 공급된 물품대금 중 일부를 지급하지 아니하고 있는 것이라면 물품공급자로서는 대금의 지급을 받을 때까지는 장래의 공급을 하지 못하겠다고 하는 항변권이 있다고 함이 공평의 원칙에 합당하다 할 것이다(대판 1970. 3. 10. 69 다 2076). 그리고 쌍무계약의 당사자 한쪽의 채무가 당사자 양쪽의 책임없는 사유로 이행할 수 없게 된 때에는 채무자는 상대방의 이행을 청구하지 못한다(민법 제537조). 이를 채무자위험부담주의라고 한다. 계약에 의하여 당사자 한쪽이 제3자에게 이행할 것을 약정한 때에는 그 제3자는 채무자에게 직접 그 이행을 청구할 수 있다(민법 제539조 제1항).

2. 이행할 채무의 내용

채무이행은 당사자가 계약에서 발생한 채권 채무를 실현하는 것을 말한다. 특정물인도채무는 채무자가 그 물건을 인도하기까지 선량한 관리자의 주의로 보존하여야 하고(민법 제374조) 채권성립 당시에 그 물건이 있던 장소에서 인도하여야 한다(민법 제467조 제1항). 이를 추심채무라고 한다.

특정물인도 이외의 채무(종류채무)변제는 채무자가 중등품질의 물건으로 이행하여야 하고(민법 제375조 제1항), 채권자의 현주소에서 하여야 하며(민법 제467조 제2항), 영업에 관한 채무의 변제는 채권자의 현 영업소에서 하여야 하고(민법 제467조 제2항 단서), 지점에서의 거래로 인한 채무이행은 그 지점을 이행장소로 본다(상법 제56조). 이를 지참채무라고 한다.

변제는 채무의 내용에 좇은 현실제공으로 이를 하여야 하고(민법 제460조) 변제의 제공은 그 때로부터 채무불이행의 책임을 면하게 된다(민법 제461조). 채무자가 채무의 내용에 좇은 이행을 하지 아니한 때(채무불이행)에는 채권자는 손해배상을 청구할 수 있다(민법 제390조).

채무자의 법정대리인 또는 사용인의 고의나 과실은 채무자의 고의나 과실로 본다(민법 제391조). 손해는 금전으로 배상하고, 손해배상의 예정액이 부당히 과다한 경우에는 법원은 적당히 감액할 수 있다(민법 제398조).

채무불이행은 이행기에 이행이 가능함에도 불구하고 채무자가 고의 또는 과실로 인하여 이행이 늦어지고 있는 이행지체와 채무자의 고의 또는 과실에 의하여 채무의 내용을 이행할 수 없게 된 이행불능(후발적 불능과 계약체결 전의 과실에 의한 손해) 및 기한 내에 이행을 하였으나 채무자의 고의 또는 과실에 의하여 채무의 내용에 맞지 않는 불완전이행(적극적 채권침해)으로 나뉜다. 채무자가 임의로 채무를 이행하지 아니한 때에는 채권자는 손해배

상청구와는 별도로 그 강제이행을 법원에 청구할 수 있다(민법 제389조).

임대차 계약은 목적물의 인도를 성립요건으로 하고 있지 아니함으로 이른바 낙성계약이다. 그러나 임차인의 목적물에 대한 선량한 관리자로서의 의무는 목적물의 인도를 받은 후에 발생하는 의무라 할 것이다(대판 1962. 3. 8. 4294 행상 17).

보통주식 일정량을 담보로 제공하기로 한 담보제공약정은 특정한 주권에 대한 담보약정이 아니라 기명주식에 대한 담보약정이다. 다만, 그 담보약정의 이행으로서 약정한 기명주식을 표창하는 주권을 인도할 의무가 있는 것인데 주식은 등가성이 있고 상법 등의 규정에 따라 소각, 변환, 병합 등 변화가능성이 있으며 담보약정에 이르게 된 경위 등에 비추어 볼 때 담보약정 후 주권의 이행 제공 전에 갖고 있던 주식에 대한 처분이나 새로운 주식의 취득이 있더라도 약정된 수의 기명주식을 표창하는 주권만 인도하면 되고 인도할 주권의 특정은 쌍방 어느쪽에서도 할 수 있는 것으로서 담보약정에 의한 채권은 일종의 제한종류 채권이다(대판 1994. 8. 26. 93 다 2019).

수표로서 변제 제공하는 경우에 있어서는 특별히 채권자의 주소지에 소재하는 은행에 수표만으로 한다는 특약이 있는 등 특단의 사유가 없는 한 신용있는 은행발행의 수표제공은 일반거래상 현금의 제공과 동일하게 볼 것이므로 이를 채무의 본지에 따른 현실제공으로 해석할 것이다(대판 1960. 5. 19. 4292 민상 784).

3. 채무불이행과 손해배상

계약상의 채무자가 자기가 부담하고 있는 채무를 이행하지 아니하여 채권자에게 손해를 생기게 하는 것은 위법행위이므로 손해를 받은 자는 손해를 발생시킨 자에게 손해배상을 청구하여 침해결과를 배제하고 원상을 회복할 필요가 있다. 이를 채무불이행으로 인한 손해배상청구권이라고 한다(민법 제390조).

채무불이행에 대한 귀책사유가 없을 경우 이에 대한 입증책임은 채무자에게 있다(대판 1964. 4. 28. 63 다 617). 채무자의 법정대리인이 채무자를 위하여 이행하거나 채무자가 타인을 사용하여 이행하는 경우에는 법정대리인 또는 피용자의 고의나 과실은 채무자의 고의나 과실로 본다(민법 제391조).

채무의 이행지체는 채무이행이 가능한데도 채무자가 그 이행기를 도과한 것을 말하고(대판 1982. 12. 14. 82 다카 861) 채무자는 자기에게 과실이 없는 경우에도 그 이행지체중에 생긴 손해를 배상(지연배상)하여야 한다(민법 제392조).

이행지체의 채무자는 채무이행의 확정한 기한이 있는 경우에는 기한이 도래한 때로부터 지체책임을 지고, 채무이행의 불확정한 기한이 있는 경우(임대차기한을 임차인에게 매도할 때까지라고 정한 경우, 대판 1974. 5. 14. 73 다 631)에는 기한이 도래함을 안 때로부터 지체책임을 지며, 채무이행의 기한이 없는 경우(부당이득반환채무는 기한의 정함이 없는 채무, 대판 1995. 11. 21. 94 다 45753)에는 이행청구를 받은 때로부터 지체책임을 진다(민법 제387조).

채무자가 채무의 이행을 지체한 경우에 채권자가 상당한 기간을 정하여 이행을 최고하여도 그 기간 내에 이행하지 아니 하거나 지체의 이행이 채권

자에게 이익이 없는 때에는 채권자는 수령을 거절하고 이행에 갈음한 손해배상을 청구할 수 있다(민법 제395조). 전보배상에 있어서의 손해액산정의 표준시기는 원칙적으로 본래의 의무이행을 최고하였던 상당한 기간이 경과한 당시의 시가에 의하여야 하고 그 후의 물가상승에 의하여 증대된 손해는 특별한 사정에 의한 손해이다(대판 1976. 6. 13. 66 다 1842).

채무의 이행불능은 계약성립시에는 가능하였던 이행이 이행기까지의 사이에 채무자의 귀책사유로 인하여 계약의 이행을 할 수 없게 된 것(후발적 불능)을 말한다(대판 1969. 2. 25. 67 다 1338).

이행불능으로 인한 손해배상은 계약의 목적에 갈음하는 것을 금전으로 배상(전보배상)하는 것이고(민법 제394조) 이행불능으로 인한 손해배상액의 산정시기는 그 이행불능시를 표준으로 하여야 한다(대판 1969. 3. 25. 66 다 340).

불완전이행은 채무로서 이행된 내용(목적물, 이행방법, 이행상의 주의 등)에 흠이 있어서 채무의 내용에 좇은 이행으로 볼 수 없는 것을 말한다. 예컨대, 의료과오는 의사가 선량한 관리자의 주의를 가지고 환자를 치료할 의무의 불완전이행이다. 불완전이행에서 추완이 불가능한 경우는 손해배상만이 가능하고 추완이 가능한 것은 하자를 보완할 수 있다.

채무불이행으로 인한 손해배상은 통상의 손해(기준시의 객관적 가치)를 그 한도로 하고 채무자가 그 사정을 알았거나 알 수 있었을 때(예견 가능한 사정)에는 특별한 손해를 배상한다(민법 제393조). 채무불이행으로 소유물이 훼손되었을 때 그 손해는 수리가 가능하다면 그 수리비, 그 수리가 불가능하다면 그 훼손 당시의 교환가치가 통상의 손해이다(대판 1995. 9. 29. 94 나 13008).

매도인이 매수인으로부터 매매대금을 약정된 기일에 지급받지 못한 결과 제3자로부터 부동산을 매수하고 그 잔대금을 지급하지 못하여 그 계약금을 몰수당함으로써 손해를 입었다고 하더라도 이는 특별한 사정으로 인한 손해이므로 매수인이 이를 알았거나 알 수 있었던 경우에만 그 손해를 배상할 책임이 있다(대판 1991. 10. 11. 91 다 25369).

채무불이행에 관하여 채권자에게 과실이 있는 때에는 법원은 손해배상의 책임 및 그 금액을 정함에 이를 참작(과실상계)하여야 하고(민법 제396조) 채무불이행 또는 불법행위에 있어서의 과실상계규정은 채권자의 과실로 인한 행위 또는 불법행위에 협력하거나 채무불이행 또는 불법행위로 인한 손해의 발생에 협력한 경우에 적용되는 것이다(대판 1959. 11. 19. 4292 민상 530).

당사자는 채무불이행에 관한 손해배상액을 예정할 수 있고 위약금의 약정은 손해배상액의 예정으로 추정한다(민법 제398조). 이는 손해의 발생사실과 손해액에 대한 입증의 곤란을 덜고 분쟁의 발생을 미리 방지하여 법률관계를 쉽게 해결할 뿐 아니라 채무자에게 심리적 경고를 함으로써 채무의 이행을 확보하려는 것이다(대판 1993. 4. 23. 92 다 41719).

채무불이행으로 인한 손해배상액의 예정이 있는 경우 채무자는 채무불이행 사실만 증명하면 되고 손해의 발생 및 액을 증명함을 요하지 아니 한다(대판 1975. 3. 25. 74 다 296).

채권자는 자기의 채권을 보전하기 위하여 채무자의 권리를 행사할 수 있고(민법 제404조) 채무자가 채권자를 해함을 알고 재산권을 목적으로 한 법률행위를 한 때에는 채권자는 그 취소 및 원상회복을 법원에 청구할 수 있으며 이 소는 채권자가 취소원인을 안날부터 1년, 법률행위있은 날부터 5년내에 제기하여야 한다(민법 제406조).

채권자 취소권은 채권자의 공동담보인 채무자의 책임재산의 감소를 방지하기 위한 것이므로 특정물에 대한 소유권 이전 등기청구권을 보전하기 위하여는 행사할 수 없고 채권자 취소의 소에 있어 상대방은 채무자가 아니라 그 수익자나 전득자가 되어야 하며(대판 1988. 2. 23. 87 다카 1586), 채권자가 채권자 취소권을 행사하려면 채무자가 법률행위를 할 당시에 그 행위로 인하여 행할지도 모르는 채권자의 채권이 이미 존재하고 있어야 한다(대판 1962. 2. 15. 4249 민상 378).

4. 연체채권의 자주적 회수방법

불량채권을 금전준소비대차로 전환

매매로 인한 채권이 불량채권으로 되면 그 불량채권을 금전의 소비대차로 전환할 수 있다. 소비대차는 당사자 한쪽이 금전 기타 대체물의 소유권을 상대방에게 이전할 것을 약정하고 상대방은 그와 같은 종류, 품질 및 수량으로 반환할 것을 약정함으로써 그 효력이 생기는 계약을 말한다(민법 제598조).

소비대차는 낙성, 쌍무계약이므로(대판 1966. 1. 25. 65 다 2337) 차주가 현실로 금전 등을 수수하거나 현실의 수수가 있은 것과 같은 경제적 이익을 취득하여야만 성립하는 것은 아니다(대판 1991. 4. 9. 90 다 14652). 한편 당사자 양쪽이 소비대차에 의하지 아니하고 금전 기타의 대체물을 지급할 의무가 있는 경우에 당사자가 그 목적물을 소비대차의 목적으로 할 것을 약정한 때에는 소비대차의 효력이 생긴다(민법 제605조). 이를 준소비대차라고 말한다. 매매채권을 금전채권으로 할 것을 약정하면 금전준소비대차가 된다.

준소비대차는 기존 채무를 소멸케 하고 신채무를 성립시키는 계약이지만 기존 채권, 채무의 당사자가 그 목적물을 소비대차의 목적으로 할 것을 약정한 것이므로 특별한 사정이 없는 한 기존 채권, 채무와의 동일성을 유지하는 것이다(대판 1989. 6. 27. 89 다카 2957). 기존 채무와 신채무의 동일성 유지가 기존 채무를 소멸케 하고 신채무를 성립시키면서 기존 채무와 신채무의 동일성을 상실시키는 경개(민법 제500조)와 다른 점이다.

여기서 매매로 인한 채무를 금전준소비대차채무로 전환하는 약정을 하면서 금전준소비대차계약서에 연대보증인 등을 새로 세우면 채무자의 수를 복

수로 하여 채권확보를 강화하는 효과를 얻을 수가 있고 공증인사무소에서 채무자가 즉시 강제집행할 것을 승낙한 취지의 기재가 있는 계약서내용을 공정증서(민사소송법 제519조의 채무명의)로 작성하면 채무불이행시에는 즉시 강제집행을 할 수 있는 준비를 갖추게 되는 것이다.

잔존채권을 어음채권으로 전환

매매채무가 연체되면 매매채권을 어음으로 바꾸어 놓으면 법적으로 유리한 점이 있다. 생산자 및 상인이 판매한 생산물 및 상품의 대가는 3년간 행사하지 아니하면 소멸시효가 완성하므로 (민법 제163조 6호) 매매채권을 어음으로 바꾸면 채무를 승인하는 것이 되어서 그 시점에서 소멸시효를 중단시키는 효력이 생긴다(민법 제168조 3호).

채권시효중단사유로서의 승인은 시효이익을 받을 당사자인 채무자가 그 시효의 완성으로 권리를 상실하게 될 자 또는 그 대리인에 대하여 그 권리가 존재함을 인식하고 있다는 뜻을 표시함으로써 성립한다고 할 것이며 이때 그 표시하는 방법은 아무런 형식을 요구하지 아니한다(대판 1995. 9. 29. 95 다 30178).

그리고 인수인에 대한 환어음상의 청구권은 만기의 날로부터 3년간 행사하지 아니하면 소멸시효가 완성하고 (어음법 제70조 제1항) 그 소멸시효가 완성한 때라도 환어음의 소지인은 발행인, 인수인 또는 배서인에 대하여 그가 받은 이익의 한도 내에서 상환을 청구할 수 있으므로(어음법 제79조) 그 이득상환청구권을 행사할 수 있는 기간(5년 또는 10년)에는 그 매매채권이 소멸시효로 소멸할 것을 염려하지 아니하여도 된다.

또 어음표면에 채무자 회사의 대표이사개인서명을 받아 두면 단순한 서명을 보증으로 보고(어음법 제31조 제3항) 누구를 위하여 한 것임을 표시하는

것이 없는 때에는 발행인을 위하여 보증한 것으로 보므로(어음법 제31조 제4항) 만기에 지급되지 아니하는 때에는 대표이사 개인에 대하여 소구권을 행사할 수 있는 것이다(어음법 제43조).

잔대금이 인지세의 과세대상이 되는 금액이면 그 금액에 따른 인지를 첨부하여야 하고 발행인의 기명날인 또는 서명을 가지고 소인하여야 한다.

소멸시효의 중단

매매채권은 3년간 행사하지 아니하면 소멸시효가 완성하고(민법 제163조 6호) 소멸시효는 권리를 행사할 수 있는 때로부터 진행한다(민법 제166조 제1항).

권리를 행사할 수 있는 때라 함은 권리를 행사함에 있어서 법률상의 장애(예컨대, 이행기 미도래, 정지조건 미성취)가 없는 경우를 말하고 이행기가 정해진 채권은 그 기한이 도래한 때부터 소멸시효가 진행한다(대판 1982. 1. 19. 80 다 2626).

소멸시효는 권리행사를 장기간행사하지 아니하였다는 영속적 사실관계를 그대로 정당한 것으로 보면 진실에 적합할 개연성이 많다는 것과 그 사실관계가 진실에 반하는 경우에도 장기간 자기의 권리를 주장하지 않은 자는 권리 위에 잠자는 자로서 보호할 가치가 없다는 것을 본질로 하고 있다. 여기서 매매채권을 가지고 있는 자는 그 채권을 행사할 수 있는 3년의 기간을 소멸시키는 소멸시효의 완성을 중단시킬 필요가 있는 것이다.

소멸시효의 중단은 소멸시효의 기초가 되는 권리의 불행사라는 사실상태와 맞지 않는 사실이 생긴 것을 이유로 소멸시효의 진행을 차단케 하는 제도인 만큼(대판 1996. 3. 8. 95 누 12804), 민법상의 시효중단사유(민법 제167조의 청구, 압류 또는 가압류, 가처분, 승인)는 중단으로 이익을 받은 당사자의 주장, 입증이 있는 때에 고려하는 것이며 이에 관한 주장이 없는 경우에는 법원은 이에 대한 판단을 할 필요가 없는 것이다(대판 1978. 4. 11. 76 다 2476).

시효가 중단된 때에는 시효사유가 종료한 때로부터 새로이 진행한다(민법 제178조).

소멸시효를 중단시키는 방법은 3가지가 있다.

첫째, 청구는 매도인이 매매대금의 지급을 채무자에게 최고하는 것을 말한다. 최고는 채무자에 대하여 채무이행을 구한다는 채권자의 의사통지(준법률행위)로서 (대판 1992. 2. 11. 91 다 41118) 내용증명우편으로 하고, 6개월 내에 재판상의 청구, 파산절차 참가, 화해를 위한 소환, 임의 출석, 압류 또는 가압류, 가처분을 하지 아니하면 시효중단의 효력이 없다(민법 제174조).

둘째, 압류는 동산에 대한 강제집행방법이며(민사소송법 제525조 제1항) 집행관이 채무자의 유체동산을 점유함으로써 하거나 또는 채권자의 승낙이 있거나 운반이 곤란한 때에는 봉인 기타 방법으로 압류물임을 명확히 하여 채무자에게 보관시키는 것이다(민사소송법 제527조 제1항). 가압류는 금전채권이나 금전으로 환산할 수 있는 채권에 대하여 동산 또는 부동산에 대한 강제집행을 보전하기 위하여 할 수 있는 것으로(민사소송법 제696조 제1항) 동산에 대한 가압류의 집행은 압류와 동일한 원칙에 의하여야 하고(민사소송법 제709조 제1항), 가압류물은 경매 또는 환가를 하지 못한다(민사소송법 제709조 제5항), 가처분은 계쟁물에 관한 현상의 변경으로 당사자의 권리를 실행하지 못하거나 이를 실행함에 현저히 곤란할 염려가 있는 때 및 쟁의있는 권리관계에 대하여 임시의 지위를 정하기 위하여 하는 것으로(민사소송법 제714조) 법원의 직권으로 신청목적을 달성함에 필요한 처분을 정하거나 보관인을 정하거나 상대방에게 행위를 명하거나 금지하고 급여를 명할 수 있다(민사소송법 제719조).

셋째, 승인은 매매채무가 있음을 채무자에게 인정시키는 것을 말하고 채무자로부터 채무확인서를 받아 두는 것이다.

제3자에 대한 채권을 양수

채권자는 불량채권회수책으로 채무자가 제3자에 대하여 가지고 있는 채권을 양수받아 이를 회수하는 방법이 있다. 채권의 성질상 채권을 양도할 수 없는 것(예컨대, 연금채권, 산재보상청구권)과 특약에 의하여 양도가 금지된 것(예컨대, 관청의 공사대금)은 양수받을 수 없다.

채권양도의 방법은 대물변제와 양도담보가 있다.

대물변제는 채무자가 채권자의 승낙을 얻어 본래의 채무이행에 갈음하여 다른 급여를 한 때에는 변제와 같은 효력이 있는 것을 말한다(민법 제466조). 이는 요물계약이므로(대판 1978. 8. 22. 77 다 1940) 본래의 채무에 갈음하여 하는 다른 급여가 현실적이어야 하며 단지 다른 급여를 하기로 계약한 것만으로 부족하다. 따라서 대물변제에서는 매도인이 가지고 있는 매매채권은 전액 소멸하는 것이며 매도인은 제3채무자에 대한 채권을 회수하게 되는 것이다.

양도담보는 채무자에 대한 매매채권을 확실히 회수하는 담보로써 채권을 양도하는 것이므로 매매채권은 소멸하지 않으며 양수채권을 추심하지 못하면 채권자는 최초의 채무자에게 계속 청구할 수 있고 양수채권이 추심되면 매매채권과의 차액을 청산하여야 하는 것이다.

지명채권의 양도를 채무자 기타 제3자에게 대항하려면 양도인은 채무자에게 통지하거나 채무자가 승낙하여야 하고(민법 제450조 제1항) 채무자 이외의 제3자에게 대항하려면 통지나 승낙은 확정일자있는 증서에 의하여야 한다(민법 제450조 제2항).

지명채권양도에 있어서 확정일자있는 증서나 승낙에 의하여 대항되는 제3자라 함은 당해 채권에 관하여 양수인의 지위와 양립할 수 없는 법률상의 지위를 취득한 자를 말하는 것이므로 당해 채권의 양수인에게까지 필요한 것이 아니다(대판 1983. 2. 22. 81 다 134, 135, 136).

채권양도의 통지는 양도인이 채무자에 대하여 당해 채권을 양수인에게 양도하였다는 사실을 통지하는 것으로서 이것이 채무자에게 도달됨으로써 그 효력을 발생하는 것이고 위의 도달은 사회관념상 채무자가 요지할 수 있다고 인정되는 상태를 지칭하는 것이고(대판 1960. 12. 15. 4293 민상 455) 그 통지를 채무자가 현실적으로 수령하였거나 그 통지내용을 알았을 것까지는 필요하지 않다(대판 1983. 8. 23. 82 다카 439).

채무자의 승낙은 채권양도의 사실을 채무자가 승인하는 뜻이며 채권양도의 대항요건을 구비하기 위하여는 채무자가 양도의 사실을 양도인 또는 양수인에 대하여 승인함을 요하고(대판 1986. 2. 25. 85 다카 1529) 승낙을 함에 있어 이의를 보류하고 할 수 있고 양도금지의 특약이 있는 채권양도를 승낙함에 있어 조건을 붙여서 할 수도 있다(대판 1989. 7. 11. 88 다카 20866).

상품회수

불량채권이 발생한 경우에는 소유권유보, 기간이익상실, 계약즉시해제 등의 특약이 기재된 상품매매계약을 해제한 후에 채무자가 점유하고 있는 상품을 회수하는 것은 채권회수의 유효한 수단이 될 수 있다. 그러나 상품을 회수하는 경우에 채무자는 상품의 인도를 거부하고 채권자는 강제적으로 상품을 회수하려고 할 때에 형사사건이 생길 수 있다.

예컨대, 사람의 주거, 관리하는 건조물 ,선박이나 항공기 또는 점유하는 방실에 침입한 자와 이러한 장소에서 퇴거요구를 받고 응하지 아니한 자는 주거침입죄(형법 제319조)를 구성한다. 그리고 타인의 재물을 절취한 자는 절도죄(형법 제329조)를 구성하고, 사람의 신체를 상해한 자는 상해죄(형법 제257조), 사람의 신체에 대하여 폭행을 가한 자는 폭행죄(형법 제260조), 사람을 협박한 자는 협박죄(형법 제283조), 공연히 사실이나 허위의 사실을 적시하여 사람의 명예를 훼손한 자는 명예훼손죄(형법 제307조), 공연히 사람을 모욕한 자는 모욕죄(형법 제311조), 타인의 점유 또는 권리의 목적이 된 자기의 물건 또는 전자기록 등 특수매체기록을 취거, 은닉 또는 손괴하여 타인의 권리행사를 방해한 자는 권리행사방해죄(형법 제323조), 폭행 또는 협박으로 타인의 재물을 강취하거나 기타 재산상의 이익을 취득하거나 제3자로 하여금 취득하게 한 자는 강도죄(형법 제333조), 사람을 공갈하여 재물의 교부를 받거나 재산상의 이익을 취득한 자는 공갈죄(형법 제350조), 타인의 재물, 문서 또는 전자기록 등 특수매체기록을 손괴 또는 은닉 기타 방법으로 그 효용을 해한 자는 기물손괴죄(형법 제366조) 등을 구성함으로 채권자는 주의할 필요가 있다.

그러나 법령에 의한 행위 또는 업무로 인한 행위 기타 사회상규에 위반되지 아니하는 행위(정당한 행위)는 벌하지 아니하고(형법 제20조) 자기 또는 타인의 법익에 대한 현재의 부당한 침해를 방어하기 위한 행위(형법 제21조의 정당방위)와 법정절차에 의하여 청구권을 보전하기 불능한 경우에 그 청구권의 실행불능 또는 현저한 실행곤란을 피하기 위한 행위(형법 제23조의 자구행위)는 상당한 이유가 있는 때에는 벌하지 아니한다.

정당행위와 정당방위 및 자구행위는 형법상의 범죄구성요건에는 해당되지만 위법하다고는 볼 수 없는 사정이 있다는 뜻에서 위법성조각사유라고 한다. 그리고 14세되지 아니한 자(형법 제9조), 심신장애로 인하여 사물을 판별할 능력이 없거나 의사를 결정할 능력이 없는 자(형법 제10조)의 행위는 벌하지 아니하고, 심신장애로 인하여 사물을 판별하거나 의사를 결정할 능력이 미약한 자(형법 제10조 제2항), 농아자(형법 제11조)의 행위는 형을 경감한다. 미성년, 심신상애, 농아 등은 책임조각사유라고 말한다.

상품매도인이 위법성조각사유와 책임조각사유를 고려하면서 상품을 회수하는 것은 쉬운 일이 아니다. 또 매도한 상품이 매수인의 점유하에 있지 아니하고 제3자에게 전대, 입질, 양도된 경우도 있다.

이 경우 새로운 점유자인 차주, 질권자, 양수인 등은 평은, 공연, 선의, 무과실이면 점유물을 시효취득하거나(민법 제246조) 선의취득한다(민법 제249

조). 여기서 채권자가 상품을 회수하려고 하면 점유자의 폭력점유, 악의점유, 무권리를 입증하여야 하는 어려움이 있는 것이다.

채권의 대리수령

채무자가 제3자에 대하여 가지고 있는 채권을 추심하는 방법으로 채권을 대리수령하는 방법이 있다. 대리수령은 채무자가 제3채무자(채무자가 가지는 채권의 채무자)로부터의 추심을 채권자에게 위임하는 방법(2자계약)과 채무자가 채권자에게 대리수령권을 부여한 후 이를 일방적으로 해제할 수 없는 것으로 하고 제3채무자는 채권자에게만 급여하고 채무자에게는 급여하지 않는 것을 전제로 하여 추심위임을 받는 방법(3자계약)이 있다.

2자계약에서는 위임자(채무자)로부터 언제든지 일방적으로 위임계약을 해제할 수 있으므로 채권자의 추심권은 불안정한 것이다.

이에 대하여 3자계약에서는 채권자와 채무자간의 대리수령위임계약을 제3채무자에게 확인시킴으로써 제3채무자는 직접 채권자에게 급여하여서는 아니 되는 의무를 부담하게 된다. 이와 동시에 위임계약의 일방적 해제를 금지하는 특약을 기재한 경우에는 채무자는 채권자에 대하여 대리권의 해제를 하지 못하는 의무를 부담하는 것이므로 채권자의 대리수령권은 안정한 것이 된다.

이 경우 제3채무자가 채권자에게 직접 급여한 때에는 채권자는 채무자 또는 제3채무자에 대하여 채권액상당의 손해배상청구권을 행사할 수 있는 것이다.

대물변제

부실채권이 발생한 경우에 상품을 회수하려고 하여도 그 상품가치가 거의 상실되거나 제3자에게 양도되어 채무자로부터 회수할 수 없게 된 때에는 채무자가 채권자의 승낙을 얻어 본래의 채무이행에 갈음하여 다른 급여를 하여 변제와 같은 효력이 있는 대물변제의 방법을 활용할 수 있다(민법 제466조).

대물변제는 계약에 의하여 한쪽이 급여를 하여 다른 쪽의 채권을 소멸시키는 것이므로 대물변제로써 급여된 목적물의 가액이 채권액 이하인 경우에도 대물변제를 받으면 채권이 소멸하고 목적물에 하자가 있는 경우에도 채권자는 하자없는 물건의 급여를 청구하지 못하는 것이다. 여기서 대물변제를 받을 때에는 채권액을 특정하여 잔대금을 확실하게 남겨 두는 대물변제증을 작성하여야 할 것이고 목적물의 가액이 채권액보다 많은 물건을 채무자가 급여하도록 약속할 필요가 있는 것이다.

계약해제

계약해제의 특약이 없는 경우 당사자 한쪽이 그 채무를 이행하지 아니하는 때에는 상대방은 상당한 기간을 정하여 그 이행을 최고하고 그 기간 내에 이행하지 아니한 때에는 계약을 해세할 수 있는 것이다(민법 제544조).

예컨대, 매도인은 채무불이행이 있는 경우에 약정된 지급기일까지 급여가 없는 것을 기재하고 몇 일 내에 지급할 것과 그 지급을 하지 아니하면 그 기간을 경과함과 동시에 본 계약은 당연히 해제된다고 하는 최고 및 정지조건부계약해제통지서를 배달증명부 내용증명을 우편으로 발송하는 것이며 내용증명우편물이 발송되고 반송되지 아니하면 특단의 사정이 없는 한 그 무렵에 송달되었다고 보는 것이다(민법 제111조, 대판 1980. 1. 15. 79 다 1498).

그러나 약정해제의 특약이 있는 경우에는 상대방이 채무의 이행을 하지 아니하면 이행의 최고를 요하지 아니하고 즉시 계약을 해제할 수 있으며(민법 제543조, 대판 1965. 8. 31. 65 다 560) 그 해제는 계약해제통지서가 도달한 때에 효력이 생긴다. 기본계약서에 실권약관의 기재가 있는 때에는 채무불이행시에 자동적으로 계약이 해제되는 것이므로 계약해제의 통지를 발송할 필요가 없다.

상인간의 매매에 있어서 매매의 성질 또는 당사자의 의사표시에 의하여 일정한 일시 또는 일정한 기간 내에 이행하지 아니하면 계약의 목적을 달성할 수 없는 경우에 당사자의 한쪽(채무자)이 이행시기를 경과한 때에는 상대방(채권자)은 즉시 그 이행을 청구하지 아니하면 계약을 해제한 것으로 본다(상법 제68조). 이는 민법 제545조(채권자가 상당한 기간을 정하여 그 이행을 최고하지 아니하고 계약을 해제할 수 있다)와 다른 것이다.

계약이 해제되면 각 당사자는 그 해제된 계약으로부터 생긴 법률적 효과를 기초로 하여 새로운 이해관계를 가졌을 뿐 아니라 등기, 인도 등으로 완전한 권리를 취득한 자중에서 계약당사자에게 권리취득에 관한 대항요건을 구비한 자(대판 1996. 8. 20. 96 다 17653)의 권리를 침해하지 않는 범위 내에서 그 상대방에 대하여 원상회복의 의무가 있다(민법 제548조). 계약상의 급여는 해제에 의하여 법률상의 원인을 상실하므로 그 급여의 수령자는 부당이득을 반환할 의무가 있는 것이다.

그러나 급여수령자가 원상을 회복하면 계약해제 전에 목적물을 전득한 제3자는 부당하게 손해를 볼 염려가 있는 때문에 이 점을 고려하여 민법 제548조 제1항 단서는 해제에 의하여 제3자의 권리를 침해하지 못하도록 규정한 것이다.

급여된 물건이 원상대로 존재하지 아니하여 원물을 반환할 수 없게 된 때에는 대체물이 있으면 동종, 동량, 동등의 물건을 반환하면 되고 대체물이 없는 때에는 해제당시에 있어서 그 물건의 가액을 반환하여야 한다(대판

1994. 9. 13. 94 다 7942). 또 법정해제의 경우 당사자 한쪽이 그 수령한 금전을 반환함에 있어 그 받은 날로부터 법정이자를 가산하여야 한다(민법 제548조 제2항).

이는 원상회복의 범위에 속하는 것이며 일종의 부당이득반환의 성질을 가지는 것이고 반환의무의 이행지체로 인한 것이 아니다(대판 1996. 4. 12. 95 다 28892). 계약의 해제는 손해배상의 청구에 영향을 미치지 아니하고(민법 제551조) 손해배상의 범위는 채권자가 계약의 유효를 믿은 것과 상당인과관계가 있는 손해를 말한다.

이 손해배상은 유효이었던 채무가 이행되지 아니 함으로 인하여 발생한 손해를 배상하는 것이고(대판 1960. 7. 21. 4292 민상 769) 계약 당사자의 한쪽이 계약해제와 아울러 하는 손해배상의 청구도 채무불이행으로 인한 손해배상과 다를 것이 없으므로 전보배상으로서 그 계약의 이행으로 인하여 채권자가 얻을 권리 즉 이행이익을 손해로서 청구하여야 하고 그 계약이 해제되지 아니하였을 경우 채권자가 그 채무의 이행으로 소요하게 된 비용, 즉 신뢰이익의 배상은 청구할 수 없는 것이다(대판 1983. 5. 24. 82 다카 1667).

해제권의 행사기간을 정하지 아니한 때에는 상대방은 상당한 기간을 정하여 해제권 행사 여부의 확답을 해제권자에게 최고할 수 있고, 이 기간 내에 해제의 통지를 받지 못한 때에는 해제권은 소멸하고(민법 제552조), 해제된 자의 고의나 과실로 인하여 목적물이 현저히 훼손되거나 이를 반환할 수 없게 된 때 또는 가공이나 개조로 인하여 다른 종류의 물건으로 변경된 때에는 해제권은 소멸한다(민법 제553조).

5. 연체채권의 강제적 회수방법

채무명의에 의한 강제집행

연체채권을 자주적으로 보전할 수 없는 경우에는 채권자의 재산에 대하여 강제집행을 개시하는 방법이 있다. 강제집행은 집행문있는 판결정본에 의하여야 하고(민사소송법 제478조 제1항) 집행문은 제1심법원의 법원사무관 등이 부여한다(민사소송법 제478조 제2항).

집행문은 판결정본의 말미에 부기하고(민사소송법 제479조 제1항) 전기정본은 피고 모 또는 원고 모에 대한 강제집행을 실시하기 위하여 원고 모 또는 피고 모에게 부여한다라고 기재하고 법원사무관 등이 기명날인한 후 법원의 인을 압날하여야 한다(민사소송법 제479조 제2항).

강제집행은 1) 항고로만 불복을 신청할 수 있는 재판, 2) 가집행선고있는 재판, 3) 확정된 지급명령, 4) 공증인이 일정한 금액의 지급이나 대체물 또는 유가증권의 일정한 수량의 급여를 목적으로 하는 청구에 관하여 작성한 공정증서로서 채무자가 강제집행을 승낙한 취지의 기재가 있는 것에 의하여도 실시할 수 있다(민사소송법 제519조).

판결정본에 부기하는 집행문은 제1심법원의 법원사무관 등이 부여하고(민사소송법 제520조) 확정된 지급명령의 집행문은 지급명령을 발한 지방법원의 법원사무관 등이 부여하며(민사소송법 제521조 제1항) 공증인이 작성한 증서의 집행문은 그 증서를 보존하는 공증인이 부여한다(민사소송법 제522조 제1항).

공증인은 판사, 검사 또는 변호사의 자격을 가진 자(공증인법 제12조) 중에서 법무부장관이 임명하고(공증인법 제11조) 어음, 수표의 발행인과 수령인,

양도인과 양수인 또는 그 대리인의 촉탁이 있는 때에 한하여(공증인법 제56조의 2 제2항) 어음, 수표에 부착하여 강제집행을 인낙하는 취지를 기재한 공정증서를 작성할 수 있고(공증인법 제56조의 2 제1항) 그 어음 또는 수표에 공증된 발행인과 배서인 및 공증된 환어음을 공증인수한 지급인에 대하여서는 채무명의로 보고(공증인법 제56조의 2 제4항) 채무명의로 보는 증서에 대한 집행문부여는 공증된 어음, 수표의 수령인 또는 공증배서된 양수인에 대하여만 이를 한다(공증인법 제56조의 2 제5항).

집행문은 판결이 확정되거나 가집행선고 있는 때에 한하여 부여하고(민사소송법 제480조 제1항) 집행력 있는 정본의 효력은 전국법원의 관할구역에 미친다(민사소송법 제487조).

강제집행은 서면으로 신청하고(민사소송법 제491조의 3) 집행관이 실시한다(민사소송법 제492조). 집행관은 집행력있는 정본을 소지하면 채무자와 제3자에 대하여 지급 기타 이행을 받고 그 영수증을 작성교부하며(민사소송법 제494조 제1항) 채무자의 주거, 창고와 기타 장소를 수색하고 잠근 문과 기기를 여는 등 적절한 조치를 할 수 있으며 저항을 받을 때에는 경찰 또는 법원에 신청하여 국군의 원조를 청구할 수 있다(민사소송법 제496조).

〈서식 39〉 집행문부여신청서

원고 ○○○

피고 ○○○

위 당사자간 귀원 99가합123호 ○○금청구사건에 관하여 2000년 ○○월 ○○일 선고된 원고 승소판결에 집행문을 부여하여 주시기 바랍니다.

2000년 ○○월 ○○일

위 원고
○○○ ㊞

○○지방법원 귀중

가압류

채무명의를 얻어 강제집행을 하는 경우에도 채무자가 재산을 은닉하거나 처분한 때에는 집행하기가 곤란하다. 이러한 위험을 미연에 방지하여 안심하고 강제집행을 할 수 있도록 하기 위하여 경매 또는 환가를 하지 아니하고 임시로 채무자의 재산을 압류하여 두는 것을 가압류라고 한다.

따라서 가압류는 금전채권이나 금전으로 환산할 수 있는 채권에 대하여 동산 또는 부동산에 대한 강제집행을 보전하기 위하여 할 수 있고(민사소송법 제696조) 이를 하지 아니하면 판결의 집행을 할 수 없거나 판결의 집행이 현저히 곤란할 염려가 있는 때 특히 외국에서 판결의 집행을 할 경우에 할 수 있다(민사소송법 제697조).

〈서식 40〉 유체동산가압류신청서

채권자 김 갑 동
서울특별시 ○○구 ○○동 ○○번지
채무자 박 동 수
경기도 수원시 99구 ○○동 ○○

청구채권의 표시

일금 15,000,000원

채권자가 1998. 4. 20. 채무자에게 대여한 금전채권.

신청취지

채권자가 채무자에 대하여 가지고 있는 위 채권의 집행을 보전하기 위하여 위 채권액에 이르기까지 채무자소유의 유체동산을 가압류한다라는 재판을 구합니다.

신청원인

1. 채무자는 1998. 4. 20. 채권자로부터 일금 15,000,000원을 차용하고 1999. ○○. ○○까지 변제하기로 약속하였으나 채무자는 현재까지 변제하지 아니하였으며

2. 채무자는 최근 채권자 모르게 그의 유일한 재산인 인쇄용 기계를 매각하고 중도금까지 받았다가 해약을 하는 등 사실이 발각되었으므로 채권자는 위 청구채권의 집행보전을 위하여 본안승소판결 전에 채무자의 유동재산이라도 가압류하지 않을 수 없어 부득이 이 신청을 합니다.

입증방법

차용증 1매

2000. ○○. ○○

위 채권자 유 현 덕 ㊞

인천지방법원 귀중

가압류신청에 대한 재판은 변론없이 할 수 있고(민사소송법 제700조 제1항), 변론하는 경우에는 종국판결로 기타의 경우에는 결정으로 하며(민사소송법 제701조 제1항), 가압류에 대한 재판의 집행은 재판의 선고나 송달있은

날로부터 14일을 경과한 때에는 하지 못한다(민사소송법 제708조 제2항).

부작위를 명하는 가처분은 그 가처분재판이 채무자에게 선고 또는 송달됨으로써 그 효력이 발생하고 그 명령위반행위를 한 때에 비로소 대체집행 또는 간접강제의 방법에 의하여 부작위상태를 실현시킬 필요가 생기는 것이다(대판 1982. 7. 16. 82 다카 50). 동산에 대한 가압류의 집행은 압류와 동일한 원칙에 의하여야 하고 채권의 가압류에는 제3채무자에 대하여 채무자에게 지급함을 금하는 명령만을 하여야 한다(민사소송법 제709조).

부동산에 대한 가압류의 집행은 가압류의 재판을 등기부에 기입하여야 하고(민사소송법 제710조), 선박에 대한 가압류집행은 가압류 당시의 정박항에 정박하게 하여야 한다(민사소송법 제712조).

가압류명령에는 가압류의 집행정지나 집행한 가압류를 취소하기 위한 채무자의 공탁할 금액을 기재하여야 하고(민사소송법 제702조), 가압류명령에 정한 금액을 공탁한 때에는 법원은 집행한 가압류를 취소하여야 한다(민사소송법 제713조 제1항).

가처분

계쟁물에 대한 가처분은 현상의 변경으로 당사자의 권리를 실행하지 못하거나 이를 실행함에 현저히 곤란할 염려가 있는 때에 하고(민사소송법 제714조 1항) 쟁의있는 권리관계에 대하여 임시의 지위를 정하기 위하여 할 수 있다(민사소송법 제714조 제2항).

가압류는 금전채권을 대상으로 하여 이를 강제집행할 수 있는 상태로 보전하기 위하여 하는 집행보전절차이고, 가처분은 금전채권 이외의 특정물의 인도 기타 급여를 목적으로 하는 청구권을 강제집행할 수 있는 상태로 보전하기 위한 집행보전절차이다.

상품거래에서 매수인이 대금을 지급하지 않으면서 상품을 반환하지 아니하고 매도인은 그 상품을 회수하려고 하는 경우에는 상품인도청구소송을 제기하여 승소판결을 얻어 강제집행을 하여야 한다. 그러나 승소판결(채무명의)을 얻어 강제집행을 하기 전에 그 상품을 처분할 염려가 있는 것이므로 그 집행을 보전하기 위하여 계쟁물인 상품의 처분을 금지하는 가처분절차를 활용할 가치가 있는 것이다.

가처분절차는 가압류절차에 관한 규정을 준용하고 있으며(민사소송법 제715조) 가처분재판은 원칙으로 본안관할법원이 담당하고(민사소송법 제717조) 그 법원은 직권으로 신청의 목적을 달성함에 필요한 처분을 정하거나 보관인을 정하거나 상대방에게 행위를 명령하고 급여를 명령할 수 있다(민사소송법 제719조). 그리고 가처분채무자와 그 일반승계인은 특별한 사정이 있는 때에 법원이 정하는 담보를 제공하고 가처분의 취소를 신청할 수 있다(민사소송법 제720조, 대판 1962. 3. 15. 4294 민상 1430).

특별한 사정이 있는 때에 담보의 제공을 조건으로 가처분의 취소를 구할 수 있게 한 것은 가처분을 존속시키는 것이 공평의 관념상 부당하다고 생각되는 경우 즉 가처분에 의하여 보전되는 권리가 금전적 보상으로써 그 종국의 목적을 달성할 수 있다는 사정이 있거나 또는 가처분집행으로 가처분채무자가 특히 현저한 손해를 받고 있는 경우에 가처분채무자로 하여금 담보를 제공하게 하여 가처분의 집행 뿐 아니라 가처분명령자체를 취소하여 가처분채무자로 하여금 목적물을 처분할 수 있도록 하는 데에 있다.

따라서 가처분채무자가 제공하는 담보는 가처분채권자가 본안소송에서 승소하였음에도 가처분의 취소로 말미암아 가처분목적물이 존재하지 않게 됨으로써 입는 손해를 담보하기 위한 것이다(대판 1998. 5. 15. 97 다 58316). 그리고 특별한 사정은 피보전권리가 금전적 보상에 의하여 그 종국의 목적을 달성할 수 있는 사정 또는 채무자가 가처분에 의하여 통상 입는 손해보다 훨씬 큰 손해를 입게 될 사정 중 어느 하나가 존재하는 것을 말한다(대판 1992. 4. 14. 91 다 31210).

지급명령

지급명령은 대한민국에서 공시송달에 의하지 아니하고 송달을 할 수 있는 경우에 금전 기타 대체물이나 유가증권의 일정한 수량의 지급을 목적으로 하는 청구에 대하여 채권자의 신청에 의하여 법원이 지급을 명령하는 것이다(민사소송법 제432조).

지급명령절차는 독촉절차이므로 채무자를 심문하지 아니하고(민사소송법 제436조) 바로 지급명령을 당사자에게 송달한다(민사소송법 제438조). 그러나 독촉절차도 소송의 특별절차의 성격이 있으므로 지급명령의 신청에는 그 성질에 위반하지 아니하면 소에 관한 규정을 준용(민사소송법 제434조, 대판 1986. 5. 2. 86 그 10)하고 있으며 독촉절차는 채무자의 보통재판적소재지의 지방법원이나 계속하여 근무하는 자의 사무소 또는 영업소소재지를 관할하는 법원 또는 사무소, 영업소의 업무에 관한 것에 한하여 그 소재지의 법원을 전속관할로 한다(민사소송법 제433조).

지급명령에는 당사자, 법정대리인, 청구의 취지와 원인을 기재하고 채무자가 지급명령이 송달된 날부터 2주일 내에 이의신청을 할 수 있음을 부기하여야 한다(민사소송법 제437조).

채무자가 지급명령에 대하여 이의신청을 한 때에는 지급명령은 이의의 범위 안에서 그 효력을 잃으며(민사소송법 제439조) 이의있는 청구목적의 가액에 의하여 지급명령을 신청한 때에 소를 제기한 것으로 보고 합의부사건인 때에는 법원사무관 등은 지체없이 소송기록을 관할법원합의부에 송부하여야 한다(민사소송법 제444조).

지급명령에 대하여 이의신청이 없거나 이의신청을 취하하거나 각하결정이 확정된 때에는 지급명령이 확정되고(민사소송법 제445조) 확정된 지급명령에 의하여 강제집행을 실시할 수 있는 것이다(민사소송법 제519조 3호).

제소전 화해

화해는 당사자가 서로 양보하여 당사자간의 분쟁을 종지할 것을 약정함으로써 그 효력이 생기는 것을 말하고(민법 제731조), 화해계약은 당사자 일방이 양보한 권리가 소멸하고 상대방이 화해로 인하여 그 권리를 취득하는 효력이 있다(민법 제732조). 이를 민법상의 화해 또는 재판외의 화해의 창설적 효력이라고 한다.

화해의 창설적 효력에 의하여 생긴 새로운 법률관계는 화해당사자의 자격 또는 목적인 분쟁 이외의 사항에 착오가 있는 때를 제외하고 착오를 이유로 하여 취소하지 못한다(민법 제733조). 화해의 목적인 분쟁 이외의 사항이라 함은 분쟁의 대상이 아니라 분쟁의 전제 또는 기초가 된 사항으로서 양쪽 당사자가 예정한 것이어서 상호양보의 내용으로 되지 않고 다툼이 없는 사실로 양해된 사항을 말한다(대판 1995. 12. 12. 94 다 22453).

화해에는 민사소송법상의 화해인 재판상의 화해가 있다. 재판상의 화해는 민사소송이 제기된 후 그 소송절차중의 법원에서 당사자가 서로 주장을 양보하여 분쟁을 해결하는 소송상의 화해(민사소송법 제206조)와 민사상의 쟁의에 관하여 당사자는 청구의 취지, 원인과 쟁의의 실정을 명시하여 상대방의 보통재판적 소재지의 지방법원에 화해의 신청을 할 수 있는 이른바 제소전 화해가 있다(민사소송법 제355조).

소송상의 화해는 소송당사자가 소송절차에 있어서 서로 양보하여 소송물인 권리 또는 법률관계에 관한 분쟁을 중지하는 사법상의 계약인 동시에 소송을 종료할 것을 목적으로 하는 소송법상의 합의이므로(대판 1958. 4. 3. 4290 민재항 121) 화해를 조서에 기재한 때에는 그 조서는 확정판결과 동일한 효력이 있고(민사소송법 제206조) 사기나 착오를 이유로 취소할 수 없다(대판 1979. 4. 10. 79 다 164).

제소전 화해는 재판상의 화해이므로 화해가 성립된 때에는 법원사무관 등이 조서에 당사자, 법정대리인, 청구의 취지와 원인, 화해조항, 연월일과 법원을 표시하고 판사와 법원사무관 등이 기명날인하여야 하며(민사소송법 제356조) 그 조서는 확정판결과 동일한 효력이 있는 것이다. 화해가 성립되지 아니 한 때에는 당사자는 화해가 성립되지 아니 한 조서등본이 송달된 날로부터 2주일 내에 제소신청을 할 수 있고 적법한 제소신청이 있을 때에는 화해신청을 한 때에 소가 제기된 것으로 보고 법원사무관 등은 지체없이 소송기록을 관할법원에 송부하여야 한다(민사소송법 제358조).

〈서식 41〉 화해신청서

신청인 김 복 동
서울특별시 ○○구 ○○동 ○○번지
상대방 박 수 동
서울특별시 ○○구 ○○동 ○○번지

신청취지

별지 화해조항 기재 취지의 화해를 구한다.

신청원인 및 쟁의의 실정

1. 신청인은 1998. 4. 20. 상대방에 대하여 일금1,000만원을 1999. 4. 20.까지 변제하기로 약정하였으나 현재까지 변제하지 아니하고 있다.

2. 상대방은 이에 대하여 1999. 1. 20. 일금300만원을 지급하였다고 주장함으로써 남은 채무 및 지급방법에 관하여 다툼이 있다.

3. 그러나 양쪽이 타협한 결과 별지 화해조항 기재와 같은 취지의 화해가 성립될 가능성이 있으므로 본 신청에 이른 것이다.

2000. ○○. ○○
위 신청인 김 복 동 ㊞

서울지방법원 귀중

별지

화해조항

상대방은 신청인에 대하여 일금 1,000만원 및 이에 대한 1999. 4. 21.부터 완제에 이르기까지 연 5푼의 비율에 의한 금전의 지급의무가 있는 것을 확인하며 2000. ○○. ○○까지 일시금으로 지급한다.

민사조정

민사에 관하여 분쟁이 있는 경우에 당사자는 법원에 조정을 신청할 수 있다(민사조정법 제2조). 법원은 조정담당판사가 스스로 조정을 하거나 조정위원회로 하여금 이를 하게 할 수 있다(민사조정법 제7조). 조정위원회는 판사인 조정장 1인과 당사자가 합의에 의하여 선정한 자 또는 학식과 덕망이 있는 자로서 법원장이 미리 위촉한 조정위원 중에서 2인 이상을 조정장이 지정하여 구성한다(민사조정법 제8조).

조정은 당사자 사이에 합의된 사항을 조서에 기재함으로써 성립하고 (민사조정법 제28조) 재판상의 화해와 동일한 효력이 있으므로(민사조정법 제29조) 조정조서는 채무명의가 되고 조정조서에 의하여 강제집행을 할 수 있는 것이다.

빈사소성설자는 법원의 일방적인 판단에 의하여 해결을 도모하는 소송절차나 당사자 간의 의사에 의하여 분쟁의 해결을 도모하는 화해절차와는 달리 조리에 의하여 제시된 해결책을 당사자 양쪽이 이를 인정하여 합의하는 장점을 가지고 있는 것이다.

중 재

중재는 사법상의 분쟁을 적정, 공평, 신속하게 해결하기 위하여 당사자 간의 합의로 사법상의 분쟁을 법원의 재판에 의하지 아니하고 중재인의 판정에 의하여 해결하는 절차를 말한다(중재법 제3조 제1항 1호). 중재의 합의는 독립된 합의 또는 계약중 중재조항의 형식으로 할 수 있고 서면으로 하여야 한다(중재법 제8조 제1항). 중재인은 당사자 간의 합의 또는 법원이 선정하고 중재절차는 피신청인이 중재요청서를 수령한 날부터 개시하며 중재판정부가 진행한다(중재법 제12조, 제22조).

신청인은 신청취지와 신청원인사실을 기재한 신청서를 중재판정부에 제출하고 피신청인은 이에 대하여 답변하여야 한다(중재법 제24조). 중재판정부는 증거의 능력, 관련성 및 증명력에 관하여 판단할 권한을 가지고(중재법 제20조 제2항) 당사자들이 지정한 법에 따라 판정을 내려야 하며(중재법 제29조 제1항) 그 판정의 근거가 되는 이유를 기재하는 판정서를 작성하여야 한다(중재법 제32조).

중재판정은 당사자 간에 있어서 법원의 확정판결과 동일한 효력을 가지며(중재법 제35조) 승인 또는 집행은 법원의 승인 또는 집행판결에 의한다(중재법 제37조).

이 법에 의하여 국내외 상사분쟁을 공정, 신속하게 해결하고 국제거래질서를 확립하기 위하여 산업자원부장관이 지정하는 대한상사중재원은 상사중재규칙을 제정하여 중재절차를 진행하고 있다(중재법 제40조).

소송의 제기

불량채권이 발생한 경우에 공증증서도 작성할 수 없고 지급명령도 얻을 수 없고 화해조서나 조정조서 및 중재판정서도 작성할 수 없는 때에는 최종적으로 소송을 제기할 수밖에 없다. 소송절차는 피고의 보통재판적 소재지의 법원에 원고 또는 법률에 의하여 재판상의 행위를 할 수 있는 대리인이 소장을 제출함으로써 시작하고(민사소송법 제226조) 소장의 부본이 피고에게 송달되면(민사소송법 제232조) 당사자는 변론을 서면으로 준비하여 법원에 제출하여야 하며 법원은 그 부본을 상대방에게 송달하여야 한다(민사소송법 제247조). 이 단계에서 화해가 성립하면 법원은 화해조서를 작성하여 사건을 종결시킨다.

화해가 성립하지 아니하면 구두변론과정에서 증거를 제출하거나 증인을 호출하여 심문을 하고(민사소송법 제298조) 법원은 소송의 심리를 완료한 때에 어느 당사자의 주장이 정당한가를 법률적으로 판단하여 종국판결을 하는 것이다(민사소송법 제183조).

가집행선고부 종국판결(민사소송법 제199조)은 바로 채무명의가 된다(민사소송법 제519조 2호). 이 종국판결에 대하여 판결이 송달된 날로부터 2주일 내에 항소를 제기하지 아니하면 판결은 확정되며(민사소송법 제366조) 이것을 확정판결이라 한다.

구두변론중에 피고가 원고의 청구를 전면적으로 인정하는 진술을 한 때에는 법원은 청구의 당부를 판단할 필요가 없는 것이므로 청구의 인낙을 기재한 조서를 작성하고 그 인낙조서는 확정판결과 동일한 효력이 있는 때문에 채무명의가 되는 것이다(민사소송법 제206조).

민사소송절차에 있어서의 소장이나 신청서 또는 신청의 취지를 기재한 조서에는 인지를 붙여야 하고 인지의 첩부에 갈음하여 당해 인지액상당의 금액을 현금으로 납부하게 할 수 있다(민사소송 등 인지법 제1조).

소장에는 소송목적의 가액(소가)을 기준으로 산정한 금액 상당의 인지를 붙여야 하고(예컨대, 소가가 1억원 이상 10억원 미만인 경우에는 소가에 10,000분의 40을 곱하여 산출한 금액에 55,000원을 가산한 금액의 인지를 붙인다, 민사소송등인지법 제2조 제1항 3호), 항소장에는 소장 인지액의 1.5배 액, 상고장에는 소장 인지액의 2배 액의 인지를 붙여야 한다(민사소송등인지법 제3조).

소장에는 당사자, 법정대리인, 청구의 취지와 원인을 기재하여야 하고(민사소송법 제227조), 준비서면에는 당사자의 성명, 명칭 또는 상호와 주소, 대리인의 성명과 주소, 사건의 표시, 공격 또는 방어의 방법, 상대방의 청구와 공격 또는 방어의 방법에 대한 진술, 부속서류의 표시, 연월일, 법원의 표시를 기재하고 당사자 또는 대리인이 기명날인하여야 한다(민사소송법 제248조).

증서진부확인의 소는 서면이 그 작성명의자에 의하여 작성되었는가 그렇지 아니하면 위조 또는 변조되었는가를 확정하는 소송으로서 이와 같이 서면의 진부라고 하는 사실의 확정에 대하여 독립의 소가 허용되는 것은 법률관계를 증명하는 서면의 진부가 판결로 확정되면 당사자간에 있어서는 그 문서의 진부가 다루어지지 않는 결과 그 문서가 증명하는 법률관계에 관한 분쟁자체도 해결될 가능성이 있거나 적어도 그 분쟁의 해결에 기여함이 크다는 이유에 의한 것이다(대판 1991. 12. 10. 91 다 15317).

제 10 장

경영자의 법적 책임

1. 경영자의 손해배상책임
2. 경영자의 상법상의 형사책임
3. 경영자의 상법상의 행정벌책임
4. 경영자책임의 완화

1. 경영자의 손해배상책임

경영자의 상법상의 책임

주식회사의 경영기관인 이사회의 구성원으로서의 이사와 회사의 법률관계에는 민법상의 위임에 관한 규정을 준용하므로(상법 제382조 제2항) 이사는 선량한 관리자로써 위임사무를 처리하여야 하고(민법 제681조), 법령과 정관의 규정에 따라 회사를 위하여 그 직무를 충실하게 수행하여야 하는 의무를 부담하고 있다(상법 제382조의 3). 이를 이사의 선관주의의무와 충실의무라고 한다. 이사의 사무처리에 관한 선관주의의무의 근거는 위임이고 회사이익과 이사개인이익의 충돌을 조정하는 이사의 충실의무의 근거도 위임이다. 업무집행이사가 상법상의 선관주의의무와 충실의무를 위반하면 구체적으로 회사와 제3자에 대하여 책임을 지는 것이다.

예컨대, 이사가 이사회의 승인없이 자기의 계산으로 회사의 영업부류에 속한 거래를 한 것인 때에는 이를 회사의 계산으로 한 것으로 볼 수 있고 제3자의 계산으로 한 것인 때에는 그 이사에 대하여 이로 인한 이득의 양도를 청구할 수 있다(상법 제397조). 그리고 이사는 이사회의 승인이 있는 때에 한하여 자기 또는 제3자의 계산으로 회사와 거래를 할 수 있다(상법 제398조).

이것은 이사와 회사간에 직접 있은 이해상빈되는 거래에 있어 회사이익보호의 요청상 회사는 당해 이사에 대하여 이사회의 승인을 얻지 못한 것을 이유로 그 거래행위의 무효를 주장할 수 있다는 것이고, 이사가 회사를 대표하여 자기를 위하여 회사 이외의 제3자와의 사이에 한 거래에 있어서는 거래의 안전과 선의의 제3자를 보호할 필요상 회사는 이사회의 승인을 얻지 못하였다는 것 외에 상대방인 제3자가 이사회의 승인이 없음을 알았다는 사실을 주장하고 입증하여야만 비로소 그 거래의 무효를 그 상대방인 제3자에게 주장할 수 있는 것이다(대판 1974. 1. 14. 73 다 955).

그리고 이사가 법령 또는 정관에 위반한 행위를 하거나 그 임무를 해태한 때에는 그 이사는 회사에 대하여 연대하여 손해를 배상할 책임이 있고(상법 제399조) 악의 또는 중대한 과실로 인하여 그 임무를 해태한 때에는 그 이사는 제3자에 대하여 연대하여 손해를 배상할 책임이 있다(상법 제401조). 회사 또는 제3자에 대하여 손해를 배상할 책임이 있는 이사는 업무집행지시자(회사에 대한 영향력을 이용하여 지시한 자, 이사이름으로 직접 집행한 자, 이사가 아니면서 명회회장, 회장, 사장, 부사장, 전무, 상무, 이사 기타 명칭을 사용하여 집행한 자)와 연대하여 그 책임을 진다(상법 제401조의 2).

주식회사에 있어서 주주는 회사재산의 출자자로써 회사의 실질상의 소유자이므로 이사의 경영을 감시할 권한이 있다.

여기서 주주는 총회결의를 통하여 이사를 선임하고(상법 제382조) 해임하며(상법 제385조), 발행주식총수의 100분의 3 이상에 해당하는 주식을 가진 주주는 회사의 장부와 서류의 열람 또는 등사를 청구할 수 있고(상법 제466조), 회사의 업무집행에 관하여 부정행위 또는 정관에 위반한 중대한 사실이 있음을 의심할 사유가 있는 때에는 회사의 업무와 재산상태를 조사하게 하기 위하여 법원에 대하여 검사인의 선임을 청구할 수 있다(상법 제467조).

발행주식총수의 100분의 1 이상에 해당하는 주식을 가진 주주는 이사가 법령 또는 정관에 위반한 행위를 하여 이로 인하여 회사에 회복할 수 없는 손해가 생길 염려가 있는 경우에는 회사를 위하여 이사에 대하여 그 행위를 유지(留止)할 것을 청구할 수 있고(상법 제402조), 회사에 대하여 이사의 책임을 추궁할 소의 제기를 청구할 수 있다. 회사가 소를 제기하지 아니 한 때에는 즉시 회사를 위하여 소를 제기할 수 있다(상법 제403조, 이를 주주의 대표소송이라 한다).

경영자의 민법상의 책임

민법규정에 의하여 경영자가 계약불이행으로 인한 손해배상책임을 부담하는 것(제9장 제3절 참조) 이외에 이사가 고의 또는 과실(유책성)로 인한 위법행위로 타인에게 손해를 가한 때에는 그 손해를 배상하여야 한다(민법 제750조). 이를 불법행위로 인한 손해배상책임이라 한다.

과실을 심리상태로 보는 경우에는 결과발생의 예견가능성을 부주의로 예견하지 못한 것이 과실이 되며, 과실을 객관적 행위수준에 미달한 행위로 보는 경우에는 결과발생의 회피의무를 위반한 것이 과실이 된다(대판 1973. 10. 10. 73 다 1253).

공해로 인한 불법행위에 있어서 인과관계는 당해 행위가 없었더라면 결과가 발생하지 아니 하였으리라는 정도의 개연성만 있으면 족하다(대판 1974. 12. 10. 74 다 1774). 그리고 타인의 신체, 자유 또는 명예를 해하거나 기타 정신상의 고통을 가한 자는 재산 이외의 손해에 대하여도 배상할 책임이 있다(민법 제751조).

예컨대, 사용자는 특별한 사정이 없는 한 근로자와 사이에 근로계약의 체결을 통하여 자신의 업무지휘권, 업무명령권의 행사와 조화를 이루는 범위 내에서 근로자가 근로제공을 통하여 참다운 인격의 발전을 도모함으로써 자신의 인격을 실현시킬 수 있도록 배려하여야 할 신의칙상의 의무를 부담하므로 사용자가 근로자의 의사에 반하여 정당한 이유없이 근로자의 근로제공을 계속적으로 거부하는 것은 근로자의 인격적 법익을 침해하는 것이 되어 사용자는 이로 인하여 근로자가 입게 되는 정신적 고통에 대하여 배상할 의무가 있는 것이다(대판 1996. 4. 23. 95 다 6823).

타인을 사용하여 어느 사무에 종사하게 한 자는 피용자가 그 사무집행에 관하여 제3자에게 가한 손해를 배상할 책임이 있다(민법 제756조). 이를 사용자책임이라 한다. 피용자라고 함은 고용계약에 의한 피용자만을 지칭한 것은 아니고 보수의 유무, 기간의 장단을 불문하고 사용자의 선임에 의하여 그 지휘, 감독하에 사용자가 경영하는 사업에 종사하는 자를 지칭하는 것이고(대판 1960. 12. 8. 4292 민상 977), 사용자와 피용자의 관계는 반드시 유효한 고용관계가 있는 경우에 한하는 것이 아니고 사실상 어떤 사람이 다른 사람을 위하여 그 지휘, 감독아래 그 의사에 따라 사업을 집행하는 관계가 있는 경우에는 성립한다(대판 1982. 11. 23. 82 다카 1133).

사무집행에 관하여 라는 뜻은 피용자의 불법행위가 외형상 객관적으로 사용자의 사업활동 내지 사무집행행위 또는 그와 관련된 것이라고 보여질 때에는 주관적 사정을 고려함이 없이 이를 사무집행에 관하여 한 행위로 본다는 것이다(대판 1995. 10. 13. 94 다 38168, 이를 외형이론이라고 한다).

사용자의 피용자에 대한 구상권행사(민법 제756조 제3항)는 권리근거규정이 아니라 주의규정이므로 고용계약상의 제반 사정에 비추어 손해의 공평한 분담이 이루어지도록 제한할 필요가 있다. 공작물(인공적 작업에 의하여 제작된 물건, 대판 1993. 6. 29. 93 다 11913)의 설치 또는 보존의 하자(용도를 따라 통상 갖추어야 할 안정성을 갖추지 못한 상태, 대판 1994. 10. 28. 94 다 16328)로 인하여 타인에게 손해를 가한 때에는 공작물점유자가 손해를 배상할 책임이 있고 점유자가 손해방지에 필요한 주의를 해태하지 아니한 때에는 소유자가 손해를 배상할 책임이 있으며(민법 제758조 제1항) 점유자 또는 소유자는 그 손해의 원인에 대하여 책임이 있는 자에 구상권을 행사할 수 있다(민법 제758조 제3항).

여러 사람이 공동의 불법행위로 타인에게 손해를 가한 때에는 연대하여 그 손해를 배상할 책임이 있다(민법 제760조 제1항).

손해배상청구권은 과거의 이익침해를 금전으로 배상하여 그 침해결과의 배제를 청구하는 권리이고 장래의 침해원인을 배제하는 것을 청구하는 권리는 물권적 청구권설, 인격권설, 환경권설 등을 근거로 하는 유지(예방, 정지, 시설 폐기 등)청구권이라고 한다.

2. 경영자의 상법상의 형사책임

상법상의 형사책임

상법상의 형사벌은 그 범죄주체가 회사직무담당자인 자연인이므로 그 책임도 자연인이 부담하고 법인이 범죄주체인 경우에도 그 행위를 한 이사, 감사, 업무집행사원, 지배인개인이 책임을 부담하는 것이다(상법 제637조).

특별배임죄

회사로부터 특정한 신분을 부여받은 자. 예컨대, 지배인, 업무집행사원, 대표이사, 사채권자집회의 대표자 등이 그 임무에 위배한 행위로서 재산상의 이익을 취득하거나 제3자로 하여금 이를 취득하게 하여 회사 또는 사채권자에게 손해를 가한 때에는 징역 또는 벌금에 처한다(상법 제622조, 제623조).

회사재산위태죄

지배인, 대표이사, 검사인, 공증인, 감정인 등이 부실보고 및 사실은폐(주식의 인수나 납입, 현물출자의 이행, 변태설립사항), 회사계산으로 주식 또는 지분의 취득, 위법배당, 영업범위 외의 투기행위를 한 때에는 징역 또는 벌금에 처한다(상법 제625조).

독직죄

지배인, 대표이사, 청산인 등이 그 직무에 관하여 부정한 청탁(직무에 관한 일정한 행위를 하거나 하지 않을 것을 의뢰)을 받고 재산상의 이익을 수수,

요구 또는 약속한 때에는 징역 또는 벌금에 처한다(상법 제630조). 수수이익은 몰수하고 몰수하기 불능한 때에는 추징한다(상법 제633조).

증 · 수뢰죄

창립총회, 사원총회, 회사의 소, 유지청구 또는 대표소송에 관한 권리행사에 관하여 부정한 청탁을 받고 재산상의 이익(향응 포함)을 수수, 요구 또는 약속한 자와 재산상의 이익을 약속, 공여 또는 공여의 의사표시를 한 자는 징역 또는 벌금에 처한다(상법 제631조). 수수한 이익은 몰수하고 몰수하기 불능한 때에는 추징한다(상법 제633조).

부실문서행사죄

지배인, 대표이사 또는 주식모집수탁자 등은 주식 또는 사채를 모집함에 있어서 중요한 사항에 관하여 부실한(진실과 다른 내용) 기재가 있는 주식청약서, 사업계획서, 매출문서, 모집광고 기타 문서를 행사(교부, 제출, 비치, 우송)한 때에는 징역 또는 벌금에 처한다(상법 제627조). 이 죄는 위험범이고 동종행위가 반복하는 경우에는 포괄적 일죄를 구성한다.

납입가장죄

발기인, 대표이사, 이사 등이 납입 또는 현물출자의 이행을 가장하는 행위를 하거나 납입가장행위에 응하거나 이를 중개한 자는 징역 또는 벌금에 처한다(상법 제628조). 납입가장죄는 회사의 자본충실을 도모하려는 법의 취지를 유린하는 행위를 단속하려는데 그 목적이 있는 것이므로 당초부터 진실한 주금납입으로 회사의 자금을 확보할 의사없이 형식상 또는 일시적으로 주금을 납입하고 이 돈을 은행에 예치하여 납입의 외형을 갖추고 주금납입증명서를 교부받아 설립등기나 증자등기의 절차를 마친 다음 바로 그 납입한 돈을 인출한 경우에는 이를 회사를 위하여 사용하였다는 특별한 사정이 없는 한 실질적으로는 회사의 자금이 늘어난 것이 아니어서 납입가장죄가

성립한다(대판 1993. 8. 24. 93 도 1200).

주식초과발행죄

발기인, 대표이사 등이 회사가 발행할 주식의 총수(예정주식, 수권주식)를 초과하여 주식을 발행한 때에는 징역 또는 벌금에 처한다(상법 제629조). 이 죄는 이사 등이 주주의 정관변경권을 침해한 것이다.

납입책임면탈죄

납입의 책임을 면하기 위하여 타인 또는 가설인의 명의로 주식 또는 출자를 인수한 자는 징역 또는 벌금에 처한다(상법 제634조). 이 죄는 주식인수 후부터 납입 전까지 주가가 상승하여 이익이 생기면 납입을 하고, 이익이 생기지 아니하면 납입을 하지 않을 기도를 봉쇄하여 회사의 자본충실을 도모하려는 것이다.

모회사주식취득죄

자회사가 모회사(발행주식총수의 40% 이상을 가진 회사)의 주식을 합병, 영업전부 양수, 권리실행목적 이외의 방법으로 취득하거나 취득한 날부터 6월 내에 매도하지 아니하면 벌금에 처한다(상법 제625조의 2).

부실보고죄

대표이사, 업무담당이사 등이 조직변경의 경우에 순자산액에 관하여 법원 또는 총회에 부실한 보고를 하거나 사실을 은폐한 때에는 벌금에 처한다(상법 제626조).

이익공여죄

주주의 권리행사와 관련하여 대표이사, 지배인 기타 사용인 등이 회사의 계산으로 재산상의 이익(금전, 물건, 봉사, 편익, 채무면제, 신용)을 공여하고 그 이익을 수수하거나 이를 공여하게 한 자는 징역 또는 벌금에 처한다(상법 제632조의 2).

상법 제622조의 배임행위는 사무의 내용, 성질 등 구체적 상황에 비추어 법률의 규정, 계약의 내용, 또는 신의성실의 원칙상 당연히 할 것으로 기대되는 행위를 하지 아니하거나 당연히 하지 않아야 할 것으로 기대되는 행위를 함으로써 본인과 사이의 신임관계를 저버리는 행위를 말한다(대판 1998. 2. 10. 96 도 2287).

상법 제625조 제2호가 자기 주식취득행위를 처벌하는 가장 중요한 이유는 자사주를 유상취득하는 것은 실질적으로는 주주에 대한 출자의 환급이라는 결과를 가져와 자본충실의 원칙에 반하고 회사재산을 위태롭게 한다는 데 있다(대판 1993. 2. 23. 92 도 616).

상법 제628조 제1항의 납입가장죄는 회사의 자본충실을 도모하려는 법의 취지를 유린하는 행위를 단속하려는 데 그 목적이 있는 것이므로 당초부터 진실한 주금납입으로 회사의 자금을 확보할 의사없이 형식상 또는 일시적으로 주금을 납입하고 이 돈을 은행에 예치하여 납입의 외형을 갖추고 주금납입증명서를 교부받아 설립등기나 증자등기의 절차를 마친 다음 바로 그 납입한 돈을 인출한 경우에는 이를 회사를 위하여 사용하였다는 특별한 사정이 없는 한 실질적으로는 회사의 자본이 늘어난 것이 아니어서 납입가장죄가 성립한다(대판 1993. 8. 24. 93 도 1200).

3. 경영자의 상법상의 행정벌 책임

경영자는 회사질서를 유지하여야 할 책임이 있으며 경영자가 회사질서를 위반한 행위를 한 때에는 행위자 주소지의 지방법원은 비송사건절차법 제247조에 의하여 과태료에 처한다(상법 제635조). 과태료의 재판은 이유를 붙인 결정으로써 하여야 하고 당사자의 진술을 듣고 검사의 의견을 구하여야 하며 과태료 재판절차 비용은 과태료에 처하는 선고가 있는 경우에는 그 선고를 받은 자의 부담으로 하고, 그 외의 경우는 국고의 부담으로 한다(비송사건절차법 제248조).

과태료재판은 검사의 명령으로 집행하며 이 명령은 집행력있는 채무명의와 동일한 효력이 있고, 과태료재판의 집행절차는 민사소송법 제7편의 규정에 따른다(비송사건절차법 제249조).

예컨대, 회사의 발기인, 설립위원, 업무집행사원, 이사, 감사, 외국회사의 대표자, 검사인, 지배인, 청산인, 명의개서대리인, 사채모집수탁회사와 그 사무승속자, 이사직무대행자, 감사직무대행자, 청산인직무대행자 등이

1) 상업등기, 공고, 통지, 임원보선절차, 파산청구, 자기주식처분 등을 해태하거나,

2) 주권, 채권, 증권, 정관, 주주명부 또는 그 복본, 의사록, 감사록, 사채원부 또는 그 복본, 재산목록, 대차대소표, 영업보고서, 사무보고서, 손익계산서, 이익잉여금처분계산서, 결손금처리계산서, 결산보고서, 회계장부, 부속명세서, 감사보고서 등을 부실기재하거나,

3) 검사 또는 조사, 서류열람, 명의개서, 청산사무인계를 거부하거나,

4) 검사인이 설립조사보고를, 발기인이 설립사항보고를, 이사가 재무제표설명보고를, 감사가 서류조사의견을 부실하게 하거나 또는 사실을 은폐하거

나

5) 주식청약서, 신주인수권증서, 사채청약서를 작성하지 아니하거나 기재하여야 할 사항을 기재하지 아니 하거나 사실과 다르게 기재하거나

6) 잔여 재산분배, 주식소각, 주권발행, 주권불소지, 장부비치, 준비금적립, 사채모집, 채권발행, 채무변제기간, 총회소집절차를 위반하거나,

7) 배당금을 기간 내에 지급하지 아니하고 지분증권을 발행하고 권리주를 양도하거나 설립등기 전에 회사명의로 영업을 하면 과태료처분을 받고 강제집행을 당하는 것이다.

회사성립 전의 회사명의 영업자, 외국회사의 등기전 계속거래에는 회사설립등록세의 배에 상당한 과태료에 처한다(상법 제636조 제1항).

범인이 특별배임죄, 회사재산위태죄, 납입가장죄, 독직죄를 범한 때에는 그 행위를 한 이사, 감사 기타 업무집행사원 또는 지배인에게 벌칙을 적용한다(상법 제637조).

4. 경영자책임의 완화

이사는 회사에 대하여 부담하고 있는 선량한 관리자의 주의의무와 충실의무를 위반하거나 제3자에 대한 불법행위로 인하여 생긴 손해를 배상할 책임을 부담하고 있다. 특히 상법에서는 이사에 대하여 주주, 이사회, 감사(감사위원회), 검사인, 법원, 검사 등이 감독을 하고 있고 주주의 대표소송에 의하여 그 책임이 추궁되고 있으므로 이사를 보호하는 측면에서 이사의 경영책임을 면제 또는 경감하는 규정을 마련하고 있는 것이다.

이사의 경영책임

1) 이사책임의 면제

이사의 회사에 대한 책임은 총 주주의 동의로 면제할 수 있다(상법 제400조). 그러나 주주총회의 구성원인 주주의 전원이 찬성투표를 한다는 것은 현실적으로 기대하기 곤란하므로 면책기준을 다수결로 조정하거나 책임을 정관으로 면제할 수 있도록 규정할 필요가 있는 것이다(델라웨어주 회사법 제102조 제2항 7호).

2) 이사책임의 제한

이사의 책임은 그 금액이 무한인 경우에 이사개인의 파멸로 귀결될 수 있기 때문에 그 배상액의 상한을 특약으로 제한하거나 미국 델라웨어주 회사법 제174조를 참고하여 그 상한을 연봉액으로 한정하는 법률을 제정할 필요가 있는 것이다.

3) 이사책임의 보상

이사가 회사 또는 제3자로부터 책임추궁을 당하는 소송비용이나 손해배상액은 회사가 보상할 수 있다(민법 제688조). 이는 위임인이 수임인의 사무처리비용이나 손해배상금을 지급하는 것이므로 회사에 충분한 보상자금이 있는 경우에만 가능하여 대리원칙과는 별개의 이론으로 보상기금확보에 대한 입법조치(델라웨어주 회사법 제145조)가 필요하다.

4) 이사책임의 보험

이사가 개인재산보다 많은 손해배상금을 부담하는 경우에도 보험회사가 이사책임을 인수하게 되면 이사는 비극으로부터 구제될 수 있고 회사, 주주, 채권자는 충분한 손해를 전보받을 수 있는 토대가 마련되는 것이다. 예컨대, 이사책임보험을 상법에 도입하면(뉴욕주 회사법 제727조) 모든 회사에 대하여 이사책임보험이 강제적으로 시행될 수 있고 이사의 경영책임에 대한 부담은 감소하는 것이다.

5) 경영판단의 법칙도입

경영판단의 법칙이라 함은 이사의 경영판단은 이사의 재량행위에 속하는 것이므로 법원은 이사의 경영판단이 옳고 나쁜 것에 개입하지 않는다는 원칙을 말한다. 이 법칙을 상법에 도입하면 이사의 경영판단의 결과에 대한 책임은 문제가 되지 않을 것이다.

제 11 장

주식회사의 구조조정

1. 주식회사의 합병
2. 주식회사의 분할
3. 주식의 공개매수
4. 주식회사의 자본감소
5. 지주회사의 설립
6. 주식회사의 해산(법인격 소멸사유)
7. 화의(채무자에 의한 채무정리)
8. 회사정리(법원에 의한 재건)
9. 회사의 파산(법원에 의한 채무정리)
10. 주식회사의 청산(해산회사의 사무정리)

1. 주식회사의 합병

회사의 합병은 두 개 이상의 회사가 법정절차에 의하여 한 개의 회사(인격합일설)로 되는 것을 말한다(상법 제174조 제1항). 주식회사의 합병은 합병할 회사의 한쪽이 합병 후 존속하는 경우(상법 제523조, 이를 흡수합병이라 한다)와 합병으로 인하여 회사를 설립하는 경우(상법 제524조, 이를 신설합병이라 한다)로 나뉜다. 회사가 합병을 함에는 합병계약서를 작성하여 주주총회의 특별결의에 의한 승인을 얻어야 한다(상법 제522조).

〈서식 42〉 합병계약서(흡수합병)

갑 주식회사와 을 주식회사는 경영합리화대책으로서 생산품종을 다양화하고 제품의 품질향상 및 집중적인 기술개발을 통하여 국제경쟁력을 제고시키기 위하여 합병하기로 하고 다음과 같이 계약을 체결한다.

제1조 갑은 을을 합병하여 갑은 존속하고 을은 해산한다.

제2조 (1) 갑은 합병에 의하여 그 발행하는 주식의 총수를 ○○만주를 증가하여 ○○○만주로 한다.

(2) 제1조 제1항의 증가하는 주식은 전부 기명식액면 보통주식으로 하고 1주의 액면금액은 ○○원으로 한다.

제3조 갑은 합병시 기명식액면 보통주식 ○○만주를 발행하고 합병기일 현재 을의 주주명부에 기재된 주주에 대하여 그가 소유하는 을의 주식 1주당 갑의 주식 ○주의 비율로 교부한다.

제4조 갑은 합병으로 자본금 ○○만원, 준비금 ○○만원을 증가한다. 다만, 준비금에 관하여는 합병기일에 있어서의 을의 자본상태에 따라 갑과 을의 합의하에

이를 변경할 수 있다.

제5조 갑과 을은 ○○○○년 ○○월 ○○일 각 각 주주총회를 소집하여 본 계약서의 승인 및 합병에 따른 필요한 사항에 대하여 결의하기로 한다. 다만, 합병절차의 진행에 따라 필요한 때에는 갑과 을의 협의에 의하여 기일을 변경할 수 있다.

제6조 합병기일은 ○○○○년 ○○월 ○○일로 한다.

제7조 (1) 을은 ○○○○년 ○○월 ○○일 현재의 재산목록, 대차대조표 기타 계산서를 기초로 하여 그 재산, 부채 및 권리의무일체를 합병기일에 갑에게 인계한다.

(2) 을은 제1항 기일부터 합병기일에 이르기까지 자산, 부채의 변동에 대하여 따로 계산서를 첨부하여 그 내용을 갑에게 제시하여 확인을 받아야 한다.

제8조 갑과 을은 본 계약체결 후 합병기일에 이르기까지 선량한 관리자의 주의로 의무를 집행하고 모든 재산을 관리, 운영하여야 하며 또 그 재산 및 권리의무에 중요한 영향을 주는 행위를 하는 경우에는 미리 갑과 을이 협의하여 합의한 다음에 이를 실행하여야 한다.

제9조 갑은 제6조, 제7조, 제8조에서 집행하는 주식에 대하여 이익배당금의 기산일로서 합병기일을 기준일로 한다.

제10조 갑은 합병기일 현재 을의 주주명부에 기재된 주주에 대하여 그 소유하는 주식 1주에 대하여 일금 ○○원의 합병교부금을 합병보고 총회종료 후 지체없이 지급하기로 한다.

제11조 갑은 을의 종업원 전원을 합병기일에 있어서의 갑의 종업원으로 인수한다.

제12조 합병에 의하여 갑의 임원으로 되는 자는 제5조에 의한 갑의 합병승인총회에서 선임하기로 한다.

제13조 갑은 을의 임원임기중 합병 후 갑의 임원으로 취임하지 아니하는 자에 대하여 합병승인총회의 승인을 얻어 퇴직위로금을 지급하기로 한다.

제14조 을은 ○○○○년 ○○월 ○○일에 종료하는 영업연도에 있어서 이익배당을 하지 아니하고 그 이익처분에 대하여 의안을 작성하는 때에는 사전에 갑과 을이 협의한다.

제15조 본 계약체결 후 합병기일까지 천재지변 기타 사유로 인하여 갑 또는 을의 자산 및 경영상태에 중요한 변동이 생기게 된 때에는 갑과 을은 협의하여 합병

조건을 변경하거나 본 계약을 해제할 수 있다.

제16조 본 계약은 제5조에 규정하는 갑 또는 을의 주주총회의 승인을 얻은 때에 그 효력이발생하고 법령에 정한 관계관청의 승인을 얻지 못한 때에는 그 효력을 상실한다.

본 계약의 성립을 증명하기 위하여 계약서 2통을 작성하고 갑과 을의 각 대표이사가 기명날인하여 각 1통씩 보유한다.

2000년 ○○월 ○○일

갑 서울특별시 ○○구 ○○동 ○○번지
○○주식회사
대표이사 ○○○ ㊞

을 수원시 ○○구 ○○동 ○○번지
○○주식회사
대표이사 ○○○ ㊞

주주총회의 합병승인결의는 이사회의 승인으로 갈음할 수 있다. 흡수합병에서 합병으로 인하여 소멸하는 회사의 총주주의 동의가 있거나 발행주식총수의 100분의 90 이상을 합병 후 존속하는 회사가 소유하고 있는 때에는 합병으로 인하여 소멸하는 회사의 주주총회승인은 이사회승인으로 갈음할 수 있고(상법 제527조의 2 제1항, 이를 간이합병이라 한다), 합병 후 존속하는 회사가 합병으로 인하여 발행하는 신주의 총수가 그 회사의 발행주식총수의 100분의 5를 초과하지 아니하고 합병으로 인하여 소멸하는 회사의 주주에게 지급할 금액이 존속하는 회사의 최종 대차대조표상으로 현존하는 순자산액의 100분의 2를 초과하지 아니하는 때에는 그 존속회사주주총회의 승인을 이사회승인으로 갈음할 수 있다(상법 제527조의 3 제1항, 이를 소규모합병이라 한다).

소규모합병은 발행주식총수의 100분의 20 이상에 해당하는 주식을 소유한 주주가 반대하면 하지 못하고(상법 제527조의 3 제4항) 존속회사주주의 주식매수청구권은 인정하지 아니한다(상법 제530조의 3 제5항).

〈서식 43〉 소규모합병공고

당사는 새한건설(주)와 1999년 8월 26일 합병계약을 체결하고 상법 제527조의 3 규정에 의하여 그 내용을 다음과 같이 공고합니다.

-다 음-

1. 합병방법 ; (주)새한이 새한건설(주)를 흡수합병함.
2. 합병비율 ; (주)새한 : 새한건설(주) = 1 : 0
3. 소멸회사의 현황 ; 가. 상호 - 새한건설(주)
   나. 본사 - 서울특별시 강남구 대치동 942 - 10
4. 합병기일 ; 1999년 10월 30일
5. 당사와 새한건설(주)와의 합병은 상법 제527조의 3규정에 의하여 주주총회의 승인을 얻지 아니하고 이사회결의로써 합병함.
6. 반대의사표시에 관한 안내
   가. 행사절차 ; 1999년 9월 7일 현재 주주명부상에 있는 주주를 대상으로 하여 합병에 대한 이사회결의에 반대하는 주주는 이사회결의반대 의사표시 통지서를 기재하여 제출.
   나. 기간 ; 1999년 9월 8일~9월 21일.
   다. 방법 및 장소 ; 주주명부, 1999년 9월 21일까지 당사 총무부서에 제출.
   실질주주, 1999년 9월 19일까지 거래증권회사에 제출.
   라. 주식매수청구권 ; 상법 제527조의 3규정에 의하여 주식매수청구권은 인정하지 아니함.
   마. 상법 제527조의 3 제4항에 의거 발행주식총수의 100분의 20 이상에 해당하는 주식소유주주가 소규모합병에 반대의사통지시 주주총회승인을 얻어야 함.

이사회결의 반대의사표시 통지서

본인은 (주)새한과 새한건설(주)와의 합병계약에 대한 이사회결의에 반대함을 본 서면으로 통지합니다.

주주번호 주주명

소유주식의 종류 소유주식수

1999년 월 일

주소 성명

주민등록번호

(주)새한 대표이사 귀하

1999년 9월 7일

주식회사 새한

대표이사 부회장 한 형 수

신설합병에서 정관작성 기타 설립행위는 각 회사에서 선임한 설립위원이 공동으로 하여야 하며(상법 제175조), 합병을 하는 회사의 한쪽 또는 양쪽이 주식회사 또는 유한회사인 때에는 합병 후 존속하는 회사 또는 합병으로 인하여 설립되는 회사는 주식회사 또는 유한회사이어야 하고, 해산 후의 회사는 존립중의 회사를 존속하는 회사로 하는 경우에 한하여 합병을 할 수 있다(상법 제174조).

회사의 합병에 관하여 감독관청의 인가를 받아야 하는 경우에는 합병 당시 회사는 합병등기를 신청하는 시기(합병보고총회 종료 후 본점소재지에서는 2주간 내, 지점소재지에서는 3주간 내)까지 합병등기신청서에 감독관청의 합병인가서를 첨부하여 합병등기를 신청하여야 한다(비송사건절차법 제202조).

회사의 합병은 합병 후 존속하는 회사 또는 합병으로 인하여 설립되는 회사가 그 본점소재지에서 합병등기(변경등기, 해산등기, 설립등기)를 함으로써 그 효력이 생기고(상법 제234조, 제530조 제2항) 합병 후 존속한 회사 또는 합병으로 인하여 설립된 회사는 사법상의 관계나 공법상의 관계를 불문하고 그 성질상 이전을 허용하지 않는 것을 제외하고는(대판 1980. 3. 25. 77 누 265) 합병으로 인하여 소멸된 회사의 권리의무를 승계하는 것이다(상법 제235조, 제530조 제2항).

회사의 합병이 동일 업종 간에 이루어지면 시장점유율이 높아지고 생산량을 추가하여도 추가생산에 따라 발생하는 추가비용이 낮아지는 효과가 있으며(이를 규모의 경제라 한다), 회사의 합병이 이질업종간에 이루어지면 공동투입요소의 절감이나 상호 보완작용을 통하여 비용이 낮아지는 효과가 있고(이를 시너지효과라 하고 범위의 경제라고 한다) 조직의 집중화에 따르는 과세완화(비과세, 면세, 징수유예, 납기연장)의 혜택과 관리비의 절감을 가져오는 것이다.

그러나 회사의 합병에 대하여 반대하는 주주에게 주식매수청구권(상법 제522조의 3)과 합병한 회사채권의 담보력 감소에 대한 채권자이의(상법 제530조 제2항)를 인정하고 기업의 시장지배력과 경제력집중에 대한 소비자이익을 보호하고 국민경제의 균형을 도모하기 위하여 누구든지 특수한 관계인을 통하여 다른 회사와의 합병으로 일정한 거래분야에서 경쟁을 실질적으로 제한하는 행위를 하지 못하게 한다(독점규제및공정거래에관한법률 제7조 제1항 3호).

2. 주식회사의 분할

주식회사의 분할은 회사재산의 일부를 다른 주식회사에 이전하거나 현물출자하여 주식회사를 신설하는 경우에 개별적 이전절차없이 포괄승계시키는 상법상의 제도를 말한다. 따라서 주식회사는 분할에 의하여 1개 또는 여러 개의 회사를 설립할 수 있고(상법 제530조의 2 제1항, 이를 신설분할이라 한다) 1개 또는 여러 개의 존립중의 회사와 합병할 수 있으며(상법 제530조의 2 제2항, 이를 분할합병이라 한다) 1개 또는 여러 개의 회사를 설립함과 동시에 분할합병할 수 있다(상법 제530조의 2 제3항).

분할되는 회사가 분할에 의하여 청산절차를 거치지 아니하고 해산하여 소멸하고 1개 또는 여러 개의 회사에 분할재산의 일부를 일체로 하여 양도하는 경우(상법 제530조의 5 제1항)와 분할 후 분할되는 회사가 존속하는 때에 1개 이상의 기존 회사에 분할재산의 일부를 부분포괄승계방법으로 일체로 양도하는 경우에는 분할계획서를 작성하고(상법 제530조의 5 제2항) 분할되는 회사의 일부가 다른 회사와 분할합병하여 그 다른 회사가 존속하는 경우(상법 제530조의 6 제1항)와 분할되는 회사의 일부가 다른 회사 또는 다른 회사의 일부와 분할합병을 하여 신회사를 설립하는 경우(상법 제530조의 6 제2항)에는 분할합병계약서를 작성하여야 한다.

분할에 의하여 설립되는 회사가 분할되는 회사의 출자만으로도 설립되는 경우에 분할되는 회사의 주주에게 설립되는 회사의 주식이 발행되는 때에는 변태설립사항에 대한 검사인의 조사를 생략할 수 있다(상법 제530조의 4 제2항). 분할되는 회사가 분할 또는 분할합병으로 인하여 설립되는 회사의 주식의 총수를 취득하는 경우에 회사분할규정을 준용한다(상법 제530조의 12, 이를 물적분할이라고 한다).

해산 후의 회사는 존립중의 회사를 존속하는 회사로 하거나 새로 회사를 설립하는 경우에 한하여 분할 또는 분할합병할 수 있다(상법 제530조의 2 제4항). 회사가 분할 또는 분할합병을 하는 때에는 분할계획서 또는 분할합병계약서를 작성하여 주주총회의 승인을 얻어야 한다(상법 제530조의 3 제1항).

이 결의에는 회사가 여러 종의 주식을 발행하여 정관으로 이익배당에 관한 우선적 내용이 있는 종류의 주식에 대하여 의결권이 없는 것으로 한 경우에도 의결권이 없는 주식을 가진 주주는 의결권이 있다(상법 제530조의 3 제3항).

회사가 여러 종의 주식을 발행한 경우에 분할로 인하여 어느 종류의 주주에게 손해를 미치게 한 때에는 그 종류의 주주총회에서 출석한 주주의 의결권의 3분의 2 이상의 수와 그 종류의 발행주식총수의 3분의 1 이상의 수로써 결의가 있어야 한다(상법 제530조의 3 제5항).

분할계획서 또는 분할합병계약서의 주주총회승인에 관한 이사회결의가 있는 때에 그 결의에 반대하는 주주는 주주총회전에 서면으로 그 결의에 반대하는 의사를 통지하고 그 총회결의일부터 20일 내에 서면으로 자기주식매수를 청구할 수 있다(상법 제530조의 11).

분할하는 회사의 이사는 분할승인 주주총회일의 2주 전부터 분할등기를 한 날 또는 분할합병을 한 날 이후 6개월간 분할계획서 또는 분할합병계약서, 분할부분의 대차대조표, 분할합병상대방회사의 대차대조표, 분할비율산정서를 본점에 비치하여한다(상법 제530조의 7 제1항).

분할되는 회사의 일부가 다른 회사에 합병하여 그 다른 회사가 존속하는 경우 분할합병의 상대방회사의 이사는 분할합병을 승인하는 주주총회일의 2주 전부터 분할합병등기를 한 후 6개월간 분할합병계약서, 분할하는 부분의 대차대조표, 분할비율산정서를 본점에 비치하여야 한다(상법 제530조의 7 제2항).

분할 또는 분할합병으로 인하여 설립되는 회사 또는 존속하는 회사는 분

할 또는 분할합병 전의 회사채무에 관하여 연대하여 변제할 책임이 있으며(상법 제530조의 9 제1항), 분할하는 회사의 권리와 의무를 분할계획서 또는 분할합병계약서가 정하는 바에 따라서 승계한다(상법 제530조의 10).

회사의 분할은 분할 후 존속하는 회사 또는 분할로 인하여 설립되는 회사가 분할등기를 함으로써 그 효력이 생긴다(상법 제530조의 11 제1항, 제234조). 회사의 분할은 회사의 재산 또는 영업의 일부를 포괄적으로 이전(분할등기)하여 경영의 규모를 축소(분할합병)하거나 경영의 다각화(판매자회사)를 도모할 수 있는 점에서 상법상의 현물출자, 재산인수, 영업의 일부양도, 사후설립, 합병 등과 구별된다.

분할에 의하여 회사를 설립하는 경우 분할회사가 작성하는 분할계획서에는 (1) 설립되는 회사의 상호, 목적, 본점소재지 및 공고방법 (2) 설립되는 회사가 발행할 주식의 총수 및 1주의 금액 (3) 설립되는 회사가 분할당시에 발행하는 주식의 총수, 종류 및 종류별 주식수 (4) 분할되는 회사의 주주에 대한 설립되는 회사의 주식의 배정사항 (5) 분할되는 회사의 주주에게 지급할 금액 (6) 설립되는 회사의 자본과 준비금 (7) 설립되는 회사에 이전될 재산과 그 가액 (8) 설립되는 회사가 분할하는 회사의 채무를 승계하는 내용 (9) 설립되는 회사의 이사, 감사의 성명과 주민등록번호 (10) 설립되는 회사의 정관에 기재할 기타 사항을 기재하여야 한다(상법 제530조의 5).

분할되는 회사의 일부가 다른 회사와 합병하고 그 다른 회사가 존속하는 경우 분할회사와 상대방 회사가 작성하는 분할합병계약서에는 (1) 상대방 회사가 발행할 주식의 총수를 증가하는 경우 증가할 주식의 총수, 종류별 주식의 수 (2) 상대방 회사가 발행하는 신주의 총수, 종류별 주식수 (3) 상대방 회사의 주식배정, 주식합병 또는 분할사항 (4) 상대방 회사가 지급할 금액 (5) 상대방 회사의 증가할 자본총액과 준비금 (6) 상대방 회사에 이전할 재산과 가액 (7) 상대방 회사가 인수할 채무내용 (8) 분할승인결의 주주총회기일 (9) 분할합병일 (10) 상대방 회사의 이사, 감사의 성명과 주민등록번호 (11) 상대방회사의 정관변경사항을 기재하여야 한다(상법 제530조의 6).

3. 주식의 공개매수

주식의 공개매수라 함은 의결권있는 주식 등을 일정기간 동안 유가증권시장 또는 협회중개시장 밖에서 불특정 다수인에 대하여 매수의 청약을 하거나 매도의 청약을 권유하고 당해 주식 등을 매수(교환, 입찰 기타 유상양수)하는 것을 말한다(증권거래법 제21조).

공개매수를 하고자 하는 자는 공개매수의 목적, 매수자금내역, 매수기간, 균일한 매수가격, 결제일 등을 기재한 공개매수신고서를 금융감독위원회에 제출하여야 하고(증권거래법 제21조의 2), 공개매수신고서를 제출한 자는 그 사본을 발행인에게 송부하여야 하며, 공개매수신고내용을 공고한 후에 그 신고서의 사본을 증권거래소 또는 협회에 제출하여야 하고(증권거래법 제22조) 공개매수설명서를 작성하여 일반인이 열람할 수 있도록 비치하여야 한다(증권거래법 제24조, 제26조).

매수조건을 변경하고자 하는 경우에는 공개매수기간이 종료하는 날까지 정정신고서를 제출할 수 있으나 매수가격의 인하, 매수예정주식 등의 수의 감소, 매수대금지급기간의 연장 등은 변경할 수 없다(증권거래법 제23조의 2 제1항).

공개매수자는 공개매수내용을 공고하고 공개매수신고서를 제출한 날로부터 7일이 경과하지 아니하면 공개매수를 하지 못하며(증권거래법 제23조 제1항) 공개매수를 할 수 있는 날부터 그 매수기간이 종료하는 날까지 당해 주식 등을 공개매수에 의하지 아니 하고는 매수 등을 하지 못하고(증권거래법 제23조 제2항) 공개매수신고서를 제출하는 날부터 과거 1년간 공개매수를 통하여 당해 주식 등을 매수한 사실이 있는 자는 공개매수를 하지 못하며(증권거래법 제23조 제3항) 공개매수를 할 수 있게 된 날 이후에는 공개매수

를 철회하지 못하고(증권거래법 제24조의 2 제1항), 공개매수신고서에 기재한 매수조건 및 방법에 따라 응모한 당해 주식의 전부를 공개매수기간이 종료하는 날의 다음 날 이후 지체없이 매수하여야 한다(증권거래법 제25조의 2 제1항).

공개매수에 응모한 주주는 공개매수기간 중에는 언제든지 응모를 취소할 수 있고(증권거래법 제24조의 2 제3항) 공개매수신고서가 제출된 주식의 발행인은 그 공개매수에 관한 의견을 표명할 수 있으며(증권거래법 제25조) 공개매수신고서의 신고자와 그 대리인, 공개매수설명서의 작성자와 그 대리인은 응모주주에 대하여 허위기재, 허위표시, 종요사항의 불기재와 불표시로 인한 손해를 배상할 책임을 지고(증권거래법 제25조의 3), 금융감독위원회는 공익 또는 투자자의 보호를 위하여 필요하다고 인정하는 때에는 공개매수자 및 그 관계자와 당해 주식의 발행인에 대하여 참고가 될 보고 또는 자료의 제출을 명할 수 있다(증권거래법 제27조).

주식을 공개매수하는 목적은 의결권이 없는 주식을 제외한 의결권있는 주식을 단기간에 집중매수하여 주식회사의 지배권(이사의 선임권과 해임권)을 확보하려는 것이다.

예컨대, 발행주식총수가 10,000주인 주식회사는 의결권없는 주식(우선주식)을 2,500주까지 발행할 수 있고(상법 제370조 제2항) 총회결의에 관하여는 의결권없는 주식(우선주식)은 발행주식총수에 산입하지 아니함으로(상법 제371조 제1항) 출석한 주주의 의결권의 과반수와 발행주식총수(7,500주)의 4분의 1(1,875주) 이상의 수로써 하는 보통결의(상법 제368조 제1항)와 주주의 의결권의 3분의 2 이상의 수와 발행주식총수의 3분의 1(2,500주) 이상의 수로써 하는 특별결의(상법 제434조)를 성립시키는데 필요한 최저 주식 수는 2,500주를 확보하면 가능한 것이다.

즉 발행주식총수가 10,000주인 주식회사를 지배하는데 필요한 최저주식수는 의결권없는 우선주식 2,500주를 제외하는 경우 보통주식 2,500주(25%)이고 이를 공개매수한 자는 그 회사의 경영권을 장악할 수 있는 것이다. 여기서 공개매수는 회사지배를 위한 것이므로 공개매수를 한 후에 본인과 그 특별관계자가 보유하게 되는 주식총수의 합계가 당해 주식의 총수의 100분의 5 이상이 되는 경우에 한정하여 법적 규제를 과하고 있는 것이다(증권거래법 제21조 제1항).

회사는 공개매수의 위협으로부터 도피하거나 이를 사전에 방지하기 위하여 종업원지주를 이용하여 안정주주를 확보하거나, 정관에 주식양도제한규정을 설정하거나, 우호적인 제3자에게 신주를 발행하여 발행주식수를 증가시키거나, 영업의 일부를 양도하거나, 다른 회사에 분할합병시키거나, 주식의 상장을 폐지시키는 방법을 강구하거나 매수기업에 대하여 역공개매수를 하거나, 공개매수 반대주주에게 주식매수청구권을 행사하게 하거나, 지배주식취득에 주주총회 승인을 요구하거나, 이사의 공개매수협력을 제거하기 위한 반대 광고를 하거나, 자기주식을 매수하기도 한다.

4. 주식회사의 자본감소

주식회사의 자본감소는 자본액(이익배당가능액에서 공제하는 금액)을 감소하는 것을 말한다(상법 제462조 제1항). 회사의 자본규모를 축소하면 회사의 배당가능이익이 높아지고 이에 대응하는 자산의 결손액이 감소되므로 자본감소는 파산 직전의 회사를 재건할 수 있는 방법으로 이용된다.

주식회사의 자본은 발행주식의 액면총액이므로(상법 제451조) 자본을 감소하는 방법(상법 제439조)은 발행주식의 총수를 감소하거나 1주의 금액을 감소하는 방법으로 실행한다. 발행주식의 총수를 감소시키는 방법은 특정발행주식을 절대적으로 소멸시키는 주식소각(상법 제343조)과 여러 개의 주식을 합하여 그 보다 작은 수의 주식으로 만드는 주식병합(상법 제440조)의 방법이 있고, 1주의 금액을 감소하는 방법은 1주의 금액을 100원의 정배수로 하여 주식수를 감소하는 방법(예컨대, 1주 100원의 주식을 1주 500원으로 하면 현재 주식수는 5분의 1로 감소한다)이다.

1주의 금액을 감소하는 방법은 1주의 금액은 100원 이상으로 하여야 함으로(상법 제329조 제4항) 현재 5,000원의 1주 금액을 1,000원으로 낮추면 자본은 5분의 1로 감소하는 것이다. 자기회사가 발행한 주식을 회사운전자금이나 배당이익으로 매입하여 무상으로 소각하거나 주금액의 일부를 주주의 손실분으로 공세하여 새로운 주금액을 결정하면 주주의 이익이 크게 침해되므로 자본감소는 주주총회의 특별결의가 있어야 한다(상법 제438조).

주주총회의 결의가 대표이사의 자의에 의하여 영향을 받지 아니하도록 주주총회가 자본감소를 한다는 뜻과 자본감소를 위한 주금액 또는 주식수의 감소, 주금액의 감소방법, 주식소각, 주식병합, 유상소각, 무상소각, 주식병합비율 등을 구체적으로 결정하여 의사록에 기재하고 총회결의를 하여야 한다.

5. 지주회사의 설립

지주회사는 주식의 소유를 통하여 국내회사의 사업내용을 지배하는 것을 주된 사업으로 하는 회사로서 자산총액이 대통령령이 정하는 금액 이상인 회사를 말하고(독점규제및공정거래에관한법률 제2조 1의 2호) 지주회사에 의하여 그 사업내용을 지배받는 국내회사를 자회사라 한다(독점규제및공정거래에관한법률 제2조 1의 3호).

지주회사를 설립하고자 하거나 지주회사로 전환하고자 하는 자는 공정거래위원회에 신고하여야 하고(독점규제및공정거래에관한법률 제8조) 채무보증제한 대규모기업집단에 속하는 회사를 지배하는 동일인 또는 당해 동일인의 특수관계인이 지주회사를 설립하고자 하거나 지주회사로 전환하고자 하는 경우에는 지주회사와 자회사간, 지주회사와 다른 국내계열회사간, 자회사상호간, 회사와 다른 국내계열회사 간의 채무보증을 해소하여야 한다(독점규제및공정거래에관한법률 제8조의 3).

지주회사는 (1) 순자산액을 초과하는 부채액을 보유하는 행위, (2) 자회사주식을 당해 자회사발행주식총수의 100분의 50 미만으로 소유하는 행위, (3) 자회사외의 국내회사의 주식을 지배목적으로 소유하는 행위, (4) 금융지주회사가 금융업 또는 보험업을 영위하는 회사외의 국내회사주식을 소유하는 행위, (5) 일반지주회사가 금융업 또는 보험업을 영위하는 국내회사의 주식을 소유하는 행위를 하여서는 아니 된다(독점규제및공정거래에관한법률 제8조의 2 제1항).

일반지주회사의 자회사는 다른 국내회사의 주식을 지배목적으로 소유하여서는 아니 된다. 다만 당해 자회사가 일반 지주회사의 자회사가 될 당시에 소유하고 있던 국내회사의 주식은 그 자회사가 된 날부터 2년간 이를 소

유할 수 있다(독점규제및공정거래에관한법률 제8조의 2 제2항). 지주회사는 대통령령이 정하는 바에 의하여 당해 지주회사 및 자회사의 주식소유현황, 재무상황 등 사업내용에 관한 보고서를 공정거래위원회에 제출하여야 한다(독점규제 및공정거래에관한법률 제8조의 2 제3항).

금융지주회사법(2000. 10. 23. 제정)은 은행을 자회사로 둘 수 있는 금융지주회사와 은행을 자회사로 둘 수 없는 금융지주회사로 구분하고, 자회사주식을 100%까지 취득할 수 있는 완전자회사를 인정하고 있다(금융지주회사법 제20조 제1항, 제31조 제1항). 이것은 은행의 겸업을 인정하는 수단으로 마련된 것이다. 이 경우 비은행 자회사의 파산으로 금융지주회사가 위험할 수 있다. 여기서 금융지주회사가 자회사에 대하여 출자할 수 있는 한도를 자기자본의 100% 이내로 제한한 것이다(금융지주회사법 제46조).

금융지주회사와 자회사간 또는 자회사 상호간에 불량자산을 거래하여서는 아니 되고, 금융지주회사의 자회사는 당해 자회사가 속하는 금융지주회사에 신용공여를 하지 못하며 동일한 금융지주회사에 속하는 자회사 상호간에 신용공여를 하는 경우에는 적정한 담보를 확보하여야 한다(금융지주회사법 제48조).

6. 주식회사의 해산(법인격 소멸사유)

주식회사의 해산이라 함은 회사법인격을 소멸시키는 원인이 되는 법률사실을 말한다. 해산사유가 존재하면 회사법인격이 소멸하여야 함으로 해산사유가 발생한 후에는 회사법인격은 청산범위 내에서 존속하는 것으로 보고(상법 제245조, 542조 제1항, 이를 청산중의 회사라고 한다) 청산절차가 종료한 때에 회사법인격은 소멸한다.

주식회사가 해산하는 사유는 (1) 존립기간의 만료 기타 정관으로 정한 사유의 발생, (2) 합병, (3) 파산, (4) 법원의 해산명령 또는 해산판결(상법 제517조 1호), (5) 회사의 분할 또는 분할합병(상법 제517조 1의 2호), (6) 주주총회의 결의(상법 제517조 2호)이다.

존립기간의 만료는 회사가 정관으로 정한 존립기간이 만료한 것이며, 정관으로 정한 사유는 정관에 기재한 해산사유를 말한다. 합병은 소멸회사가 존속회사에 흡수되거나 신회사를 설립하는 것이며, 파산은 회사총재산으로 회사채무를 변제할 수 없는 경우에 법원이 회사전재산으로 채권을 정리하는 판결이다. 해산 명령은 법원이 회사법인격을 소멸시키는 명령이고 해산판결은 법원이 회사법인격을 소멸시키는 판결을 말한다. 회사의 분할 또는 분할합병은 한 개의 회사가 존속하면서 한 개 또는 여러 개의 회사에 출자하거나 한 개 또는 여러 개의 회사를 설립하는 것을 말한다.

법원이 이해관계인이나 검사의 청구에 의하여 또는 직권으로 회사의 해산을 명령할 수 있는 경우는 (1) 회사의 설립목적이 불법한 것인 때(상법 제176조 제1항 1호. 예컨대, 밀수, 도박장 개설을 위하여 설립된 회사는 해산명령대상이다), (2) 회사가 정당한 사유없이 설립한 후 1년 내에 영업을 개시하지 아

니하거나 1년 이상 영업을 휴지하는 때(상법 제176조 제1항 2호. 예컨대, 탄산광천지를 매각하고 그 토지소유권소송을 이유로 1년 이상 영업을 하지 아니하는 회사), (3) 이사 또는 회사의 업무를 집행하는 사원이 법령 또는 정관에 위반하여 회사의 존속을 허용할 수 없는 행위를 한 때(상법 제176조 제1항 3호. 예컨대, 대표이사가 그 직무권한을 남용하거나 개인이익을 위하여 행동하여 회사존속을 위태롭게 하는 경우)이다.

시장경영목적의 회사가 시장건물 신축 중 그 소유권을 둘러싼 분쟁으로 수년간 그 기능을 사실상 상실하고 정상적인 업무수행을 하지 못하다가 그 후 확정판결에 의하여 정상적인 업무수행을 할 수 있게 된 경우는 상법 제176조 제1항 제2호 후단 소정의 회사해산명령사유인 회사가 정당한 사유없이 1년 이상 영업을 휴지하는 때에 해당한다고 볼 수 없다(대판 1978. 7. 26. 78 마 106).

회사의 해산명령청구가 있는 경우에 법원은 이해관계인이나 검사의 청구 또는 직권으로 관리인을 선임하거나 기타 회사재산보전에 필요한 처분을 할 수 있고(상법 제176조 제2항) 이해관계인이 회사해산명령을 신청한 때에는 법원은 회사의 청구에 의하여 상당한 담보를 제공할 것을 명할 수 있으며(상법 제176조 제3항) 회사가 담보제공을 청구한 경우에는 이해관계인의 청구가 악의임을 소명하여야 한다(상법 제176조 제4항).

법원의 담보제공명령은 담보액, 담보제공기간을 정하여야 하고 담보제공기간 내에 담보를 제공하지 아니한 때에는 법원은 변론없이 판결로써 소를 각하할 수 있다(민사소송법 제114조). 회사의 해산명령결정이 확정된 때에는 법원은 해산한 회사의 본점과 지점소재지의 등기소에 회사의 해산등기를 촉탁하여야 한다(비송사건절차법 제93조).

회사의 경영상태가 투자자의 이익을 보호할 수 없는 경우에 주주 등이 취할 수 있는 최후의 수단은 법원에 대하여 회사를 해산하여 청산을 할 수 있도록 청구하는 것이다.

법원이 발행주식총수의 100분의 10 이상에 해당하는 주식을 가진 주주의 청구에 의하여 회사의 해산을 판결할 수 있는 경우는 (1) 회사의 업무가 현저한 정돈상태를 계속하여(임원간의 내분으로 업무정지) 회복할 수 없는 손해가 생긴 때 또는 생길 염려가 있는 때(상법 제520조 제1항 1호), (2) 회사재산의 관리 또는 처분의 현저한 실당(임원의 재산유용과 부당처분)으로 인하여 회사의 존립을 위태롭게 한 때(상법 제520조 제1항 2호)이다.

회사의 해산판결청구는 본점소재지의 지방법원에 제기하고 변론주의에 의하여 판결이 확정되면 회사는 당연히 해산하고 청산절차에 들어간다. 해산판결을 청구한 자가 패소한 경우에 악의 또는 중대한 과실이 있는 때에는 회사에 대하여 연대하여 손해를 배상하여야 한다(상법 제520조 제2항).

휴면회사가 신고기간 경과로 해산되고 그 청산이 종결된 것으로 보게 되는 회사라도 어떤 권리관계가 남아 있어 현실적으로 정리할 필요가 있으면 그 범위 내에서는 아직 완전히 소멸하지 아니하고 해산 당시의 이사는 당연히 청산인이 되고 그러한 청산인이 없으면 이해관계인의 청구에 의하여 법원이 선임한 자가 청산인이 되므로 이 청산인만이 청산사무를 집행하고 대표하는 기관이 된다(대판 1994. 5. 27. 94 다 7607).

7. 화의(채무자에 의한 채무정리)

화의는 채무자에게 파산의 원인(지급불가, 지급정지, 부채총액이 자산총액을 초과)인 사실이 있거나 그러한 사실이 생길 염려가 있는 경우 파산을 예방하기 위하여 채무자가 자기채무의 정리를 신청(화의제공)하여 (화의법 제12조) 채권자가 동의하고 법원이 채무정리협정(민법 제731조의 화해)을 인가한 때에 화의채권자 전원에 대하여 그 인가의 효력이 생기는 것을 말한다(화의법 제58조). 파산예방의 화의는 파산법 제262조의 강제화의와 구별된다.

화의개시신청 후 화의 개시결정전에 법원은 관리위원회의 의견을 들어 보전관리인을 선임할 수 있고(화의법 제20조), 화의개시신청이 적법한 경우 법원은 관리위원회의 의견을 들어 정리위원을 선임하여 채무자의 재산, 장부 및 화의조건에 관하여 필요한 조사를 하게 하고 화의를 개시하는 여부에 대한 의견서를 제출하게 한다(화의법 제21조).

법원은 화의개시결정과 동시에 관리위원회와 채권자협의회의 의견을 들어 관재인을 선임하여야 하고 채권신고기간과 채권자집회기일을 결정하여야 한다(화의법 제27조). 화의 개시결정으로 채무자는 사업을 계속하면서 자기재산을 관리 및 처분하여 그 채무를 화의조건에 따라 변제할 수 있고(화의법 제32조 제1항) 회의채권에 관하여 채무자재산에 대하여 강세집행, 가압류 및 가처분을 할 수 없으며 채무자재산에 대하여 한 강제집행, 가압류 및 가처분은 중지된다(화의법 제40조).

화의관재인은 채무자가 종래의 업무를 계속하기 위하여 상품을 구매하여 판매하거나 회사부동산의 임대차관리, 회사관련소송, 종업원급료지급 등(통상범위행위)에 대하여 이의를 하여 하지 못하게 할 수 있고, 부동산의 양도,

지상권 및 저당권설정, 증여, 담보제공, 권리포기, 신규종업원채용 등(비통상범위행위)에 대하여 동의를 하여 감독하며(화의법 제32조) 금전의 수입과 지출을 할 것을 청구할 수 있고(화의법 제34조) 채무자 및 그 부양자에게 지급할 생활비금액을 정할 수 있다(화의법 제35조).

관리위원회는 대법원규칙(회사정리 등 규칙)이 정하는 법원에 설치하며 법원의 지휘를 받아 (1) 보전관재인, 정리위원 및 관재인의 선임에 관한 의견제시, (2) 이들의 업무수행감독 및 평가, (3) 화의조건심사 및 조정, (4) 채권자에게 정보제공 및 의견조정, (5) 법원선임의 보전관재인, 정리위원 및 관재인의 업무수행감독, (6) 법령 또는 법원이 정하는 화의업무를 행하고(화의법 제11조의 2), (7) 채권자협의회를 구성하여야 한다(화의법 제49조의 2). 채권자협의회는 채권자의 이해를 조정하고 법원에 화의절차에 관한 의견을 제시할 수 있고 화의인가결정이 확정된 이후 화의조건의 이행을 평가하고(화의법 제49조의 3) 화의절차에 관한 자료의 사본을 법원으로 제공받는다(화의법 제49조의 4).

채무자에 대하여 화의개시 전의 원인으로 생긴 재산상의 청구권을 가진 화의채권자는 법원이 정한 기간 내에 화의채권을 신고하여야 하며(화의법 제49조) 화의법원이 소집하는 채권자집회에 참가하여 관재인 및 정리위원의 조사결과를 보고 받고(화의법 제52조) 채무자가 제공한 화의를 가결하며(화의법 제53조) 화의개시 후 채무자가 그 재산상태를 악화시키는 행위를 하면 부인권을 행사할 수 있다(화의법 제33조).

채권자집회에서 화의가 가결되면 법원은 화의인가결정을 선고하고 그 주문 및 이유의 요지를 공고하여야 하며(화의법 제56조) 법원서기관은 화의조건을 채권표에 기재하여야 하고(화의법 제59조) 중지된 파산절차, 강제집행, 가압류, 가처분은 그 효력을 잃는다(화의법 제62조). 화의가 부정한 방법으로 성립하거나 화의 이행을 해태한 때에는 각 화의채권자는 화의로써 정한 양보를 개별적으로 취소할 수 있다(화의법 제66조).

〈서식 44〉 화의개시신청서

신청인 겸 채무자 : ○○공업주식회사

본점 소재지 : 서울시 ○○구 ○○동 20의 ○

대표이사 : 이○○

대리인 변호사 : ○○○

신청취지

채무자에 대하여 화의절차를 개시한다.

라는 결정을 구합니다.

신청이유

1. 신청인의 업무내용 및 개요

(1) 업무내용

(주 : 실제의 영업활동 내용을 회사의 연혁, 자본금, 임원의 구성, 영업실적 등으로 간단히 기재함)

(2) 영업시설

(주 : 본점, 지점, 영업소, 공장, 창고의 소재지 및 그 규모를 간단히 명시함)

(3) 주된 거래처

(주 : 회사의 영업상 중요한 거래처를 기재함)

(4) 종업원

(주 : 종업원의 수, 노동조합의 유무, 노사분규의 유무, 화의신청에 대한 종업원의 반응 등을 기재함)

(5) 감독관청

(주 : 회사의 설립 또는 목적인 사업에 관하여 관공서의 인허가를 얻어 영업을 하고 있는 경우에는 그 주무관청을 기재하고 인허가서는 별도로 첨부함)

2. 자산과 부채의 상황

(1) 자산과 부채

(주 : 신청 당시의 정확한 자료에 의하여 총액을 표시하고 상세한 사항은 첨부서류에 의하여 보충함)

(2) 채권자 수와 채권액

(가) 일반화의채권자

(나) 비화의채권자

① 별제권채권

② 우선채권

(주 : 채권자 수 및 채권총액을 종류별로 간단히 기재하고 상세한 사항은 첨부서류에 의하여 보충함)

3. 화의절차 개시원인의 발생 경위

[주 : 파산의 원인사실(지급불능 · 지급정지 · 채무초과) 중 어느 것에 해당하는지 및 그러한 파산원인이 생긴 사정을 요인별로 정리하여 정확한 수치와 함께 기재함]

4. 화의조건

(주 : 별지로 첨부함)

5. 화의조건 이행의 가능성

(1) 경영개선 방안

(주 : 파산원인을 제거하기 위한 해결책을 구체적으로 기재하고, 개선 후 자금수지 예상 및 변제계획을 첨부서류로 만들어 보충함)

(2) 채권자와의 사전 교섭

(주 : 영업을 계속하기 위하여 필요한 중요재산의 별제권자, 주요한 채권자의 화의개시 동의여부 또는 동의가능성을 기재함)

첨부서류(별첨 참조)

199○. ○. ○.

신청인 겸 채무자 대리인 변호사 ○○○

서울지방법원 귀중

〈별첨〉

1. 법인등기부등본
2. 화의신청에 대한 이사회 회의록
3. 이사들 이력서
4. 정관
5. 주주명부
6. 채권자명부
7. 재무제표
8. 수정대차대조표(신청 직전에 가결산한 것)
9. 과거 수년간의 비교대차대조표
10. 손익계산서
11. 과거의 자금운용실적표

12. 과거 수년간 영업보고서(정기주주총회에 보고한 것)
13. 화의인가 후의 사업계획의 수지예상표 및 변제계획서
14. 등기 · 등록의 대상인 재산의 등기부 · 등록원부의 등본

〈서식 45〉 화의절차개시결정

서울지방법원
제50민사부
결 정

사 건 90거 1 화의 개시

신청인겸 ○○공업 주식회사
채 무 자 서울 ○○구 ○○동 27의 2
대표이사 이○○
대리인 변호사 ○○

주 문 1. 채무자 ○○공업주식회사에 대하여 화의절차를 개시한다.
2. 변호사 윤○○(사무소 소재지 : 서울 ○○구 ○○동 1500의 0 ○○ 오피스텔 1000호)을 사건본인회사의 화의관재인으로 선임한다.
3. 채권신고기간을 199○. ○. ○.까지로 한다.
4. 채권자집회기일 및 장소를 199○. ○. ○. 15 : 00 서울지방법원 제466호 법정으로 한다.

이 유 이 사건 기록에 첨부된 각 소명자료, 정리위원 김○○의 조사보고서, 당원의 채무자회사의 대표이사 이○○에 대한 심문결과를 종합하면, 채무자회사는 196○. ○. ○. 설립되었으며 현재 지기제조생산 및 인쇄업, 폐수처리기계제조판매업 등을 목적으로 하고 있는 사실, 채무자 회사의 자본금은 199○. ○. ○. 현재 3억 8335만원, 자산 및 부채는 199○. ○. ○. 현재 각 191억여원과 177억여원인 사실, 채무자는 신청외 ○○주식회사 등 다수의 채권자들에 대하여 합계 177억여원의 채무를 부담하고 있는데, 199○. ○. ○. 부도를 내고 그 채무 지급을 정지한 사실을 인정할 수 있으므로 채무자는 현재 지급불능의 파산상태에 있다고 할 것이고, 한편 채무자의 별지 1과 같은 화의조건에 의한 이 사건 화의개시신청을 기각하여야 할 사유도 인정되지 아니한다.

그렇다면, 채무자에 대하여 화의절차를 개시함이 상당하다고 인정되므로, 화의법 제12조 제1항, 제27조를 적용하여 주문과 같이 결정한다.

199○. ○. ○.

재판장 판사 권○○

판사 김○○

판사 신○○

[별지 1.]

1. 담보권없는 화의채권의 변제조건

가. 원금 중 1,000만원 이상의 채권에 대하여는 1997년 10%, 1998년 20%, 1999년 30%, 2000년 40%를 각 변제하여 원금전액 상환

나. 원금 중 1,000만원 미만의 채권에 대하여는 1997년 20%, 1998년 30%, 1999년 50%를 각 변제하여 원금전액 상환

다. 기발생 이자 및 장래발생 이자 면제

2. 담보권있는 채권자 중 담보권행사를 포기하고 화의채권으로 신고하는 자에 대한 변제조건

가. 원금에 대하여는 1997년부터 2000년까지 분할변제한다.

나. 약정이율이 연 10%를 초과하는 이자는 연 10%로 감면하고, 약정이율이 연 10% 이하인 것은 약정이율대로 이자를 지급한다.

다. 구체적인 변제계획은 별지 2(원금상환계획), 별지 3(발생이자, 경과이자 상환계획)과 같다.

〈서식 46〉 화의인가공고

사건 9○ 1 화의개시

신청인겸 ○○공업 주식회사

채 무 자

서울 ○○구 ○○동 27의 2
대표이사 이○○

위 사건에 관하여 199○. ○. ○. 화의인가결정을 하였으므로 화의법 제56조에 의하여 다음과 같이 공고한다.

다 음

1. 화의인가결정의 주문

아래와 같은 화의조건에 의한 본건 화의를 인가한다.

[화의조건]

가. 담보권 없는 화의채권의 변제조건

① 원금 중 1,000만원 이상의 채권에 대하여는 1997년 10%, 1998년 20%, 1999년 30%, 2000년 40%를 각 변제하여 원금전액 상환

② 원금 중 1,000만원 미만의 채권에 대하여는 1997년 20%, 1998년 30%, 1999년 50%를 각 변제하여 원금전액 상환

③ 기발생 이자 및 장래발생 이자 면제

나. 담보권 있는 채권자 중 별제권의 행사를 포기하고 화의채권으로 신고한 채권자에 대한 변제조건

① 원금 및 발생이자는 1997년부터 2000년까지 분할변제하고, 경과이자는 1997년에 변제한다.

② 발생이자에 관하여는 약정이율이 연 10%를 초과하는 이자는 연 10%로 감면하고, 약정이율이 연 10% 이하인 것은 약정이율대로 한다.

2. 화의인가결정 이유의 요지

1996. 1. 15. 화의채권자집회에서 화의채권자들의 동의로 가결되었고, 위 가결된 화의를 인가하지 아니할 사유도 없다.

199○. ○. ○.

서울지방법원 제50민사부
재판장 판사 권○○
판사 김○○
판사 신○○

8. 회사의 정리(법원에 의한 재건)

회사정리는 파산의 염려가 있는 회사가 사업을 계속하면서 법원의 도움을 받아 회사를 재건하는 절차를 말한다.

현재의 회사채무를 변제하면 사업을 계속할 수 없거나 파산원인(지급불능, 채무초과)이 생길 염려가 있는 때에(회사정리법 제30조) 회사(채권자, 소수주주권자)는 본점소재지 관할 지방법원본원합의부에 회사정리절차개시를 신청할 수 있다(회사정리법 제32조).

정리절차개시신청을 받은 법원은 정리절차개시결정전에 회사의 업무와 재산에 관하여 법원에 설치되어 있는 관리위원회(회사정리법 제93조의 2)의 의견을 들어 가압류, 가처분 기타 필요한 보전처분(변제금지 등)과 보전관리인에 의한 회사경영과 재산관리를 명할 수 있고(회사정리법 제39조), 파산, 화의, 강제집행, 가압류, 가처분, 회사소송, 체납처분의 중지를 명할 수 있으며(회사정리법 제37조), 회사업무를 감독하는 행정청장, 금융감독위원회, 본점소재지관할세무서장, 지방자치단체장에게 신청사실을 통지하여야 한다(회사정리법 제35조).

법원으로부터 회사정리절차개시신청을 통지받은 관리위원회는 담보권자외의 채권자가 과반수가 되는 채권자협의회를 10인 이내로 구성하고 소액채권자를 협의회구성원으로 참여하게 할 수 있고 이를 법원에 보고하여야 한다(회사정리법 제173조의 2). 채권자협의회는 채권자들 사이의 이해를 조정하여 법원에 정리절차에 관한 의견을 제시할 수 있고(회사정리법 제173조의 3) 정리절차개시신청서, 결정서, 감사보고서, 관리인의 법원보고서를 제공받고 정리절차와 관련한 의사결정을 위하여 필요한 장부와 자료의 열람을 요청할 수 있다(회사정리법 제173조의 4).

〈서식 47〉 회사정리절차개시명령신청서

신청인 ○○주식회사
서울특별시 ○○구 ○○동 ○○번지
대표이사 ○○○
소송대리인 변호사 ○○○

사건본인 ○○주식회사

신청취지

사건본인회사에 대하여 회사정리절차를 개시한다라는 결정을 바랍니다.

신청원인

1. 사건본인회사의 조직과 연혁

사건본인회사는 서울특별시 ○○구 ○○동 ○○번지에 본사를 두고 수출입업 각종 전기기구의 제조판매업 등과 이에 부대한 사업을 목적으로 1975년 4월 30일 자본금 1억원으로 설립된 주식회사인 바 그 동안 수 차례의 증자로 현재 자본금은 5억원이 되었으며 회사가 발행할 주식의 총수는 1주의 금액 5,000원의 보통주식 40만주이나 현재 발행된 주식은 10만주입니다. 발행주식은 4명의 주주가 소유하고 있으며 주주명단은 별첨주주명부와 같습니다.

사건본인회사는 서울 구로동과 대구시 및 구미시에 공장을 가지고 있으며 각 공장의 인원현황은 임직원 54명, 생산직 요원 57명이고 생산직 요원만으로 노동조합을 결성하고 있습니다. 그리고 자본증가상황, 공장규모확대상황, 거래외형증가실황 등은 별첨과 같습니다.

2. 사건본인회사의 자산과 부채

(1) 자산

유동자산 원
투자와 기타 자산 원
고정자산 원
합계 원

(2) 부채

유동부채 원
고정부채 원
합계 원

(3) 자산과 부채의 변동상황

3. 생산과 손익상황

(1) 생산품의 종류

사건본인회사는 화학섬유제품과 전기기구를 생산하고 있으며 그 생산품은 자수직물, 후로킹직물, 일반직물 등 여러 가지입니다.

(2) 공장 현황

1) 구로공장(대지 및 건물 넓이, 중요시설, 생산품목, 인원현황)
2) 대구공장(위와 동일)
3) 구미공장(위와 동일)

(3) 생산능력

사건본인회사의 1년간 최대생산능력은 판매가격기준으로 ○○○억원 가량입니다.

(4) 생산실적과 판매실적 및 손익계산

사건본인회사의 최근 3년간의 생산실적, 생산품수출고는 별첨 생산실적표 및 매출액명세표와 같습니다.

(5) 손익계산

최근 3년간의 사건본인회사의 손익은 별첨 비교손익계산서와 같습니다.

4. 재정적 현실

사건본인회사는 재정적 궁핍으로 파탄에 직면하고 있습니다. 사건본인회사는 계속 조업하여 수출을 하고 있으나 그 수출대금은 대부분 단기부채의 상환에 충당되고 은행대출은 중단되어 운전자금의 부족으로 조업이 어려운 실정입니다. 결국 사건본인회사는 사업의 계속에 현저한 지장을 초래함이 없이는 변제기에 있는 채무를 변제할 수 없는 상황에 이르렀습니다.

5. 파탄에 이르게 된 원인

(1) 무리한 시설 확장

사건본인회사는 자기자본이 부족하면서도 수출의 호황을 예기하여 무리한 시설확장을 하게 되었습니다. 즉 1998년에 15억원, 1999년에 25억원의 각 시설투자를 하였는데 그 대부분이 차입금에 의존하게 되었습니다. 이것이 자금압박의 가장 큰 원인이 되었습니다.

(2) 자기자본의 부족과 단기차입금의 압박

사건본인회사는 자기자본이 부족하면서도 시설을 확장하고 생산고를 높이는 과정에서 자금부족으로 금융기관의 차입금에 의존하게 되었고 그 차입금이 단기성 자금이어서 항상 그 기일에 차입금상환에 급급한 실정에 이르게 되었습니다.

(3) 과다한 영업비용의 부담

사건본인회사의 부채가 늘어남에 따라 영업외비용이 막대하게 증가하였습니다. 별첨 비교손익계산서에서 보는바와 같이 1998년에는 0억원, 1999년에는 0억원의 영업외 비용을 부담하게 되었는바 이것이 파탄의 커다란 원인이 되었던 것입니다.

6. 갱생가능성

사건본인회사는 현재는 재정적 궁핍으로 파탄에 직면하고 있으나 귀원에서 회사정리개시결정을 한다면 갱생의 가능성은 충분히 있습니다.

(1) 파탄원인의 제거

사건본인회사의 주된 파탄원인은 시설의 확장으로 인한 단기성 자금의 압박과 영업외비용의 과다한 부담인바 회사정리개시결정이 되면 그러한 파탄원인이 모두 제거될 수 있습니다.

(2) 생사가능과 수익성

현재까지 사건본인회사의 제품 전부가 수출되고 있는바 앞으로 그 수출전망은 밝으며 생산 되는대로 수출하고 영업외 비용을 부담하지 않는다면 막대한 영업이익이 생길 것입니다.

(3) 운전자금의 불요

사건본인회사는 정리절차개시결정이 되면 새로운 운전자금이 필요하지 않습니다. 사건본인회사는 원자재와 제품 등 재고자산이 약30억원이 있으므로 그 제품을 현금화하여 운전자금으로 충당할 수 있습니다. 만일 운전자금이 부족한 경우에는 사건본인회사의 주거래은행인 주식회사 ○○은행이 일시대여하기로 약정이 되어 있습니다.

(4) 관계인 등의 동의

사건본인회사의 채권자가 모두 정리절차개시결정의 진행을 바라고 있습니다. 가장 큰 채권자인 주식회사 ○○은행은 물론 다른 금융기관도 이를 바라고 있으며 물건대금채권자 등도 대부분 이를 바라고 있습니다.

7. 부채상환계획

사건본인회사에 대하여 정리절차개시결정이 된다면 별첨 사업계획서와 같이 영업수익을 얻어 현재의 채무는 7년 이내에 상환할 수 있을 것으로 봅니다.

8. 결론

사건본인회사에 대하여 회사정리절차개시결정이 있기를 바라와 이 신청에 이르렀습니다.

2000년 ○○월 ○○일

신청인 소송대리인

변호사 ○○○ ㊞

서울지방법원 귀중

법원은 직권으로 필요한 조사를 하거나(회사정리법 제9조) 신청회사 대표자를 심문하거나(회사정리법 제36조) 관리위원회의견을 들어 선임한 조사위원의 보고를 받아(회사정리법 제40조) 회사정리절차개시의 결정(회사정리법 제45조)을 하는 동시에 관리인의 선임, 정리채권과 정리담보권 및 주식의 신청기간, 제1회 관계인집회기일, 정리채권과 정리담보권의 조사기일을 결정하여야 한다(회사정리법 제46조).

정리절차개시결정이 있으면 파산신청, 화의개시신청, 정리절차개시신청,

회사재산에 대한 강제집행, 가압류, 경매는 할 수 없고 이미 행한 파산절차, 화의절차, 경매절차, 소송절차는 중단된다(회사정리법 제67조). 정리채권은 정리절차개시결정 전의 사유에 의하여 회사에 대하여 발생한 채권을 말하고 우선권있는 채권, 보통정리채권, 후순위정리채권으로 구분한다. 정리담보권은 정리채권을 담보하는 권리(유치권, 질권, 저당권, 전세권, 우선특권)를 말한다.

관리인은 관리위원회와 채권자협의회의 의견을 들어 법원이 선임한다(회사정리법 제46조). 관리인은 회사의 경영과 재산의 관리 및 처분을 할 권리가 있고(회사정리법 제53조), 사업계속과 회사재산발견을 위하여 회사에 오는 우편물을 개봉할 수 있고(회사정리법 제175조), 재산목록과 대차대조표를 작성하고(회사정리법 제178조), 회사의 주금납입청구권 손해배상청구권을 보전하며(회사정리법 제72조), 회사가 부당하게 처분한 재산에 대하여 부인권을 행사하여(회사정리법 제78조) 회사재산을 원상으로 회복시킨 후에 정리계획안을 작성하여 법원에 제출하여야 한다(회사정리법 제189조).

회사정리계획안은 존속형, 재편형, 청산형이 있다.

(1) 존속형 정리계획안은 주주의 권리와 경영진은 변경하지 아니하고 공익채권을 수시로 변제하면서 정리채권과 정리담보권의 일부를 정리하는 현상유지형, 부채와 자본을 감소하는 자본감소형, 신주만을 발행하는 신주발행형, 신주발행과 자본감소를 병용하는 형, 정리채권과 정리담보권을 주식으로 전환하여 기존주주권을 감소하는 형이 있다.

(2) 재편형 정리계획안은 신회사를 설립하여 정리회사의 재산과 부채를 인수하는 신회사설립형과 정리회사를 다른 회사에 합병하거나 신설합병하는 형이 있다.

(3) 청산형 정리계획안은 관계인집회의 동의와 법원의 인가를 받아 회사를 실질적으로 해체하는 형이다.

자본을 감소하는 경우에 부채총액이 자산총액을 초과하는 때에는 발행주식총수의 2분의 1 이상을 소각하는 방법으로 하고 정리절차개시원인이 경영자책임으로 발생한 때에는 특수관계에 있는 주주가 가진 주식의 3분의 2 이상을 소각하는 방법으로 하여야 한다(회사정리법 제221조).

정리계획안을 관계인집회(채권자, 담보권자, 주주별로 결의)에서 가결한 때에(회사정리법 제204조) 법원은 정리계획을 인가하여(회사정리법 제232조) 정리계획의 효력을 발생시키고(회사정리법 제236조), 계획조항을 정리채권자표, 정리담보권자표 및 주주표에 기재하여(회사정리법 제239조) 이 기재가 회사, 신회사, 정리채권자, 정리담보권자, 주주 등에 대하여 확정판결과 동일한 효력이 있다(회사정리법 제245조). 회사 정리계획은 관리인이 수행하는 것이다(회사정리법 제247조).

〈서식 48〉 주식회사 ○○의 정리계획안

제1장 정리계획안의 개요

제1절 정리절차 개시에 이르게 된 경위

제2절 정리절차 개시결정 후의 경영개황

제3절 정리의 상황

제4절 정리계획의 기본방침

제5절 결어

제2장 정리채권 등에 관한 권리의 변경 및 변제방법

제1절 정리담보권

1. 확정채권

(1) 채권총액

주식회사 ○○은행 외 0건

1) 원금 0원

2) 정리절차개시전의 이자, 지연손해금 0원

3) 정리절차개시 후의 이자, 지연손해금 0원

(2) 채권자별 채권액

2. 권리의 변경 및 변제방법

(1) 정리절차 개시 후의 이자, 지연손해금은 전액 면제받는다.

(2) 영업수익금에 의한 변제

1) 정리절차개시 전의 이자는 2000년 ○○월 ○○일을 제1회로 하여 2002년 ○○월 ○○일까지의 3회에 걸쳐 균등분할하여 변제한다.

2) 원금은 2003년 ○○월 ○○일을 제1회로 하여 2007년 ○○월 ○○일까지의 5회에 걸쳐 균등분할하여 변제한다.

(3) 자산처분매각대금에 의한 변제

별표 매각부동산의 매각대금은 담보권자의 순위에 따라 매각대금수령과 동시에 변제하고 최종회의 변제분부터 순차 앞당겨 변제한다.

(4) 정리담보권자에 공통되는 권리변경 및 변제

1) 저당권 등의 존속

종래 정리회사의 재산에 대하여 존재하던 저당권, 근저당권 등의 담보권은 이 계획에 의하여 변경된 채권을 피담보채권으로 하는 담보권으로 종전의 순위에 따라 존속한다.

2) 담보물에 대한 화재보험

담보물에 대하여 화재보험계약이 체결되어 그 화재보험청구권에 질권을 가지고 있는 담보권자에 관하여는 당해 보험기간이 만료된 때에는 계속하여 동일한 내용의 보험계약을 체결하고 그 청구권에 질권을 설정한다. 보험사고가 발생한 때에 정리회사는 법원의 허가를 얻어 그 보험금을 이재물의 복구에 사용할 수 있다. 이재물의 복구에 사용하지 아니하는 때에는 그 보험금은 법원의 허가를 얻어 당해 물건의 담보권자에게 그 잔존채권액에 따라 나누어 계획에서 정한 최종회의 변제분부터 순차 앞당겨 변제한다.

3) 외화표시채권의 원화환산

외화표시로 된 정리담보권은 변제당시의 외국환은행 대 고객 전신환매도율을 적용, 원화로 환산하여 변제한다.

4) 매각예정물에 대한 담보권의 소멸

매각예정물에 대한 담보권은 매각처분에 관하여 법원의 허가를 얻고 당해 담보권자에게 그 매각금을 변제한 때에 소멸한다.

제2절 우선적 정리채권

1. 신고채권
2. 권리의 변경 및 변제방법

제3절 일반정리채권

1. 확정채권
2. 권리의 변경 및 변제방법

제4절 후순위 정리채권

제5절 미확정 정리채권

제6절 변제장소

제7절 채권양도의 특례

제3장 변제한 정리채권

제4장 변제자금의 조달방법

제5장 예상초과수익금의 용도

제6장 분쟁이 해결되지 아니한 권리의 조치

제7장 공익채권 및 그 변제방법

제8장 주주의 권리변경

제1절 자본의 감소

자본을 다음과 같이 감소한다.

1. 감소할 자본금액
2. 자본감소의 방법
3. 주권의 제출
4. 자본감소의 효력

제2절 신주의 발행

새로운 납입에 의하여 다음과 같이 신주를 발행한다.

1. 주식의 내용
2. 주식의 배정방식
3. 증가할 자본금액
4. 납일기일 2000년 ○○월 ○○일

제3절 주주의 권리제한

제9장 임원의 선임

제10장 정관의 변경

정리계획인가의 결정이 있은 때에는 모든 정리채권과 정리담보채권에 관하여 회사는 그 책임을 면하고 주주의 권리와 회사의 재산상에 있던 모든 담보권은 소멸한다(회사정리법 제241조). 그리고 정리채권자, 정리담보권자 및 주주의 권리는 계획규정에 따라 변경되고(회사정리법 제242조) 정리절차 개시결정에 의하여 정지된 파산절차, 강제집행, 가압류, 가처분, 담보권실행 등을 위한 경매절차는 그 효력을 상실한다(회사정리법 제246조).

관리인은 영업양도, 정관변경, 자본감소, 신주발행, 사채발행, 회사합병, 신회사설립, 회사해산 등을 행하고 신회사를 설립하는 때에는 발기인 또는 설립위원의 직무를 행하며 법령 또는 정관의 규정에 불구하고 회사정리시에 회사의 창립총회, 주주총회, 종류주주총회, 이사회의 결의를 요하지 아니하고 이사나 대표이사 또는 감사로서 정리계획에서 유임할 것을 정하지 아니한 자는 계획인가결정시에 해임된 것으로 한다(회사정리법 제252조).

정리절차가 개시된 후 그 정리절차가 중단되는 것을 정리절차의 폐지라 하고 정리절차의 폐지는 법원이 직권으로 결정하거나 관리인의 신청에 의하여 법원이 결정하거나 관리인, 회사, 신고한 정리채권자, 정리담보권자의 신청에 의하여 법원이 결정하는 경우가 있다. 정리절차의 종료사유는 정리절차의 종결결정과 폐지결정, 정리절차개시결정취소결정, 정리계획불인가결정, 항고심의 정리계획인가결정취소결정이다.

9. 회사의 파산(법원에 의한 채무정리)

회사의 파산이라 함은 법원이 파산사유가 있는 회사의 재산을 파산재단으로 구성하여 회사채권자에게 변제하는 절차를 말한다.

파산사유는 채무자가 지급을 할 수 없거나 지급을 정지한 때(파산법 제116조)와 주식회사와 유한회사의 부채총액이 자산총액을 초과하거나(파산법 제117조) 및 상속재산으로써 상속채권자와 수유자에 대한 채무를 완전히 변제할 수 없는 때(파산법 제119조)이다.

파산을 신청할 수 있는 자는 채권자 또는 채무자(파산법 제122조) 및 법인 등의 관리자(파산법 제123조)와 상속재산에 대한 상속채권자, 수유자, 상속인, 상속재산관리인, 유언집행자(파산법 제126조)이다. 파산신청을 받은 법원은 채무자가 도망을 가거나 재산을 은닉하지 못하도록 하기 위하여 파산선고 전이라도 채무자 및 준채무자에 대하여 구속영장을 발부받아 구인하거나(파산법 제138조) 감수결정서를 검사에게 송부하여 경찰관리에게 타인과의 면접이나 통신을 하지 못하게 할 수 있다(파산법 제144조).

파산신청에 대하여 법원이 파산의 개시를 명령하는 결정을 파산선고라고 하며(파산법 제116조) 파산은 파산선고를 한 때로부터 그 효력이 생긴다(파산법 제1조).

법원은 파산선고와 동시에 관리위원회의 의견을 들어 파산관재인의 선임, 채권신고기간의 설정, 제1회 채권자집회기일의 지정, 채권조사기일의 지정을 하여야 한다(파산법 제132조). 파산자에 대하여 파산선고 전의 원인으로 생긴 재산상의 청구권(파산채권)자는 채권액 및 우선권을 법원에 신고하고(파산법 제201조) 법원은 신고한 각 채권에 대하여 파산관재인을 출석시켜 조사를 하여(파산법 제206조) 그 결과를 채권표에 기재하며(파산법 제214조)

확정채권의 채권표기재는 파산채권자 전원에 대하여 확정판결과 동일한 효력을 가진다(파산법 제215조).

파산자가 파산선고시에 가진 모든 재산은 이를 파산재단으로 보고(파산법 제6조) 파산재단에 속하는 재산의 점유 및 관리는 파산관재인이 한다(파산법 제175조). 파산관재인은 파산선고 전의 파산자의 행위에 의하여 파산재단에서 빠져나간 파산재단을 원상으로 회복시키는 권리(부인권)를 행사하고(파산법 제69조) 파산절차에 의하지 아니하고 수시로 변제되는 권리. 예컨대, 제3자가 파산자에 속하지 아니한 재산을 재단으로부터 반환을 청구하는 환취권(파산법 제79조), 파산재단에 속하는 재산에 담보권을 가진 자가 우선변제를 받는 별제권(파산법 제84조), 파산재단에 속하는 재산에 채권을 가진 자가 파산자에 대한 채무를 상계하는 상계권(파산법 제89조), 재단채권(파산법 제38조)에 주의를 하여야 한다.

파산자는 법원의 허가를 얻지 아니하면 그 거주지를 떠날 수 없고(파산법 제137조) 법원의 영장에 의하여 구인되거나(파산법 제139조) 감수결정서에 의하여 외부와의 접견이나 통신이 제한된다(파산법 제140조). 그리고 파산자는 후견인(민법 제937조), 친족회원(민법 제964조), 유언집행자(민법 제1099조), 수탁자(신탁법 제10조), 전당포영업자(전당포영업법 제3조), 공증인(공증인법 제13조), 변호사(변호사법 제5조), 법무사(법무사법 제6조), 공인회계사(공인회계사법 제3조), 세무사(세무사법 제4조), 공인노무사(공인노무사법 제4조), 부동산중개업자(부동산중개업법 제7조) 등이 되지 못한다.

파산관재인은 파산재산을 금전으로 환산하여(파산법 제228조) 신고채권자집회가 설치한 감사위원의 동의 또는 법원의 허가를 얻어(파산법 제229조) 배당표(신고채권의 순위 및 금액)에 의하여 파산채권자에게 배당한다(파산법 제241조).

파산관재인이 배당의 공고가 있은 날로부터 기산하여 14일 이상 30일 이내로 법원이 정하는 기간에 최후의 배당을 함에는 감사위원의 동의가 있은 때라도 법원의 허가를 얻어야 하며(파산법 제244조) 최후의 배당 후에 새로

배당에 충당할 재산이 있을 때에는 법원의 허가를 얻어 추가배당을 하여야 한다(파산법 제255조).

채무자 기타 관계인이 구성하는 파산법상의 범죄는 사기파산죄(파산법 제366조), 과태파산죄(파산법 제367조), 감수위반 및 주거지 이탈죄(파산법 제369조), 제3자 사기파산죄(파산법 제370조), 파산수회죄(파산법 제372조), 파산증회죄(파산법 제373조), 설명의무 위반죄(파산법 제374조) 등이 있다.

파산자는 파산절차의 해지에 이르기까지 채무면제를 신청할 수 있다(파산법 제339조). 채무면제신청에 대하여 법원은 면책불허가사유의 유무에 관하여 관재인으로 하여금 조사하여 면책심문기일에 그 결과를 보고하게 하고 면책신청서와 관재인조사보고서를 비치하여 이해관계인에게 열람시키며 기일을 정하여 파산자를 심문하여야 한다(파산법 제341조).

파산자에게 사기파산죄, 과태파산죄, 감수위반죄, 주거이탈죄, 설명의무위반죄에 해당하는 행위가 있다고 인정한 때, 파산자가 파산선고 전 1년 내에 파산원인사실이 있음에도 불구하고 그 사실이 없는 것으로 믿게 하기 위하여 사술을 사용하여 재산을 취득한 사실이 있는 때, 파산자가 허위의 채권자명부를 제출하거나 법원에 대하여 그 재산상태에 관하여 허위진술을 한 때, 파산자가 면책신청 전 10년 내에 면책받은 사실이 있는 때, 파산자가 파산법이 정한 파산자의무규정을 위반한 때에는 법원은 면책불허가결정을 할 수 있다(파산법 제346조).

파산자가 파산선고에 의하여 상실한 자격이나 권한을 회복하는 것을 파산자의 복권이라고 말한다. 파산자는 변제 기타의 방법으로 채무의 전부를 면하게 된 때에는 파산법원에 대하여 복권을 신청할 수 있고(파산법 제359조) 면책결정이 확정되거나 강제화의인가결정이 확정되거나 파산폐지결정이 확정되거나 파산선고 후 사기파산죄를 받지 아니하고 10년을 경과한 때에는 당연히 복권한다(파산법 제358조).

10. 주식회사의 청산(해산회사의 사무정리)

회사는 상법에서 정한 해산사유가 발생하면 그 목적범위가 기존의 법률관계를 정리하기 위한 사무(청산)로 축소된다(상법 제245조, 제542조 제1항, 청산중의 회사). 청산중의 회사가 상법이 정하는 절차에 의하여 청산사무를 처리하는 절차(청산절차)는 해산사유 중에서 회사의 합병, 회사의 분할 및 분할합병, 파산에는 적용하지 아니한다(상법 제531조 제1항).

청산중의 회사는 주주총회, 감사를 그대로 유지하고 있으므로 청산인으로 구성된 청산인회(이사회)를 조직하고 대표청산인(대표이사)을 선임하여야 한다. 청산인은 이사가 되는 것이 원칙이나(상법 제531조 제1항, 법정청산인) 정관규정 또는 주주총회결의(상법 제531조 제1항 단서) 및 법원(상법 제531조 제2항)에 의하여 선임되는 수도 있다.

청산인은 주주총회결의에 의하여 해임되는 외에 그 업무를 집행함에 현저하게 부적임하거나 중대한 임무에 위반한 행위가 있는 때에는 발행주식총수의 100분의 3 이상에 해당하는 주식을 가진 주주의 청구에 의하여 법원이 해임할 수 있다(상법 제539조). 청산인회의 소집, 의사진행, 결의 등은 이사회규정을 준용한다(상법 제542조 제2항). 대표청산인은 대표이사, 법원 또는 청산인회가 선임한 자가 되고 청산중의 회사를 대표하고 청산사무에 관하여 재판상 또는 재판 외의 모든 행위를 할 수 있다(상법 제542조 제1항).

청산인의 직무는 1) 회사가 해산 전부터 계속하고 있는 모든 사무를 종결시키는 것이다(상법 제254조 제1항 1호, 제542조 제1항). 이를 위하여 물건을 판매하고 제3자로부터 매수할 수도 있다.

2) 채권을 추심하고 채무를 변제한다(상법 제254조 제1항 2호, 제542조 제1항). 채권을 추심하기 위하여 채권양도, 경개, 화해, 환어음을 발행할 수 있

고 변제기에 이르지 아니한 회사채무를 변제할 때에는 조건부채권, 존속기간불확정채권, 기타 가액불확정채권에 대하여는 법원선임감정인의 평가에 의하여 변제한다(상법 제259조, 제542조 제1항).

3) 채무를 변제하기 위하여 재산을 환가처분하고(상법 제254조 제1항 3호, 제542조 제1항),

4) 잔여재산을 분배하는 것이다(상법 제254조 제1항 4호, 제542조 제1항). 잔여재산분배는 회사채무를 완제한 후에(상법 제260조, 제542조 제1항) 각 주주가 가진 주식의 수에 따라 주주에게 분배하여야 하고(상법 제538조) 청산에서 제외된 채권자는 분배되지 아니한 잔여재산에 대하여서만 변제를 청구할 수 있다(상법 제537조).

청산인은 1) 해산사유, 성명, 주민등록번호, 주소를 법원에 신고하여야 하고(상법 제532조), 2) 회사의 재산상태를 조사하여 작성한 재산목록과 대차대조표를 주주총회 승인을 얻어 법원에 제출하여야 하며(상법 제533조), 3) 대차대조표, 부속명세서, 사무보고서를 감사에게 제출하여야 하고(상법 제534조 제1항), 4) 대차대조표 및 사무보고서를 정기총회에 제출하여 승인을 요구하여야 한다(상법 제534조 제5항).

청산사무가 종결한 때에는 청산인은 결산보고서를 작성하여 주주총회의 승인을 얻어야 하고(상법 제540조 제1항), 본점소재지에서 청산종결등기를 한 후 장부와 서류를 보존하여야 한다(상법 제541조). 청산인의 결산보고서에 대한 주주총회승인은 청산인의 부정행위를 제외하고 청산인의 회사에 대한 책임을 해제한 것으로 본다(상법 제540조 제2항).

부 록

관계 법령

상법

기업회계기준

상 법(발췌)

[제정 1962년 1월 20일 법률 제1000호]

개정 1962. 12. 12. 법률 제1212호
1984. 4. 10. 법률 제3724호
1991. 5. 31. 법률 제4372호
1991. 12. 31. 법률 제4470호
1994. 12. 22. 법률 제4796호
1995. 12. 29. 법률 제5053호
1998. 12. 28. 법률 제5591호
1999. 2. 5. 법률 제5809호
1999. 12. 31. 법률 제6086호

제1편 총 칙

제1장 통 칙

제1조【상사적용법규】상사에 관하여 본법에 규정이 없으면 상관습법에 의하고 상관습법이 없으면 민법의 규정에 의한다.

제2조【공법인의 상행위】공법인의 상행위에 대하여는 법령에 다른 규정이 없는 경우에 한하여 본법을 적용한다.

제3조【일방적 상행위】당사자중 그 1인의 행위가 상행위인 때에는 전원에 대하여 본법을 적용한다.

제2장 상 인

제4조【상인 – 당연상인】자기명의로 상행위를 하는 자를 상인이라 한다.

제5조 【동전 – 의제상인】 ① 점포 기타 유사한 설비에 의하여 상인적 방법으로 영업을 하는 자는 상행위를 하지 아니하더라도 상인으로 본다.

② 회사는 상행위를 하지 아니하더라도 제1항과 같다.

제6조 【무능력자의 영업과 등기】 미성년자 또는 한정치산자가 법정대리인의 허락을 얻어 영업을 하는 때에는 등기를 하여야 한다.

제7조 【무능력자와 무한책임사원】 미성년자 또는 한정치산자가 법정대리인의 허락을 얻어 회사의 무한책임사원이 된 때에는 그 사원자격으로 인한 행위에는 능력자로 본다.

제8조 【법정대리인에 의한 영업의 대리】 ① 법정대리인이 미성년자, 한정치산자 또는 금치산자를 위하여 영업을 하는 때에는 등기를 하여야 한다.

② 법정대리인의 대리권에 대한 제한은 선의의 제3자에게 대항하지 못한다.

제9조 【소상인】 지배인, 상호, 상업장부와 상업등기에 관한 규정은 소상인에게 적용하지 아니한다.

제3장 상업사용인

제10조 【지배인의 선임】 상인은 지배인을 선임하여 본점 또는 지점에서 영업을 하게 할 수 있다.

제11조 【지배인의 대리권】 ① 지배인은 영업주에 갈음하여 그 영업에 관한 재판상 또는 재판외의 모든 행위를 할 수 있다.

② 지배인은 지배인이 아닌 점원 기타 사용인을 선임 또는 해임할 수 있다.

③ 지배인의 대리권에 대한 제한은 선의의 제3자에게 대항하지 못한다.

제12조 【공동지배인】 ① 상인은 수인의 지배인에게 공동으로 대리권을 행사하게 할 수 있다.

② 제1항의 경우에 지배인 1인에 대한 의사표시는 영업주에 대하여 그 효력이 있다.

제13조 【지배인의 등기】 상인은 지배인의 선임과 그 대리권의 소멸에 관하여

그 지배인을 둔 본점 또는 지점소재지에서 등기하여야 한다. 제12조 제1항에 규정한 사항과 그 변경도 같다.

제14조【표현지배인】① 본점 또는 지점의 영업주임 기타 유사한 명칭을 가진 사용인은 본점 또는 지점의 지배인과 동일한 권한이 있는 것으로 본다. 그러나 재판상의 행위에 관하여는 그러하지 아니하다.

② 제1항의 규정은 상대방이 악의인 경우에는 적용하지 아니한다.

제15조【부분적 포괄대리권을 가진 사용인】① 영업의 특정한 종류 또는 특정한 사항에 대한 위임을 받은 사용인은 이에 관한 재판외의 모든 행위를 할 수 있다.

② 제11조 제3항의 규정은 제1항의 경우에 준용한다.

제16조【물건판매점포의 사용인】① 물건을 판매하는 점포의 사용인은 그 판매에 관한 모든 권한이 있는 것으로 본다.

② 제14조 제2항의 규정은 제1항의 경우에 준용한다.

제17조【상업사용인의 의무】① 상업사용인은 영업주의 허락없이 자기 또는 제삼자의 계산으로 영업주의 영업부류에 속한 거래를 하거나 회사의 무한책임사원, 이사 또는 다른 상인의 사용인이 되지 못한다.

② 상업사용인이 제1항의 규정에 위반하여 거래를 한 경우에 그 거래가 자기의 계산으로 한 것인 때에는 영업주는 이를 영업주의 계산으로 한 것으로 볼 수 있고 제3자의 계산으로 한 것인 때에는 영업주는 사용인에 대하여 이로 인한 이득의 양도를 청구할 수 있다.

③ 제2항의 규정은 영업주로부터 사용인에 대한 계약의 해지 또는 손해배상의 청구에 영향을 미치지 아니한다.

④ 제2항에 규정한 권리는 영업주가 그 거래를 안 날로부터 2주간을 경과하거나 그 거래가 있은 날로부터 1년을 경과하면 소멸한다.

제4장 상 호

제18조【상호선정의 자유】상인은 그 성명 기타의 명칭으로 상호를 정할 수 있다.

제19조【회사의 상호】회사의 상호에는 그 종류에 따라 합명회사, 합자회사, 주식회사 또는 유한회사의 문자를 사용하여야 한다.

제20조【회사상호의 부당사용의 금지】회사가 아니면 상호에 회사임을 표시하는 문자를 사용하지 못한다. 회사의 영업을 양수한 경우에도 같다.

제21조【상호의 단일성】① 동일한 영업에는 단일상호를 사용하여야 한다.

② 지점의 상호에는 본점과의 종속관계를 표시하여야 한다.

제22조【상호등기의 효력】타인이 등기한 상호는 동일한 특별시 · 광역시 · 시 · 군에서 동종영업의 상호로 등기하지 못한다.

제22조의 2【상호의 가등기】① 주식회사 또는 유한회사를 설립하고자 할 때에는 본점의 소재지를 관할하는 등기소에 상호의 가등기를 신청할 수 있다.

② 회사는 상호나 목적, 또는 상호와 목적을 변경하고자 할 때에는 본점의 소재지를 관할하는 등기소에 상호의 가등기를 신청할 수 있다.

③ 회사는 본점을 이전하고자 할 때에는 이전할 곳을 관할하는 등기소에 상호의 가등기를 신청할 수 있다.

④ 상호의 가등기는 제22조의 적용에 있어서는 상호의 등기로 본다.

⑤ 상호의 가등기에 있어서 본등기를 할 때까지의 기간, 공탁금의 공탁과 그 회수, 가등기의 말소 기타 필요한 절차는 대법원규칙으로 정한다.

[본조신설 1995. 12. 29.]

제23조【주체를 오인시킬 상호의 사용금지】① 누구든지 부정한 목적으로 타인의 영업으로 오인할 수 있는 상호를 사용하지 못한다.

② 제1항의 규정에 위반하여 상호를 사용하는 자가 있는 경우에 이로 인하여 손해를 받을 염려가 있는 자 또는 상호를 등기한 자는 그 폐지를 청구할 수 있다.

③ 제2항의 규정은 손해배상의 청구에 영향을 미치지 아니한다.

④ 동일한 특별시 · 광역시 · 시 · 군에서 동종영업으로 타인이 등기한 상호를

사용하는 자는 부정한 목적으로 사용하는 것으로 추정한다. 〈개정 1984. 4. 10., 1994. 12. 22., 1995. 12. 29.〉

제24조 【명의대여자의 책임】 타인에게 자기의 성명 또는 상호를 사용하여 영업을 할것을 허락한 자는 자기를 영업주로 오인하여 거래한 제3자에 대하여 그 타인과 연대하여 변제할 책임이 있다.

제25조 【상호의 양도】 ① 상호는 영업을 폐지하거나 영업과 함께 하는 경우에 한하여 이를 양도할 수 있다.

② 상호의 양도는 등기하지 아니하면 제3자에게 대항하지 못한다.

제26조 【상호불사용의 효과】 상호를 등기한 자가 정당한 사유없이 2년간 상호를 사용하지 아니하는 때에는 이를 폐지한 것으로 본다.

제27조 【상호등기의 말소청구】 상호를 변경 또는 폐지한 경우에 2주간 내에 그 상호를 등기한 자가 변경 또는 폐지의 등기를 하지 아니하는 때에는 이해관계인은 그 등기의 말소를 청구할 수 있다.

제28조 【상호부정사용에 대한 제재】 제20조와 제23조 제1항에 위반한 자는 200만원 이하의 과태료에 처한다. 〈개정 1984. 4. 10., 1995. 12. 29.〉

제5장 상업장부

제29조 【상업장부의 종류 · 작성원칙】 ① 상인은 영업상의 재산 및 손익의 상황을 명백히 하기 위하여 회계장부 및 대차대조표를 작성하여야 한다.

② 상업장부의 작성에 관하여 이 법에 규정한 것을 제외하고는 일반적으로 공정 · 타당한 회계관행에 의한다.

[전문개정 1984. 4. 10.]

제30조 【상업장부의 작성방법】 ① 회계장부에는 거래와 기타 영업상의 재산에 영향이 있는 사항을 기재하여야 한다.

② 상인은 영업을 개시한 때와 매년 1회 이상 일정시기에, 회사는 성립한 때와 매 결산기에 회계장부에 의하여 대차대조표를 작성하고, 작성자가 이에 기명날

인 또는 서명하여야 한다. 〈개정 1995. 12. 29.〉

[전문개정 1984. 4. 10.]

제31조 【자산평가의 원칙】 회계장부에 기재될 자산은 다음의 방법에 의하여 평가하여야 한다.

1. 유동자산은 취득가액 · 제작가액 또는 시가에 의한다. 그러나 시가가 취득가액 또는 제작가액보다 현저하게 낮은 때에는 시가에 의한다.
2. 고정자산은 취득가액 또는 제작가액으로부터 상당한 감가액을 공제한 가액에 의하되, 예측하지 못한 감손이 생긴 때에도 상당한 감액을 하여야 한다.

[전문개정 1984. 4. 10.]

제32조 【상업장부의 제출】 법원은 신청에 의하여 또는 직권으로 소송당사자에게 상업장부 또는 그 일부분의 제출을 명할 수 있다.

제33조 【상업장부등의 보존】 ① 상인은 10년간 상업장부와 영업에 관한 중요서류를 보존하여야 한다. 다만, 전표 또는 이와 유사한 서류는 5년간 이를 보존하여야 한다. 〈개정 1995. 12. 29.〉

② 제1항의 기간은 상업장부에 있어서는 그 폐쇄한 날로부터 기산한다.

③ 제1항의 장부와 서류는 마이크로필름 기타의 전산정보처리조직에 의하여 이를 보존할 수 있다. 〈신설 1995. 12. 29.〉

④ 제3항의 규정에 의하여 장부와 서류를 보존하는 경우 그 보존방법 기타 필요한 사항은 대통령령으로 정한다. 〈신설 1995. 12. 29.〉

제6장 상업등기

제34조 【통칙】 본법에 의하여 등기할 사항은 당사자의 신청에 의하여 영업소의 소재지를 관할하는 법원의 상업등기부에 등기한다.

제34조의 2 【전산정보처리조직에 의한 상업등기】 ① 상업등기사무는 그 전부 또는 일부를 전산정보처리조직에 의하여 처리할 수 있다.

② 제1항의 규정에 의한 상업등기사무의 처리절차는 대법원규칙으로 정한다.

[본조신설 1995. 12. 29.]

제35조【지점소재지에서의 등기】 본점의 소재지에서 등기할 사항은 다른 규정이 없으면 지점의 소재지에서도 등기하여야 한다.

제36조 삭제 〈1995. 12. 29.〉

제37조【등기의 효력】 ① 등기할 사항은 이를 등기하지 아니하면 선의의 제3자에게 대항하지 못한다.

② 등기한 후라도 제3자가 정당한 사유로 인하여 이를 알지 못한 때에는 제1항과 같다.

[전문개정 1995. 12. 29.]

제38조【지점소재지에서의 등기의 효력】 지점의 소재지에서 등기할 사항을 등기하지 아니한 때에는 제37조의 규정은 그 지점의 거래에 한하여 적용한다.

제39조【부실의 등기】 고의 또는 과실로 인하여 사실과 상위한 사항을 등기한 자는 그 상위를 선의의 제3자에게 대항하지 못한다.

제40조【변경, 소멸의 등기】 등기한 사항에 변경이 있거나 그 사항이 소멸한 때에는 당사자는 지체없이 변경 또는 소멸의 등기를 하여야 한다.

제7장 영업양도

제41조【영업양도인의 경업금지】 ① 영업을 양도한 경우에 다른 약정이 없으면 양도인은 10년간 동일한 특별시 · 광역시 · 시 · 군과 인접 특별시 · 광역시 · 군에서 동종영업을 하지 못한다.

② 양도인이 동종영업을 하지 아니할 것을 약정한 때에는 동일한 특별시 · 광역시 · 시 · 군과 인접 특별시 · 광역시 · 시 · 군에 한하여 20년을 초과하지 아니한 범위 내에서 그 효력이 있다.

제42조【상호를 속용하는 양수인의 책임】 ① 영업양수인이 양도인의 상호를 계속 사용하는 경우에는 양도인의 영업으로 인한 제3자의 채권에 대하여 양수인도 변제할 책임이 있다.

② 제1항의 규정은 양수인이 영업양도를 받은 후 지체없이 양도인의 채무에 대한 책임이 없음을 등기한 때에는 적용하지 아니한다. 양도인과 양수인이 지체없이 제3자에 대하여 그 뜻을 통지한 경우에 그 통지를 받은 제3자에 대하여도 같다.

제43조【영업양수인에 대한 변제】 제42조 제1항의 경우에 양도인의 영업으로 인한 채권에 대하여 채무자가 선의이며 중대한 과실없이 양수인에게 변제한 때에는 그 효력이 있다.

제44조【채무인수를 광고한 양수인의 책임】 영업양수인이 양도인의 상호를 계속사용하지 아니하는 경우에 양도인의 영업으로 인한 채무를 인수할 것을 광고한 때에는 양수인도 변제할 책임이 있다.

제45조【영업양도인의 책임의 존속기간】 영업양수인이 제42조 제1항 또는 제44조의 규정에 의하여 변제의 책임이 있는 경우에는 양도인의 제3자에 대한 채무는 영업양도 또는 광고 후 2년이 경과하면 소멸한다.

제2편 상행위

제1장 통 칙

제46조【기본적 상행위】 영업으로 하는 다음의 행위를 상행위라 한다. 그러나 오로지 임금을 받을 목적으로 물건을 제조하거나 노무에 종사하는 자의 행위는 그러하지 아니하다. 〈개정 1995. 12. 29.〉

1. 동산, 부동산, 유가증권 기타의 재산의 매매
2. 동산, 부동산, 유가증권 기타의 재산의 임대차
3. 제조, 가공 또는 수선에 관한 행위
4. 전기, 전파, 가스 또는 물의 공급에 관한 행위

5. 작업 또는 노무의 도급의 인수
6. 출판, 인쇄 또는 촬영에 관한 행위
7. 광고, 통신 또는 정보에 관한 행위
8. 수신 · 여신 · 환 기타의 금융거래
9. 객의 집래를 위한 시설에 의한 거래
10. 상행위의 대리의 인수
11. 중개에 관한 행위
12. 위탁매매 기타의 주선에 관한 행위
13. 운송의 인수
14. 임치의 인수
15. 신탁의 인수
16. 상호부금 기타 이와 유사한 행위
17. 보험
18. 광물 또는 토석의 채취에 관한 행위
19. 기계 · 시설 기타 재산의 물융에 관한 행위
20. 상호 · 상표등의 사용허락에 의한 영업에 관한 행위
21. 영업상 채권의 매입 · 회수등에 관한 행위

제47조 【보조적 상행위】 ① 상인이 영업을 위하여 하는 행위는 상행위로 본다.

② 상인의 행위는 영업을 위하여 하는 것으로 추정한다.

제48조 【대리의 방식】 상행위의 대리인이 본인을 위한 것임을 표시하지 아니하여도 그 행위는 본인에 대하여 효력이 있다. 그러나 상대방이 본인을 위한 것임을 알지 못한 때에는 대리인에 대하여도 이행의 청구를 할 수 있다.

제49조 【위임】 상행위의 위임을 받은 자는 위임의 본지에 반하지 아니한 범위내에서 위임을 받지 아니한 행위를 할 수 있다.

제50조 【대리권의 존속】 상행위의 위임에 의한 대리권은 본인의 사망으로 인하여 소멸하지 아니한다.

제51조 【대화자간의 청약의 구속력】 대화자간의 계약의 청약은 상대방이 즉

시 승낙하지 아니한 때에는 그 효력을 잃는다.

제52조【격지자간의 청약의 구속력】① 격지자간의 계약의 청약은 승낙기간이 없으면상대방이 상당한 기간 내에 승낙의 통지를 발송하지 아니한 때에는 그 효력을 잃는 다.

② 민법 제530조의 규정은 제1항의 경우에 준용한다.

제53조【청약에 대한 낙부통지의무】상인이 상시 거래관계에 있는 자로부터 그 영업부류에 속한 계약의 청약을 받은 때에는 지체없이 낙부의 통지를 발송하여야 한다. 이를 해태한 때에는 승낙한 것으로 본다.

제54조【상사법정이율】상행위로 인한 채무의 법정이율은 연 6분으로 한다.

제55조【법정이자청구권】① 상인간에서 금전의 소비대차를 한 때에는 대주는 법정이 자를 청구할 수 있다.

② 상인이 그 영업범위 내에서 타인을 위하여 금전을 체당한 때에는 체당한 날 이후의 법정이자를 청구할 수 있다.

제56조【지점거래의 채무이행장소】지점에서의 거래로 인한 채무이행의 장소가 그 행위의 성질 또는 당사자의 의사표시에 의하여 특정되지 아니한 경우에는 특정물의 인도이외의 채무의 이행은 그 지점을 이행장소로 본다.

제57조【다수채무자간 또는 채무자와 보증인의 연대】① 수인이 그 1인 또는 전원에게 상행위가 되는 행위로 인하여 채무를 부담한 때에는 연대하여 변제할 책임이 있다.

② 보증인이 있는 경우에 그 보증이 상행위이거나 주채무가 상행위로 인한 것인 때에는 주채무자와 보증인은 연대하여 변제할 책임이 있다.

제58조【상사유치권】상인간의 상행위로 인한 채권이 변제기에 있는 때에는 채권자는 변제를 받을 때까지 그 채무자에 대한 상행위로 인하여 자기가 점유하고 있는 채무자소유의 물건 또는 유가증권을 유치할 수 있다. 그러나 당사자간에 다른 약정이 있으면 그러하지 아니하다.

제59조【유질계약의 허용】민법 제339조의 규정은 상행위로 인하여 생긴 채권을 담보하기 위하여 설정한 질권에는 적용하지 아니한다.

제60조【물건보관의무】상인이 그 영업부류에 속한 계약의 청약을 받은 경우

에 견품기타의 물건을 받은 때에는 그 청약을 거절한 때에도 청약자의 비용으로 그 물건을 보관하여야 한다. 그러나 그 물건의 가액이 보관의 비용을 상환하기에 부족하거나 보관으로 인하여 손해를 받을 염려가 있는 때에는 그러하지 아니하다.

제61조 【상인의 보수청구권】 상인이 그 영업범위 내에서 타인을 위하여 행위를 한 때에는 이에 대하여 상당한 보수를 청구할 수 있다.

제62조 【임치를 받은 상인의 책임】 상인이 그 영업범위 내에서 물건의 임치를 받은 경우에는 보수를 받지 아니하는 때에도 선량한 관리자의 주의를 하여야 한다.

제63조 【거래시간과 이행 또는 그 청구】 법령 또는 관습에 의하여 영업시간이 정하여져 있는 때에는 채무의 이행 또는 이행의 청구는 그 시간내에 하여야 한다.

제64조 【상사시효】 상행위로 인한 채권은 본법에 다른 규정이 없는 때에는 5년간 행사하지 아니하면 소멸시효가 완성한다. 그러나 다른 법령에 이보다 단기의 시효의 규정이 있는 때에는 그 규정에 의한다.

제65조 【유가증권과 준용규정】 금전, 물건 또는 유가증권의 지급을 목적으로 하는 유가증권에는 민법 제508조 내지 제525조의 규정을 적용하는 외에 어음법 제12조 제1항, 제2항의 규정을 준용한다.

제66조 【준상행위】 본장의 규정은 제5조의 규정에 의한 상인의 행위에 준용한다.

제2장 매 매

제67조 【매도인의 목적물의 공탁, 경매권】 ① 상인간의 매매에 있어서 매수인이 목적물의 수령을 거부하거나 이를 수령할 수 없는 때에는 매도인은 그 물건을 공탁하거나 상당한 기간을 정하여 최고한 후 경매할 수 있다. 이 경우에는 지체없이 매수인에 대하여 그 통지를 발송하여야 한다.

② 제1항의 경우에 매수인에 대하여 최고를 할 수 없거나 목적물이 멸실 또는 훼손될 염려가 있는 때에는 최고없이 경매할 수 있다.

③ 제1항 및 제2항의 규정에 의하여 매도인이 그 목적물을 경매한 때에는 그 대금에서 경매비용을 공제한 잔액을 공탁하여야 한다. 그러나 그 전부나 일부를 매매대금에 충당할 수 있다.

제68조【확정기매매의 해제】상인간의 매매에 있어서 매매의 성질 또는 당사자의 의사표시에 의하여 일정한 일시 또는 일정한 기간 내에 이행하지 아니하면 계약의 목적을 달성할 수 없는 경우에 당사자의 일방이 이행시기를 경과한 때에는 상대방은 즉시 그 이행을 청구하지 아니하면 계약을 해제한 것으로 본다.

제69조【매수인의 목적물의 검사와 하자 통지의무】① 상인간의 매매에 있어서 매수인이 목적물을 수령한 때에는 지체없이 이를 검사하여야 하며 하자 또는 수량의 부족을 발견한 경우에는 즉시 매도인에게 그 통지를 발송하지 아니하면 이로 인한 계약해제, 대금감액 또는 손해배상을 청구하지 못한다. 매매의 목적물에 즉시 발견할 수 없는 하자가 있는 경우에 매수인이 6월 내에 이를 발견한 때에도 같다.

② 제1항의 규정은 매도인이 악의인 경우에는 적용하지 아니한다.

제70조【매수인의 목적물보관, 공탁의무】① 제69조의 경우에 매수인이 계약을 해제한 때에도 매도인의 비용으로 매매의 목적물을 보관 또는 공탁하여야 한다. 그러나 그 목적물이 멸실 또는 훼손될 염려가 있는 때에는 법원의 허가를 얻어 경매하여 그 대가를 보관 또는 공탁하여야 한다.

② 제1항의 규정에 의하여 매수인이 경매한 때에는 지체없이 매도인에게 그 통지를 발송하여야 한다.

③ 제1항 및 제2항의 규정은 목적물의 인도장소가 매도인의 영업소 또는 주소와 동일한 특별시·광역시·시·군에 있는 때에는 이를 적용하지 아니한다. 〈개정 1995. 12. 29.〉

제71조【동전－수량초과등의 경우】제70조의 규정은 매도인으로부터 매수인에게 인도한 물건이 매매의 목적물과 상위하거나 수량이 초과한 경우에 그 상위 또는 초과한 부분에 대하여 준용한다.

제3장 상호계산

제72조 【의의】 상호계산은 상인간 또는 상인과 비상인간에 상시 거래관계가 있는 경우에 일정한 기간의 거래로 인한 채권채무의 총액에 관하여 상계하고 그 잔액을 지급할 것을 약정함으로써 그 효력이 생긴다.

제73조 【상업증권상의 채권채무에 관한 특칙】 어음 기타의 상업증권으로 인한 채권채무를 상호계산에 계입한 경우에 그 증권채무자가 변제하지 아니한 때에는 당사자는 그 채무의 항목을 상호계산에서 제거할 수 있다.

제74조 【상호계산기간】 당사자가 상계할 기간을 정하지 아니한 때에는 그 기간은 6월로 한다.

제75조 【계산서의 승인과 이의】 당사자가 채권채무의 각 항목을 기재한 계산서를 승인한 때에는 그 각 항목에 대하여 이의를 하지 못한다. 그러나 착오나 탈루가 있는 때에는 그러하지 아니하다.

제76조 【잔액채권의 법정이자】 ① 상계로 인한 잔액에 대하여는 채권자는 계산폐쇄일 이후의 법정이자를 청구할 수 있다.

② 제1항의 규정에 불구하고 당사자는 각 항목을 상호계산에 계입한 날로부터 이자를 붙일 것을 약정할 수 있다.

제77조 【해지】 각 당사자는 언제든지 상호계산을 해지할 수 있다. 이 경우에는 즉시 계산을 폐쇄하고 잔액의 지급을 청구할 수 있다.

제4장 익명조합

제78조 【의의】 익명조합은 당사자의 일방이 상대방의 영업을 위하여 출자하고 상대방은 그 영업으로 인한 이익을 분배할 것을 약정함으로써 그 효력이 생긴다.

제79조 【익명조합원의 출자】 익명조합원이 출자한 금전 기타의 재산은 영업자의 재산으로 본다.

제80조【익명조합원의 대외관계】익명조합원은 영업자의 행위에 관하여서는 제3자에 대하여 권리나 의무가 없다.

제81조【성명, 상호의 사용허락으로 인한 책임】익명조합원이 자기의 성명을 영업자의 상호중에 사용하게 하거나 자기의 상호를 영업자의 상호로 사용할 것을 허락한 때에는 그 사용 이후의 채무에 대하여 영업자와 연대하여 변제할 책임이 있다.

제82조【이익배당과 손실분담】① 익명조합원의 출자가 손실로 인하여 감소된 때에는 그 손실을 전보한 후가 아니면 이익배당을 청구하지 못한다.

② 손실이 출자액을 초과한 경우에도 익명조합원은 이미 받은 이익의 반환 또는 증자할 의무가 없다.

③ 제1항과 제2항의 규정은 당사자간에 다른 약정이 있으면 적용하지 아니한다.

제83조【계약의 해지】① 조합계약으로 조합의 존속기간을 정하지 아니하거나 어느 당사자의 종신까지 존속할 것을 약정한 때에는 각 당사자는 영업연도 말에 계약을 해지할 수 있다. 그러나 이 해지는 6월 전에 상대방에게 예고하여야 한다.

② 조합의 존속기간의 약정의 유무에 불구하고 부득이한 사정이 있는 때에는 각 당사자는 언제든지 계약을 해지할 수 있다.

제84조【계약의 종료】조합계약은 다음의 사유로 인하여 종료한다.

1. 영업의 폐지 또는 양도
2. 영업자의 사망 또는 금치산
3. 영업자 또는 익명조합원의 파산

제85조【계약종료의 효과】조합계약이 종료한 때에는 영업자는 익명조합원에게 그 출자의 가액을 반환하여야 한다. 그러나 출자가 손실로 인하여 감소된 때에는 그 잔액을 반환하면 된다.

제86조【준용규정】제272조, 제277조와 제278조의 규정은 익명조합원에 준용한다.

제5장 대리상

제87조 【의의】 일정한 상인을 위하여 상업사용인이 아니면서 상시 그 영업부류에 속하는 거래의 대리 또는 중개를 영업으로 하는 자를 대리상이라 한다.

제88조 【통지의무】 대리상이 거래의 대리 또는 중개를 한 때에는 지체없이 본인에게 그 통지를 발송하여야 한다.

제89조 【경업금지】 ① 대리상은 본인의 허락없이 자기나 제3자의 계산으로 본인의 영업부류에 속한 거래를 하거나 동종영업을 목적으로 하는 회사의 무한책임사원 또는 이사가 되지 못한다.

② 제17조 제2항 내지 제4항의 규정은 대리상이 제1항의 규정에 위반한 경우에 준용한다.

제90조 【통지를 받을 권한】 물건의 판매나 그 중개의 위탁을 받은 대리상은 매매의 목적물의 하자 또는 수량부족 기타 매매의 이행에 관한 통지를 받을 권한이 있다.

제91조 【대리상의 유치권】 대리상은 거래의 대리 또는 중개로 인한 채권이 변제기에 있는 때에는 그 변제를 받을 때까지 본인을 위하여 점유하는 물건 또는 유가증권을 유치할 수 있다. 그러나 당사자간에 다른 약정이 있으면 그러하지 아니하다.

제92조 【계약의 해지】 ① 당사자가 계약의 존속기간을 약정하지 아니한 때에는 각 당사자는 2월 전에 예고하고 계약을 해지할 수 있다.

② 제83조 제2항의 규정은 대리상에 준용한다.

제92조의 2 【대리상의 보상청구권】 ① 대리상의 활동으로 본인이 새로운 고객을 획득하거나 영업상의 거래가 현저하게 증가하고 이로 인하여 계약의 종료 후에도 본인이 이익을 얻고 있는 경우에는 대리상은 본인에 대하여 상당한 보상을 청구할 수 있다. 다만, 계약의 종료가 대리상의 책임있는 사유로 인한 경우에는 그러하지 아니하다.

② 제1항의 규정에 의한 보상금액은 계약의 종료 전 5년간의 평균연보수액을 초과할 수 없다. 계약의 존속기간이 5년 미만인 경우에는 그 기간의 평균연보수

액을 기준으로 한다.

③ 제1항의 규정에 의한 보상청구권은 계약이 종료한 날부터 6월을 경과하면 소멸한다.

[본조신설 1995. 12. 29.]

제92조의 3【대리상의 영업비밀준수의무】 대리상은 계약의 종료 후에도 계약과 관련하여 알게 된 본인의 영업상의 비밀을 준수하여야 한다.

[본조신설 1995. 12. 29.]

제6장 중개업

제93조【의의】 타인간의 상행위의 중개를 영업으로 하는 자를 중개인이라 한다.

제94조【중개인의 급여수령대리권】 중개인은 그 중개한 행위에 관하여 당사자를 위하여 지급 기타의 이행을 받지 못한다. 그러나 다른 약정이나 관습이 있으면 그러하지 아니하다.

제95조【견품보관의무】 중개인이 그 중개한 행위에 관하여 견품을 받은 때에는 그 행위가 완료될 때까지 이를 보관하여야 한다.

제96조【결약서교부의무】 ① 당사자간에 계약이 성립된 때에는 중개인은 지체없이 각 당사자의 성명 또는 상호, 계약연월일과 그 요령을 기재한 서면을 작성하여 기명날인 또는 서명한 후 각 당사자에게 교부하여야 한다.

② 당사자가 즉시 이행을 하여야 하는 경우를 제외하고 중개인은 각 당사자로 하여금 제1항의 서면에 기명날인 또는 서명하게 한 후 그 상대방에게 교부하여야 한다.

③ 제1항 및 제2항의 경우에 당사자의 일방이 서면의 수령을 거부하거나 기명날인 또는 서명하지 아니한 때에는 중개인은 지체없이 상대방에게 그 통지를 발송하여야 한다.

[전문개정 1995. 12. 29.]

제97조【중개인의 장부작성의무】① 중개인은 제96조에 규정한 사항을 장부에 기재하여야 한다.

② 당사자는 언제든지 자기를 위하여 중개한 행위에 관한 장부의 등본의 교부를 청구할 수 있다.

제98조【성명, 상호묵비의 의무】당사자가 그 성명 또는 상호를 상대방에게 표시하지 아니할 것을 중개인에게 요구한 때에는 중개인은 그 상대방에게 교부할 제96조 제1항의 서면과 제97조 제2항의 등본에 이를 기재하지 못한다.

제99조【중개인의 이행책임】중개인이 임의로 또는 제98조의 규정에 의하여 당사자의 일방의 성명 또는 상호를 상대방에게 표시하지 아니한 때에는 상대방은 중개인에 대하여 이행을 청구할 수 있다.

제100조【보수청구권】① 중개인은 제96조의 절차를 종료하지 아니하면 보수를 청구하지 못한다.

② 중개인의 보수는 당사자 쌍방이 균분하여 부담한다.

제7장 위탁매매업

제101조【의의】자기명의로서 타인의 계산으로 물건 또는 유가증권의 매매를 영업으로 하는 자를 위탁매매인이라 한다.

제102조【위탁매매인의 지위】위탁매매인은 위탁자를 위한 매매로 인하여 상대방에 대하여 직접 권리를 취득하고 의무를 부담한다.

제103조【위탁물의 귀속】위탁매매인이 위탁자로부터 받은 물건 또는 유가증권이나 위탁매매로 인하여 취득한 물건, 유가증권 또는 채권은 위탁자와 위탁매매인 또는 위탁매매인의 채권자간의 관계에서는 이를 위탁자의 소유 또는 채권으로 본다.

제104조【통지의무, 계산서제출의무】위탁매매인이 위탁받은 매매를 한 때에는 지체없이 위탁자에 대하여 그 계약의 요령과 상대방의 주소, 성명의 통지를 발송하여야 하며 계산서를 제출하여야 한다.

제105조 【위탁매매인의 이행담보책임】 위탁매매인은 위탁자를 위한 매매에 관하여 상대방이 채무를 이행하지 아니하는 경우에는 위탁자에 대하여 이를 이행할 책임이 있다. 그러나 다른 약정이나 관습이 있으면 그러하지 아니하다.

제106조 【지정가액 준수의무】 ① 위탁자가 지정한 가액보다 염가로 매도하거나 고가로 매수한 경우에도 위탁매매인이 차액을 부담한 때에는 그 매매는 위탁자에 대하여 효력이 있다.

② 위탁자가 지정한 가액보다 고가로 매도하거나 염가로 매수한 경우에는 그 차액은 다른 약정이 없으면 위탁자의 이익으로 한다.

제107조 【위탁매매인의 개입권】 ① 위탁매매인이 거래소의 시세있는 물건의 매매를 위탁받은 때에는 직접 그 매도인이나 매수인이 될 수 있다. 이 경우의 매매대가는 위탁매매인이 매매의 통지를 발송한 때의 거래소의 시세에 의한다.

② 제1항의 경우에도 위탁매매인은 위탁자에 대하여 보수를 청구할 수 있다.

제108조 【위탁물의 훼손, 하자등의 효과】 ① 위탁매매인이 위탁매매의 목적물을 인도 받은 후에 그 물건의 훼손 또는 하자를 발견하거나 그 물건이 부패할 염려가 있는 때 또는 가격저락의 상황을 안 때에는 지체없이 위탁자에게 그 통지를 발송하여야 한다.

② 제1항의 경우에 위탁자의 지시를 받을 수 없거나 그 지시가 지연되는 때에는 위탁매매인은 위탁자의 이익을 위하여 적당한 처분을 할 수 있다.

제109조 【매수물의 공탁, 경매권】 제67조의 규정은 위탁매매인이 매수의 위탁을 받은 경우에 위탁자가 매수한 물건의 수령을 거부하거나 이를 수령할 수 없는 때에 준용한다.

제110조 【매수위탁자가 상인인 경우】 상인인 위탁자가 그 영업에 관하여 물건의 매수를 위탁한 경우에는 위탁자와 위탁매매인간의 관계에는 제68조 내지 제71조의 규정을 준용한다.

제111조 【준용규정】 제91조의 규정은 위탁매매인에 준용한다.

제112조 【위임에 관한 규정의 적용】 위탁자와 위탁매매인간의 관계에는 본장의 규정외에 위임에 관한 규정을 적용한다.

제113조 【준위탁매매인】 본장의 규정은 자기명의로써 타인의 계산으로 매매

아닌 행위를 영업으로 하는 자에 준용한다.

제8장 운송주선업

제114조【의의】 자기의 명의로 물건운송의 주선을 영업으로 하는 자를 운송주선인이라 한다.

제115조【손해배상책임】 운송주선인은 자기나 그 사용인이 운송물의 수령, 인도, 보관, 운송인이나 다른 운송주선인의 선택 기타 운송에 관하여 주의를 해태하지 아니하였음을 증명하지 아니하면 운송물의 멸실, 훼손 또는 연착으로 인한 손해를 배상할 책임을 면하지 못한다.

제116조【개입권】 ① 운송주선인은 다른 약정이 없으면 직접운송할 수 있다. 이 경우에는 운송주선인은 운송인과 동일한 권리의무가 있다.

② 운송주선인이 위탁자의 청구에 의하여 화물상환증을 작성한 때에는 직접운송하는 것으로 본다.

제117조【중간운송주선인의 대위】 ① 수인이 순차로 운송주선을 하는 경우에는 후자는 전자에 갈음하여 그 권리를 행사할 의무를 부담한다.

② 제1항의 경우에 후자가 전자에게 변제한 때에는 전자의 권리를 취득한다.

제118조【운송인의 권리의 취득】 제117조의 경우에 운송주선인이 운송인에게 변제한 때에는 운송인의 권리를 취득한다.

제119조【보수청구권】 ① 운송주선인은 운송물을 운송인에게 인도한 때에는 즉시 보수를 청구할 수 있다.

② 운송주선계약으로 운임의 액을 정한 경우에는 다른 약정이 없으면 따로 보수를 청구하지 못한다.

제120조【유치권】 운송주선인은 운송물에 관하여 받을 보수, 운임, 기타 위탁자를 위한 체당금이나 선대금에 관하여서만 그 운송물을 유치할 수 있다.

제121조【운송주선인의 책임의 시효】 ① 운송주선인의 책임은 수하인이 운송물을 수령한 날로부터 1년을 경과하면 소멸시효가 완성한다.

② 제1항의 기간은 운송물이 전부 멸실한 경우에는 그 운송물을 인도할 날로부터 기산한다. 〈개정 1962. 12. 12.〉

③ 제1항 및 제2항의 규정은 운송주선인이나 그 사용인이 악의인 경우에는 적용하지 아니한다.

제122조 【운송주선인의 채권의 시효】 운송주선인의 위탁자 또는 수하인에 대한 채권은 1년간 행사하지 아니하면 소멸시효가 완성한다.

제123조 【준용규정】 운송주선인에 관하여는 본장의 규정외에 위탁매매인에 관한 규정을 준용한다.

제124조 【동전】 제136조, 제140조와 제141조의 규정은 운송주선업에 준용한다.

제9장 운송업

제125조 【의의】 육상 또는 호천, 항만에서 물건 또는 여객의 운송을 영업으로 하는 자를 운송인이라 한다.

제1절 물건운송

제126조 【운송장】 ① 송하인은 운송인의 청구에 의하여 운송장을 교부하여야 한다.

② 운송장에는 다음의 사항을 기재하고 송하인이 기명날인 또는 서명하여야 한다. 〈개정 1995. 12. 29.〉

1. 운송물의 종류, 중량 또는 용적, 포장의 종별, 개수와 기호
2. 도착지
3. 수하인과 운송인의 성명 또는 상호, 영업소 또는 주소
4. 운임과 그 선급 또는 착급의 구별
5. 운송장의 작성지와 작성연월일

제127조【운송장의 허위기재에 대한 책임】① 송하인이 운송장에 허위 또는 부정확한 기재를 한 때에는 운송인에 대하여 이로 인한 손해를 배상할 책임이 있다.

② 제1항의 규정은 운송인이 악의인 경우에는 적용하지 아니한다.

제128조【화물상환증의 발행】① 운송인은 송하인의 청구에 의하여 화물상환증을 교부하여야 한다.

② 화물상환증에는 다음의 사항을 기재하고 운송인이 기명날인 또는 서명하여야 한다. 〈개정 1995. 12. 29.〉

1. 제126조 제2항제1호 내지 제3호의 사항
2. 송하인의 성명 또는 상호, 영업소 또는 주소
3. 운임 기타 운송물에 관한 비용과 그 선급 또는 착급의 구별
4. 화물상환증의 작성지와 작성연월일

제129조【화물상환증의 상환증권성】화물상환증을 작성한 경우에는 이와 상환하지 아니하면 운송물의 인도를 청구할 수 없다.

제130조【화물상환증의 당연한 지시증권성】화물상환증은 기명식인 경우에도 배서에 의하여 양도할 수 있다. 그러나 화물상환증에 배서를 금지하는 뜻을 기재한 때에는 그러하지 아니하다.

제131조【화물상환증의 문언증권성】화물상환증을 작성한 경우에는 운송에 관한 사항은 운송인과 소지인간에 있어서는 화물상환증에 기재된 바에 의한다.

제132조【화물상환증의 처분증권성】화물상환증을 작성한 경우에는 운송물에 관한 처분은 화물상환증으로써 하여야 한다.

제133조【화물상환증교부의 물권적 효력】화물상환증에 의하여 운송물을 받을 수 있는 자에게 화물상환증을 교부한 때에는 운송물 위에 행사하는 권리의 취득에 관하여 운송물을 인도한 것과 동일한 효력이 있다.

제134조【운송물멸실과 운임】① 운송물의 전부 또는 일부가 송하인의 책임없는 사유로 인하여 멸실한 때에는 운송인은 그 운임을 청구하지 못한다. 운송인이 이미 그 운임의 전부 또는 일부를 받은 때에는 이를 반환하여야 한다.

② 운송물의 전부 또는 일부가 그 성질이나 하자 또는 송하인의 과실로 인하여

멸실한 때에는 운송인은 운임의 전액을 청구할 수 있다.

제135조【손해배상책임】 운송인은 자기 또는 운송주선인이나 사용인 기타 운송을 위하여 사용한 자가 운송물의 수령, 인도, 보관과 운송에 관하여 주의를 해태하지 아니하였음을 증명하지 아니하면 운송물의 멸실, 훼손 또는 연착으로 인한 손해를 배상할 책임을 면하지 못한다.

제136조【고가물에 대한 책임】 화폐, 유가증권 기타의 고가물에 대하여는 송하인이 운송을 위탁할 때에 그 종류와 가액을 명시한 경우에 한하여 운송인이 손해를 배상할 책임이 있다.

제137조【손해배상의 액】 ① 운송물이 전부 멸실 또는 연착된 경우의 손해배상액은 인도한 날의 도착지의 가격에 의한다.

② 운송물이 일부 멸실 또는 훼손된 경우의 손해배상액은 인도한 날의 도착지의 가격에 의한다.

③ 운송물의 멸실, 훼손 또는 연착이 운송인의 고의나 중대한 과실로 인한 때에는 운송인은 모든 손해를 배상하여야 한다.

④ 운송물의 멸실 또는 훼손으로 인하여 지급을 요하지 아니하는 운임 기타 비용은 제1항 내지 제3항의 배상액에서 공제하여야 한다.

제138조【순차운송인의 연대책임, 구상권】 ① 수인이 순차로 운송할 경우에는 각 운송인은 운송물의 멸실, 훼손 또는 연착으로 인한 손해를 연대하여 배상할 책임이 있다.

② 운송인중 1인이 제1항의 규정에 의하여 손해를 배상한 때에는 그 손해의 원인이된 행위를 한 운송인에 대하여 구상권이 있다.

③ 제2항의 경우에 그 손해의 원인이 된 행위를 한 운송인을 알 수 없는 때에는 각 운송인은 그 운임액의 비율로 손해를 분담한다. 그러나 그 손해가 자기의 운송구간내에서 발생하지 아니하였음을 증명한 때에는 손해분담의 책임이 없다.

제139조【운송물의 처분청구권】 ① 송하인 또는 화물상환증이 발행된 때에는 그 소지 인이 운송인에 대하여 운송의 중지, 운송물의 반환 기타의 처분을 청구할 수 있다. 이 경우에 운송인은 이미 운송한 비율에 따른 운임, 체당금과 처분으

로 인한 비용의 지급을 청구할 수 있다.

② 삭제 〈1995. 12. 29.〉

제140조【수하인의 지위】① 운송물이 도착지에 도착한 때에는 수하인은 송하인과 동일한 권리를 취득한다.

② 운송물이 도착지에 도착한 후 수하인이 그 인도를 청구한 때에는 수하인의 권리가 송하인의 권리에 우선한다. 〈신설 1995. 12. 29.〉

제141조【수하인의 의무】수하인이 운송물을 수령한 때에는 운송인에 대하여 운임 기타 운송에 관한 비용과 체당금을 지급할 의무를 부담한다.

제142조【수하인불명의 경우의 공탁, 경매권】① 수하인을 알 수 없는 때에는 운송인은 운송물을 공탁할 수 있다.

② 제1항의 경우에 운송인은 송하인에 대하여 상당한 기간을 정하여 운송물의 처분에 대한 지시를 최고하여도 그 기간내에 지시를 하지 아니한 때에는 운송물을 경매할 수 있다. 〈개정 1995. 12. 29.〉

③ 운송인이 제1항 및 제2항의 규정에 의하여 운송물의 공탁 또는 경매를 한 때에는 지체없이 송하인에게 그 통지를 발송하여야 한다. 〈개정 1995. 12. 29.〉

제143조【운송물의 수령거부, 수령불능의 경우】① 제142조의 규정은 수하인이 운송물의 수령을 거부하거나 수령할 수 없는 경우에 준용한다.

② 운송인이 경매를 함에는 송하인에 대한 최고를 하기 전에 수하인에 대하여 상당한 기간을 정하여 운송물의 수령을 최고하여야 한다. 〈개정 1995. 12. 29.〉

제144조【공시최고】① 송하인, 화물상환증소지인과 수하인을 알 수 없는 때에는 운송인은 권리자에 대하여 6월 이상의 기간을 정하여 그 기간 내에 권리를 주장할 것을 공고하여야 한다.

② 제1항의 공고는 관보나 일간신문에 2회 이상 하여야 한다. 〈개성 1984. 4. 10.〉

③ 운송인이 제1항 및 제2항의 규정에 의한 공고를 하여도 그 기간내에 권리를 주장하는 자가 없는 때에는 운송물을 경매할 수 있다.

제145조【준용규정】제67조 제2항과 제3항의 규정은 제142조 내지 제144조의 경매에 준용한다.

제146조【운송인의 책임소멸】① 운송인의 책임은 수하인 또는 화물상환증소지인이 유보없이 운송물을 수령하고 운임 기타의 비용을 지급한 때에는 소멸한다. 그러나 운송물에 즉시 발견할 수 없는 훼손 또는 일부 멸실이 있는 경우에 운송물을 수령한 날로부터 2주간 내에 운송인에게 그 통지를 발송한 때에는 그러하지 아니하다.

② 제1항의 규정은 운송인 또는 그 사용인이 악의인 경우에는 적용하지 아니한다.

제147조【준용규정】제117조, 제120조 내지 제122조의 규정은 운송인에 준용한다.

제2절 여객운송

제148조【여객이 받은 손해의 배상책임】① 운송인은 자기 또는 사용인이 운송에 관한 주의를 해태하지 아니하였음을 증명하지 아니하면 여객이 운송으로 인하여 받은 손해를 배상할 책임을 면하지 못한다.

② 손해배상의 액을 정함에는 법원은 피해자와 그 가족의 정상을 참작하여야 한다.

제149조【인도를 받은 수하물에 대한 책임】① 운송인은 여객으로부터 인도를 받은 수하물에 관하여는 운임을 받지 아니한 경우에도 물건운송인과 동일한 책임이 있다.

② 수하물이 도착지에 도착한 날로부터 10일 내에 여객이 그 인도를 청구하지 아니한 때에는 제67조의 규정을 준용한다. 그러나 주소 또는 거소를 알지 못하는 여객에 대하여는 최고와 통지를 요하지 아니한다.

제150조【인도를 받지 아니한 수하물에 대한 책임】운송인은 여객으로부터 인도를 받지 아니한 수하물의 멸실 또는 훼손에 대하여는 자기 또는 사용인의 과실이 없으면손해를 배상할 책임이 없다.

제10장 공중접객업

제151조 【의의】 극장, 여관, 음식점 기타 객의 집래를 위한 시설에 의한 거래를 영업으로 하는 자를 공중접객업자라 한다.

제152조 【공중접객업자의 책임】 ① 공중접객업자는 객으로부터 임치를 받은 물건의 멸실 또는 훼손에 대하여 불가항력으로 인함을 증명하지 아니하면 그 손해를 배상할 책임을 면하지 못한다.

② 공중접객업자는 객으로부터 임치를 받지 아니한 경우에도 그 시설 내에 휴대한 물건이 자기 또는 그 사용인의 과실로 인하여 멸실 또는 훼손된 때에는 그 손해를 배상할 책임이 있다.

③ 객의 휴대물에 대하여 책임이 없음을 게시한 때에도 공중접객업자는 제1항 및 제2항의 책임을 면하지 못한다.

제153조 【고가물에 대한 책임】 화폐, 유가증권 기타의 고가물에 대하여는 객이 그 종유와 가액을 명시하여 임치하지 아니하면 공중접객업자는 그 물건의 멸실 또는 훼손으로 인한 손해를 배상할 책임이 없다.

제154조 【공중접객업자의 책임의 시효】 ① 제152조 및 제153조의 책임은 공중접객업자가 임치물을 반환하거나 객이 휴대물을 가져간 후 6월을 경과하면 소멸시효가 완성한다.

② 제1항의 기간은 물건이 전부 멸실한 경우에는 객이 그 시설을 퇴거한 날로부터 기산한다.

③ 제1항 및 제2항의 규정은 공중접객업자나 그 사용인이 악의인 경우에는 적용하지 아니한다.

제11장 창고업

제155조 【의의】 타인을 위하여 창고에 물건을 보관함을 영업으로 하는 자를 창고업자라 한다.

제156조【창고증권의 발행】① 창고업자는 임치인의 청구에 의하여 창고증권을 교부하여야 한다.

② 창고증권에는 다음의 사항을 기재하고 창고업자가 기명날인 또는 서명하여야 한다. 〈개정 1995. 12. 29.〉

1. 임치물의 종류, 품질, 수량, 포장의 종별, 개수와 기호
2. 임치인의 성명 또는 상호, 영업소 또는 주소
3. 보관장소
4. 보관료
5. 보관기간을 정한 때에는 그 기간
6. 임치물을 보험에 붙인 때에는 보험금액, 보험기간과 보험자의 성명 또는 상호, 영업소 또는 주소
7. 창고증권의 작성지와 작성연월일

제157조【준용규정】제129조 내지 제133조의 규정은 창고증권에 준용한다.

제158조【분할부분에 대한 창고증권의 청구】① 창고증권소지인은 창고업자에 대하여 그 증권을 반환하고 임치물을 분할하여 각 부분에 대한 창고증권의 교부를 청구할 수 있다.

② 제1항의 규정에 의한 임치물의 분할과 증권교부의 비용은 증권소지인이 부담한다.

제159조【창고증권에 의한 입질과 일부출고】창고증권으로 임치물을 입질한 경우에도 질권자의 승낙이 있으면 임치인은 채권의 변제기전이라도 임치물의 일부반환을 청구할 수 있다. 이 경우에는 창고업자는 반환한 임치물의 종류, 품질과 수량을 창고증권에 기재하여야 한다.

제160조【손해배상책임】창고업자는 자기 또는 사용인이 임치물의 보관에 관하여 주의를 해태하지 아니하였음을 증명하지 아니하면 임치물의 멸실 또는 훼손에 대하여 손해를 배상할 책임을 면하지 못한다.

제161조【임치물의 검사, 견품적취, 보존처분권】임치인 또는 창고증권소지인은 영업시간내에 언제든지 창고업자에 대하여 임치물의 검사 또는 견품의 적취를 요구하거나 그 보존에 필요한 처분을 할 수 있다.

제162조【보관료청구권】① 창고업자는 임치물을 출고할 때가 아니면 보관료 기타의 비용과 체당금의 지급을 청구하지 못한다. 그러나 보관기간 경과 후에는 출고전이라도 이를 청구할 수 있다.

② 임치물의 일부출고의 경우에는 창고업자는 그 비율에 따른 보관료 기타의 비용과 체당금의 지급을 청구할 수 있다.

제163조【임치기간】① 당사자가 임치기간을 정하지 아니한 때에는 창고업자는 임치물을 받은 날로부터 6월을 경과한 후에는 언제든지 이를 반환할 수 있다.

② 제1항의 경우에 임치물을 반환함에는 2주간 전에 예고하여야 한다.

제164조【동전－부득이한 사유가 있는 경우】부득이한 사유가 있는 경우에는 창고업자는 제163조의 규정에 불구하고 언제든지 임치물을 반환할 수 있다.

제165조【준용규정】제67조 제1항과 제2항의 규정은 임치인 또는 창고증권소지인이 임치물의 수령을 거부하거나 이를 수령할 수 없는 경우에 준용한다.

제166조【창고업자의 책임의 시효】① 임치물의 멸실 또는 훼손으로 인하여 생긴 창고업자의 책임은 그 물건을 출고한 날로부터 1년이 경과하면 소멸시효가 완성한다.

② 제1항의 기간은 임치물이 전부 멸실한 경우에는 임치인과 알고 있는 창고증권소지 인에게 그 멸실의 통지를 발송한 날로부터 기산한다.

③ 제1항 및 제2항의 규정은 창고업자 또는 그 사용인이 악의인 경우에는 적용하지 아니한다.

제167조【창고업자의 채권의 시효】창고업자의 임치인 또는 창고증권소지인에 대한 채권은 그 물건을 출고한 날로부터 1년간 행사하지 아니하면 소멸시효가 완성한다.

제168조【준용규정】제108조와 제146조의 규정은 창고업자에 준용한다. 〈개정 1962. 12. 12.〉

기업회계기준

[전개 1998년 12월 11일
금융감독위원회]

제1장 총 칙

제1조【목적】이 기준은 주식회사의외부감사에관한법률 제13조의 규정에 의하여 동법의 적용을 받는 회사의 회계와 감사인의 감사에 통일성과 객관성을 부여하기 위하여 회계처리 및 보고에 관한 기준을 정함을 목적으로 한다.

제2조【재무회계의 목적】재무회계는 회계정보의 이용자가 기업실체와 관련하여 합리적인 의사결정을 할 수 있도록 재무상의 자료를 일반적으로 인정된 회계원칙에 따라 처리하여 유용하고 적정한 정보를 제공하는 것을 목적으로 한다.

제3조【일반원칙】회계처리 및 보고는 다음 각 호에 의한다.

1. 회계처리 및 보고는 신뢰할 수 있도록 객관적인 자료와 증거에 의하여 공정하게 처리하여야 한다.

2. 재무제표의 양식 및 과목과 회계용어는 이해하기 쉽도록 간단 · 명료하게 표시하여야 한다.

3. 중요한 회계방침과 회계처리기준 · 과목 및 금액에 관하여는 그 내용을 재무제표상에 충분히 표시하여야 한다.

4. 회계처리에 관한 기준 및 추정은 기간별 비교가 가능하도록 매기 계속하여 적용하고 정당한 사유없이 이를 변경하여서는 아니된다.

5. 회계처리와 재무제표 작성에 있어서 과목과 금액은 그 중요성에 따라 실용적인 방법에 의하여 결정하여야 한다.

6. 회계처리과정에서 2 이상의 선택가능한 방법이 있는 경우에는 재무적 기초를 견고히 하는 관점에 따라 처리하여야 한다.

7. 회계처리는 거래의 실질과 경제적 사실을 반영할 수 있어야 한다.

제4조【회계관습의 존중】회계처리에 관하여 이 기준에서 정하는 것 이외에는 일반적으로 공정타당하다고 인정되는 회계관습에 따라야 한다.

제5조【재무제표 및 부속명세서】① 재무제표는 대차대조표, 손익계산서, 이익잉여금처분계산서(또는 결손금처리계산서), 현금흐름표, 주기와 주석으로 한다.

② 재무제표는 당해 회계연도분과 직전 회계연도분을 비교하는 형식으로 작성하여야 한다.

③ 재무제표의 양식은 보고식을 원칙으로 하여 표준식 또는 요약식으로 작성한다. 다만, 대차대조표는 계정식으로 할 수 있다.

④ 잉여금명세서 · 제조원가명세서 기타 필요한 명세서는 부속명세서로 작성하여야 한다.

⑤ 재무제표에는 이를 이용하는 자에게 충분한 회계정보를 제공하도록 중요한 회계방침등 필요한 사항에 대하여는 다음 각 호의 방법에 따라 주기 및 주석을 하여야 한다.

1. 주기는 재무제표상의 해당 과목 다음에 그 회계사실의 내용을 간단한 자구 또는 숫자로 괄호안에 표시하는 방법으로 한다.

2. 주석은 재무제표상의 해당 과목 또는 금액에 기호를 붙이고 난외 또는 별지에 동일한 기호를 표시하여 그 내용을 간결명료하게 기재하는 방법으로 한다.

3. 동일한 내용의 주석이 2 이상의 과목에 관련되는 경우에는 주된 과목에 대한 주석만 기재하고, 다른 과목의 주석은 기호만 표시함으로써 이를 갈음할 수 있다.

⑥ 판매업 및 제조업 이외의 사업을 영위하는 회사에 있어서 재무제표의 용어와 표준양식에 관하여 업종별 회계처리준칙에서 규정하는 사항을 제외하고 일반적으로 인정된 회계관행에 의할 수 있다.

제6조【연결재무제표 및 기업집단결합재무제표】① 타회사를 지배하고 있는 지배회사는 그 종속회사와의 연결재무제표를 작성하여야 한다.

② 기업집단은 그 소속회사의 재무제표를 결합한 기업집단결합재무제표를 작

성하여야 한다.

③ 제1항의 연결재무제표 및 제2항의 기업집단결합재무제표에 관한 준칙은 증권선물위원회가 따로 정한다.

제7조【과목의 통합 및 구분표시】① 이 기준에서 정한 과목중 그 성질이나 금액이 중요하지 아니한 것은 유사한 과목에 통합하여 기재할 수 있다.

② 이 기준에서 과목을 정하지 아니한 것으로서 그 성질이나 금액이 중요한 경우에는 그 내용을 가장 잘 나타낼 수 있는 과목으로 구분하여 기재한다.

제8조【재무제표 공시상의 금액처리】재무제표를 공시함에 있어서 재무제표 작성회사의 규모가 크고 재무제표이용자에게 오해를 줄 염려가 없다고 인정되는 경우에는 그 금액단위를 천원 또는 백만원 등으로 하여 기재할 수 있다.

제9조【정의】이 기준에서 사용하는 용어의 정의는 다음과 같다.

1. "1년내"라 함은 대차대조표일로부터 1년 이내를 말한다.

2. 당해 회사의 "특수관계자"라 함은 다음의 1에 해당하는 회사 또는 개인을 말한다.

가. 지배 · 종속관계에 있는 회사

나. 당해 회사가 중대한 영향력을 행사할 수 있는 지분법평가대상 피투자회사

다. 직 · 간접적인 의결권행사를 통하여 당해 회사에 대하여 중대한 영향력을 행사할 수 있는 개인 및 그 개인의 친인척

라. 당해 회사의 기업활동에 대한 권한과 책임을 가지고 있는 주요 경영진 및 그 경영진의 친인척

마. 위 '다' 또는 '라'의 개인 또는 경영진 등이 중대한 영향력을 행사할 수 있는 회사

3. "일반적 상거래"라 함은 당해 회사의 사업목적을 위한 경상적 영업활동에서 발생하는 거래를 말한다.

4. "공정가액"이라 함은 합리적인 판단력과 거래의사가 있는 독립된 당자자간에 거래될 수 있는 교환가격을 말한다.

제2장 대차대조표

제10조【대차대조표】① 대차대조표는 기업의 재무상태를 명확히 보고하기 위하여 대차대조표일 현재의 모든 자산·부채 및 자본을 적정하게 표시하여야 한다.

② 대차대조표의 양식사례는 별지 제1호 서식 내지 별지 제4호 서식과 같다.

제11조 (대차대조표 작성기준) ① 대차대조표는 다음 각 호에 따라 작성하여야 한다.

1. 대차대조표는 자산·부채 및 자본으로 구분하고, 자산은 유동자산 및 고정자산으로, 부채는 유동부채 및 고정부채로, 자본은 자본금·자본잉여금·이익잉여금 및 자본조정으로 각각 구분한다.

2. 자산·부채 및 자본은 총액에 의하여 기재함을 원칙으로 하고, 자산의 항목과 부채 또는 자본의 항목을 상계함으로써 그 전부 또는 일부를 대차대조표에서 제외하여서는 아니된다.

3. 자산과 부채는 1년을 기준으로 하여 유동자산 또는 고정자산, 유동부채 또는 고정부채로 구분하는 것을 원칙으로 한다.

4. 대차대조표에 기재하는 자산과 부채의 항목배열은 유동성배열법에 의함을 원칙으로 한다.

5. 자본거래에서 발생한 자본잉여금과 손익거래에서 발생한 이익잉여금은 혼동하여 표시하여서는 아니된다.

6. 가지급금 또는 가수금 등의 미결산항목은 그 내용을 나타내는 적절한 과목으로 표시하고, 대조계정 등의 비망계정은 대차대조표의 자산 또는 부채항목으로 표시하여서는 아니된다.

② 대차대조표를 양식사례 별지 제3호 서식 또는 별지 제4호 서식과 같이 작성하는 경우에는 대손충당금, 감가상각누계액등 평가계정을 당해 과목에서 직접 차감하거나 부가하여 기재할 수 있다.

③ 제2항의 규정에 의하여 순액으로 표시하는 경우에는 그 내용을 주석으로 기재한다.

제12조 【유동자산】 유동자산은 당좌자산과 재고자산으로 분류한다.

제13조 【당좌자산】 당좌자산의 과목은 다음과 같다.

1. 현금 및 현금등가물

통화 및 타인발행수표 등 통화대용증권과 당좌예금 · 보통예금 및 현금등가물로 한다. 이 경우 현금등가물이라 함은 큰 거래비용 없이 현금으로 전환이 용이하고 이자율변동에 따른 가치변동의 위험이 중요하지 않은 유가증권 및 단기금융상품으로서 취득당시 만기(또는 상환일)가 3개월 이내에 도래하는 것을 말한다.

2. 단기금융상품

금융기관이 취급하는 정기예금 · 정기적금 · 사용이 제한되어 있는 예금 및 기타 정형화된 상품 등으로 단기적 자금운용목적으로 소유하거나 기한이 1년 내에 도래하는 것으로 하고, 사용이 제한되어 있는 예금에 대해서는 그 내용을 주석으로 기재한다.

3. 유가증권

주식(시장성있는 주식에 한한다) · 채권 등과 같은 유가증권중 단기적 자금운용목적으로 소유한 것으로 한다. 다만, 특수관계자가 발행한 주식과 1년내에 처분할 투자유가증권은 포함하지 아니한다.

4. 매출채권

일반적 상거래에서 발생한 외상매출금과 받을어음으로 한다.

5. 단기대여금

회수기한이 1년내에 도래하는 대여금으로 한다.

6. 미수금

일반적 상거래 이외에서 발생한 미수채권으로 한다.

7. 미수수익

당기에 속하는 수익중 미수액으로 한다.

8. 선급금

상품 · 원재료 등의 매입을 위하여 선급한 금액으로 한다.

9. 선급비용

선급된 비용중 1년내에 비용으로 되는 것으로 한다.

10. 기타의 당좌자산

제1호 내지 제9호에 속하지 아니하는 당좌자산으로 한다.

제14조 (매출채권등의 양도액 및 할인액의 처리) ① 매출채권 등을 타인에게 양도 또는 할인하는 경우 당해 채권에 대한 권리와 의무가 양도인과 분리되어 실질적으로 이전되는 때에는 동 금액을 매출채권에서 차감하고 그 이외의 경우에는 매출채권 등을 담보제공한 것으로 본다.

② 제1항의 규정을 적용함에 있어 매출채권 등의 양도 또는 할인에 관한 내용은 주석으로 기재한다.

제15조 (재고자산) 재고자산의 과목은 다음과 같다.

1. 상품

판매를 목적으로 구입한 상품 · 미착상품 · 적송품 등으로 하며, 부동산매매업에 있어서 판매를 목적으로 소유하는 토지 · 건물 기타 이와 유사한 부동산은 이를 상품에 포함하는 것으로 한다.

2. 제품

판매를 목적으로 제조한 생산품 · 부산물 등으로 한다.

3. 반제품

자가 제조한 중간제품과 부분품 등으로 한다.

4. 재공품

제품 또는 반제품의 제조를 위하여 재공과정에 있는 것으로 한다.

5. 원재료

원료 · 재료 · 매입부분품 · 미착원재료 등으로 한다.

6. 저장품

소모품 · 소모공구기구비품 · 수선용부분품 및 기타 저장품으로 한다.

7. 기타의 재고자산

제1호 내지 제6호에 속하지 아니하는 재고자산으로 한다.

제16조 【고정자산】 고정자산은 투자자산 · 유형자산 및 무형자산으로 분류한다.

제17조【투자자산】 투자자산의 과목은 다음과 같다.

1. 장기금융상품

유동자산에 속하지 아니하는 금융상품으로 하고, 사용이 제한되어 있는 예금에 대해서는 그 내용을 주석으로 기재한다.

2. 투자유가증권

유동자산에 속하지 아니하는 유가증권으로 한다.

3. 장기대여금

유동자산에 속하지 아니하는 장기의 대여금으로 한다.

4. 장기성매출채권

유동자산에 속하지 아니하는 일반적 상거래에서 발생한 장기의 외상매출금 및 받을 어음으로 한다.

5. 투자부동산

투자의 목적 또는 비영업용으로 소유하는 토지 · 건물 및 기타의 부동산으로 하고, 그 내용을 주석으로 기재한다.

6. 보증금

전세권 · 전신전화가입권 · 임차보증금 및 영업보증금 등으로 한다.

7. 이연법인세차

일시적 차이로 인하여 법인세법 등의 법령에 의하여 납부하여야 할 금액이 법인세비용을 초과하는 경우 그 초과하는 금액과 이월결손금 등에서 발생한 법인세효과로 한다.

8. 기타의 투자자산

제1호 내지 제7호에 속하지 아니하는 투자자산으로 한다.

제18조【유형자산】 유형자산의 과목은 다음과 같다.

1. 토지

대지 · 임야 · 전답 · 잡종지 등으로 한다.

2. 건물

건물과 냉난방 · 조명 · 통풍 및 기타의 건물부속설비로 한다.

3. 구축물

선거 · 교량 · 안벽 · 부교 · 궤도 · 저수지 · 갱도 · 굴뚝 · 정원설비 및 기타의 토목설비 또는 공작물 등으로 한다.

4. 기계장치

기계장치 · 운송설비(콘베어 · 호이스트 · 기중기 등)와 기타의 부속설비로 한다.

5. 선박

선박과 기타의 수상운반구 등으로 한다.

6. 차량운반구

철도차량 · 자동차 및 기타의 육상운반구 등으로 한다.

7. 건설중인 자산

유형자산의 건설을 위한 재료비 · 노무비 및 경비로 하되, 건설을 위하여 지출한 도급금액 또는 취득한 기계 등을 포함한다.

8. 기타의 유형자산

제1호 내지 제7호에 속하지 아니하는 유형자산으로 한다.

제19조【감가상각누계액의 표시】① 건물 · 구축물 · 기계장치 · 선박 · 차량운반구 및 기타의 유형자산에 대한 감가상각누계액은 그 자산과목에서 차감하는 형식으로 기재하거나 이를 일괄하여 유형자산의 합계액에서 차감하는 형식으로 기재할 수 있다.

② 감가상각누계액을 일괄하여 표시하는 경우에는 그 내용을 주석으로 기재한다.

제20조【무형자산】무형자산의 과목은 다음과 같다.

1. 영업권

합병 · 영업양수 및 전세권취득 등의 경우에 유상으로 취득한 것으로 한다.

2. 산업재산권

일정기간 독점적 · 배타적으로 이용할 수 있는 권리로서 특허권 · 실용신안권 · 의장권 및 상표권 등으로 한다.

3. 광업권

일정한 광구에서 등록을 한 광물과 동 광상중에 부존하는 다른 광물을 채굴하여 취득할 수 있는 권리로 한다.

4. 어업권(입어권을 포함한다)

일정한 수면에서 독점적 · 배타적으로 어업을 경영할 수 있는 권리로 한다.

5. 차지권(지상권을 포함한다)

임차료 또는 지대를 지급하고 타인이 소유하는 토지를 사용 · 수익할 수 있는 권리로 한다.

6. 창업비

발기인의 보수, 인수수수료, 설립등기비, 주식발행비등 회사설립을 위하여 발생한 비용과 개업준비기간중에 사업인 · 허가를 획득하기 위하여 발생한 비용등으로 한다.

7. 개발비

신제품, 신기술 등의 개발과 관련하여 발생한 비용(소프트웨어 개발과 관련된 비용을 포함한다)으로서 개별적으로 식별가능하고 미래의 경제적 효익을 확실하게 기대할 수 있는 것으로 한다.

8. 기타의 무형자산

제1호 내지 제7호에 속하지 아니하는 무형자산으로서 독점적 · 배타적으로 이용할 수 있는 권리로 한다.

제21조 【무형자산 표시】 무형자산은 그 상각액을 당해 자산에서 직접 차감한 잔액으로 기재한다.

제22조 【채권 등에 대한 대손충당금의 표시】 ① 채권 등에 대한 대손추산액은 당해 채권에 대한 대손충당금으로 하여 그 채권과목에서 차감하는 형식으로 기재하거나 이를 일괄하여 유동자산 및 투자자산의 합계액에서 각각 차감하는 형식으로 기재할 수 있다.

② 대손충당금을 일괄하여 표시하는 경우에는 그 내용을 주석으로 기재한다.

제23조 【유동부채】 유동부채의 과목은 다음과 같다.

1. 매입채무

일반적 상거래에서 발생한 외상매입금과 지급어음으로 한다.

2. 단기차입금

금융기관으로부터의 당좌차월액과 1년 내에 상환될 차입금으로 한다.

3. 미지급금

일반적 상거래 이외에서 발생한 채무(미지급비용을 제외한다)로 한다.

4. 선수금

수주공사 · 수주품 및 기타 일반적 상거래에서 발생한 선수액으로 한다.

5. 예수금

일반적 상거래 이외에서 발생한 일시적 제예수액으로 한다.

6. 미지급 비용

발생된 비용으로서 지급되지 아니한 것으로 한다.

7. 미지급 법인세

법인세 등의 미지급액으로 한다.

8. 미지급 배당금

이익잉여금처분계산서상의 현금배당액 등으로 한다.

9. 유동성 장기부채

고정부채 중 1년 내에 상환될 것 등으로 한다.

10. 선수수익

받은 수익중 차기 이후에 속하는 금액으로 한다.

11. 단기부채성 충당금

1년 내에 사용되는 충당금으로서 그 사용목적을 표시하는 과목으로 기재한다.

12. 기타의 유동부채

제1호 내지 제11호에 속하지 아니하는 유동부채로 한다.

제24조【고정부채】고정부채의 과목은 다음과 같다.

1. 사 채

1년 후에 상환되는 사채의 가액으로 하되, 사채의 종류별로 구분하고 그 내용을 주석으로 기재한다.

2. 장기차입금

1년 후에 상환되는 차입금으로 하며 차입처별 차입액, 차입용도, 이자율, 상환방법 등을 주석으로 기재한다.

3. 장기성 매입채무

유동부채에 속하지 아니하는 일반적 상거래에서 발생한 장기의 외상매입금 및 지급어음으로 한다.

4. 장기부채성 충당금

1년 후에 사용되는 충당금으로서 그 사용목적을 표시하는 과목으로 기재한다.

5. 이연법인세대

일시적 차이로 인하여 법인세비용이 법인세법 등의 법령에 의하여 납부하여야 할 금액을 초과하는 경우 그 초과하는 금액으로 한다.

6. 기타의 고정부채

제1호 내지 제5호에 속하지 아니하는 고정부채로 한다.

제25조 (자기사채의 처리) ① 자기사채를 취득한 경우에는 이에 상당하는 액면가액과 사채발행차금 등을 당해 계정과목에서 직접 차감하고, 그 취득경위 등은 주석으로 기재한다.

② 제1항을 적용함에 있어 장부가액과 취득가액의 차이는 사채상환이익 또는 사채상환손실의 과목으로 하여 당기손익으로 처리한다.

제26조 【부채성 충당금】 ① 당기의 수익에 대응하는 비용으로서 장래에 지출될 것이 확실하고 당기의 수익에서 차감되는 것이 합리적인 것에 대하여는 그 금액을 추산하여 부채성 충당금으로 계상하여야 한다.

② 부채성 충당금은 퇴직급여 충당금 · 수선 충당금 · 판매보증 충당금 등을 포함하는 것으로 한다.

③ 부채성 충당금중 이를 연차적으로 분할하여 사용하거나 그 전부 또는 일부의 사용시기를 합리적으로 예측할 수 없는 경우에는 이를 전부 고정부채에 속하는 것으로 기재할 수 있다.

제27조 【퇴직급여 충당금】 ① 퇴직급여 충당금은 회계연도말 현재 전임직원이 일시에 퇴직할 경우 지급하여야 할 퇴직금에 상당하는 금액으로 한다.

② 회계연도말 현재 전임직원의 퇴직금소요액과 퇴직급여 충당금의 설정잔액 및 기중의 퇴직금지급액과 임원퇴직금의 처리방법 등을 주석으로 기재한다.

제28조 【사채발행차금】 사채발행가액(사채발행수수료와 사채발행과 관련하

여 직접 발생한 기타 비용을 차감한 후의 가액을 말한다)과 액면가액의 차액은 사채할인발행차금 또는 사채할증발행차금으로 하여 당해 사채의 액면가액에서 차감 또는 부가하는 형식으로 기재한다.

제29조【자본금】 ① 자본금은 보통주자본금 · 우선주자본금 등으로 분류한다.

② 회사가 발행할 주식의 총수, 1주의 금액 및 발행한 주식의 수와 당해 회계연도 중에 증자, 감자, 주식배당 또는 기타의 사유로 자본금이 변동한 경우에는 그 내용을 주석으로 기재한다.

제30조【신주청약증거금의 표시】 ① 청약기일이 경과된 신주청약증거금중 신주납입금으로 충당될 금액은 자본금 다음에 그 내용을 나타내는 과목으로 기재한다.

② 신주청약증거금에 대하여는 신주의 발행주식수 · 주금납입기일과 자본준비금으로 적립될 금액을 주석으로 기재한다.

제31조【자본잉여금】 자본잉여금의 과목은 다음과 같다.

1. 주식발행초과금

주식발행가액(증자의 경우에 신주발행수수료등 신주발행을 위하여 직접 발생한 기타의 비용을 차감한 후의 가액을 말한다. 이하 같다)이 액면가액을 초과하는 경우 그 초과하는 금액으로 한다.

2. 감자차익

자본감소의 경우에 그 자본금의 감소액이 주식의 소각, 주금의 반환에 요한 금액과 결손의 보전에 충당한 금액을 초과한 때에 그 초과금액으로 한다. 다만, 자본금의 감소액이 주식의 소각, 주금의 반환에 요한 금액에 미달하는 금액이 있는 경우에는 동 금액을 차감한 후의 금액으로 한다.

3. 기타 자본잉여금

자기주식처분이익으로서 자기주식처분손실을 차감한 금액과 그밖의 기타 자본잉여금으로 한다.

제32조【이익잉여금 또는 결손금】 이익잉여금 또는 결손금의 과목은 다음과 같이 구분하며, 당기의 이익잉여금처분계산서 또는 결손금처리계산서를 반영한 후의 금액으로 한다. 이 경우 주주총회에서 이익잉여금처분계산서 또는 결손금

처리계산서가 다르게 확정된 경우에는 이를 반영하여야 한다.

1. 이익준비금

상법의 규정에 의하여 적립된 금액으로 한다.

2. 기타 법정적립금

상법 이외의 법령의 규정에 의하여 적립된 금액으로 한다.

3. 임의적립금

정관의 규정 또는 주주총회의 결의로 적립된 금액으로서 사업확장적립금 · 감채적립금 · 배당평균적립금 · 결손보전적립금 및 세법상 적립하여 일정기간이 경과한 후 환입될 준비금 등으로 한다.

4. 차기이월이익잉여금 또는 차기이월결손금

당기 이익잉여금처분계산서의 차기이월이익잉여금 또는 결손금처리계산서의 차기이월결손금으로 하고 당기순이익 또는 당기순손실을 주기한다.

제33조【자본조정】자본조정의 과목은 다음과 같다.

1. 주식할인발행차금

주식발행가액이 액면가액에 미달하는 경우 그 미달하는 금액으로 한다.

2. 배당건설이자

개업 전 일정한 기간 내에 주주에게 배당한 건설이자로 한다.

3. 자기주식

회사가 이미 발행한 주식을 주주로부터 취득한 경우 그 취득가액으로 하고, 그 취득경위 · 향후 처리계획 등을 주석으로 기재한다.

4. 미교부 주식배당금

이익잉여금처분계산서상 주식배당액으로 한다.

5. 투자유가증권평가이익(또는 투자유가증권평가손실)

제59조 제2항, 제59조 제3항 및 제60조 제3항의 규정에 의하여 발생한 투자주식의 평가손익 또는 투자채권의 평가손익으로 한다.

6. 해외사업환산대(또는 해외사업환산차)

제69조 제2항의 규정에 의하여 발생한 해외지점 등의 외화환산이익(또는 외화환산손실)으로 한다.

제3장 손익계산서

제34조 【손익계산서】 ① 손익계산서는 기업의 경영성과를 명확히 보고하기 위하여 그 회계기간에 속하는 모든 수익과 이에 대응하는 모든 비용을 적정하게 표시하여야 한다.

② 손익계산서의 양식사례는 별지 제5호 서식 및 별지 제6호 서식과 같다.

제35조 【손익계산서 작성기준】 손익계산서는 다음 각 호에 따라 작성하여야 한다.

1. 모든 수익과 비용은 그것이 발생한 기간에 정당하게 배분되도록 처리하여야 한다. 다만, 수익은 실현시기를 기준으로 계상하고 미실현 수익은 당기의 손익계산에 산입하지 아니함을 원칙으로 한다.

2. 수익과 비용은 그 발생원천에 따라 명확하게 분류하고 각 수익항목과 이에 관련되는 비용항목을 대응표시하여야 한다.

3. 수익과 비용은 총액에 의하여 기재함을 원칙으로 하고 수익항목과 비용항목을 직접 상계함으로써 그 전부 또는 일부를 손익계산서에서 제외하여서는 아니된다.

4. 손익계산서는 매출총손익, 영업손익, 경상손익, 법인세비용차감전 순손익과 당기 순손익으로 구분표시하여야 한다. 다만, 제조업·판매업 및 건설업 이외의 기업에 있어서는 매출총손익의 구분표시를 생략할 수 있다.

제36조 【매출총손익계산】 매출총손익은 매출액에서 매출원가를 차감하여 표시한다.

제37조 【매출수익의 실현】 ① 상품, 제품의 매출액은 상품, 제품을 판매하여 인도하는 시점에 실현되는 것으로 한다.

② 제1항의 규정을 적용함에 있어서 위탁매출액은 수탁자가 위탁품을 판매한 날에 실현되는 것으로 하며, 시용매출액은 매입자가 매입의사를 표시한 날에 실현되는 것으로 한다.

③ 용역매출액 및 예약매출액은 진행기준에 따라 실현되는 것으로 한다. 다만, 진행기준을 적용함에 있어 공사, 제조 및 용역제공과 관련한 수익, 원가 또는 진

행률 등을 합리적으로 추정할 수 없거나 수입금액의 회수가능성이 크지 않은 경우에는 발생원가의 범위내에서 회수가능한 금액을 수익으로 계상하고 발생원가 전액을 비용으로 계상한다.

④ 상품 또는 제품의 할부매출로서 회수기간이 장기인 경우 이자상당액은 기간의 경과에 따라 수익으로 인식한다. 이 경우 이자의 계산은 제66조의 규정을 준용한다.

제38조【매출액】① 상품 또는 제품의 매출액은 총매출액에서 매출에누리와 환입 및 매출할인을 차감한 금액으로 한다. 이 경우에 일정기간의 거래수량이나 거래금액에 따라 매출액을 감액하는 것은 매출에누리에 포함된다.

② 반제품 · 부산물 · 작업폐물매출액, 수출액, 장기할부매출액 등이 중요한 경우에는 이를 주석으로 기재한다.

제39조【매출원가】① 판매업에 있어서의 매출원가는 기초상품재고액과 당기상품매입액의 합계액에서 기말상품재고액을 차감하는 형식으로 기재한다.

② 제1항의 당기상품매입액은 상품의 총매입액에서 매입에누리와 환출 및 매입할인을 차감한 금액으로 한다. 이 경우에 일정기간의 거래수량이나 거래금액에 따라 매입액을 감액하는 것은 매입에누리에 포함한다.

③ 상품매입에 직접 소요된 제비용은 매입액에 포함한다.

④ 제조업에 있어서의 매출원가는 기초제품재고액과 당기제품제조원가의 합계액에서 기말제품재고액을 차감하는 형식으로 기재한다.

⑤ 상품 또는 제품에 대하여 판매 · 생산 또는 매입 이외의 사유로 증감액이 있는 경우와 관세환급금 등 기타 매출원가항목으로 차감 또는 부가하여야 할 것이 있는 경우에는 이를 구분하여 기재한다.

⑥ 제38조 제2항의 규정에 의하여 매출액을 주석으로 기재하는 경우 관련매출원가도 주석으로 기재한다.

제40조【업종별 항목의 구분 표시】매출액과 매출원가는 업종별로 구분하여 기재할 수 있다.

제41조【제조원가】제품의 제조원가는 원가계산준칙을 적용하여 산정한다.

제42조【영업손익 계산】영업손익은 매출총손익에서 판매비와 관리비를 차감

하여 표시한다.

제43조【판매비와 관리비의 범위】판매비와 관리비는 상품과 용역의 판매활동 또는 기업의 관리와 유지에서 발생하는 비용으로 급여(임원급여, 급료, 임금 및 제수당을 포함한다), 퇴직급여, 복리후생비, 임차료, 접대비, 감가상각비, 무형자산상각비, 세금과 공과, 광고선전비, 연구비, 경상개발비, 대손상각비 등 매출원가에 속하지 아니하는 모든 영업비용을 포함한다.

제44조【판매비와 관리비의 기재방법】판매비와 관리비는 기업의 종류와 규모에 따라 당해 비용을 표시하는 적절한 과목으로 구분하여 기재한다.

제45조【자본적 지출과 수익적 지출의 기준】고정자산의 내용연수를 연장시키거나 가치를 실질적으로 증가시키는 지출은 자본적 지출로 하고, 당해 고정자산의 원상을 회복시키거나 능률유지를 위한 지출은 수익적 지출로 한다.

제46조【경상손익 계산】경상손익은 영업손익에 영업외 수익을 가산하고 영업외 비용을 차감하여 표시한다.

제47조【영업외 손익】① 영업외 수익은 이자수익 · 배당금수익(주식배당액은 제외한다) · 임대료 · 유가증권처분이익 · 유가증권평가이익 · 외환차익 · 외화환산이익 · 지분법평가이익 · 투자유가증권감액손실환입 · 투자자산처분이익 · 유형자산처분이익 · 사채상환이익 · 법인세환급액 등을 포함한다.

② 영업외 비용은 이자비용 · 기타의 대손상각비 · 유가증권처분손실 · 유가증권평가손실 · 재고자산평가손실(원가성이 없는 재고자산감모손실을 포함한다) · 외환차손 · 외화환산손실 · 기부금 · 지분법평가손실 · 투자유가증권감액손실 · 투자자산처분손실 · 유형자산처분손실 · 사채상환손실 · 법인세추납액 등을 포함한다.

③ 토지 또는 건물 등의 처분손익은 잔금청산일, 소유권이전등기일 또는 매입자의 사용가능일중 가장 빠른 날에 실현되는 것으로 한다.

④ 원금 또는 이자의 회수가 불확실한 채권의 기간경과분에 대한 이자수익은 현금을 수취하는 시점에 인식한다.

제48조【외환차손익】외환차익 또는 외환차손은 외화자산의 회수 또는 외화부채의 상환시에 발생하는 차손익으로 한다.

제49조【외화환산손익】 외화환산이익 또는 외화환산손실은 결산일에 화폐성외화자산 또는 화폐성외화부채를 환산하는 경우 환율의 변동으로 인하여 발생하는 환산손익으로 한다.

제50조【법인세비용차감전 순손익 계산】 법인세비용차감전 순손익은 경상손익에 특별이익을 가산하고 특별손실을 차감하여 표시한다.

제51조【특별손익】 ① 특별이익은 비경상적, 비반복적으로 발생한 영업외 수익과 자산수증이익 · 채무면제이익 · 보험차익 등을 포함한다.

② 특별손실은 비경상적, 비반복적으로 발생한 영업외 비용과 재해손실 등을 포함한다.

제52조【법인세비용】 ① 법인세비용은 법인세법 등의 법령에 의하여 당해 사업연도에 부담할 법인세 및 법인세에 부가되는 세액의 합계에 당기 이연법인세 변동액을 가감하여 산출된 금액을 말한다.

② 법인세비용과 법인세법 등의 법령에 의하여 당기에 부담하여야 할 금액과의 차이는 이연법인세차 또는 이연법인세대의 과목으로 하고 차기 이후에 발생하는 이연법인세대 또는 이연법인세차와 상계한다.

③ 이연법인세의 산출근거 및 관련내용을 주석으로 기재한다.

제53조【당기순손익 계산】 당기순손익은 법인세비용차감전 순손익에서 법인세비용을 차감하여 표시한다.

제54조【주당순이익 등의 표시】 1주당 경상이익 및 1주당 당기순이익은 당기순이익에 주기하고 그 산출근거를 주석으로 기재한다.

제4장 자산 · 부채의 평가

제55조【자산의 평가기준】 ① 대차대조표에 기재하는 자산의 가액은 당해 자산의 취득원가를 기초로 하여 계상함을 원칙으로 한다.

② 교환 · 현물출자 · 증여 기타 무상으로 취득한 자산의 가액은 공정가액을 취득원가로 한다. 다만, 토지 · 건물을 제외한 동종의 유형자산간의 교환시 취득

가액은 양도한 자산의 장부가액으로 할 수 있다.

③ 유형자산 등의 취득과 관련하여 국·공채 등을 불가피하게 매입하는 경우 매입가액과 제66조의 규정을 적용하여 평가한 가액의 차액을 당해 유형자산 등의 취득원가에 산입한다.

④ 재고자산·투자자산·유형자산 및 무형자산의 제조, 매입 또는 건설(재고자산은 당해 자산의 제조 등에 장기간이 소요되는 경우에 한한다)에 사용된 차입금에 대하여 당해 자산의 제조, 매입 또는 건설완료시까지 발생된 이자비용과 기타 유사한 금융비용은 당해 자산의 취득원가에 산입하고 그 금액과 내용을 주석으로 기재한다.

⑤ 대차대조표에 기재하는 자산은 제56조 내지 제60조, 제66조 및 제67조에서 정함이 있는 경우를 제외하고 자산의 진부화, 물리적인 손상 및 시장가치의 급격한 하락 등의 원인으로 인하여 당해 자산의 회수가능가액이 장부가액에 미달하고 그 미달액이 중요한 경우에는 이를 장부가액에서 직접 차감하여 회수가능가액으로 조정하고, 장부가액과 회수가능가액과의 차액은 동 자산에 대한 감액손실의 과목으로 하여 당기손실로 처리한다. 다만, 감액한 자산의 회수가능가액이 차기 이후에 장부가액을 초과하는 경우에는 당해 자산이 감액되지 않았을 경우의 장부가액을 한도로 하여 그 초과액을 동 자산에 대한 감액손실환입의 과목으로 하여 당기이익으로 처리한다.

⑥ 제5항의 회수가능가액은 당해 자산의 순실현가능가액과 사용가치중 큰 금액을 말한다.

⑦ 제5항의 규정을 적용함에 따라 자산의 장부가액을 감액하거나 증액하는 경우 그 내용과 금액을 주석으로 기재한다.

⑧ 자산의 취득원가는 자산의 종류에 상응한 원가배분의 원칙에 의하여 각 회계연도에 배분하여야 한다.

제56조【유가증권의 평가】① 유가증권중 주식 및 채권은 매입가액에 부대비용을 가산하고 이에 총평균법·이동평균법을 적용하여 취득원가를 산정하고, 공정가액을 대차대조표가액으로 계상한다.

② 유가증권의 단가를 산정함에 있어서 총평균법 또는 이동평균법은 유가증

권의 종목별로 적용한다.

③ 제1항 및 제2항의 규정을 적용함에 있어 시가를 공정가액으로 보는 경우에는 대차대조표일 현재의 종가에 의한다. 다만, 대차대조표일 현재의 종가가 없는 경우에는 직전 거래일의 종가에 의한다.

④ 유가증권중 주식과 채권의 장부가액을 각각 구분하여 주석으로 기재한다.

제57조【채권의 평가】① 회수가 불확실한 채권은 합리적이고 객관적인 기준에 따라 산출한 대손추산액을 대손충당금으로 설정한다. 다만, 채권의 예상현금흐름액이 장기간에 걸쳐 발생하는 경우에는 제67조의 규정을 준용하여 대손추산액을 산정한다.

② 제1항의 대손추산액에서 대손충당금 잔액을 차감한 금액을 대손상각비로 계상한다. 이 경우 일반적 상거래에서 발생한 매출채권에 대한 대손상각비는 판매비와 관리비로 처리하고, 기타 채권에 대한 대손상각비는 영업외 비용으로 처리한다.

③ 회수가 불가능한 채권은 대손충당금과 상계하고 대손충당금이 부족한 경우에는 그 부족액을 대손상각비로 처리한다.

제58조【재고자산의 평가】① 재고자산은 제조원가 또는 매입가액에 부대비용을 가산하고 이에 개별법 · 선입선출법 · 후입선출법 · 이동평균법 · 총평균법 또는 매출가격환원법을 적용하여 산정한 취득원가를 대차대조표가액으로 한다. 다만, 매출가격환원법은 당해 회사의 업종이나 재고자산의 특성에 비추어 다른 방법을 적용하는 것보다 합리적이라고 인정되는 경우에 한하여 적용할 수 있다.

② 재고자산의 순실현가능가액이 취득원가보다 하락한 경우에는 순실현가능가액을 대차대조표가액으로 한다. 다만, 재고자산에 속하는 유가증권에 대하여는 제56조의 규정을 준용한다.

③ 제2항의 순실현가능가액은 추정판매가액에서 판매시까지 정상적으로 발생하는 추정비용을 차감한 가액으로 한다.

④ 재고자산을 저가기준으로 평가하는 경우에 발생하는 평가손실은 장부가액에서 직접 차감한다.

⑤ 제1항의 규정에 의하여 후입선출법을 적용하는 경우에는 대차대조표가액

과 순실현가능가액의 차이와 그 내용을 주석으로 기재한다.

제59조【투자주식의 평가】① 투자주식은 매입가액에 부대비용을 가산하고 이에 총평균법, 이동평균법을 적용하여 취득원가를 산정한다.

② 투자주식중 시장성있는 투자주식은 공정가액을 대차대조표가액으로 한다. 이 경우 당해 투자주식의 장부가액과 대차대조표가액의 차액은 투자유가증권평가이익 또는 투자유가증권평가손실의 과목으로 하여 자본조정으로 처리한다.

③ 투자주식중 중대한 영향력을 행사할 수 있는 주식은 제2항의 규정에 불구하고 지분법을 적용하여 평가한 가액을 대차대조표가액으로 하고 장부가액과 대차대조표가액의 차이가 피투자회사의 당기순이익 또는 당기순손실로 인하여 발생한 경우는 지분법평가이익 또는 지분법평가손실의 과목으로 하여 당기순이익의 증가 또는 감소로, 이익잉여금의 증가 또는 감소로 인한 경우에는 이익잉여금의 증가 또는 감소로, 자본잉여금 및 자본조정의 증가 또는 감소로 인한 경우에는 투자유가증권평가이익 또는 투자유가증권평가손실의 과목으로 하여 자본조정의 증가 또는 감소로 처리한다. 이 경우 발행주식 총수의 100분의 20 이상의 주식을 소유하고 있는 주식은 특별한 사유가 없는 한 중대한 영향력이 있는 것으로 본다.

④ 제2항의 규정을 적용함에 있어 투자주식(지분법 적용대상 주식을 제외한다)의 공정가액이 하락하여 회복할 가능성이 없는 경우에는 당해 투자주식의 장부가액과 공정가액의 차액을 투자유가증권감액손실의 과목으로 하여 당기손실로 처리하며, 동 투자주식과 관련된 투자유가증권평가이익 또는 투자유가증권평가손실은 투자유가증권감액손실에서 차감하거나 부가한다. 다만, 차기 이후 투자유가증권감액손실을 계상한 동 투자주식의 평가는 제2항에 따라 처리한다.

⑤ 투자주식중 시장성없는 주식(지분법 적용대상 주식을 제외한다)을 취득원가에 의해 평가하는 경우 순자산가액이 하락하여 회복할 가능성이 없는 경우에는 당해 투자주식의 취득원가를 순자산가액으로 조정하고, 당초의 취득원가와 조정된 가액과의 차액을 투자유가증권감액손실의 과목으로 하여 당기손실로 처리한다. 다만, 차기 이후에 감액한 투자주식의 순자산가액이 회복된 경우에는 감액전 장부가액을 한도로 하여 회복된 금액을 투자유가증권감액손실환입의 과목

으로 하여 당기이익으로 처리한다.

⑥ 제2항 및 제4항의 규정을 적용함에 있어 시가를 공정가액으로 보는 경우 시가의 산정은 제56조 제3항의 규정을 준용하고, 순자산가액의 산정은 당해 주식발행회사의 대차대조표상 순자산가액에 의한다.

⑦ 기업의 보유목적 변경 등으로 인하여 유가증권에 속하는 주식을 투자주식으로 대체하는 경우 새로운 투자주식의 대차대조표가액은 대차대조표일 현재의 공정가액으로 하며, 시가를 공정가액으로 적용하는 경우에는 대차대조표일 현재의 종가를 대차대조표가액으로 한다. 이 경우 장부가액과 대차대조표가액의 차이는 유가증권평가이익 또는 유가증권평가손실의 과목으로 하여 당기손익으로 처리한다.

⑧ 합명회사 · 합자회사 · 유한회사 등에 대한 출자금의 평가는 제1항 내지 제5항의 규정을 준용한다.

⑨ 투자주식의 단가를 산정함에 있어서 총평균법 또는 이동평균법은 투자주식의 종목별로 적용한다.

⑩ 제2항에 의하여 발생하는 평가손익은 이를 상계하여 투자유가증권평가이익 또는 투자유가증권평가손실의 과목으로 계상하며, 차기 이후에 발생하는 투자유가증권평가손실 또는 투자유가증권평가이익과 상계하여 표시하고 그 내용을 주석으로 기재한다.

⑪ 제2항의 규정에 의한 투자유가증권평가이익 또는 투자유가증권평가손실은 투자유가증권감액손실로 처리하는 경우를 제외하고 당해 주식의 처분시 투자유가증권처분이익 또는 투자유가증권처분손실에 차감 또는 부가한다.

⑫ 투자유가증권중 투자주식(출자금을 포함한다)의 회사명, 주식수, 주식소유비율, 취득원가, 시가 또는 순자산가액 및 장부가액을 주석으로 기재한다.

제60조 【투자채권의 평가】 ① 투자채권은 매입가액에 부대비용을 가산하고 이에 총평균법 · 이동평균법을 적용하여 취득원가를 산정한다.

② 투자채권중 취득원가와 액면가액이 다른 것은 그 차액을 상환기간에 걸쳐 유효이자율법을 적용하여 취득원가와 이자수익에 가감한다.

③ 투자채권의 장부가액(제2항의 규정에 의하여 조정된 금액을 포함한다)이

공정가액과 다른 경우에는 공정가액을 대차대조표가액으로 하며 그 차액을 투자유가증권평가이익 또는 투자유가증권평가손실의 과목으로 하여 자본조정으로 처리한다.

④ 투자채권중 만기보유목적으로 취득하고 이를 실질적으로 만기까지 보유할 수 있는 경우(이하 "만기보유채권"이라 한다)에는 제3항의 규정에 불구하고 취득원가를 대차대조표가액으로 한다. 다만, 취득원가와 액면가액이 다른 것은 그 차액을 상환기간에 걸쳐 유효이자율법을 적용하여 가감한 가액을 대차대조표가액으로 한다.

⑤ 제3항의 규정을 적용함에 있어 투자채권의 공정가액이 하락하여 회복할 가능성이 없는 경우에는 당해 투자채권의 장부가액과 공정가액의 차액을 투자유가증권감액손실의 과목으로 하여 당기손실로 처리하며, 동 투자채권과 관련된 투자유가증권평가이익 또는 투자유가증권평가손실은 투자유가증권감액손실에서 차감하거나 부가한다. 다만, 차기 이후 투자유가증권감액손실을 계상한 동 투자채권에 대한 평가는 제3항에 따라 처리한다.

⑥ 제4항의 규정을 적용함에 있어 투자채권의 공정가액이 하락하여 회복할 가능성이 없는 경우에는 당해 투자채권의 장부가액을 공정가액으로 조정하고, 당초의 장부가액과 공정가액과의 차이를 투자유가증권감액손실의 과목으로 하여 당기손실로 처리한다. 다만, 차기 이후에 감액한 투자채권의 공정가액이 회복된 경우에는 당해 투자채권이 감액되지 않았을 경우의 장부가액을 한도로 하여 회복된 금액을 투자유가증권감액손실환입의 과목으로 하여 당기이익으로 처리한다.

⑦ 기업의 보유목적 변경 등으로 인하여 유가증권에 속하는 채권을 투자채권으로 대체하는 경우 새로운 투자채권의 대차대조표가액은 대차대조표일 현재의 공정가액으로 한다. 이 경우 장부가액과 대차대조표가액과의 차이는 유가증권평가이익 또는 유가증권평가손실의 과목으로 하여 당기손익으로 처리한다.

⑧ 기업의 보유목적 변경 등으로 인하여 만기보유채권을 만기보유 이외의 채권으로 대체하는 경우 당해 투자채권의 대차대조표가액은 대차대조표일 현재의 공정가액으로 한다. 이 경우 장부가액과 대차대조표가액과의 차이는 제3항의 규

정에 따라 처리한다.

⑨ 제3항의 규정에 의하여 발생하는 평가손익은 제59조제10항 및 제11항에 따라 처리한다.

⑩ 투자채권의 단가 산정은 제59조제9항의 규정을 준용한다.

⑪ 투자채권의 액면가액, 유효이자율법을 적용하여 조정된 가액 및 공정가액을 주석으로 기재한다.

제61조【무상증자등으로 취득한 주식의 평가】 자본잉여금과 이익잉여금의 자본전입(주식배당을 포함한다)에 의한 주식 및 출자의 취득은 자산의 증가로 보지 아니한다.

제62조【유형자산의 평가】 ① 유형자산의 취득원가는 당해 자산의 제작원가 또는 매입가액에 취득부대비용을 가산한 가액으로 한다.

② 감가상각이 끝난 자산은 폐기 또는 처분될 때까지 잔존가액 또는 비망가액으로 기재한다.

③ 유형자산의 감가상각은 정액법, 정률법, 생산량비례법 등 합리적인 방법에 의한다.

제63조【무형자산의 평가】 ① 무형자산의 취득원가는 당해 자산의 제작원가 또는 매입가액에 취득부대비용을 가산한 가액으로 한다.

② 무형자산은 정액법 또는 생산량비례법중 합리적인 방법에 의하여 당해 자산의 사용가능한 시점부터 합리적인 기간동안 상각한다. 다만, 독점적 · 배타적인 권리를 부여하고 있는 관계 법령이나 계약에 의하여 정해진 경우를 제외하고 상각기간은 20년을 초과하지 못한다

제64조【부채의 평가기준】 대차대조표에 기재하는 부채의 가액은 기업이 부담하는 채무액으로 함을 원칙으로 한다.

제65조【사채발행차금의 처리】 사채할인발행차금 및 사채할증발행차금은 사채발행시부터 최종상환시까지의 기간에 유효이자율법을 적용하여 상각 또는 환입하고 동 상각 또는 환입액은 사채이자에 가감한다.

제66조【채권 · 채무의 현재가치에 의한 평가】 ① 장기연불조건의 매매거래, 장기금전대차거래 또는 이와 유사한 거래에서 발생하는 채권 · 채무로서 명목가

액과 현재가치의 차이가 중요한 경우에는 이를 현재가치로 평가한다.

② 제1항의 현재가치는 당해 채권·채무로 인하여 미래에 수취하거나 지급할 총금액을 적정한 이자율로 할인한 가액으로 한다.

③ 제2항의 이자율은 당해 거래의 유효이자율을 적용한다. 다만, 당해 거래의 유효이자율을 구할 수 없거나 당해 거래의 유효이자율과 관련시장에서 형성되는 동종 또는 유사한 채권·채무의 이자율("동종시장이자율"이라 한다. 이하 같다)의 차이가 중요한 경우에는 동종시장이자율을 기초로 적정하게 산정된 이자율을 적용하며, 동종시장이자율산정이 곤란한 경우에는 가중평균차입이자율을 적용할 수 있다.

④ 제1항의 규정에 의하여 발생하는 채권·채무의 명목가액과 현재가치의 차액은 현재가치할인차금의 과목으로 하여 당해 채권·채무의 명목가액에서 차감하는 형식으로 기재하고 적용한 이자율, 기간 및 회계처리방법 등을 주석으로 기재한다.

⑤ 제4항의 규정에 의한 현재가치할인차금은 유효이자율법을 적용하여 상각 또는 환입하고, 이를 이자비용 또는 이자수익의 과목으로 계상한다.

제67조【채권·채무의 재조정】① 회사정리절차 개시, 화의절차 개시 및 거래당사자간의 합의 등으로 인하여 채권·채무의 원금, 이자율 또는 기간등 계약조건이 채권자에 불리하게 변경되어 재조정된 채권·채무의 장부가액과 현재가치의 차이가 중요한 경우에는 이를 현재가치로 평가하고, 장부가액과 현재가치와의 차액은 대손상각비 또는 채무면제이익의 과목으로 처리한다.

② 제1항의 규정에 의하여 채권의 장부가액과 현재가치의 차액을 대손상각비로 계상하는 경우 당해 채권에 대손충당금이 설정되어 있는 경우에는 동 차액을 대손충당금과 먼저 상계하고 남은 잔액을 대손상각비로 처리한다.

③ 재조정될 채권·채무를 평가함에 있어서 적용할 할인율은 제66조 제3항의 규정을 준용하여 당해 채권·채무의 발생시의 적정한 이자율로 한다.

④ 제1항의 규정에 의하여 발생하는 채권·채무의 장부가액(원금감면액을 차감한다)과 현재가치의 차액은 현재가치할인차금의 과목으로 하여 당해 채권·채무의 장부가액에서 차감하는 형식으로 기재하고 현재가치 계산시 적용한 이

자율, 채권 · 채무의 재조정으로 인하여 변경된 원금, 이자율 또는 기간등에 관련된 사항을 주석으로 기재한다.

⑤ 제4항의 규정에 의한 현재가치할인차금은 제66조 제5항을 준용한다.

제68조 【외화자산 및 부채의 환산】 ① 화폐성외화자산 및 화폐성외화부채는 대차대조표일 현재의 적절한 환율로 환산한 가액을 대차대조표가액으로 한다.

② 비화폐성외화자산 및 비화폐성외화부채는 원칙적으로 당해 자산을 취득하거나 당해 부채를 부담한 당시의 적절한 환율로 환산한 가액을 대차대조표가액으로 한다.

③ 제1항의 경우에 발생하는 손익은 외화환산손실 또는 외화환산이익의 과목으로 하여 당기손익으로 처리하고 당해 외화자산 · 부채의 내용, 환산기준 및 환산손익의 내용을 주석으로 기재한다.

④ 제1항의 화폐성외화자산 및 화폐성외화부채는 현금및현금등가물 · 매출채권 · 매입채무 등과 같이 화폐가치의 변동과 상관없이 자산 · 부채의 금액이 계약 기타에 의하여 일정액의 화폐액으로 고정되어 있는 경우의 당해 자산 및 부채로 한다. 다만, 유가증권과 같이 화폐성 · 비화폐성의 양면적인 성격을 동시에 가지고 있는 자산 · 부채는 당해 자산 · 부채의 보유상의 목적 또는 성질에 따라 구분한다.

제69조 〈생략〉

제70조 【파생상품의 처리】 ① 파생상품은 당해 계약에 따라 발생된 권리와 의무를 자산 · 부채로 계상하여야 하며, 공정가액으로 평가한 금액을 대차대조표가액으로 한다.

② 파생상품에서 발생한 손익은 발생시점에 당기손익으로 인식한다. 다만, 위험회피를 목적으로 하는 경우에는 위험회피활동을 반영하기 위한 회계처리를 할 수 있다

③ 제1항의 규정에 의한 파생상품거래의 경우 그 거래목적 및 거래내역 등을 주석으로 기재하며, 위험회피목적의 경우에는 위험회피대상항목, 위험회피대상범위, 위험회피활동을 반영하기 위한 회계처리방법, 이연된 손익금액 등을 기재한다.

제71조【국고보조금 등의 처리】자산의 취득에 충당할 국고보조금 · 공사부담금 등으로 자산을 취득한 경우에는 이를 취득자산에서 차감하는 형식으로 표시하고 당해 자산의 내용연수에 걸쳐 상각금액과 상계하며, 당해 자산을 처분하는 경우에는 그 잔액을 당해 자산의 처분손익에 차감 또는 부가한다.

제72조【자본조정의 처리】자본조정은 다음 각 호와 같이 상각하고 미상각잔액을 대차대조표가액으로 하다.

1. 주식할인발행차금은 주식발행연도부터 또는 증자연도부터 3년 이내의 기간에 매기 균등액을 상각하고 동 상각액은 이익잉여금처분으로 한다. 다만, 처분할 이익잉여금이 부족하거나 결손이 있는 경우에는 차기 이후 연도에 이월하여 상각할 수 있다.

2. 배당건설이자는 개업후 연 6분 이상의 이익을 배당하는 경우에 그 6분을 초과한 금액과 동액 이상을 상각하고, 동 상각액은 이익잉여금처분으로 한다.

3. 미교부주식배당금은 주식배당시 관련 자본계정에 대체한다.

제73조【회계변경】① 회계처리기준 및 회계추정의 변경은 그 변경으로 인하여 재무제표를 보다 적절히 표시할 수 있는 경우 또는 회계규정 등에서 새로운 회계처리기준을 채택하거나 기존의 회계처리기준을 폐지함으로 인하여 그 변경이 불가피한 경우에 할 수 있다.

② 회계처리기준의 변경으로 인하여 자산 또는 부채에 미치는 누적효과는 전기이월이익잉여금에 반영하고, 새로운 회계처리기준이 과거 연도부터 소급하여 적용되었다고 가정할 때 각 연도별로 계산될 경상이익, 당기순이익, 주당경상이익, 주당순이익 및 중요하게 변동한 항목에 관하여 과거 3년간의 내역을 주석으로 기재한다.

③ 회계추정을 변경한 경우 이로 인한 영향은 당기 이후의 기간에 대하여 미치는 것으로 한다.

④ 회계처리기준 또는 회계추정을 변경한 경우에는 그 변경내용, 변경사유 및 변경으로 인하여 당해 회계연도의 재무제표에 미치는 영향을 주석으로 기재한다.

제74조【우발상황】우발상황이란 미래에 어떤 사건이 발생하거나 발생하지

않음으로써 궁극적으로 확정될 손실 또는 이익으로서 발생 여부가 불확실한 현재의 상태 또는 상황을 말하며, 이러한 우발상황은 다음 각호와 같이 처리한다.

1. 대차대조표일 현재 순자산이 감소하였음이 확실하고 동 손실의 금액을 합리적으로 추정할 수 있는 경우에 그 손실을 재무제표에 계상하고 그 내용을 주석으로 기재한다

2. 대차대조표일 현재 순자산이 감소하였음이 확실하나 동 손실금액을 합리적으로 추정할 수 없는 경우 또는 순자산이 감소하였음이 확실하지 않는 경우에는 우발상황의 내용 · 우발상황이 확정될 경우의 재무적 영향 · 금액추정이 곤란한 사유 등을 주석으로 기재한다.

3. 우발이득이 발생하는 우발상황은 확정될 때까지 재무제표에 반영하지 아니한다. 다만, 우발이득이 발생할 가능성이 확실하고 동 이익의 금액을 합리적으로 추정할 수 있는 경우에는 당해 우발상황의 내용을 주석으로 기재한다.

제75조【대차대조표일 후에 발생한 사건】대차대조표일 후에 발생한 사건은 다음 각 호와 같이 처리한다.

1. 대차대조표일 후에 발생한 사건이 대차대조표일 현재 이미 존재하였던 사실에 대하여 추가적인 증거를 제공함으로써 재무제표의 작성에 사용된 추정치에 영향을 주는 경우에는 당해 사건의 영향을 적절히 자산 · 부채에 반영한다.

2. 대차대조표일 후에 발생한 사건이 재무제표에는 영향을 미치지 아니하나 재무제표이용자에게 공시할 필요가 있는 경우에는 이를 주석으로 기재한다.

3. 대차대조표일 후에 발생한 사건이 대차대조표일 현재 이미 존재하였던 사실과 관련이 없는 경우에는 자산 · 부채를 수정하지 아니한다. 다만, 당해 사건이 대차대조표일 이후의 자산 · 부채에 대하여 비경상적인 변동을 가져오는 경우에는 이를 주석으로 기재한다.

제5장 이익잉여금처분계산서

제76조【이익잉여금처분계산서 등】① 이익잉여금처분계산서는 이익잉여금

의 처분사항을 명확히 보고하기 위하여 이월이익잉여금의 총변동사항을 표시하여야 한다.

② 결손금처리계산서는 결손금의 처리사항을 명확히 보고하기 위하여 이월결손금의 총변동사항을 표시하여야 한다.

③ 이익잉여금처분계산서의 양식사례는 별지 제7호 서식과 같고, 결손금처리계산서의 양식사례는 별지 제8호 서식과 같다.

제77조【이익잉여금처분계산서의 과목과 범위】이익잉여금처분계산서의 과목은 다음과 같다.

1. 처분전 이익잉여금

전기이월이익잉여금(전기이월결손금)에 회계처리기준의 변경으로 인한 누적효과, 전기오류수정손익(전전기 이전에 발생한 오류사항을 비교목적으로 작성하는 전기재무제표에 반영하는 경우에 한한다), 중간배당액 및 당기순이익(당기순손실) 등을 가감한 금액으로 한다.

2. 임의적립금 등의 이입액

임의적립금 등을 이입하여 당기의 이익잉여금처분에 충당하는 경우에는 그 금액을 처분전이익잉여금에 가산하는 형식으로 기재한다.

3. 이익잉여금처분액

이익잉여금의 처분은 다음과 같은 과목으로 세분하여 기재한다.

가. 이익준비금

나. 기타 법정적립금

다. 이익잉여금처분에 의한 상각 등

주식할인발행차금상각, 배당건설이자상각, 자기주식처분손실 잔액, 상환주식상환액 등의 이익잉여금처분액으로 한다.

라. 배당금

당기에 처분할 배당액으로 하되 금전에 의한 배당과 주식에 의한 배당으로 구분하여 기재한다. 주식의 종류별 주당배당금액, 액면배당률은 주기하고 배당수익률, 배당성향 및 배당액의 산정내역은 주석으로 기재한다.

마. 임의적립금

4. 차기이월이익잉여금

처분전 이익잉여금과 임의적립금이입액의 합계에서 이익잉여금처분액을 차감한 금액으로 한다.

제78조【결손금처리계산서의 과목과 범위】결손금처리계산서의 과목은 다음과 같다.

1. 처리전 결손금

전기이월결손금(전기이월이익잉여금)에 회계처리기준의 변경으로 인한 누적효과, 전기오류수정손익(전전기 이전에 발생한 오류사항을 비교목적으로 작성하는 전기재무제표에 반영하는 경우에 한한다), 중간배당액 및 당기순손실(당기순이익) 등을 가감한 금액으로 한다.

2. 결손금처리액

결손금의 처리는 다음과 같은 과목의 순서로 한다.

가. 임의적립금이입액

나. 기타 법정적립금이입액

다. 이익준비금이입액

라. 자본잉여금이입액

3. 차기이월결손금

처리전결손금에서 결손금처리액을 차감한 금액으로 한다.

제79조【전기오류수정손익】① 전기오류수정손익은 전기 이전에 발생한 사유로서 전기 이전 재무제표에 대한 오류의 수정사항에 속하는 중요한 손익항목을 말한다.

② 제1항의 전기오류수정손익의 대상이 되는 회계상의 오류는 회계기준 적용의 오류, 추정의 오류, 계정분류의 오류, 계산상의 오류, 사실의 누락 및 사실의 오용 등으로 한다.

③ 새로운 사건이 발생함에 따라 또는 추가적인 정보나 경험에 기초하여 과거의 추정을 변경하는 경우에 발생하는 수정사항은 전기오류수정손익에 포함하지 아니한다.

④ 오류의 수정사항으로 인하여 관련 자산 · 부채에 미치는 누적효과는 이익

잉여금에 반영하고 비교목적으로 공시되는 전기 재무제표는 다시 작성한다.

⑤ 전기 오류수정손익은 전기 오류수정이익과 전기 오류수정손실로 구분하여 기재한다.

⑥ 전기 오류수정손익의 발생원인과 그 내용 및 금액은 주석으로 기재한다.

第6장 현금흐름표

第80조【현금흐름표】① 현금흐름표는 기업의 현금흐름을 나타내는 표로서 현금의 변동내용을 명확하게 보고하기 위하여 당해 회계기간에 속하는 현금의 유입과 유출내용을 적정하게 표시하여야 한다.

② 제1항의 현금이라 함은 제13조제1호에서 규정하는 현금 및 현금등가물(이하 이 장에서 "현금"이라 한다)을 말한다.

③ 현금흐름표의 양식사례는 별지 제9호 서식 및 별지 제10호 서식과 같다.

第81조【현금흐름표의 구분표시】현금흐름표는 영업활동으로 인한 현금흐름, 투자활동으로 인한 현금흐름, 재무활동으로 인한 현금흐름으로 구분하여 표시하고, 이에 기초의 현금을 가산하여 기말의 현금을 산출하는 형식으로 표시한다.

第82조【영업활동으로 인한 현금흐름】① 영업활동이라 함은 일반적으로 제품의 생산과 상품 및 용역의 구매·판매활동을 말하며, 제84조의 투자활동과 제85조의 재무활동에 속하지 아니하는 거래를 모두 포함한다.

② 영업활동으로 인한 현금의 유입에는 제품 등의 판매에 따른 현금유입(매출채권의 회수 포함), 이자수익과 배당금수익, 기타 투자활동과 재무활동에 속하지 아니하는 거래에서 발생된 현금유입이 포함된다.

③ 영업활동으로 인한 현금의 유출에는 원재료, 상품 등의 구입에 따른 현금유출(매입채무의 결제 포함), 기타 상품과 용역의 공급자와 종업원에 대한 현금지출, 미지급법인세(유형자산의 처분에 따른 특별부가세 제외)의 지급, 이자비용, 기타 투자활동과 재무활동에 속하지 아니하는 거래에서 발생된 현금유출이 포함된다.

제83조【영업활동으로 인한 현금흐름의 표시방법】① 영업활동으로 인한 현금흐름은 직접법 또는 간접법으로 표시한다.

② 제1항의 직접법이라 함은 현금을 수반하여 발생한 수익 또는 비용항목을 총액으로 표시하되, 현금유입액은 원천별로 현금유출액은 용도별로 분류하여 표시하는 방법을 말한다. 이 경우 현금을 수반하여 발생하는 수익·비용항목을 원천별로 구분하여 직접 계산하는 방법 또는 매출과 매출원가에 현금의 유출·유입이 없는 항목과 재고자산·매출채권·매입채무의 증감을 가감하여 계산하는 방법으로 한다.

③ 제1항의 간접법이라 함은 당기순이익(또는 당기순손실)에 현금의 유출이 없는 비용 등을 가산하고 현금의 유입이 없는 수익 등을 차감하며, 영업활동으로 인한 자산·부채의 변동을 가감하여 표시하는 방법을 말하다.

1. 현금의 유출이 없는 비용 등 : 현금의 유출이 없는 비용, 투자활동과 재무활동으로 인한 비용

2. 현금의 유입이 없는 수익 등 : 현금의 유입이 없는 수익, 투자활동과 재무활동으로 인한 수익

3. 영업활동으로 인한 자산·부채의 변동 : 영업활동과 관련하여 발생한 유동자산 및 유동부채의 증가 또는 감소

제84조【투자활동으로 인한 현금흐름】① 투자활동이라 함은 현금의 대여와 회수활동, 유가증권·투자자산·유형자산 및 무형자산의 취득과 처분활동 등을 말한다.

② 투자활동으로 인한 현금의 유입에는 대여금의 회수, 단기금융상품·유가증권·투자자산·유형자산 및 무형자산의 처분 등이 포함된다.

③ 투자활동으로 인한 현금의 유출에는 현금의 대여, 단기금융상품·유가증권·투자자산·유형자산 및 무형자산의 취득에 따른 현금유출로서 취득직전 또는 직후의 지급액 등이 포함된다.

제85조【재무활동으로 인한 현금흐름】① 재무활동이라 함은 현금의 차입 및 상환활동, 신주발행이나 배당금의 지급활동 등과 같이 부채 및 자본계정에 영향을 미치는 거래를 말한다.

② 재무활동으로 인한 현금의 유입에는 단기차입금 · 장기차입금의 차입, 어음 · 사채의 발행, 주식의 발행 등이 포함된다.

③ 재무활동으로 인한 현금의 유출에는 배당금의 지급, 유상감자, 자기주식의 취득, 차입금의 상환, 자산의 취득에 따른 부채의 지급 등이 포함된다.

제86조【기타 작성방법 및 주석사항】 ① 현금흐름표는 다음 각 호의 방법에 따라 작성한다.

1. 현금의 유입과 유출내용에 대하여는 기중 증가 또는 기중 감소를 상계하지 아니하고 각각 총액으로 기재한다. 다만, 거래가 빈번하여 총금액이 크고 단기간에 만기가 도래하는 현금의 유입과 유출항목은 순증감액으로 기재할 수 있다.

2. 사채발행 또는 주식발행으로 인한 현금유입시에는 발행가액으로 기재한다.

② 다음 각 호의 사항을 주석으로 기재한다.

1. 현금의 유입과 유출이 없는 거래

현물출자로 인한 유형자산의 취득, 유형자산의 연불구입, 무상증자, 무상감자, 주식배당, 전환사채의 전환 등 현금의 유입과 유출이 없는 거래중 중요한 거래

2. 제83조 제2항의 규정에 의한 직접법으로 작성한 경우에는 당기순이익(당기순손실)과 당기순이익(당기순손실)에 가감할 항목에 관한 사항

제7장 〈생략〉

제8장 보 칙

제89조【중소기업의 회계처리에 대한 특례】 ① 중소기업(상장법인 및 금융감독위원회 등록법인을 제외한다)의 경우에는 다음 각호와 같이 회계처리할 수 있다. 이 경우 중소기업이라 함은 중소기업기본법에 의한 중소기업을 말한다.

1. 제37조의 규정에 불구하고 단기용역매출액 및 단기예약매출액은 용역을 제공하거나 제품 등을 완성한 날에, 장기할부매출액 및 토지 또는 건물 등을 장기할부조건으로 처분하는 경우 당해 자산의 처분이익은 할부금회수기일이 도래

한 날에 실현되는 것으로 한다.

2. 제52조의 규정에 불구하고 법인세비용은 법인세법 등의 법령에 의하여 납부하여야 할 금액으로 한다. 이 경우 법인세비용차감전 순손익과 법인세비용은 법인세차감전 순손익과 법인세등의 계정과목으로 각각 기재한다.

3. 제54조의 규정에 불구하고 1주당 경상이익 및 1주당 당기순이익을 주기 또는 주석으로 기재하지 아니한다.

4. 제66조의 규정에 불구하고 장기연불조건의 매매거래 및 장기금전대차거래 등에서 발생하는 채권·채무는 명목가액을 대차대조표가액으로 한다.

5. 제87조의 규정중 제17호 및 제18호는 적용하지 아니한다.

② 제1항의 규정을 적용하는 경우에는 그 내용을 주석으로 기재한다.

③ 제1항의 규정을 적용하던 중소기업이 상장 등으로 인하여 이를 적용할 수 없게 되거나 적용을 아니하고자 하는 경우에도 종전의 거래에 대해서는 제1항의 규정을 계속 적용한다.

제90조【업종별 회계처리준칙 등】이 기준의 시행과 관련하여 필요한 경우에는 업종별 회계처리준칙 또는 세부사항을 증권선물위원회가 따로 정할 수 있다.

제91조【외부감사대상회사 이외 기업의 회계처리】이 기준은 주식회사의외부감사에관한법률에 의한 외부감사대상이외 기업의 회계처리에 이를 준용할 수 있다.

부 칙

제1조【시행일】이 기업회계기준은 1998년 12월 12일부터 시행한다.

제2조~제13조 〈생략〉

03 노동관련 생활법률의 기본지식

공인노무사 남동희 지음 / 530쪽

인터넷 노무상담실을 운영하며 40,000여 건의 무료 상담을 계속하고 있는 저자의 상담사례를 통해 근로자들의 애환과 절규가 담긴 상담내용을 가감없이 문답형식으로 속시원하게 풀어감으로써 노동현장의 상황을 있는 그대로 반영하여 실직자들과 직장 내에서 어려운 상황에 처해 있는 근로자들이 스스로 대처할 수 있도록 한 실무지침서이기도 하다.

새로 개정된 노동법에 따른 노동환경의 급격한 변화 속에서 기업 · 노동조합 및 근로자들이 부딪치는 문제점들을 해결하기 위한 친절한 해설을 하였다. 취업규칙 · 단체협약 · 고용보험관련 서류 및 직장 내 성희롱예방지도지침 등과 같은 노동관련 양식도 함께 수록하였다.

04 외국인 근로자 생활법률의 기본지식

공인노무사 남동희 지음 / 402쪽

저자가 외국인 연수협력단의 자문위원으로 오랫동안 실무를 접한 경험을 바탕으로 외국인 근로자문제를 상세히 다룬 해설서!

외국인 근로자의 법률적 지위를 규명하고, 이들의 보호 및 관리에 관한 문제점 해결과 입법적 대안을 제시하였다.

외국인 근로자문제는 열악한 작업환경, 폭행, 강제근로, 산재사고, 임금체불 등을 비롯한 인권탄압, 불법체류자의 급속한 증가 등 부작용이 노출되기에 이르렀다.

이에 따라 외국인 근로자를 채용하고 있는 사업장에서 요구되는 외국인 근로자의 체류자격 및 취업자격과 취업형태별 법적 문제를 상세하게 다루었다.

05 계약작성 생활법률의 기본지식

변호사 이상도 지음 / 561쪽

계약으로 비롯되는 모든 법률문제를 통틀어 체계적이고 간명한 해설과 더불어 이와 연관되는 서식작성 예문을 제시하였다. "신분으로부터 계약으로"라는 말이 있듯이 누구나 계약을 떠나서 살아갈 수 없다고 하여도 과언이 아니다.

따라서 현대생활과 밀접한 관계에 놓여 있는 계약과 관련하여 일어나는 법률문제를 간단명료하게 해설하여 누구나 쉽게 풀어갈 수 있도록 하였다. 즉 계약이란 무엇인가, 계약의 당사자, 계약의 변경, 계약위반과 구제방법, 계약서 작성방법, 유형별 계약의 특성을 소개한 후 계약분쟁사례 100선을 통하여 어떠한 계약분쟁이라 하더라도 응용해결할 수 있는 능력을 기르도록 하였다.

06 지적재산 생활법률의 기본지식

변호사 이상도, 변리사 조의제 공저 / 490쪽

현대 산업사회에서 중요시되고 있는 지적재산의 모든 것을 체계화하여 한권으로 요약하였다. 즉 특허, 실용신안, 의장, 상표, 저작권, 컴퓨터프로그램저작권 등의 요점을 빠짐없이 수록하였다.

내용의 구성은 지적재산의 취득방법 및 효력, 침해행위에 대한 구제방법 및 대응방법, 지적재산의 소멸, 지적재산권에 관한 쟁송, 지적재산의 국제적 보호, 케이스별 상담사례 및 분쟁사례순으로 다루었다.

이제는 지적재산으로 무장하지 않은 기업은 살아남지 못하는 시대가 되었다.

이 책에서는 이러한 지적재산 전체를 통틀어 다루되 상호연관적으로 해설하여 보다 쉽게 이해할 수 있도록 하였다.

07 부당노동행위와 부당해고 생활법률의 기본지식

공인노무사 박영수 지음 / 436쪽

노사관계 이슈 중에서 주요 핵심사항인 부당노동행위와 정리해고 · 징계해고를 중심으로 간단 명료한 해설과 더불어 사용자측의 부당해고와 부당노동행위에 대한 근로자측의 구제방법을 중심으로 부당노동행위, 불이익취급, 단체교섭 거부 · 지배개입 · 경비원조 · 황견계약 · 노동위원회에 의한 구제절차 · 소송에 의한 구제절차, 경영상 해고의 요건과 절차 · 부당해고에 대한 구제방법 및 해고무효확인소송, 해고관련 노동부업무처리지침, 징계해고 및 징계사유 유형별 판결례 등을 소개하였다.

08 주택 · 상가임대차 생활법률의 기본지식

변호사 김운용 지음 / 460쪽

주택임대차보호법은 전세입자를 위한 방패요 요람이다. 특히 선순위로 대항력을 갖춘 임차인은 천하무적, 그러나 중간에 주소를 옮기면 모든 권리가 한순간에 사라진다.

- 만약 보증금을 받지 못한채 이사가려거든 임차권등기명령신청을 해서 등기를 마친 후 하라.
- 전세계약을 하기 전에 등기부를 반드시 확인하라.
- 이사하는 즉시 전입신고와 동시에 확정일자를 받아라.
- 경매가 되면 낙찰기일까지 배당요구를 반드시 하라.
- 상가 · 점포임차인은 권리금과 시설비를 어떻게 받을 수 있는가?

09 하도급거래 생활법률의 기본지식

변호사 김진흥 지음 / 440쪽

경제적으로 우월한 지위에 있는 대기업인 원사업자가 경제적 약자인 중소하도급업자를 상대로 한 약육강식의 관행에서 벗어나 이제는 동반자적 협력관계로 발전하여야 한다.

하도급업자는 그 수가 많은 반면 일감을 공급하는 대기업인 원사업자는 한정되어 있다. 대기업이 이러한 상황을 이용하여 하도급대금을 부당하게 낮은 가격으로 한다거나 대금지급을 미루어도 약자인 중소하도급업자는 거래단절이 두려워 자신의 권리주장을 하지 못했다.

이러한 하도급업자를 위하여 하도급거래 관련 필수적인 법률사안들을 쉽게 해설함과 동시에 실무에 필요한 12가지의 하도급표준계약서를 소개함으로써 하도급거래의 법률자문역이 되도록 하였다.

10 이혼소송과 재산분할 생활법률의 기본지식

변호사 박동섭 지음 / 460쪽

근래 우리나라도 대가족제도에서 핵가족제도로, 농업사회에서 공업사회로, 단체주의사고방식에서 개인주의사고방식으로 변하면서 이혼율이 점점 높아지고 있다. 이러한 이혼과 관련하여 해결해야 할 법률문제들을 저자가 오랫동안 가정법원 부장판사로 재직하면서 이혼사건재판업무를 다루어 온 실무경험을 토대로 명쾌하게 해설하였다.

즉 협의이혼, 조정이혼, 재판상 이혼, 이혼소송절차 및 이혼에 따르는 위자료문제, 재산분할문제, 친권 · 양육자지정 및 양육비문제, 면접교섭권, 이혼판결선고 후 호적정리, 강제집행문제들을 자세하게 다루었다. 나아가 약혼이나 사실혼파기로 인한 위자료문제도 함께 다루어 가정문제로 고민하는 사람들에게 친절한 길잡이가 되도록 편찬하였다.

11 부동산등기 생활법률의 기본지식

법무사 정상태 지음 / 460쪽

이 책은 저자의 오랜 실무경험을 바탕으로 부동산등기에 관한 법률상식을 일반인이 알기 쉽게 해설한 것으로 제1편에서는 "토지대장과 등기부" 등 20개 항목에 걸쳐 등기를 이해하는 데 꼭 필요한 기본적인 사항을 설명하였고, 제2편에서는 등기관련 문제가 되는 항목을, 제3편에서는 유형별 등기신청절차를 상세하게 다루었다.

등기를 하지 않으면 어떠한 위험이 따르고, 등기를 하면 어떤 효력이 생기는가! 등기신청은 어떻게 하며, 필요한 서류는 무엇이고, 등기종류에는 어떤 것들이 있는가 등 부동산등기 전반에 걸쳐 일반인이 꼭 알아야 할 법률상식을 간추려 해설하였다.

대한법률연구회가 만드는 생활법률의 기본지식 12

일·반·인·을·위·한

기업경영 생활법률의 기본지식

지은이/안동섭
펴낸이/강선희
펴낸곳/가림M&B

기획·편집/장연수·이선희·김진호·홍경숙·손일호·이정아
마케팅/강명희

등록/1999. 1. 18. 제5-89호
주소/서울 광진구 구의동 57-71 부원빌딩 4층
대표전화/458-6451　팩스/458-6450
인터넷 http://www.galim.co.kr
e-mail galim@galim.co.kr
천리안 ID galimmb

ISBN 89-89107-15-6 13360